普通高等教育汽车类专业系列教材

汽车运用工程

主　编　王再宙　张春香
副主编　刘伟哲　宋　强　刘　海

配套资源目录

机械工业出版社

本书从汽车运用基础入手，分别从定义、评价指标、分析、合理使用等方面对汽车使用性能进行展开来介绍，并讲解了电动汽车各项性能及使用的内容，对汽车在特殊条件下的合理使用、汽车技术状况的变化及汽车使用寿命评价均有详细讲解。本书内容主要包括汽车运用基础、汽车动力性、汽车使用经济性、汽车制动性、汽车操纵稳定性、汽车通过性、汽车平顺性、汽车安全性、汽车在特殊条件下的使用、汽车技术状况的变化与使用寿命。

本书主要供高等院校汽车运用工程、汽车维修工程、汽车服务工程等专业师生的教学使用，也可供从事汽车技术、汽车服务、汽车维修和汽车机务管理的技术人员阅读。

图书在版编目(CIP)数据

汽车运用工程/王再宙，张春香主编.—北京：机械工业出版社，2023.5
普通高等教育汽车类专业系列教材
ISBN 978-7-111-72946-4

Ⅰ.①汽⋯　Ⅱ.①王⋯　②张⋯　Ⅲ.①汽车工程-高等学校-教材
Ⅳ.①U46

中国国家版本馆 CIP 数据核字(2023)第 057866 号

机械工业出版社（北京市百万庄大街22号　邮政编码100037）
策划编辑：王　婕　　　责任编辑：王　婕
责任校对：樊钟英　贾立萍　封面设计：张　静
责任印制：张　博
北京建宏印刷有限公司印刷
2023年7月第1版第1次印刷
184mm×260mm・19.25 印张・477 千字
标准书号：ISBN 978-7-111-72946-4
定价：69.90 元

电话服务　　　　　　　　网络服务
客服电话：010-88361066　　机 工 官 网：www.cmpbook.com
　　　　　010-88379833　　机 工 官 博：weibo.com/cmp1952
　　　　　010-68326294　　金 书 网：www.golden-book.com
封底无防伪标均为盗版　机工教育服务网：www.cmpedu.com

前　言

本书通过与北京新能源汽车股份有限公司、上海大众有限公司、长城汽车股份有限公司、中联重科股份有限公司、蜂巢传动系统有限公司、上海爱驰亿维汽车销售有限公司、晋州市众睿汽车贸易有限公司等有关单位合作，综合考虑生产企业、销售企业和维修企业对汽车运用工程的理解和使用，立足传统汽车理论，调研并跟踪国内外汽车行业最新发展动态，完善了汽车性能定义及评价指标，紧跟汽车行业前沿技术，讲解了纯电动汽车性能及实验等内容，深化了校企联合，融入了汽车行业标准，适应国家经济和社会发展需求，以培养具有开拓创新能力、高度社会责任感的专业精英和社会栋梁为目标，树立以学生为中心的理念，加强教材育人功能，深化新工科"产教融合"建设指导思想。

本书主要编写特色如下：

1）定位更明确、体系更完整。系统讲解了汽车性能定义、评价指标，各章均设置了本章导学、学习目标、同步训练。

2）数据、资料和内容新。本书讲解了电动汽车相关知识及试验内容，试验所涉及的标准均为最新发布。

3）以立德树人为根本任务。将我国先进技术、科学理论有机融合到教材中，加强学生社会主义核心价值观、民族自豪感和社会责任感的培养。

4）校企合作开发教材。注重实用，丰富了汽车性能实验内容，方便技术人员进行参考。本书作者深入汽车生产、销售、维修等企业，和企业人员一起做了大量调研、归纳、总结等工作，注重理论联系实际，充分满足学习的需要。

本书系河北省教育教学改革与实践项目（项目编号2021GJJG132）。

本书由河北师范大学王再宙、张春香任主编；河北师范大学刘伟哲、北京理工大学宋强、河北工业大学刘海任副主编。此外，北京新能源汽车股份有限公司李波、石家庄铁道大学郑明军、上海大众有限公司苏荣、长城汽车股份有限公司田晓光、上海大众有限公司曹笑笑、中联重科股份有限公司黄建兵、蜂巢传动系统有限公司曲东忍、上海爱驰亿维汽车销售有限公司王刚、晋州市众睿汽车贸易有限公司徐永飞参加了部分内容的编写工作。

感谢所有企业专家与高校专家的仔细审阅和提出的宝贵建议，感谢行业专家、朋友、老师对编写工作所提出的有益建议，感谢本书参考文献的所有编著者。

鉴于编者水平有限，书中难免存在疏漏之处，诚望专家、同行及读者不吝赐教，以利修正。

编　者

二维码索引

素材名称	二维码	页码	素材名称	二维码	页码
2-1 纯电动汽车基础知识		22	2-8 驱动电机的分类		22
2-2 纯电动汽车组成结构		22	2-9 电动汽车对驱动电机性能的基本要求		22
2-3 纯电动汽车关键技术		22	2-10 电动汽车驱动电机技术趋势和挑战		22
2-4 新能源汽车的定义和类型		22	3-1 新能源汽车的基本性能特征		57
2-5 发展新能源汽车的意义		22	3-2 新能源汽车的性能评价参数		57
2-6 新能源汽车的现状及趋势		22	3-3 电动汽车对动力电池的性能要求		57
2-7 新能源汽车驱动电机系统		22	3-4 电动汽车种类及动力构成		57

IV

（续）

素材名称	二维码	页码	素材名称	二维码	页码
4-1 ABS系统概述		97	10-2 年检前的项目检查		285
4-2 ABS系统结构		97	10-3 汽车的保养		285
4-3 ABS系统工作原理		97	10-4 周期保养		285
8-1 汽车车身结构		226	10-5 里程保养		285
8-2 汽车碰撞情况分析		226	10-6 日常保养与维护的重要性		285
8-3 汽车碰撞对车身结构的影响		226	10-7 日常保养与维护的内容		285
10-1 年检的流程		285			

目 录

前言
二维码索引
第1章 汽车运用基础 ………………… 1
 1.1 汽车使用条件 ……………………… 1
  1.1.1 气候条件 ………………… 1
  1.1.2 道路条件 ………………… 2
  1.1.3 运输条件 ………………… 7
  1.1.4 汽车运用水平 …………… 10
  1.1.5 汽车运行技术条件 ……… 10
  1.1.6 汽车高速公路使用条件 … 11
 1.2 汽车使用性能指标 ………………… 12
  1.2.1 概述 ……………………… 12
  1.2.2 容载量 …………………… 14
  1.2.3 汽车质量利用 …………… 16
  1.2.4 汽车使用方便性 ………… 17
 同步训练 …………………………… 20

第2章 汽车动力性 …………………… 22
 2.1 汽车动力性指标 …………………… 22
 2.2 汽车驱动力与行驶阻力 …………… 23
  2.2.1 汽车驱动力 ……………… 24
  2.2.2 汽车行驶阻力 …………… 24
  2.2.3 汽车行驶方程式 ………… 33
 2.3 驱动力-行驶阻力平衡图、动力
  特性图 ……………………………… 33
  2.3.1 驱动力-行驶阻力平衡图 … 33
  2.3.2 动力特性图 ……………… 35
  2.3.3 加速能力 ………………… 36
  2.3.4 上坡能力 ………………… 38
 2.4 附着条件 …………………………… 38
  2.4.1 汽车行驶的附着条件 …… 38
  2.4.2 车轮法向反力 …………… 39
  2.4.3 附着条件限制的
    加速能力 ………………… 40
  2.4.4 附着条件限制的

    上坡能力 ………………… 41
 2.5 电动汽车动力性 …………………… 42
  2.5.1 纯电动汽车的结构与特点 … 42
  2.5.2 纯电动汽车的动力性指标 … 43
  2.5.3 纯电动汽车的动力性 …… 43
 2.6 汽车动力性试验 …………………… 46
  2.6.1 传统汽车动力性试验 …… 47
  2.6.2 纯电动汽车动力性试验 … 52
 同步训练 …………………………… 55

第3章 汽车使用经济性 ……………… 57
 3.1 汽车燃料经济性 …………………… 57
  3.1.1 汽车燃料经济性的评价
    指标 ……………………… 57
  3.1.2 汽车燃料经济性的试验
    方法 ……………………… 58
  3.1.3 汽车燃料经济性的计算
    方法 ……………………… 65
 3.2 提高汽车燃料经济性的途径和
  技术 ………………………………… 71
  3.2.1 政策性措施 ……………… 71
  3.2.2 提高汽车燃料经济性的结构
    措施 ……………………… 73
  3.2.3 汽车驾驶技术和维护的影响 … 79
  3.2.4 采用节能汽车和新能源
    汽车 ……………………… 81
 3.3 电动汽车经济性 …………………… 82
  3.3.1 电动汽车经济性指标 …… 82
  3.3.2 纯电动汽车经济性 ……… 83
 3.4 汽车经济性试验 …………………… 87
  3.4.1 传统汽车燃料经济性试验 … 88
  3.4.2 纯电动汽车能量消耗率和
    续驶里程试验 …………… 92
 同步训练 …………………………… 95

第4章 汽车制动性 …………………… 97
 4.1 制动性评价指标 …………………… 97

4.2 制动时车轮的受力 …………… 98
　4.2.1 地面制动力 ………………… 98
　4.2.2 制动器制动力 ……………… 98
　4.2.3 地面制动力、制动器制动力
　　　　与附着力之间的关系 …… 99
　4.2.4 硬路面上的附着系数 …… 100
4.3 汽车的制动效能及其
　　恒定性 ………………………… 106
　4.3.1 制动距离与制动减速度 … 106
　4.3.2 制动距离的分析 ………… 107
　4.3.3 制动效能恒定性 ………… 111
4.4 制动时汽车的方向稳定性 …… 112
　4.4.1 汽车的制动跑偏 ………… 113
　4.4.2 制动时后轴侧滑与前轴转向
　　　　能力的丧失 ……………… 115
4.5 前后制动器制动力的比例关系 … 118
　4.5.1 地面对前、后车轮的法向
　　　　反作用力 ………………… 119
　4.5.2 理想的前、后制动器制动力
　　　　分配曲线 ………………… 120
　4.5.3 具有固定比值的前、后制动
　　　　器制动力与同步附着系数 … 121
　4.5.4 前、后制动器制动力具有
　　　　固定比值的汽车在各种路
　　　　面上制动过程的分析 …… 122
　4.5.5 利用附着系数与制动效率 … 125
　4.5.6 对前、后制动器制动力
　　　　分配的要求 ……………… 127
　4.5.7 辅助制动器和发动机制动对
　　　　制动力分配和制动效能的
　　　　影响 ……………………… 129
　4.5.8 防抱制动装置 …………… 133
4.6 汽车制动性试验 ……………… 138
同步训练 …………………………… 141

第5章　汽车操纵稳定性 ………… 143
5.1 操纵稳定性评价指标 ………… 143
　5.1.1 汽车操纵稳定性包含的
　　　　内容 ……………………… 143
　5.1.2 车辆坐标系与转向盘角
　　　　阶跃输入下的时域响应 … 145

　5.1.3 人－汽车闭路系统 ……… 147
　5.1.4 汽车试验的两种评价
　　　　方法 ……………………… 148
5.2 轮胎的侧偏特性 ……………… 149
　5.2.1 轮胎的坐标系 …………… 149
　5.2.2 轮胎侧偏现象和侧偏力－侧
　　　　偏角曲线 ………………… 149
　5.2.3 轮胎的结构、工作条件对侧
　　　　偏特性的影响 …………… 152
　5.2.4 回正力矩——绕OZ轴的
　　　　力矩 ……………………… 155
　5.2.5 有外倾角时轮胎的滚动 … 156
5.3 线性二自由度汽车模型对前轮角
　　输入的响应 …………………… 158
　5.3.1 线性二自由度汽车模型的
　　　　运动微分方程 …………… 158
　5.3.2 前轮角阶跃输入下进入的汽车
　　　　稳态响应——等速圆周
　　　　行驶 ……………………… 160
　5.3.3 前轮角阶跃输入下进入的
　　　　瞬态响应 ………………… 167
　5.3.4 横摆角速度频率响应特性 … 173
5.4 操纵稳定性试验 ……………… 175
　5.4.1 试验要求 ………………… 175
　5.4.2 蛇行试验 ………………… 176
　5.4.3 转向瞬态响应试验（转向盘
　　　　转角阶跃输入） ………… 179
　5.4.4 转向回正性能试验 ……… 181
　5.4.5 转向轻便试验 …………… 185
　5.4.6 稳态回转试验 …………… 187
同步训练 …………………………… 188

第6章　汽车通过性 ……………… 190
6.1 汽车通过性评价指标 ………… 190
　6.1.1 轮廓通过性 ……………… 191
　6.1.2 牵引支承通过性 ………… 193
6.2 汽车倾覆失效 ………………… 194
　6.2.1 汽车侧向倾覆失效 ……… 194
　6.2.2 汽车纵向倾覆失效 ……… 195
6.3 影响汽车通过性的因素 ……… 197
6.4 汽车通过性试验 ……………… 206

同步训练 ………………………… 209

第7章　汽车平顺性 ………………… 210
　7.1　汽车平顺性的评价指标 ………… 211
　7.2　影响汽车平顺性的结构因素 …… 215
　7.3　汽车平顺性试验 ………………… 220
　　7.3.1　试验设备 …………………… 220
　　7.3.2　试验条件 …………………… 220
　　7.3.3　试验方法 …………………… 222
　　同步训练 ………………………… 223

第8章　汽车安全性 ………………… 225
　8.1　汽车被动安全性 ………………… 226
　　8.1.1　车辆事故分析和被动安全
　　　　　性的评价方法 ………………… 226
　　8.1.2　车内被动安全性 …………… 228
　　8.1.3　外部被动安全性 …………… 232
　　8.1.4　被动安全性试验 …………… 233
　8.2　汽车生态安全性 ………………… 235
　　8.2.1　汽车公害 …………………… 235
　　8.2.2　汽车排放试验 ……………… 237
　　8.2.3　汽车噪声试验 ……………… 241
　　8.2.4　汽车电磁干扰试验 ………… 248
　　同步训练 ………………………… 255

第9章　汽车在特殊条件下的使用 … 256
　9.1　汽车在走合期的使用 …………… 256
　　9.1.1　汽车走合期及其作用 ……… 256
　　9.1.2　汽车在走合期不同阶段的
　　　　　使用特点 ……………………… 257
　　9.1.3　汽车走合期应采取的技术
　　　　　措施 …………………………… 258
　9.2　汽车在低温条件下的使用 ……… 259
　　9.2.1　低温条件对汽车使用性能的
　　　　　影响 …………………………… 259
　　9.2.2　汽车在低温条件下使用时应
　　　　　采取的主要技术措施 ………… 265
　9.3　汽车在高原和山区条件下的
　　　　使用 ………………………………… 268
　　9.3.1　高原和山区条件对汽车
　　　　　使用的影响 …………………… 268

　　9.3.2　汽车在高原和山区使用时改
　　　　　善发动机性能的主要措施 …… 271
　　9.3.3　汽车在高原和山区使用时改
　　　　　善安全性能的主要措施 ……… 274
　9.4　汽车在高温条件下的使用 ……… 275
　　9.4.1　高温条件对汽车使用的
　　　　　影响 …………………………… 275
　　9.4.2　改善高温条件下汽车使用
　　　　　性能的主要措施 ……………… 278
　9.5　汽车在坏路和无路条件下的
　　　　使用 ……………………………… 280
　　9.5.1　汽车在坏路和无路条件下的
　　　　　使用特点 ……………………… 280
　　9.5.2　汽车在坏路和无路条件下使
　　　　　用时应采取的主要措施 ……… 282
　　同步训练 ………………………… 284

**第10章　汽车技术状况的变化与使用
　　　　　寿命** ……………………………… 285
　10.1　汽车技术状况与汽车运用性能的
　　　　 变化 ……………………………… 285
　　10.1.1　汽车技术状况 ……………… 285
　　10.1.2　汽车运用性能的变化 ……… 286
　10.2　汽车技术状况变化的原因与
　　　　 影响因素 ………………………… 288
　　10.2.1　汽车技术状况变化的基本
　　　　　　原因 ………………………… 288
　　10.2.2　汽车技术状况变化的影响
　　　　　　因素 ………………………… 290
　　10.2.3　汽车故障 …………………… 292
　10.3　汽车技术状况变化规律及
　　　　 分级 ……………………………… 294
　　10.3.1　汽车技术状况变化规律 …… 294
　　10.3.2　汽车技术状况等级划分与
　　　　　　标准 ………………………… 294
　　10.3.3　汽车技术状况等级的评定 … 295
　10.4　汽车使用寿命及评价 …………… 296
　10.5　更新理论 ………………………… 297
　　同步训练 ………………………… 299

参考文献 ……………………………… 300

第1章 汽车运用基础

本章导学

汽车在复杂的各类外界条件下工作，在一定的使用条件下，汽车以最高效率工作的能力是选用汽车的标准。本章主要讲授汽车使用条件和汽车使用性能量标。

学习目标

1. 掌握汽车使用条件。
2. 理解气候条件、道路条件、运输条件和汽车运行技术条件及其对汽车使用性能的影响。
3. 掌握高速公路行驶的安全条件。
4. 掌握汽车常用使用性能量标。

1.1 汽车使用条件

汽车使用条件是指影响汽车完成运输工作的各类外界条件，主要包括气候条件、道路条件、运输条件和汽车运行技术条件。

汽车是在复杂的外界条件下工作，这些外界条件随时间和空间而变化，并影响汽车使用效率。汽车使用效率的发挥取决于驾驶人的操作水平、汽车性能以及汽车对外界的适应性，即汽车使用的主要技术经济指标也随外界条件而变化。在汽车运行过程中，驾驶人需要不断地调节汽车的使用性能以适应外界条件的变化。例如，在恶劣的道路条件下，驾驶人通过换入低速档降低汽车行驶速度。另外，汽车的运行速度、使用经济性、各总成和轮胎可靠性、耐久性以及驾驶人的疲劳程度等，都与汽车使用条件有关。

1.1.1 气候条件

我国幅员辽阔，各地气候条件差异很大，有高原寒冷和干燥地区、北方寒冷和干燥地区、南方高温和潮湿地区等，大多数地区一年四季的温度和湿度差别很大。例如，东北最北部地区冬季最低气温可达-40℃以下，南方炎热地区夏季气温高达40℃以上，西北、西南地区的气候条件变化又极为复杂。

环境温度对汽车，特别对燃油车的发动机或纯电动汽车的动力电池的影响很大。

在寒冷地区，起动困难，电动汽车动力电池容量较低，运行消耗增加，机件磨损量增大；风窗玻璃容易结雾、结霜和结冰；在冰雪道路上行车，汽车的制动和操纵条件不良，易引发道路交通事故。在寒冷气候条件下，为了保证驾驶人处在适当的工作条件、乘客的舒适和安全、货物的防冻和防损，需要从汽车结构设计层面采取相应措施。

在炎热气候条件下，燃油车的发动机容易发生工作过热现象，工作效率降低，燃料消耗率增加。汽车电气系统的元器件、燃料供给系组件、汽车轮胎等易因过热导致故障。环境温度过高时，若散热不良或燃料品质不佳，容易在燃料供给系形成气阻或气蚀，影响发动机正常工作。高温可能造成润滑脂溶化，被热空气从密封不良的缝隙挤出。高温也会逐渐烘干里程表、刮水器等机件中的润滑脂，增加机件磨损，导致这些机件出现工作故障。高温还会使制动液黏度下降，在液压制动系中可能形成气阻，导致汽车制动效能降低甚至失效。高温会加速非金属零件的老化及变形，另外，高温影响驾驶人的工作条件，不利于行车安全。

在气候干燥、风沙大的地区，汽车及其各总成的运动副易因风沙侵入而加剧磨损。

在气候潮湿和雨季较长的地区及沿海地区，如果发动机、驾驶室、车厢的防水和泄水不良，将引起零部件锈蚀缩短其寿命，以及因潮湿使电气系统工作不可靠。另外，大气湿度过高，会降低发动机气缸的充气效率，降低发动机的动力性和燃料经济性。

高原地区空气稀薄，使得大气压力减低，水的沸点下降，且昼夜温差大。由此使传统燃油车发动机的混合气过浓，冷却液易沸腾，气压制动系统气压不足，以及驾驶人体力下降。

不同的气候条件对车辆结构和使用提出了不同的要求，因而，应针对具体的气候和季节条件，使用相应的变型车辆或对标准型汽车进行改进，以提高车辆对气候的适应性。汽车运输企业应针对当地的气候特点，合理选用汽车，并制定相应的技术措施，克服或减少气候条件造成的各种不利因素，做到合理使用，取得较佳的使用效果。

案例1：
　　不同气候条件对车辆结构和使用性能提出了不同的要求，因此，应针对具体的气候和季节条件，使用相应的变型车辆或对标准型汽车进行改进，以提高车辆对气候的适应性。我们在大学阶段需要注意提升自己的创新意识，同时要意识到在不同的学习阶段，应适应不同的学习环境和成长环境，培养因地制宜、实事求是的精神。

1.1.2　道路条件

道路条件是指由道路状况决定的，并影响汽车运用的因素。它是汽车使用指标好坏的直接影响因素。汽车结构、汽车运行工况、汽车技术状况都与汽车运行的道路条件密切相关。

汽车运输对道路条件的要求是：在充分发挥汽车速度特性的情况下，保证汽车安全行驶；满足该地区对此道路所要求的最大通行能力；车辆通过方便，乘客有舒适感；汽车运行材料消耗量最低，零件磨损和损坏最小。

道路条件的主要特征指标是车辆的运行速度和通行能力，它们是确定道路等级、车道宽度、车道数、路面强度以及道路纵断面和横断面的主要依据。

道路条件对汽车运行速度、行驶平顺性及装载质量利用程度的主要影响，来自道路等级和道路养护水平。例如，汽车在良好路面上行驶，可获得较高的平均车速和良好的经济性；汽车在崎岖不平的道路上行驶，平均车速低，需要频繁地换档、加速、制动减速及停车、起步，加剧了零件的磨损，增加了汽车的功率损耗和驾驶人的工作强度；路面颠簸不平也会使零部件受到的冲击载荷增加，加剧汽车行驶系的损伤和轮胎的磨损。

1. 道路等级

根据公路交通量及其使用任务和性质，《公路工程技术标准》将公路分为高速公路、一级公路、二级公路、三级公路和四级公路共五个等级。

1）高速公路。一般能适应将各种汽车折合成小客车的年平均日交通量为25000～100000辆，具有特别重要的政治、经济意义，专供汽车分向分车道高速行驶，并实行全线控制出入的公路。

2）一级公路。一般能适应将各种汽车折合成小客车的年平均日交通量为15000～55000辆，为连接重要的政治、经济中心，通往重点工矿区，可供汽车分道行驶，并部分控制出入及部分立体交叉的公路。

3）二级公路。一般能适应将各种汽车折合成小客车的年平均日交通量为5000～15000辆，为连接政治、经济中心及大型工矿区的干线公路，或交通运输繁忙的城郊公路。

4）三级公路。一般能适应将各种车辆折合成小客车的年平均日交通量为2000～6000辆，为沟通县及县以上城市的一般干线公路。

5）四级公路。一般能适应将各种车辆折合成小客车的年平均日交通量为2000辆以下，为沟通县、乡、村等的支线公路。

《公路工程技术标准》规定了每级公路相应的技术标准，如车道宽、车道数、最小停车视线距、纵坡、平曲线半径和路面等级等（表1-1）。标准中规定的路线参考取值，均在保证设计车速的前提下，考虑了汽车行驶安全性、舒适性、驾驶人的视觉和心理反应等。

截至2022年年底，全国公路通车总里程达535万km，其中高速公路通车里程17.7万km。六轴、七廊、八通道的国家综合立体交通网的主骨架空间已经初步形成，高速铁路对百万以上人口城市的覆盖率超过了95%，高速公路对20万以上人口城市的覆盖率超过了98%。我国的道路现状发生的根本性的转变，对促进我国汽车运输工业发展和现代化建设将起到巨大的推动作用。

表1-1 我国各级公路主要技术指标

公路等级			高速			一级			二级		三级		四级
行车速度/(km/h)			120	100	80	100	80	60	80	60	40	30	20
路基宽度/m	土路肩	一般值	0.75	0.75	0.75	0.75	0.75	0.5	0.75	0.5	0.75	0.5	双车道0.25/单车道0.5
		最小值	0.75	0.75	0.75	0.75	0.75	0.5	0.5	0.5			
	右侧硬路肩	一般值	3.0	3.0	2.5	3.0	2.5	2.5	1.5	0.75			
		最小值	3.0	2.5	1.5	2.5	1.5	1.5	0.75	0.25			
	行车道宽		3.75			3.75	3.75	3.5	3.5	3.5	3.35	3.25	3.0
	左侧路缘带	一般值	0.75	0.75	0.5	0.75	0.5	0.5					
		最小值	0.75	0.50	0.5	0.5	0.5	0.5					
	中央分隔带	一般值	3.0	2.0	2.0	2.0	2.0	2.0					
		最小值	2.0	2.0	1.0	2.0	1.0	1.0					
最小平曲线半径/m	极限值		650	400	250	400	250	125	250	60	125	30	15
	一般值		1000	700	400	700	400	200	400	100	200	65	30
	不设超高	路拱≤2.0%	5500	4000	2500	4000	2500	1500	2500	600	1500	350	150
		路拱>2.0%	7500	5250	3350	5250	3350	1900	3350	800	1900	450	200

（续）

公路等级		高速			一级			二级		三级		四级
凸形竖曲线最小半径/m	极限值	11000	6500	3000	6500	3000	1400	3000	450	1400	250	100
	一般值	17000	10000	4500	10000	4500	2000	4500	700	2000	400	200
凹形竖曲线最小半径/m	极限值	4000	3000	2000	3000	2000	1000	2000	450	1000	250	100
	一般值	6000	4500	3000	4500	3000	1500	3000	700	1500	400	200
最小竖曲线长/m		100	85	75	85	70	50	70	35	50	25	20
停车视距/m		210	160	100	160	110	75	110	40	75	30	20
超车视距/m								550	350	200	150	100
会车视距/m								220	150	80	60	40
最小缓和曲线长/m		100	85	70	85		50	70	35	50	25	20
最大纵坡（%）		3	4	5	4	5	6	5	7	6	8	9
最小坡长/m		300	250	200	250	200	150	200	150	120	100	60
汽车载荷等级		公路Ⅰ级						公路Ⅱ级				

案例2：
　　自1984年开通沈大高速公路以来，我国高等级公路建设进入高速发展期，截至2022年底，全国高速公路通车里程达17.7万km，位居世界第一。我们应看到中国发展取得的巨大成就，是值得每一个中国人自豪的。

案例3：
　　庞大的汽车保有量对交通安全和交通生态环境影响巨大。我们要从自身做起，遵守交通规则，树立正确的消费意识和安全意识，爱护我们赖以生存的环境。

2. 公路技术特性

影响公路线路使用质量和车辆使用效率的主要技术特性，在水平面内是曲线段的平曲线半径，在纵断面内是纵坡、纵坡长度、竖曲线半径，在横断面内是车道宽度、车道数和路肩宽度等。

汽车弯道行驶，受离心力作用可能会引起不同程度的侧滑现象，恶化汽车的操纵稳定性，降低乘员的乘坐舒适性，严重时汽车可能侧翻。车辆在小平曲线半径道路上行驶时，轮胎侧向变形增大，磨损增加，车辆功耗增加。曲线路段影响驾驶人的视线，夜间行车光照距离在曲线段也比直线段短，对行车安全不利。直线路段很长对行车安全也不利，所以公路都避免采用直长路线型，一般都尽量采用大于或等于表1-1所列的最小半径。当条件不许可时，可设超高或缓和曲线。缓和曲线可使作用在汽车上的离心力逐渐变化，以便于驾驶人平缓操纵转向盘进行转弯，保证行车安全。

公路纵坡使汽车动力消耗增大，后备功率降低，功率消耗增加。公路的凸形变更，也影响驾驶人的视距。《公路工程技术标准》规定了各级公路纵坡的许用值。长、大纵坡对行车安全的影响重大。

权衡汽车运输指标和修建费用两个方面的要求，是公路修建前进行可行性论证的重要内容之一。

汽车运行工况和安全性与路面质量有关。路面要求具有足够的强度、很高的稳定性、良好的宏观平整度以及适当的微观粗糙度，以保证汽车良好的附着条件和最小的运行阻力。

路面平整度是路面的主要使用特性之一。它影响汽车运行速度（图1-1）、动载荷、轮胎磨损、货物完好性及乘员舒适性，从而影响汽车的利用指标和使用寿命。

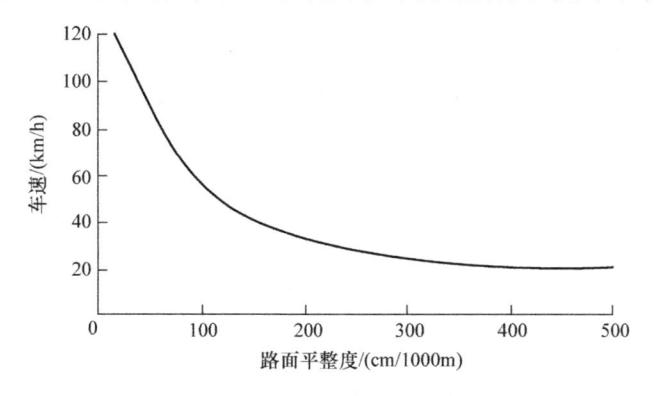

图1-1 汽车允许速度和路面平整度的关系

3. 公路养护水平

公路养护水平的评定指标是"好路率"和"养护质量综合值"。根据交通部颁布的"公路养护质量检查评定标准"，现有公路养护质量分为优、良、次、差四个等级，评定项目包括：路面整洁、横坡适度、行车顺适、路肩整洁、边坡稳定、排水畅通；构造物、桥涵及隧道完好，沿线设施完善；绿化协调美观。满分为100分，其中路面、路基和其他分别为50、20和30分。公路养护评分值和优、良等级公路要求见表1-2。

表1-2 公路养护等级评分表（JTG 5220—2020《公路养护工程质量检验评定标准 第一册 土建工程》）

公路养护等级	优	良	次	差
总分	≥90	>75	>60	<60
路面	>45	>38	—	—

若已知某公路的总里程 L、优等里程 L_y、良等里程 L_l、次等里程 L_c、差等里程 L_{ch}，则好路率 Q 的计算式为

$$Q = (L_y + L_l)/L \times 100\% \tag{1-1}$$

养护质量综合值 P 的计算式为

$$P = (4L_y + 3L_l + 2L_c + L_{ch})/L \tag{1-2}$$

好路率和养护质量综合值都与车辆运行无关，但它们与直接影响汽车速度、平顺性和总成使用寿命的路面平整度评分有关。因而，它们可粗略地表征道路状况，并可粗略地用于评价道路对汽车运用的影响。

4. 公路养护水平对汽车使用性能的影响

以我国河北和吉林两省为例，根据试验统计数据得出公路养护状况与燃油汽车运行油耗、维修费用、大修间隔里程之间的关系。

（1）油耗

为了描述路面质量对汽车百公里油耗的影响，选择典型路段进行汽车油耗试验。测取在

不同路段的路面分值和汽车的百公里油耗（表1-3），经回归分析得到指数方程为

$$Q = ae^{-bx} \tag{1-3}$$

式中　Q——一定车速下汽车的百公里油耗（L/100km）；

　　　x——路面分；

　　　a、b——回归系数。

表 1-3　路面分值与汽车油耗关系的指数回归

车速/(km/h)	a	b	相关系数 R
50	34.1376	0.00483	0.7191
40	29.9342	0.00287	0.7461
30	30.0541	0.00323	0.8117
20	28.1121	0.00323	0.8602

在车速为50km/h的情况下，试验路段的路面分值分别为18分和49分时，油耗分别为28.4L/100km和26.0L/100km，即路面分值从18分增至49分时，油耗下降8.5%。

（2）车辆维护费用

研究曾对一些地区的车辆维护费用和道路养护质量的关系进行统计分析，得到表1-4的统计结果，对其进行回归分析，可得：

$$y = 0.2265 - 0.1586\ln x \tag{1-4}$$

式中　y——每公里维护费用（元/km）；

　　　x——道路养护综合值。

表 1-4　车辆维护费用和道路养护综合值

养护综合值	2.48	2.51	2.53	2.58	2.63	2.70	2.78
维护费用/(元/km)	0.091	0.082	0.073	0.070	0.073	0.067	0.069

从式（1-4）可知，道路养护综合值由2.48提高到2.78，车辆维护费用可减少22%。即加强道路的养护，便可大幅度减少车辆的损坏，节约车辆维护费用。

（3）车辆大修费用

河北省某年的公路好路率与汽车大修间隔里程统计数据见表1-5。

表 1-5　河北省某年的公路好路率与汽车大修间隔里程的关系

地区	石家庄	唐山	秦皇岛	邯郸	邢台	保定	承德	沧州
好路率（%）	72.4	76.2	73.3	64.3	68.5	71.0	64.9	73.8
大修里程/10^4km	15.91	19.64	14.76	12.07	6.64	15.23	9.15	17.09

通过相关分析可知，好路率与汽车大修里程之间的关系式为

$$y = 29.909 + 0.6374x \tag{1-5}$$

式中　y——汽车大修里程（10^4km）；

　　　x——好路率（%）。

1.1.3 运输条件

运输条件是指由运输对象的特点和要求所决定的、影响汽车运用的各种因素。

汽车运输分为货运和客运。货运条件主要包括货物类别、货运量、货运距离、货物装卸条件、货运类型及组织特点。客运对汽车使用性能的基本要求是为旅客提供最佳的方便性。

1. 货物类别

货物是指从接受承运起到送交收货人止的所有商品或物资。一般根据汽车运输过程中的货物装卸方法、运输和保管条件以及批量对货物进行分类。

（1）按装卸方法分类

货物按装卸方法可分为堆积、计件和灌装三类。

对于没有包装的、用堆积装卸的货物，如煤炭、砂、土和碎石等按体积或质量计量的货物，宜于采用自卸汽车运输。

对于可计个数，并按质量计量装运的货物，如桶装、箱装、袋装的包装货物及无包装货物，可采用普通栏板式货车、厢式货车及保温厢式货车运输。

对于无包装的液体货物，通常采用自卸罐车运输。

（2）按运输和保管条件分类

货物按运输保管条件分类，可分为普通货物和特殊货物。前者是指在运输过程中无特殊要求，可用普通车厢运输的货物。后者是指在运输过程中，必须采取特别措施才能保证完好无损的承运货物。

特殊货物包括特大、沉重、危险和易腐的货物。特大货物是标准车厢不能容纳的货物。长型货物通常是其长度超过标准车身长度 1/3 以上的货物。沉重货物是单件质量大于 250kg 的货物。危险货物是指在运输和保管过程中可能使人致残或破坏车辆、建筑物和道路的货物。易腐货物是指在运输和保管过程中，需专门车辆和库房维持一定温度的货物。

运输特殊货物需要选用大型或专用汽车，但汽车总体尺寸受国家标准限制，参见 GB 1589—2016《汽车、挂车及汽车列车外廓尺寸、轴荷及质量限值》。

（3）按货物批量分类

按一次托运货物的数量，可分为小批和大批货物。小批货物又称为零担货物，如食品、邮件和行李等个别少量运输的货物。大批货物指大批量运输的货物，又称大宗货物。

货物批量是选用车辆类型的主要依据。货物运输汽车的车厢构造和尺寸都应同装运的货物相适应。

2. 货运量

在汽车运输中，完成或需要完成的货物运输数量称为货运量，通常以吨（t）为计量单位。

在汽车运输中，完成或需要完成的货物运输工作量，即货物的数量和运输距离的乘积称为货物周转量，它以复合指标吨千米（t·km）为计量单位。

货运量和货物周转量统称为货物运输量。

按托运货物的批量，货运量分为零担和整车两类。在我国，凡是一次托运货物在 3t 以上为整车货物，不足 3t 为零担货物。需要较长时间和较多车辆才能运完的整车货物为大宗货物，而短时间内或少数车辆即能全部运完的货物为小宗货物。

货物批量取决于社会经济的发展水平。货物批量的形成受多种因素的影响，如托运单位的发货条件、货物形成工艺、货物集聚时间，以及由货物价值决定的、经济上合理的集聚量等；客户要求的交货速度、数量和用货条件；运输组织、道路条件和货物集散时货物批量合并的可能性等。因此，货物不可能都是大宗的。

因工业结构的变化，专业化、协作化的生产促使客户要求及时、快速地运送货物。商品经济的发展，人民生活水平的提高，都需要快速运输生活日用品、农副产品。这些货物的特点是批量小、运距短、批次多。这类小批量货物适宜轻型汽车运输。大宗货物采用大型车辆运输时技术经济效益高，应尽可能地组织大宗货物运输。所以，运输行业应配备不同吨位的车辆，才能合理地组织运输，提高运输经济效益。

3. 货运距离

货运距离是货物由装货点至卸货点间的运输距离，一般用千米（km）作为计量单位。

货运距离在很大程度上影响运输车辆利用效率指标，并对车辆的结构和性能提出不同的要求。当运距较短时，要求车辆结构能很好地适应货物装卸的要求，以缩短车辆货物的装卸作业时间，提高车辆短运距的生产率。长途运输车辆的运输生产率随车辆的速度性能提高和载质量的增大而显著增加，如图1-2和图1-3所示。因此，随着运距的增加，要求增加汽车的装载吨位，但汽车总体长度和最大轴重受到国家法规的限制。

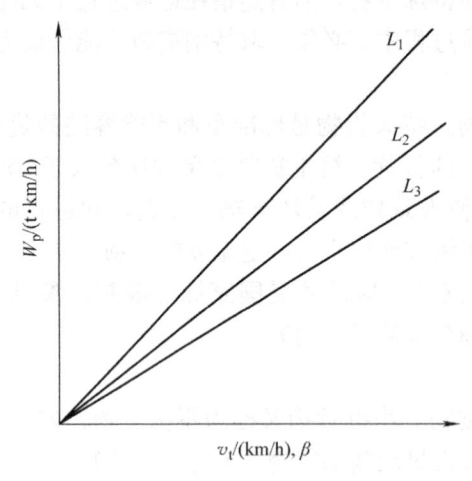

图1-2 汽车运输生产率 W_p 与汽车技术速度 v_t 和行程利用率 β 的关系
（L 为货物运距，且 $L_1 < L_2 < L_3$）

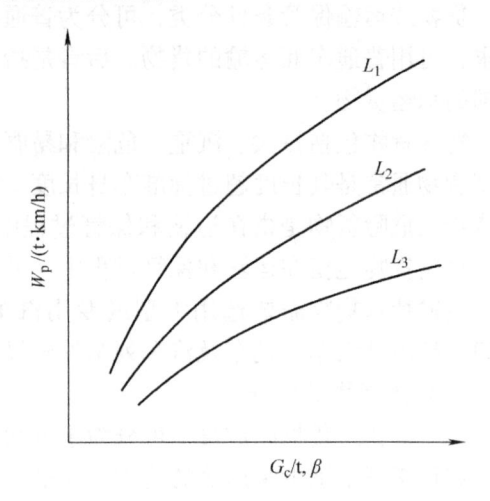

图1-3 汽车运输生产率 W_p 与汽车载质量 G_c 和行程利用率 β 的关系
（L 为货物运距，且 $L_1 < L_2 < L_3$）

4. 货物装卸条件

货物装卸条件决定了汽车装卸作业的停歇时间、装卸货物的劳动量和费用，从而影响汽车的运输生产率及运输成本。如图1-4所示，运距越短，装卸条件对运输效率的影响越明显。

装卸条件受货物类别、运量、装卸点的稳定性、机械化程度以及装卸机械等诸多因素的影响。

一定类别和运量的货物要求相应的装卸机械，也决定了运输车辆的结构特点，如运输土、砂石、煤炭等堆积货物的车辆，要考虑铲斗装卸货物时，货物对汽车系统及机构的冲击载荷，以及汽车的装载质量和车厢容积与铲车容积的一致，才能保证获得最高的装运生产率。

带自装卸机构的汽车可缩短汽车装卸作业时间，但自装卸机构使汽车的成本及载质量比相同吨位的汽车要小。实践表明，只有在短运距运输时，自装卸汽车才能发挥其优越性（图1-5）。

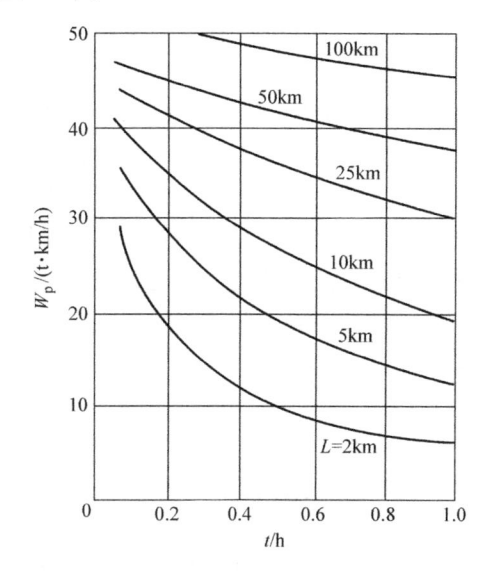

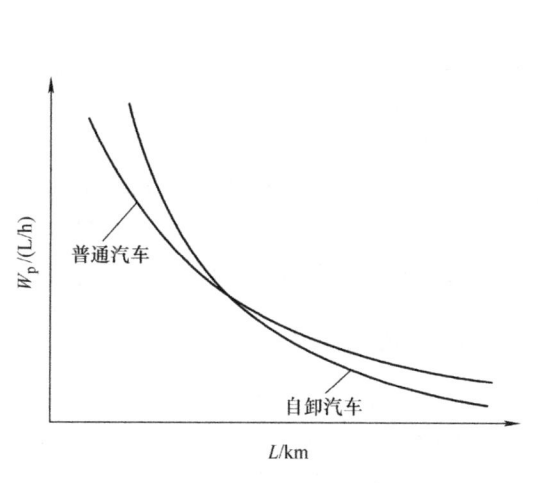

图1-4 载质量4t货车运输生产率 W_p 与汽车每次装卸货停歇时间 t 的关系
（L 为运距）

图1-5 不同车辆（普通汽车与自卸汽车）运输生产率 W_p 的比较

5. 货运类型及组织特点

货运类型有多种分类方法，如短途货运、长途货运、城市货运、城间货运、营运货运、自用货运、分散货运、集中货运等。

自用货运是指车辆所有企业的车辆完成本企业的货运工作。

分散货运是指在同一个运输服务区内，若干汽车货运企业或有车企业各自独立地调度车辆，分散地从事货运工作。显然，分散货运的车辆、里程、载质量利用率都低，从而使汽车运输生产率降低，运输成本增加。

集中运输是在同一个运输服务区内的车辆和完成某项货运任务的有关企业车辆，集中由一个机构统一调度，组织货物运输工作。这种运输类型可提高车辆的载质量利用率和时间利用率，从而有利于提高汽车运输生产率，降低运输成本。

货运组织的特点主要取决于车辆运行路线。由于货运任务的性质和特点不同，道路条件不同，以及所用车辆类型不同，即使在相同收发货点间完成同样的货运任务，也可采用不同的运行路线方案，并产生不同的运输效益。

货运车辆的运行路线可分为往复式、环形式和汇集式。往复式运行路线是指货运车辆多次重复于两个货运点间行驶的路线。环形式是指将几个货运方向的运行路线依次连接成一条封闭路线。车辆沿环形式路线运行时，每个运次都是运输同一起讫点的货物。汇集式是指车辆沿运行路线各个货运点依次分别或同时装卸货物，并且每次运量都小于一辆整车时的运行路线。

货运车辆结构应与选用的路线相适应。长运距的往复式运行路线，宜使用速度性能优良、载质量大的汽车列车。为了提高车辆运输的时间利用率，牵引车驾驶室设有卧铺，便于两个驾驶人轮班驾驶，减少因停车休息而延长路线运行时间，也可在中途设站更换驾驶人驾驶。用于环形式或汇集式运行路线的车辆，其载质量应与每个运次的运量相适应，其结构还应便于途中装卸货物。

6. 客运的基本要求

客运分为市内客运和公路客运，各种客运应配备不同结构类型的客车。市区公共客车采用车厢式多站位车身，座位与站立位置之比为2:1，通道宽，车门数目多，车厢地板较低。有的客车为方便残疾人轮椅的上下，车门踏板采用可自动升降结构。市区公共汽车为了适应乘客高峰满载的需要，要求有较高的动力性。为了适应城市道路的特点，还要求汽车操纵方便。城间客车，要求有较高的行驶速度和乘坐舒适性。通常，其座位宽大舒适，椅背倾斜可调，车门数少，其他辅助设施齐全。为了适应旅游的需要，高级旅游客车还配备卫生间、微型酒吧，以及在汽车两侧下部设有较大空间的行李舱。

1.1.4 汽车运用水平

汽车运用水平主要包括汽车驾驶人操作技术水平、汽车运输组织管理水平、汽车保管水平、汽车维修水平以及汽车运行材料供应水平。

汽车驾驶人操作水平明显地影响汽车零部件磨损、能量消耗等。熟练驾驶人在平路、下缓坡等有利条件下，经常保持车速稳定或滑行状态，很少采取紧急制动或连续制动。熟练驾驶人不仅能保证汽车安全运行，而且能提高汽车行驶技术速度15%～20%，延长汽车大修里程40%～50%，在相同的交通和道路条件下可节约能量消耗20%～30%。

汽车货运组织、管理水平是用载质量利用系数和里程利用率评价的。显然，货物运输组织、管理水平越高，载质量利用系数和里程利用率就越高。

汽车维修费用占汽车运输成本的15%～20%。高水平的汽车维修标志是：汽车完好率达90%～93%，总成大修间隔里程较定额高20%～25%，配件消耗减少15%～20%，能量、润滑材料的消耗减少20%～30%。

1.1.5 汽车运行技术条件

1. 机动车运行安全技术条件

为保证车辆安全行驶，运行可靠，必须符合国家标准 GB 7258—2017《机动车运行安全技术条件》的规定。其中主要技术条件是：

1）车辆外观整洁，装备齐全，紧固可靠，各部件应完好，并具有正常的技术性能。

2）燃油车发动机动力性能良好，运行平稳，不得有异响；燃料、润滑料消耗正常，无漏油、漏水、漏气、漏电现象。

3）底盘各总成连接牢固，无过热、无异响、性能良好，各润滑部位不缺油、钢板弹簧无断裂或错开现象，轮胎气压正常。汽车、挂车连接和防护装备齐全、可靠。

4）转向轻便灵活，转向节及转向节臂、横直拉杆及球销不得松旷，性能良好，前轮定位符合要求。

5）车辆制动性能符合规定。挂车与牵引车意外脱离后，挂车应能自行制动，牵引车的制动仍然有效。

6）客车车厢、货车驾驶室内应不进尘土、不漏雨，门窗关闭严密、开启灵活；风窗玻璃视线清晰；客车座椅齐全、牢固、整洁；货车车厢无漏洞，栏板销钩牢固、可靠。

7）车辆的噪声及燃油车废气排放应符合有关规定。

8）灯泡、信号、仪表和其他电气设备应配备齐全，工作正常、可靠。

2. 汽车危险货物运输规则

车辆运载易爆、易燃、有毒、放射性等危险货物时，须符合《汽车危险货物运输规则》的规定。其主要技术条件如下：

1）车辆的车厢、底板平坦良好，栏板牢固，衬垫不得使用松软易燃材料。

2）运载危险货物的车辆左前方悬挂黄底黑字的"危险品"标志。

3）根据车辆装运危险货物的性质，车辆须配备相应的消防器材等用具。

4）车辆行驶和停车必须严格遵守交通、消防、治安等法规要求。

5）须指派熟悉车载危险物性质的人员担任押运人员，严禁搭乘无关人员。

6）车辆总质量超过桥梁、渡船标定承载质量时，或车辆装载超高、超宽、超长时，均应采取安全有效措施，报请当地交通、公安主管部门批准。未经允许，不得冒险通过。

3. 特种货物运输运行技术条件

车辆装载散装、粉尘、污秽货物时，应使用密闭车厢或加盖篷布，以免洒漏，污染环境。

4. 特殊条件下车辆运行技术条件

车辆在等级外道路、危险渡口和桥梁上通过时，或遇有临时开沟、改线、水毁、塌方、冰坎、翻浆等情况时，须采取确实、有效技术措施，以保障行车安全。

1.1.6 汽车高速公路使用条件

自1984年沈大高速公路开通以来，我国高等级公路建设进入高速发展期，截至2022年年底，全国高速公路通车里程17.7万km。

高速公路与高速运输是密切相关的。高速运输最显著的特点就是运输车辆的持续高速运行。高速运输对汽车动力性、制动性、操纵稳定性、乘坐舒适性的要求更加严格，许多在普通公路上运行不存在的问题，在高速行驶中却变得至关重要。

据统计，国外高速公路的死亡事故率仅为普通公路的1/3～1/2，一般性事故率是普通公路的1/5～1/3。有关资料表明，在高速公路的交通事故中，汽车机械故障造成的比例较高。例如在京石高速公路河北段双幅路开通后不到两年的时间里，因机械故障引发的交通事故就达96起，其中制动失效和不良的就有58起。

1. 高速公路行驶的安全条件

为了避免发生追尾事故，汽车间应保持一定的车间距。当车辆速度为100km/h时，纵向行车间距至少应为100m；当车速为70km/h时，应至少保持70m的车间距。在潮湿的路面上行驶时，应保持上述纵向车间距2倍以上。当遇有大风、雨、雾或路面积雪、结冰时，应以更低的速度行驶，以保证行驶安全。

高速公路对汽车行驶车速也有限制。汽车在连续高速行驶条件下容易发生交通事故。《中华人民共和国道路交通安全法》规定，最低车速不得低于60km/h，轿车等小型车辆最高车速不得超过120km/h，也有的高速公路或路段最高车速限制为100km/h、80km/h，甚至60km/h。

高速公路行驶的主要问题是行车安全问题。因此，应注意如下事项：

1) 要严格遵守交通法规，按照限速规定行驶。

2) 为了防止汽车在高速公路上发生故障，妨碍交通安全畅通，在进入高速公路前，驾驶人要对汽车的燃料（动力蓄电池电量）、润滑油、冷却液、转向器、制动器、灯光、轮胎等部件以及汽车的装载和固定情况进行仔细检查，使得车况处于最佳状态。

3) 车辆进入高速公路后应使车速达到60km/h以上。通过匝道进入高速公路的汽车须在加速车道提高车速，并在不妨碍行车道其他车辆行驶的情况下，驶入行车道。

4) 在正常情况下，汽车应在行车道上行驶，只有当前方有障碍物或需要超越前车时，方可变换到超车道上行驶；通过障碍物或超越前车后，应驶回行车道。不准车辆在超车道长时间行驶或骑、压车道分道线行驶。

5) 为了减轻碰撞时的人员伤亡，汽车驾乘人员应佩戴安全带。货运汽车除驾驶室外，其他部位一律不得载人。大型客车行驶中乘客不许站立车中。

6) 汽车行驶时不允许随意停车。为了防止追尾或侧滑的危险，当汽车发生故障时，不得采取紧急制动，应立即打开右转向灯，将车停放在右侧应急车道或右侧路肩。停车后无关人员应迅速撤至护栏外侧。当汽车故障排除后重新行驶时，应及时将车速提高到60km/h以上，然后在不影响其他车辆行驶的情况下驶入行车道。当车辆因故障或交通事故无法离开行车道时，须开启车辆危险警告闪光灯，夜间还应开启示宽灯和尾灯，并在车后100m外设置故障警告标志，同时应利用路旁的紧急电话或其他通信设备通知有关管理机构，不得随意拦截车辆。

7) 当交通受阻时，要按顺序停车，等待有关人员处理，不得在应急车道上行驶，以免影响救护车、公安交通和管理巡逻车通行。

8) 在高速公路上，不许汽车掉头、倒车和穿越中央分隔带，不许进行试车活动，也不许在匝道上超车和停车。

9) 当遇有大风、雨、雾或路面积雪、结冰时，要注意可变交通标志或临时交通标志，遵守公安交通和管理部门采取的限速和封闭车道等临时管制措施。

2. 高速公路行驶条件下轮胎的使用

在高速公路行驶条件下，应选用子午线轮胎，最好使用无内胎轮胎；注意轮胎的花纹和速度级别；区别轿车轮胎和轻型载重轮胎；注意载重轮胎的层级和负荷；注意轮胎认证权威机构的认可标志；注意轮胎的磨耗、牵引、温度标志和级别。

1.2　汽车使用性能指标

1.2.1　概述

在一定的使用条件下，汽车以最高效率工作的能力，称为汽车使用性能。它是决定汽车使用效率和方便性的结构特性表征。

择优是汽车选用的标准。汽车的运用条件复杂，运输的任务各异，要求选用的车型和性能能满足汽车使用条件的要求。评价汽车工作效率的指标是汽车运输生产率和运输成本，基于运输生产率、运输成本与汽车结构之间的内在联系的研究，确定汽车的主要使用量标。我国目前采用的汽车使用性能主要指标见表1-6。

表1-6 汽车使用性能主要指标

使用性能		量标和评价参数
容量		额定装载质量/t 单位容积装载质量/(t/m³) 货厢单位有效容积/(m³/t) 货厢单位面积/(m²/t) 座位数和站位数
使用方便性	操纵方便性	每百公里平均操纵次数 操作力/N 驾驶人座椅可调程度 照明、灯光、视野、信号完好
	出车迅速性	汽车起动暖车时间
	乘客上下车和货物装卸方便性	车门和踏板尺寸及位置 货厢地板高度/mm 货厢栏板可倾翻数 有无随车装卸机具
	可靠性和耐久性	大修间隔里程/km 主要总成更换里程/km 可靠度、故障率/(1/1000km) 故障停车时间/h
	维修性	维修工时/h 每千公里维修费用/元 对维修设备的要求
防公害性		噪声/dB CO、HC、NO_x排放量 电磁波干扰
经济性		最低燃料耗量/(L/100t·km) 平均最低燃料耗量/(L/100km) 能量消耗率/(W·h/km) 续驶里程/km
速度性能		动力性 平均技术速度/(km/h)

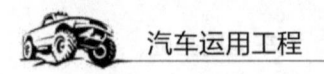

(续)

使用性能	量标和评价参数
越野性、机动性	汽车最小离地间隙/mm 接近角/(°) 离去角/(°) 纵向通过角 前后轴荷分配 轮胎花纹及尺寸 轮胎对地面单位压力/(N/m²) 前后轮辙重合度 低速档动力性 驱动轴数 最小转弯半径/m
安全性 — 稳定性	纵向倾翻条件 横向侧翻条件
安全性 — 制动性	制动效能 制动效能恒定性 制动时方向稳定性
乘坐舒适性 — 平顺性	振动频率/Hz 振动加速度及变化率 振幅
乘坐舒适性 — 设备完备	车身类型 空气调节指标 车内噪声指标/dB 座椅结构

本节仅介绍容载量、质量利用，其他性能将在后续各章节叙述。

案例4：
　　针对汽车使用性能的研究开始得较早，而且还在不断发展中。传统的不等于过时了，只要是精华，就要坚持，并且要在坚持的基础上不断发展。中华民族几千年发展的历史，留下了许多经典的优秀传统文化，留下了诸如爱国主义、团结统一、爱好和平、勤劳勇敢、自强不息、敢为天下先，以及"伟大创造精神""伟大奋斗精神""伟大团结精神"与"伟大梦想精神"等民族精神，为我们今天凝聚起文化自信，为我国发展和人类文明进步提供了强大的精神动力。

1.2.2 容载量

　　汽车容载量是汽车能够装载货物的数量或乘坐旅客的人数。汽车容载量与汽车的装载质量（单位为t）、车厢尺寸（单位为m）、货物密度（单位为t/m³）、座位数和站立乘客的地板面积等有关。
　　载货汽车的容载量常用比装载质量（t/m³）和装载质量利用系数评价，即

$$比装载质量 = \frac{汽车装载质量}{车厢容积}$$

$$装载质量利用系数 = \frac{货物容积质量(货物密度) \times 车厢容积}{额定装载质量}$$

比装载质量、装载质量利用系数表征了汽车结构对各种货物需要的适应能力。它决定了某车型装载何种货物能够装满车厢，或充分地利用汽车的全部装载能力。普通货车装载密度低的货物时，不能充分利用汽车的装载质量。为了避免汽车超载，不宜通过增加栏板高度来适应轻泡货物的需要。汽车栏板的标准设计高度一般在600mm以下，轻型载货汽车常在货厢侧面喷涂栏板高度。汽车装载质量越大，就越不适合装载密度低的货物。

表1-7给出某些常见散货的密度。表1-8是某些载货汽车的平均装载质量。

表1-7 常见散货密度 （单位：t/m³）

货物	泥煤	雪	冰	白菜	马铃薯	无烟煤	干土	建筑用石
密度	0.15	0.20	0.90	0.35	0.68	0.80	1.20	1.50
货物	麦	甜菜	燕麦	铁条	砖	锯材	蔬菜	砂
密度	0.73	0.65	0.47	2.10	1.50	0.80	0.55	1.60

表1-8 常见国产汽车货厢平均装载质量

车型	额定装载质量/kg	单位装载质量/(kg/m³)
黄河 JN1150/100	8000	1451.2
黄河 JN1150/106	8000	1451.2
东风 EQ1090	5000	932.4
北京 BJ1041Q2DG	2000	867.2
北京 BJ1041Q4DG	2000	632.5
解放 CA1140	8000	1264.8
解放 CA1091	5000	941.1
北京 BJ1041Q2SG	1500	942.1
跃进 NJ2040	1500	276.3

为了充分利用货车的装载能力，装运容积质量（密度）轻的货物时，在保证货物完整的条件下，可采用适当措施增加装货高度。因此，汽车的实际装载质量利用系数高于表1-9所列数值。

表1-9 汽车装载质量利用系数

货物名称	包装方式	容积质量/(t/m³)	CA1091	EQ1090	CA1140	JN1150	BJ1041Q2DG
泥煤	散装	0.15	0.16	0.16	0.12	0.10	0.17
雪	散装	0.20	0.21	0.21	0.16	0.14	0.23
冰	散装	0.90	0.96	0.97	0.71	0.62	1.04
白菜	散装	0.35	0.37	0.38	0.28	0.25	0.40
马铃薯	散装	0.68	0.72	0.73	0.54	0.47	0.78

(续)

货物名称	包装方式	容积质量/(t/m³)	CA1091	EQ1090	CA1140	JN1150	BJ1041Q2DG
无烟煤	散装	0.80	0.85	0.86	0.63	0.55	0.92
干土	散装	1.20	1.28	1.29	0.95	0.83	1.38
建筑用石	散装	1.50	1.59	1.61	1.19	1.03	1.73
麦	散装	0.73	0.78	0.78	0.58	0.50	0.84
甜菜	散装	0.65	0.69	0.70	0.51	0.45	0.75
燕麦	散装	0.47	0.50	0.50	0.37	0.32	0.54
铁条	束装	2.10	2.23	2.25	1.66	1.45	2.42
砖	散装	1.50	1.59	1.61	1.19	1.03	1.23
锯材	散装	0.80	0.85	0.86	0.63	0.55	0.92
蔬菜	散装	0.55	0.58	0.59	0.43	0.38	0.63
砂	散装	1.65	1.75	1.77	1.30	1.14	1.90

1.2.3 汽车质量利用

汽车质量利用描述了汽车整备质量与装载质量的关系。通常利用质量利用系数或整备质量利用系数作为量标，评价汽车质量利用的优劣。

$$质量利用系数 = \frac{汽车装载质量}{汽车总质量}$$

$$整备质量利用系数 = \frac{汽车装载质量}{汽车整备质量}$$

整备质量利用系数与汽车的部件、总成结构的完善程度以及轻型材料的使用率有关。它表明汽车主要材料的使用水平，进而反映了该车型的设计、制造水平，也间接反映了汽车的使用经济性。在汽车运输过程中，汽车整备质量将引起非生产性能耗，增加轮胎磨损量，以及燃油车发动机功率的损耗。在装载质量相同和使用寿命相同的条件下，整备质量利用系数越高，该车型的结构和制造水平就越高。

整备质量利用系数的提高是现代载货汽车制造技术进步的重要标志之一。除了不断完善汽车结构和制造技术外，降低汽车整备质量的主要途径是利用轻型材料，特别是应用强度高、质量轻的碳纤维、高强度铝合金和复合塑料。

汽车整备质量利用系数随装载质量的增加而提高，轻型货车约1.1，中型货车约1.35，重型货车为1.3~1.7。平头汽车的整备质量利用系数一般比长头汽车高。由货车变型的自卸汽车，因改装后整备质量的增加，整备质量利用系数比基本型汽车低。表1-10为几种国产汽车的整备质量利用系数。

表1-10 几种国产汽车的整备质量利用系数

车型	整备质量/kg	装载质量/kg	整备质量利用系数（%）
江淮 HFC1020K	855	1640	0.52
江淮 HFC1031KL	1245	2245	0.55

（续）

车型	整备质量/kg	装载质量/kg	整备质量利用系数（%）
东风 EO3121FT4	4950	6935	0.71
陕汽奥龙 SX3244BM326	10000	14000	0.71
江淮 HFC1048	1920	2560	0.75
东风 EO1081C2AD5	3990	4160	0.96
红岩 CO3193T8F3G381	9305	9695	0.96
东风 EO5202CCO	9900	10110	0.98
东风 EO3092F19D	5000	4930	1.01
红岩 CO3263T8F19G324	14000	12000	1.17
东风 DFL1250A	14210	10690	1.33
解放 CA1310P4K2L11T4A	19200	11790	1.63
解放 CA1225PIK219T1	13980	8510	1.64
东风 DFL3251A1	15600	9200	1.7

1.2.4 汽车使用方便性

汽车使用方便性是汽车的一项综合使用性能，用于表征汽车运行过程中，驾驶人和乘客的舒适性和疲劳程度，以及对保证运行货物完好无损和装卸货物的适用性。

1. 操纵轻便性

操纵轻便性决定了驾驶人的工作条件，对减轻驾驶人的疲劳、保证行车安全具有重要作用。其主要评价量标为操纵力、操作次数、驾驶人座位参数与调整参数、驾驶人的视野参数等。

驾驶人控制操纵机构的力一般用测力计测定。为减轻驾驶人的操纵力，常在转向系或行车制动系中设置助力器等助力装置。

驾驶人的操作次数通常用换档、踏离合器踏板和制动踏板的次数表征。驾驶操作次数是通过在该类车常用路况下，在典型道路上的使用试验确定，并将试验路段上各类操作次数换算为100km行程的操作次数。一般选用多辆同型号汽车进行实际道路运行试验，以排除驾驶人技术水平和操作习惯差异的影响。

驾驶人座椅构造和操纵杆件的配置是否舒适方便，对汽车使用方便性的影响是显而易见的。适当增加驾驶座椅的高度，减小座垫与靠背之间的倾角，可显著改善驾驶人的劳动条件。为了保证不同身高的驾驶人都能有适合的驾驶操作姿势，驾驶座椅设计成可沿着水平和垂直方向调节式，并且座椅和靠背倾角也可调节，即驾驶座椅应具有多维调节的功能。同时，转向盘的位置还应能按着驾驶人的需要进行调节。

为了提高汽车的操纵轻便性，各种操纵机构应有良好的接近性，应设置速度、机油压力、润滑油和冷却液温度、能量消耗量以及电池容量等的显示仪表。当被控制参数进入临界值时，发出声、光信号，以便驾驶人及时掌握车辆状况。控制显示仪表应具有必需的显示精度和在暗环境下的照明亮度，以利于驾驶人观察道路交通环境。

为了改善驾驶人的工作环境，提高劳动效率，在驾驶室内应设空调及采暖通风装置。

驾驶人的视野性能主要取决于座椅的布置、高度以及座垫和靠背的倾角，以及车窗尺寸、形状、布置及其支柱的结构等。

2. 乘客上下车方便性

乘客上下车方便性作为使用方便性之一，主要影响城市公共汽车站点的停车时间，从而影响汽车的线路运行时间。

乘客上下车的方便性，主要取决于车门的布置（轿车）和上下车踏板的结构参数。

对于轿车，主要取决于车门支柱的布置，特别是两门轿车，保证后座出入方便的影响尤其明显。车门支柱倾斜适当，可改善乘客出入的方便性。

对于客车，主要取决于踏板高度、深度、级数、能见度及车门的宽度。踏板高度和深度应与日常生活中所习惯的楼梯台阶相同。为了方便残疾人轮椅和童车的上下，公共汽车的踏板设计成高度可调式或自动升降式。

案例 5：

在设计公交车等车辆时，充分考虑了残疾人乘客上下车的方便性，体现了我国对残疾人生活的重视。2022 北京冬残奥会，我国残疾人运动员参加了全部大项比赛，其中 80 多人首次参加冬残奥会。我国残疾人体育事业取得的成就，充分体现了中国以人为本的发展理念。

3. 装卸货物方便性

装卸货物方便性，是指车辆对装卸货物的适应性。它用车辆装卸所耗费的时间和劳动力评价。

表征装卸货物方便性的结构因素有：货厢和车身地板的装卸高度；从一面、两面、三面或上面装卸货物的可能性；厢式车车门的构造、布置和尺寸；有无随车装卸装置及其效率。

在载货汽车的技术特性中，货厢地板高度在汽车使用中很重要，尤其在人工装卸或货物批量小的场合，货厢地板高度越大，装货时间和劳动力消耗就越大。目前，对汽车货厢地板高度尚无统一的标准和要求。在机械化装卸的场合，货厢地板高度对装卸效率无明显影响。

通用栏板汽车可从三面装货，相较单门厢式汽车，栏板货厢易于适应装卸货点的需要，可减少在装卸点的掉头时间。

4. 紧凑性

紧凑性是评价汽车外形尺寸合理利用的指标。它影响汽车操纵轻便性、机动性、受约束条件下的通过性以及停车面积等。重型载货汽车、大型客车较其他车辆要求有较好的紧凑性。

紧凑性的主要评价指标是汽车长度利用系数、汽车外形面积利用系数、比容载量面积和体积。

汽车长度利用系数 λ_L 为：

$$\lambda_L = L_K / L_a$$

式中　L_K——车厢（身）的有效容积内长（m）；

　　　L_a——汽车外形长度（m）。

汽车外形面积利用系数 λ_a 为：

$$\lambda_a = \frac{S'}{S}$$

式中　S'——车厢（身）内腔面积（m²）；
　　　S——汽车轮廓占地面积（m²）。

汽车比容载量面积和体积如下：

1）载货汽车比容载量面积（m²/t）为

$$\lambda_G = \frac{S}{G_e}$$

2）载货汽车比容载量体积（m³/t）为

$$\lambda'_G = \frac{SH}{G_e}$$

3）客车比容载量面积（m²/座位）为

$$\lambda_p = \frac{S}{P}$$

4）客车比容载量体积（m³/座位）为

$$\lambda_p = \frac{SH}{P}$$

式中　G_e——车辆名义载质量（t）；
　　　H——车辆外形高度（m）；
　　　P——客车乘客座位数。

5. 乘坐舒适性

汽车乘坐舒适性在很大程度上取决于座椅的结构。座椅的结构应符合人体工程学的要求，为乘客提供最佳的方便性和最舒适的乘坐姿势。

座椅的结构参数主要是座位的宽度和深度、靠背高度和倾角，以及座椅上乘员上下自由空间。

座椅应具有良好的柔和性。通常用它的振动特性（振幅、频率）和消振速度评价座椅的柔和性。当座椅上乘员的自振频率与车身振动频率的比值为 1.6~2.0 时，座椅的舒适性最好。

另外，乘坐舒适性也与车身的密封性有关。保护乘员空间不受外界空气污染，防止尘土侵入，保暖、供冷、通风、调温等，也是提高乘坐舒适性的重要措施。

6. 最大续驶里程

汽车的最大续驶里程 L_T，是指油箱加满（电池充满电）后所能连续行驶的最大里程，即

$$L_T = 100V_C/Q_S$$

式中　V_C——油箱容积或电池容量（L 或 kW·h）；
　　　Q_S——汽车运行消耗量（L/100km 或 kW·h/100km）。

除了汽车的技术水平外，汽车运行消耗量也取决于车辆的实载率、道路条件、运行速度等使用因素，因此，它将随使用条件而变化。

合适的汽车最大续驶里程可减少中途停车，提高汽车运输效率。确定汽车最大续驶里程时，应保证汽车在最大的昼夜或班次行驶里程内，不需中途停车加油或充电。

7. 机动性

车辆在最小面积内转向和转弯的能力被称为车辆的机动性。它表征了汽车能够通过狭窄

弯曲地带或绕开不可越过障碍物的能力。车辆装卸货场地的尺寸、停车库（场）通道宽度、车辆维修作业所需的场地面积都与车辆的机动性有关。对于汽车列车，其通过性对列车的使用方便性影响很大。

如图1-6所示，汽车机动性评价参数主要包括：前外轮最小转弯半径R_H、车辆转弯宽度A、突伸距a和b。

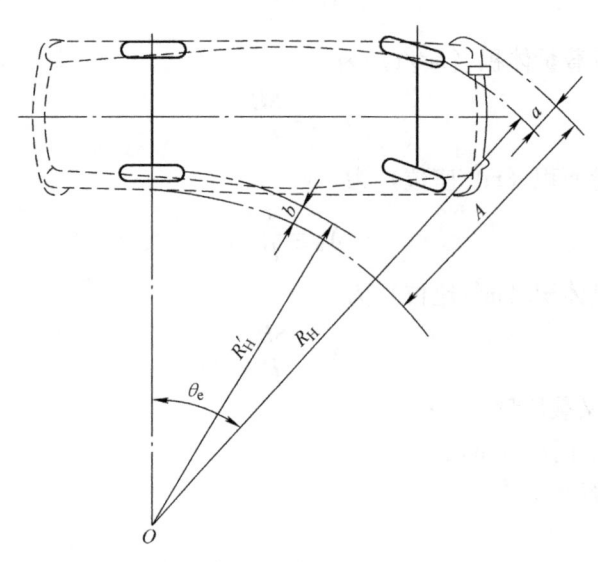

图1-6 汽车机动性的评价参数

同 步 训 练

一、填空题

1. 汽车使用条件主要包括_____、_____、_____和_____。
2. 道路条件的主要特征指标是_____和_____，它们是确定_____、_____、_____以及_____和_____的主要依据。
3. 道路条件中，对汽车运行速度、行驶平顺性及装载质量利用程度的影响主要来自_____和_____。
4. 根据公路的_____、_____和_____，我国将公路分为高速公路、一级公路、二级公路、三级公路和四级公路五个等级。
5. 公路养护水平的评定指标是_____和_____。
6. 货物按装卸方法可分为_____、_____和_____。
7. _____和_____统称为货物运输量。
8. 载货汽车的容载量常用_____和_____评价。
9. 汽车的质量利用描述了_____与_____的关系。通常利用_____评价汽车质量利用的优劣。
10. 装卸货物方便性，用车辆装卸所耗费的_____和_____评价。
11. 紧凑性的主要评价指标是_____、_____及_____。
12. 汽车机动性评价参数主要包括_____、_____、_____。

13. 按一次托运货物的数量，货物可分为_____和_____货物。
14. 按托运货物的批量，货运量可分为_____和_____两类。
15. 汽车的质量利用描述了_____与_____的关系。
16. 通常利用_____评价汽车质量利用的优劣。
17. 汽车运输可分为_____和_____。
18. 紧凑性是评价汽车_____合理利用的指标。

二、简答题
1. 简述汽车使用条件。
2. 汽车运输对道路条件的要求有哪些？
3. 道路分为哪些等级？
4. 公路养护水平有哪些评定指标？
5. 公路养护水平对汽车使用性能的影响有哪些？
6. 简述高速公路行驶的注意事项。
7. 汽车使用方便性包含哪些内容？
8. 表征装卸货物方便性的结构因素有哪些？
9. 紧凑性的主要评价指标是什么？
10. 车辆的机动性指的是什么？

三、名词解释
1. 汽车使用条件
2. 道路条件
3. 运输条件
4. 货运距离
5. 汽车使用性能
6. 汽车容载量
7. 比装载质量
8. 装载质量利用系数
9. 整备质量利用系数
10. 汽车使用方便性
11. 装卸货物方便性
12. 汽车长度利用系数
13. 汽车比容载量面积
14. 汽车比容载量体积
15. 汽车的最大续驶里程

第2章 汽车动力性

本章导学

汽车是一种高速高效的运输工具，汽车动力性是最重要也是最基本的性能。本章主要讲授汽车动力性定义及评价指标；分析汽车行驶方程式；重点分析汽车动力性能，包括纯电动汽车的动力性能；最后介绍汽车（包括传统燃油车和纯电动汽车）动力性试验。

学习目标

1. 掌握汽车动力性定义及评价指标。
2. 掌握汽车驱动力、行驶阻力构成及汽车的行驶附着条件。
3. 掌握汽车的驱动力-行驶阻力平衡图、动力特性图和功率平衡图。
4. 理解如何进行汽车动力性能分析。
5. 了解汽车动力性试验的内容。

汽车动力性指汽车在良好路面上直线行驶时，由汽车受到的纵向外力决定的、所能达到的平均行驶速度。汽车是一种高效率的运输工具，运输效率的高低在很大程度上取决于汽车的动力性。所以，动力性是汽车各种性能中最基本、最重要的性能。本章主要介绍动力性的评价指标，分析汽车行驶过程中的受力情况、建立行驶方程式，以图、表（或编程）的形式，按汽车动力性评价指标的要求确定汽车的动力性。

2.1 汽车动力性指标

从获得尽可能高的平均行驶速度的观点出发，汽车的动力性主要由三方面的指标来评价，即：

1. 汽车最高车速 v_{max}

最高车速是指在水平良好的直线道路（混凝土或沥青）上，汽车能达到的最高行驶稳定车速。

2. 汽车加（超）速时间 t

汽车的加（超）速时间表示汽车的加（超）速能力，它对平均行驶车速有着很大影响，特别是轿车，对加（超）速时间更为重视。常用原地起步加速时间与超车加速时间来表明汽车的加（超）速能力。

原地起步加速时间指汽车由Ⅰ档或Ⅱ档起步，并以最大的加速强度（包括选择恰当的换档时机）逐步换至最高档后到某一预定的距离或车速所需的时间。

超车加速时间指用最高档或次高档由某一较低车速全力加速至某一高速所需的时间。超车时汽车与被超车辆并行，容易发生安全事故，故超车加速能力强，并行时间短，行驶就安全。一般常用0→402.5m（0→1/4mile）或0→400m的时间来表明汽车原地起步加速能力，也有用0→96.6km/h（0→60mile/h）或0→100km/h所需的时间来表明加速能力的。对超车加速能力还没有一致的规定，采用较多的是用最高档或次高档由30km/h或40km/h全力加速行驶至某一高速所需的时间；还有用加速过程曲线即车速-时间关系曲线全面反映加速能力的。图2-1所示为一些轿车的原地起步加速过程曲线。

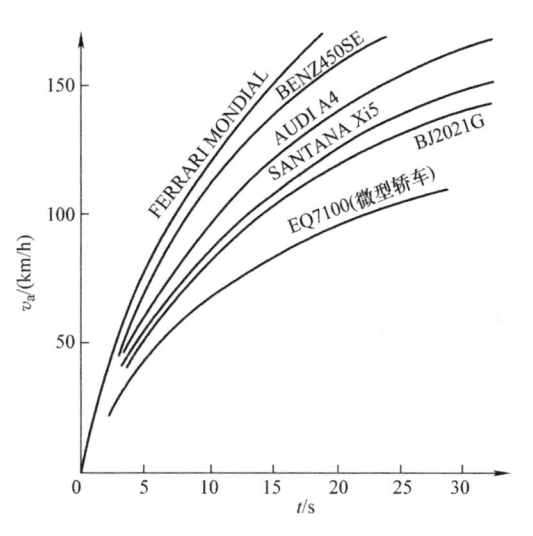

图2-1 轿车的原地起步加速过程曲线

3. 汽车最大爬坡度 i_{max}

汽车的上坡能力是用满载（或某一载质量）时汽车在良好路面上的最大爬坡度 i_{max} 表示的。显然，最大爬坡度是指Ⅰ档最大爬坡度。轿车最高车速高，加速时间短，经常在较好的道路上行驶，一般不强调它的爬坡能力；然而，它的Ⅰ档加速能力强，故爬坡能力也强。

货车在各种地区的各种道路上行驶，所以必须具有足够的爬坡能力，一般 i_{max} 为30%即16.7°左右。需进一步说明的是：i_{max} 代表了汽车的极限爬坡能力，它应比实际行驶中遇到的道路最大坡度大很多。这是因为应考虑到在实际坡道行驶时，在坡道上停车后顺利起步加速、克服松软坡道路面的大阻力、克服坡道上崎岖不平路面的局部大阻力等要求的缘故。

越野汽车要在坏路或无路条件下行驶，因而爬坡能力是一个很重要的指标，它的最大爬坡度可达60%即31°左右。

应指出，上述三方面指标均应在无风或微风条件下测定。

有时也以汽车在一定坡道上必须达到的车速来表明汽车的爬坡能力。例如军用车辆的战术技术要求中，不一定包含车辆的最高车速，但常规定在一定坡道上车辆应达到的速度。

也有以一定坡道上汽车的加速时间来表明汽车加速性能的。例如Timothy C. Moore提出某轿车满载时，在6%坡道上0→96km/h的加速时间不应大于20s。因为汽车具有这样的加速性能，便可以安全地从有坡度的匝道进入高速公路而驶入高速行驶的车流。

2.2 汽车驱动力与行驶阻力

确定汽车的动力性，就是确定汽车沿行驶方向的运动状况。为此，需要掌握沿汽车行驶方向作用于汽车的各种外力，即驱动力与行驶阻力。根据这些力的平衡关系建立汽车行驶方程式，就可以估算汽车的最高车速、加速度和最大爬坡度。

汽车的行驶方程式为

$$F_t = \sum F$$

式中　F_t——驱动力（N）；

　　　$\sum F$——行驶阻力之和（N）。

驱动力是由汽车动力系统（传统燃油车的发动机或新能源汽车的驱动电机）的输出转矩经传动系传至驱动轮上得到的。行驶阻力有滚动阻力、空气阻力、加速阻力和坡度阻力。现在分别研究驱动力和这些行驶阻力，并把 $F_t = \sum F$ 这一行驶方程式加以具体化，以便研究汽车的动力性。

2.2.1　汽车驱动力

汽车动力系统产生的转矩，经传动系传至驱动轮上。此时作用于驱动轮上的转矩 T_t 产生一个对地面的圆周力 F_0，地面对驱动轮的反作用力 F_t（方向与 F_0 相反）即是驱动汽车的外力（图2-2），此外力称为汽车的驱动力。其数值为

$$F_t = \frac{T_t}{r_r}$$

式中　T_t——作用于驱动轮上的转矩（N·m）；

　　　r_r——车轮半径（m）。

作用于驱动轮上的转矩 T_t 是由动力系统产生的转矩经传动系传至车轮上的。若令 T_{tq} 表示动力系统输出转矩，i_g 表示变速器的传动比，i_0 表示主减速器的传动比，η_T 表示传动系的机械效率，则有

$$T_t = T_{tq} i_g i_0 \eta_T$$

对于装有分动器、轮边减速器、液力传动等装置的汽车，上式应计入相应的传动比和机械效率。

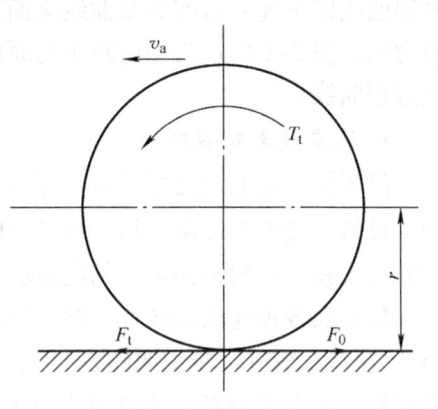

图2-2　汽车的驱动力

因此驱动力为

$$F_t = \frac{T_{tq} i_g i_0 \eta_T}{r} \tag{2-1}$$

2.2.2　汽车行驶阻力

汽车在水平道路上等速行驶时，必须克服来自地面的车轮阻力和来自空气的空气阻力。车轮阻力以符号 F_f 表示，空气阻力以符号 F_w 表示。当汽车在坡道上行驶时，还必须克服重力沿坡道的分力，以符号 F_i 表示。汽车加速行驶时还需要克服加速阻力，以符号 F_j 表示。因此汽车行驶的总阻力为

$$\sum F = F_f + F_w + F_i + F_j$$

上述诸阻力中，滚动阻力和空气阻力是在任何行驶条件下均存在的，坡度阻力和加速阻力仅在上坡或加速行驶条件下存在，在水平道路上等速行驶时，就没有加速阻力和坡度阻力。

1. 车轮阻力

车轮阻力由轮胎滚动阻力、路面阻力以及轮胎侧偏引起的阻力组成。

（1）轮胎滚动阻力

轮胎滚动阻力主要是轮胎的变形阻力，也包括路面和轮胎之间的摩擦力和轮胎空气阻

第2章 汽车动力性

力。其中，轮胎空气阻力是整车空气阻力的一部分。

通常用图2-3所示的弹簧轮模型描述轮胎变形阻力的产生机理。将弹簧轮抽象为由轮周围均匀分布的许多微小弹簧和微小阻尼器形成。在轮胎滚动过程中，各个弹簧和阻尼器反复经历压缩和伸展过程，其阻尼功即为变形阻力。变形阻力可用单位行程的阻尼功来表示。

汽车在转鼓试验台上的试验结果表明，汽车速度超过45m/s后，变形阻力会急剧增加。此时，当轮胎行驶速度超过轮胎的挠屈变形极限速度后，胎面波动看上去变形移动的状态恰似停止，称作驻波。驻波常发生在胎肩与胎侧交界区，如图2-4所示。这样胎面就在正、反方向力的交替作用下造成胎面不同部位半径的波动。轮胎除了接触部分外，其他部分也发生变形运动，结果使阻尼功急剧增加。

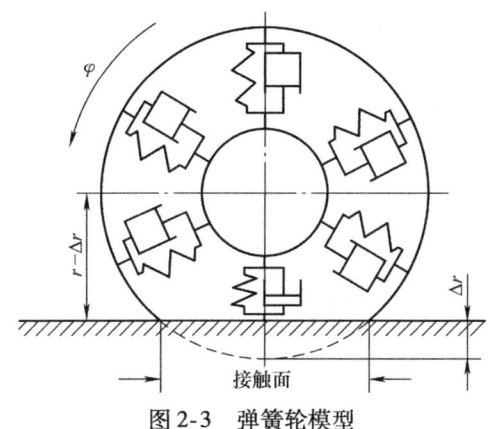

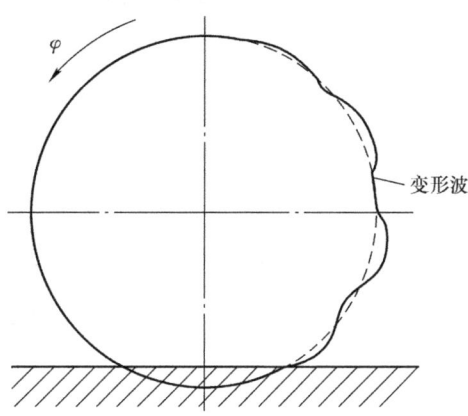

图 2-3　弹簧轮模型

图 2-4　轮胎圆周上的变形波

路面与轮胎之间的摩擦阻力产生的原因可用图2-3来说明。车轮滚动中，轮胎面上某点在通过与地面接触区域时，胎面到轮轴的距离由 r 变为 $r-\Delta r$，然后再变为 r。因此，车轮角速度虽然不变，但胎冠面各点的圆周速度却是变化的。这样，在接地区域内胎面与地面之间就存在纵向和横向的相对局部滑动，这就形成了摩擦阻力。

在低于40km/h的速度范围内，变形阻力占轮胎滚动阻力的90%~95%，摩擦阻力占2%~10%，而轮胎空气阻力所占比率极小（图2-5）。

高速时滚动阻力的急剧增加与轮胎的结构型式有关。如图2-6所示，子午线轮胎比斜交轮胎的滚动阻力小；同时，它的滚动阻力在超过使用速度范围界限后的急剧增加也明显比斜交轮胎要少。

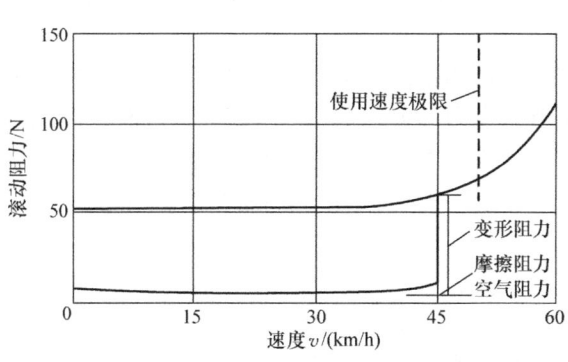

图 2-5　滚动阻力各成分随速度变化曲线

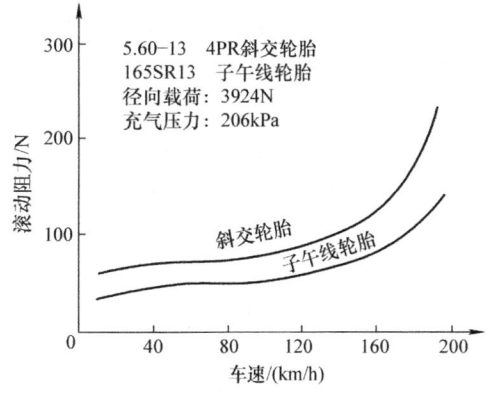

图 2-6　轮胎结构型式对滚动阻力系数的影响

常用单位轮荷的轮胎滚动阻力来定义无因次的滚动阻力系数 f 为

$$f = F_f/W$$

式中　F_f——轮胎滚动阻力（N）；
　　　W——轮胎载荷（N）。

一般情况下，f 可取为常数。在模拟计算时，考虑到车速的影响，采用近似公式表示为：

$$f = C_0 + C_1 v + C_2 v^4$$

式中　C_0、C_1、C_2——系数；
　　　v——车辆行驶速度（m/s）。

同时，轮胎的滚动阻力 F_f 与轮胎载荷 W 及轮胎气压 p_i 有关，如图 2-7 所示（1bar = 10^5Pa）。

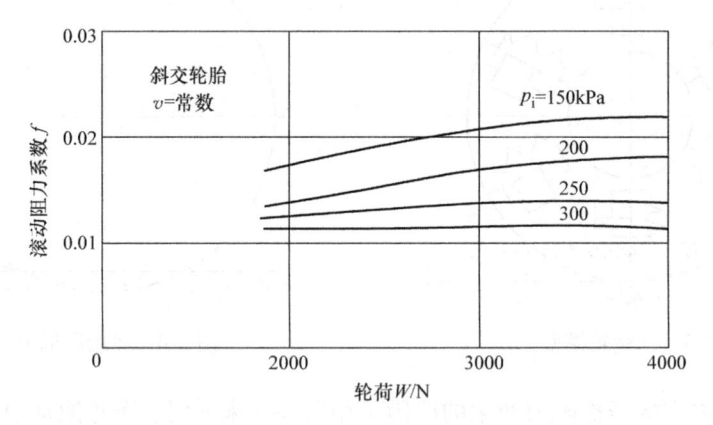

图 2-7　轮胎气压和载荷对滚动阻力系数的影响

（2）路面阻力

以上讨论的是在平整、干燥的硬路面上轮胎的滚动阻力，而实际路面一般与理想状态的差别很大。因此，这里需要分析三种路面的阻力情况。

1) 不平路面的阻力。因为车轮和车轴是通过弹簧－阻尼元件安装在车架上的，当车轮驶过凸起路面时，弹簧被不断地压缩和伸展，在减振器内形成阻尼功并转化成热能。这样，弹性悬架回收的能量比输入的能量略小，这个差值就是阻尼功。单位行程的阻尼功就表现为不平路面的附加滚动阻力（由不平路面引起的轮胎变形阻力增量可以忽略），附加的阻力系数为 f_b。

2) 柔性路面的阻力。与硬路面相比，车轮在柔性路面上（土路、草地、沙土、雪地）运动时，必须克服附加的滚动阻力。这种附加阻力由两部分组成（图 2-8）：一部分是使地面材料压缩和移动，形成轮辙所需的力；另一部分是克服轮辙与轮胎之间摩擦所需的力。

柔性路面上的附加滚动阻力与地面压强有关（图 2-9）。此外，柔性路面与硬路面相反，减小轮胎气压有助于降低滚动阻力。

3) 积水路面的阻力。如图 2-10 所示，在积水硬路面上运动的车轮与路面之间存在依次衔接的三个区域：接近区域、过渡区域和接触区域。在接近区域轮胎与路面被水膜隔开；在过渡区域，轮胎与路面之间仅有局部接触；而在接触区域，轮胎与路面之间才能有力的传递。

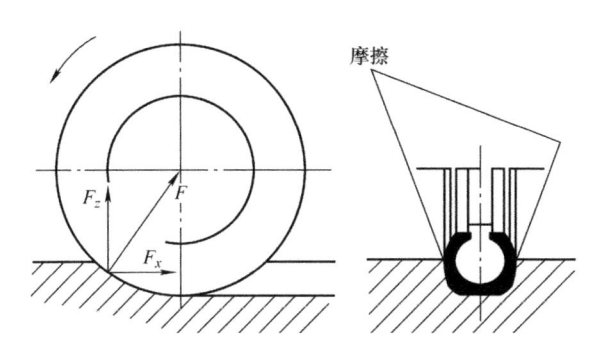

图 2-8　路面变形和轮辙摩擦产生的附加滚动阻力

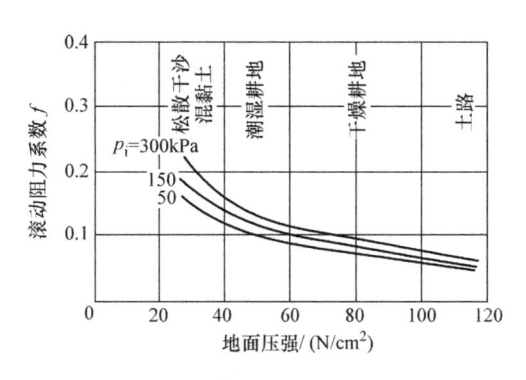

图 2-9　柔性路面滚动阻力和地面压强的关系

轮胎排挤水层时就产生了排水阻力 F_s，即

$$F_s = hb\frac{1}{2}\rho v^2$$

式中　h——水层厚度（m）；

　　　b——轮胎宽度（m）；

　　　ρ——水的密度（kg/m³）；

　　　v——挤水的速度（m/s）。

图 2-11 为排水阻力系数 $f_s(f_s = F_s/F_Z)$ 随水层厚度和速度变化的关系。由图可见，当水层厚度较大时，轮胎在高速段产生了滑水现象（接触区域消失），使 f_s 趋于与 v 无关的定值。

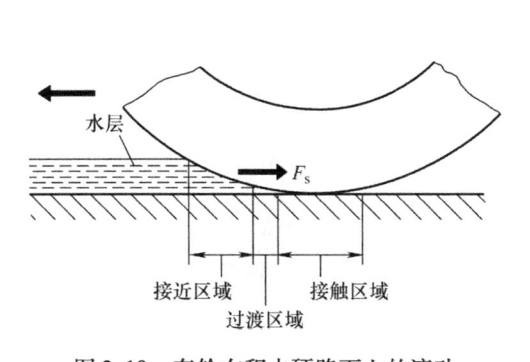

图 2-10　车轮在积水硬路面上的滚动

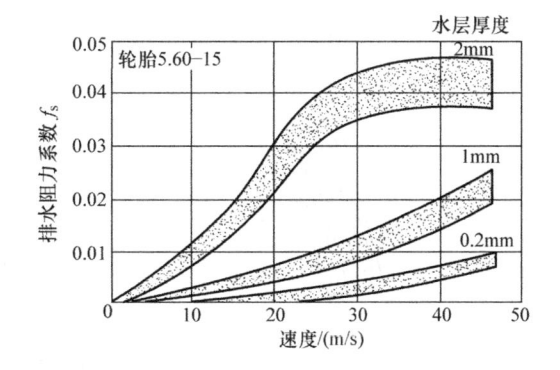

图 2-11　不同水层厚度下排水阻力系数与速度的关系

（3）轮胎侧偏引起的阻力

上述讨论中，车轮的运动方向都垂直于其轴线，即滚动阻力都在车轮平面内。

如果车轮还受有侧向力 F_Y（比如曲线行驶时），那么车轮平面与运动方向之间会出现一个夹角，即侧偏角（将在第 5 章汽车操纵稳定性中详细讨论），滚动阻力此时将不在车轮平面内，而是在车轮运动方向。

如图 2-12 所示，当侧偏角为 α 时，其阻力

$$F_E = F_f\cos\alpha + F_Y\sin\alpha$$

式中，$F_Y\sin\alpha$ 即为曲线行驶时的附加阻力 F_Q。汽车曲线行驶的附加滚动阻力系数 f_Q（$f_Q = F_Q/F_Z$）与侧偏角的关系如图 2-13 所示。

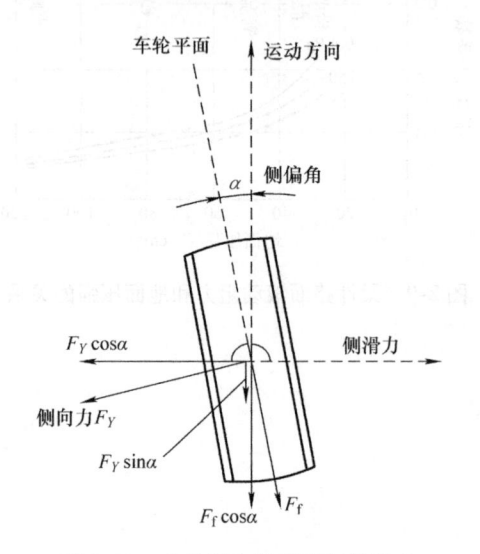

图 2-12　车轮侧向偏离引起的阻力

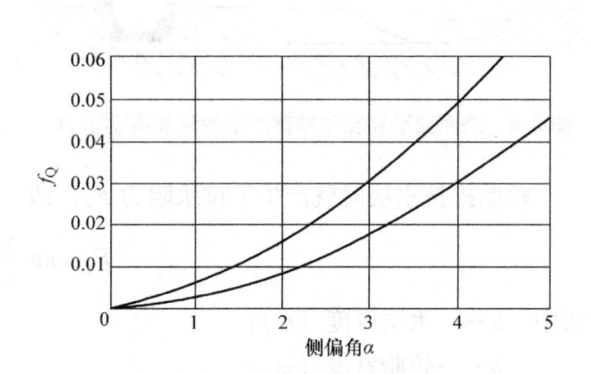

图 2-13　f_Q 和侧偏角 α 的关系

当侧偏角 α 很小时，侧向力 F_Y 与 α 近似成正比，所以有
$$f_Q \propto \alpha$$
前束角为 δ 的一对车轮在直线行驶时，相当于每个车轮的侧偏角为 $\delta/2$（图 2-14）。

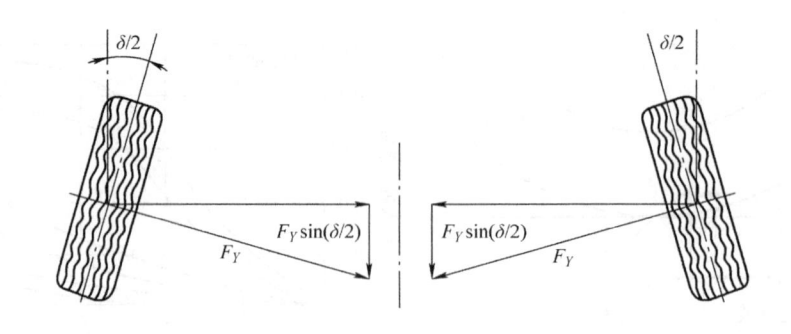

图 2-14　前束引起的附加阻力

这样，由前轮前束引起的附加阻力为
$$F_{Q1} = 2F_Y\sin(\delta/2)$$
当 $\delta = 1°$ 时，F_{Q1} 约为整车阻力的 3%。

为了说明车轮阻力各个组成部分之间的数量关系，在图 2-15 上画出了硬路面上各部分阻力系数与车速的关系。

计算时用到的车轮阻力系数 f 可从表 2-1 中选取。

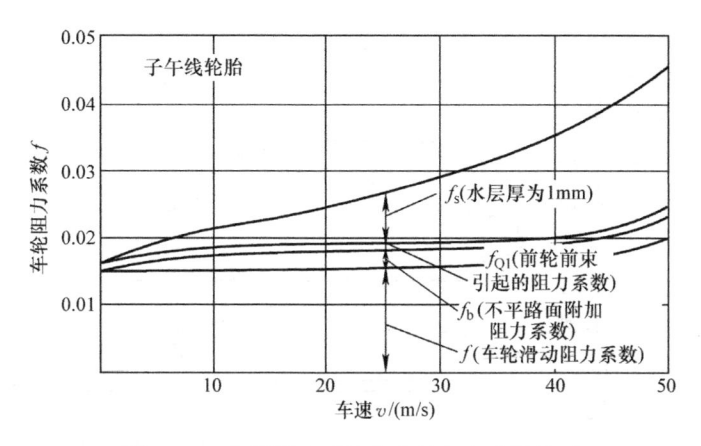

图 2-15 车轮阻力系数各分量与车速的关系

表 2-1 车轮阻力系数

路面种类	f
新完工的水泥、沥青、石块硬路面	0.008~0.015
良好的碎石路面、坑洼的沥青、水泥和石块路面	0.02~0.03
坑洼的碎石路面	0.03~0.04
良好土路	0.045
土路	0.05~0.15
沙	0.15~0.3

2. 空气阻力

影响气流中物体阻力的因素包括流速 v、空气密度 ρ、物体迎流面积 A 以及物体的形状。运动物体的空气阻力表达式为

$$F_w = C_D A \frac{\rho}{2} v^2$$

式中 C_D——无因次的空气阻力系数。

若 v 以 km/h 计，将 $\rho = 1.2258 \text{Ns}^2\text{m}^{-4}$ 代入上式，则

$$F_w = \frac{C_D A v^2}{21.15} \tag{2-2}$$

如果车辆在气流中行驶，则

$$v = v_a \pm v_f$$

式中 v_a——车速（km/h）；

v_f——风速（km/h）。

在车辆设计时，影响空气阻力的因素是 C_D 和 A；如果车辆的轮廓尺寸基本确定，则只能通过改变 C_D 来影响空气阻力。

车辆的空气阻力主要由压差阻力（又称形状阻力）、诱导阻力、表面阻力（又称摩擦阻力）和内部阻力（又称内循环阻力）组成。

1）压差阻力。压差阻力是作用于整个车辆表面上的法向力的合力。车辆向前运动时，由于其主体形状所限，在车辆表面上发生涡流分离现象，被车辆分开的空气无法在后部平顺

合拢和恢复原状。这样，在车辆后部形成涡流区 A_a 产生负压（图 2-16），从而在汽车运动方向上产生压差阻力。涡流区域越大，压差阻力也就越大。

如图 2-16 所示，尽管迎流断面积 A 相同，由于车辆造型不同会使涡流区 A_a 的大小差别很大，压差阻力也就各不相同。

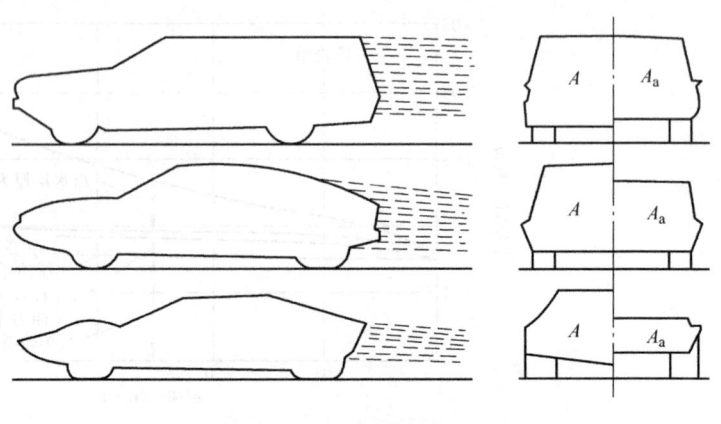

图 2-16 不同造型轿车的涡流区

如果迎流物体周围的气流中没有涡流分离现象产生，那么在运动方向上的合力分量就不存在，压差阻力也就为零（图 2-17）。

2）诱导阻力。车身上部和底部的空气压力存在差值，引起横向气流以及车辆的升力（图 2-18），横向气流也会在车身表面产生涡流分离现象，造成压差，产生所谓诱导阻力。

车尾的横向气流还形成两股很大的纵向涡流，对空气阻力有强烈影响（图 2-19）。

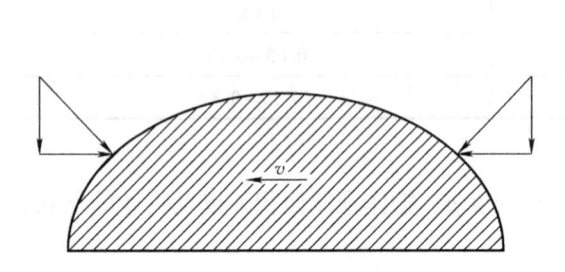

图 2-17 没有压差阻力的物体

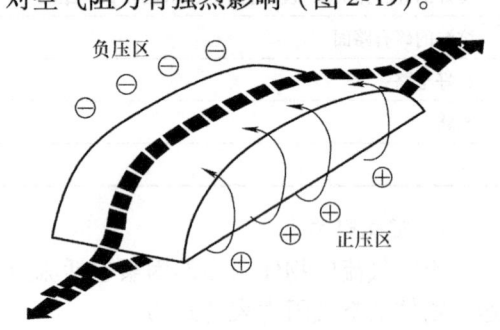

图 2-18 车辆的诱导气流

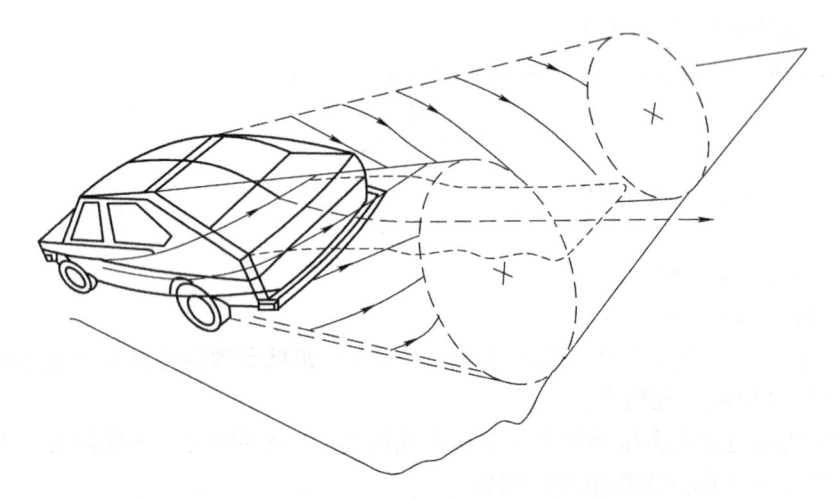

图 2-19 诱导气流形成的纵向涡流

3）表面阻力。紧贴车辆表面的空气层速度为零，向外各层空气速度逐渐增加，形成气流速度梯度。由于流体黏滞性的效应，在车辆表面与空气之间存在着摩擦，相邻空气层之间也存在着摩擦，从而产生车辆表面阻力。空气紊流速度梯度远大于层流，所以在紊流区的摩擦力要大得多。车辆表面的层流区是很有限的，一般只有 20～30cm。平板气流由层流向紊流的转变过程，如图 2-20 所示。

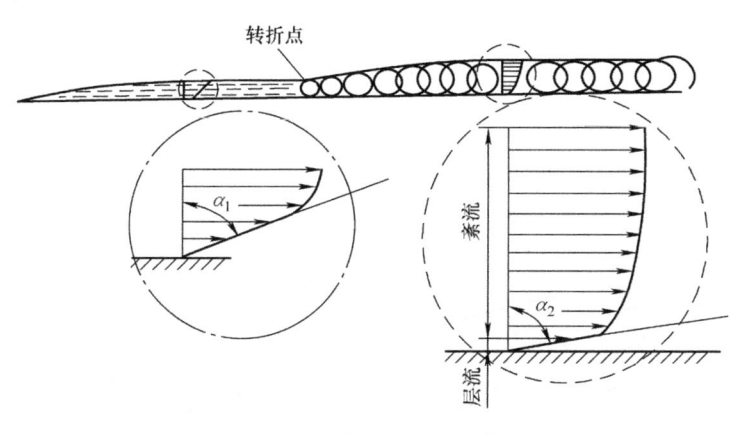

图 2-20 平板气流状态的转变过程

显然，车辆（如大客车）较长，上表面阻力就比较大。图 2-21 所示的大客车造型考虑了空气动力学的要求，其前部空气阻力很小。但车身表面阻力沿纵向增加的数值仍相当大，增长值几乎等于车尾部分的空气阻力。

4）内部阻力。流经散热器、汽车前舱和乘坐区的气流由于动量损失而形成的内部阻力（图 2-22）。

上述几部分阻力叠加起来，就构成了整车空气阻力，其各部分的数量比例大致如下：

压差和诱导阻力：50%～90%；

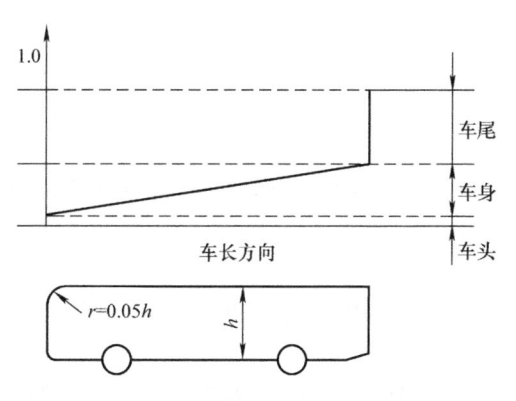

图 2-21 大客车空气阻力沿车长方向的分配

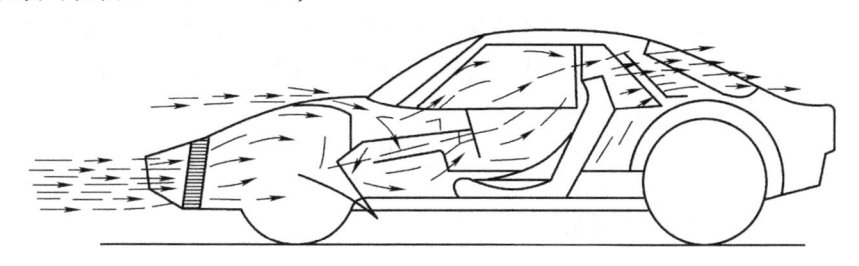

图 2-22 车辆内部气流

表面阻力：3%～30%；
内部阻力：2%～11%。

轿车 C_D 值在 0.28～0.51 之间，普通阶梯式（又称凹背式或浮桥式）的 C_D 值比斜顶式

（又称快背式）高得多。

大客车的 C_D 值为 $0.5 \sim 0.9$。

货车的 C_D 值与其构成和形式有关。例如，带篷货车（总高 3.6m），$C_D = 0.6$；集装箱半挂列车（总高 4m），按驾驶室形式不同，$C_D = 0.73 \sim 0.85$；全挂列车的总高为 3.2m 时，$C_D = 0.76$，总高为 4m 时，$C_D = 0.81$。

3. 坡度阻力

车辆在坡道上的受力情况如图 2-23 所示。

坡度阻力 F_i 为

$$F_i = mg\sin\alpha \tag{2-3}$$

式中　m——汽车质量（kg）；
　　　α——坡度角（°）。

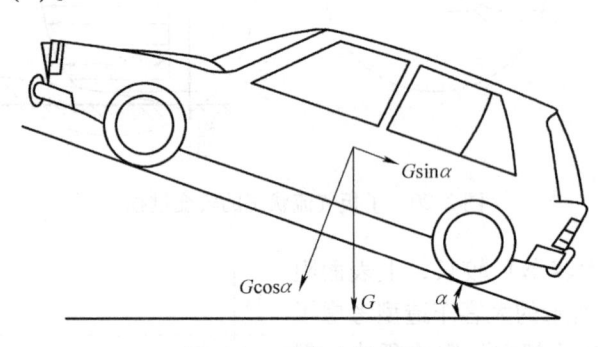

图 2-23　汽车上坡受力

普通道路的纵向坡度角一般小于 5°，$\sin\alpha \approx \tan\alpha$，则有：

$$F_i \approx mg\tan\alpha = mgi$$

式中　i——坡度。

四级公路的坡度 $i \leq 9\%$，用 i 取代 $\sin\alpha$ 时，坡度阻力的误差不超过 0.5%。

4. 加速阻力

汽车加速行驶时，需要克服其质量加速运动时的惯性力，就是加速阻力 F_j。汽车的质量分为平移质量和旋转质量两部分。加速时，不仅平移质量产生惯性力，旋转质量也要产生惯性力偶矩。为了便于计算，一般把旋转质量的惯性力偶矩转化为平移质量的惯性力，对于固定传动比的汽车，常以系数 δ 作为计入旋转质量惯性力偶矩后的汽车旋转质量换算系数，因而汽车加速时的阻力可写作

$$F_j = \delta m \frac{dv}{dt} \tag{2-4}$$

式中　δ——汽车旋转质量换算系数，$\delta > 1$；
　　　m——汽车质量（kg）；
　　　$\frac{dv}{dt}$——行驶加速度（m/s²）。

δ 主要与飞轮的转动惯量、车轮的转动惯量以及传动系的传动比有关。

根据公式推导，有：

$$\delta = 1 + \frac{1}{m}\frac{I_w}{r^2} + \frac{1}{m}\frac{I_f i_g^2 i_0^2}{r^2}$$

式中 I_w——车轮的转动惯量（kg·m²）；

I_f——飞轮的转动惯量（kg·m²）；

i_g——变速器的传动比；

i_0——主减速器传动比。

2.2.3 汽车行驶方程式

根据上面逐项分析的汽车驱动力和汽车行驶阻力，可以得到汽车行驶方程式为

$$F_t = F_f + F_w + F_i + F_j \tag{2-5}$$

或

$$\frac{T_{tq}i_g i_0 \eta_T}{r} = Gf\cos\alpha + \frac{C_D A}{21.15}v_a^2 + G\sin\alpha + \delta m\frac{dv}{dt}$$

考虑到实际正常道路的坡度角不大，$\cos\alpha \approx 1$，$\sin\alpha \approx \tan\alpha$，所以常常将上式写为

$$\frac{T_{tq}i_g i_0 \eta_T}{r} = Gf + \frac{C_D A}{21.15}v_a^2 + Gi + \delta m\frac{dv}{dt} \tag{2-6}$$

式（2-6）表示了无风天气、正常道路上行驶汽车的驱动力与行驶阻力的数量关系，在进行动力性分析时十分有用。但应指出，这个方程式并未经过周密的推导。

通过分析知道，汽车只要行驶，车轮阻力和空气阻力就一定存在，通常把车轮阻力和空气阻力之和 $F_f + F_w$ 称为基本行驶阻力。

由汽车行驶方程式，可知汽车行驶的驱动条件为

$$F_t \geq F_f + F_w \tag{2-7}$$

当汽车的驱动力等于基本行驶阻力时，汽车只能在水平路面上匀速行驶。当汽车驱动力大于基本行驶阻力时，汽车才能加速或在坡道上行驶。

2.3 驱动力－行驶阻力平衡图、动力特性图

2.3.1 驱动力－行驶阻力平衡图

驱动轮上的驱动力按式（2-1）计算

$$F_t = \frac{T_{tq}i_g i_0 \eta_T}{r_d}$$

式中 T_{tq}——发动机或电机输出转矩（N·m）；

η_T——传动系效率；

i_g，i_0——变速器和主减速器传动比；

r_d——车轮动态半径（m）。

汽车速度（km/h）由下式计算

$$v_a = 0.377\frac{r_r n}{i_g i_0} \tag{2-8}$$

式中 r_r——车轮滚动半径（m）；

n——发动机或电机转速（r/min）。

车轮滚动半径 = 滚动圆周/2π，对子午线轮胎可取 $r_r = 0.97 \times$ 自由半径；对斜交轮胎取 $r_r = 0.95 \times$ 自由半径。车轮滚动半径是指车轮承受铅垂载荷和转矩时的半径，在硬路面上近似与单纯承受铅垂载荷的静力半径相等，其经验计算式为

$$r_d = 0.0254\left[\frac{d}{2} + b(1-\lambda)\right] \tag{2-9}$$

式中　　d——轮辋直径（m）；

　　　　b——轮胎宽度（m）；

　　　　λ——轮胎径向变形系数，额定胎荷时可取为 0.1~0.16。

1. 驱动力图

（1）某一固定档位驱动力线的绘制

发动机（或电机）任一转速时，根据式（2-8）求出汽车行驶速度。

由发动机使用外特性曲线（或驱动电机特性曲线）或转矩表达式，可得出该转速时发动机（或电机）输出转矩；根据式（2-1），可得到该转速下的汽车行驶速度和驱动力。

同样方法，根据不同转速，即可得到不同转速下汽车行驶速度和驱动力。

连点描线可得到该档位下的驱动力线。

（2）驱动力-车速曲线图的绘制

变换不同档位，可以做出各档的驱动力-车速曲线图，具有四档变速器的汽车的驱动力图如图 2-24 所示。

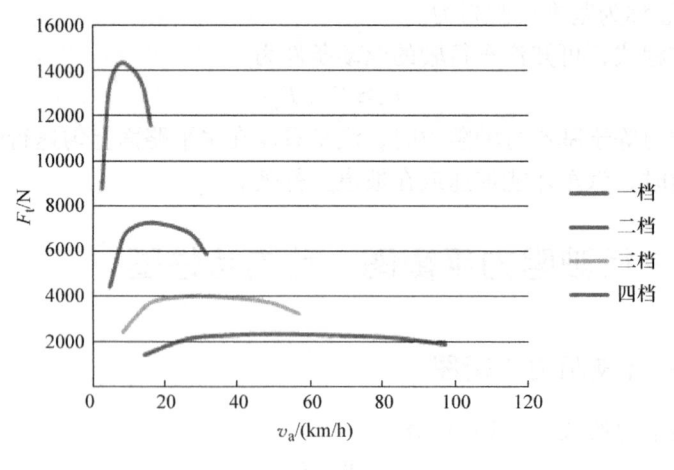

图 2-24　驱动力图

2. 驱动力-行驶阻力平衡图

根据行驶阻力表达式，在驱动力图上画出基本行驶阻力曲线 $F_f + F_w$，这样就构成了驱动力-行驶阻力平衡图，如图 2-25 所示。

案例 1：

汽车动力性学习会涉及较多的数学知识，如果用传统方法，我们将在计算上花费过多的精力，善于使用专业软件，例如最基本的 Excel 以及数学计算方面的 MATLAB、SPSS 等，会大大节约我们的时间。同时我们应看到国外对高端商用软件的垄断，我们应努力学习，开拓创新，为我国国产软件的发展做出贡献。

第2章 汽车动力性

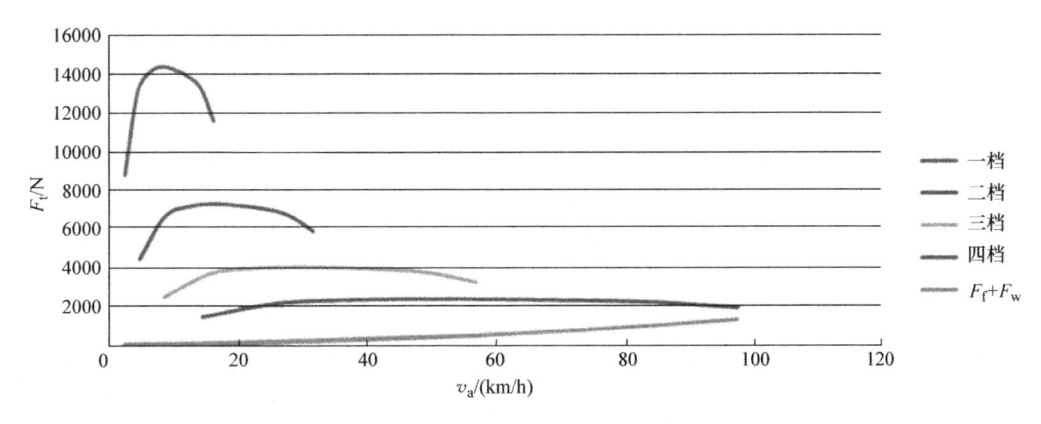

图 2-25 驱动力 – 行驶阻力平衡图

2.3.2 动力特性图

将汽车行驶方程式两边除以汽车重力并整理如下

$$F_t = F_f + F_w + F_i + F_j$$

$$\frac{F_t - F_w}{G} = f + i + \frac{\delta}{g}\frac{dv}{dt}$$

令 $\dfrac{F_t - F_w}{G}$ 为汽车动力因数并以符号 D 表示，则

$$D = \frac{F_t - F_w}{G} = f + i + \frac{\delta}{g}\frac{dv}{dt} \tag{2-10}$$

汽车在各档下的动力因数与车速关系曲线称为动力特性图，如图 2-26 所示。
利用动力特性图可以比较不同车重和空气阻力的车辆的动力性能。
驱动轮上的驱动功率为

$$P_t = \eta_T P_s$$

式中　P_s——发动机（电机）使用状态下的功率。

由于不同档位对应的车速范围不同，各档的驱功功率与车速的关系曲线亦不同（图 2-27）。在图上再画出行驶阻力功率曲线 $P_f + P_w$，就构成了功率平衡图。

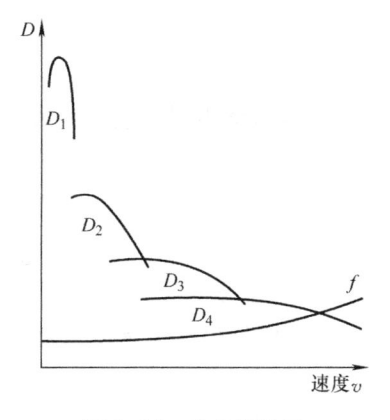

图 2-26 动力特性图

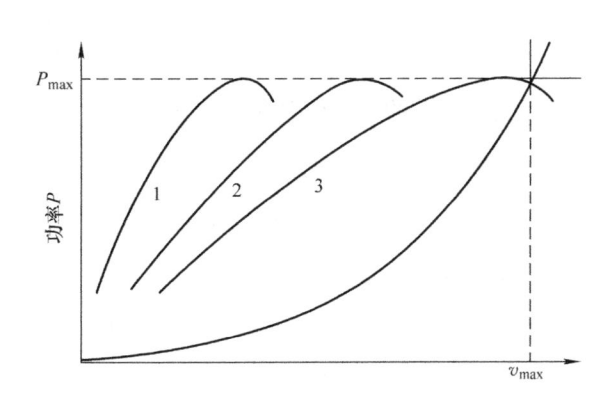

图 2-27 功率平衡图

2.3.3 加速能力

从驱动力-行驶阻力平衡图（图 2-25），可以求得各档的后备驱动力 $F_t-(F_f+F_w)$，如用于加速（即令 $i=0$）时，即可求出对应的加速度

$$\ddot{x}=\frac{F_t-(F_f+F_w)}{\delta G}g \tag{2-11}$$

式中 δ——汽车旋转质量系数。

如果忽略旋转质量的影响，即令 $\delta=1$，得到的加速度曲线如图 2-28 中实线所示。由于 $\delta>1$，而且档位越低 i_g 值越大，δ 值也越大，所以实际的加速度曲线如图中虚线所示。

某些载货汽车由于旋转质量的影响，Ⅰ档的加速度常常低于Ⅱ档加速度（图 2-29）。换句话说，从加速度角度来看，这时用Ⅱ档起步可能更理想。

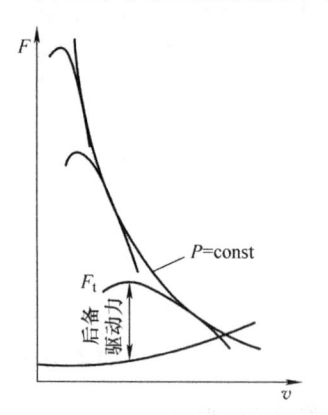

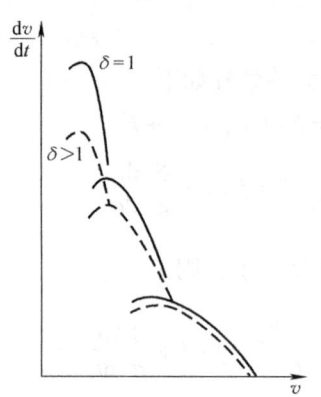

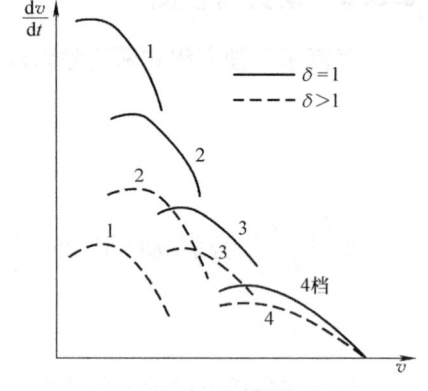

图 2-28 加速度曲线

图 2-29 旋转质量系数对加速能力的影响（δ 很大时）

因为动力因数为

$$D=\frac{F_t-F_w}{G}=f+i+\frac{\delta}{g}\frac{dv}{dt}$$

所以由各档对应的后备动力因数（$D-f$），即可求出加速度

$$\frac{dv}{dt}=\frac{D-f}{\delta}g$$

各档加速度 $\frac{dv}{dt}$ 的最大值总是对应于相应档位的后备驱动力或后备动力因数的最大值。

但在功率平衡图上则不相同，因为后备功率

$$P_t-(P_f+P_w)=[F_t-(F_f+F_w)]v_a=\delta m\frac{dv}{dt}v_a \tag{2-12}$$

所以各档后备功率的最大值与加速度最大值互不对应，如图 2-30 所示。

在图 2-30 上还标出了最佳换档点Ⅰ和Ⅱ，它们都对应于发动机的最高转速，这和相邻档加速度曲线交点是相对应的。

当相邻档位驱动功率曲线有交点时，就把该点作为换档点（图 2-31）。

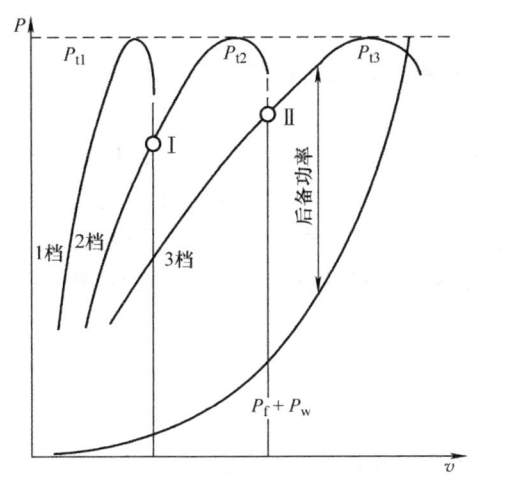

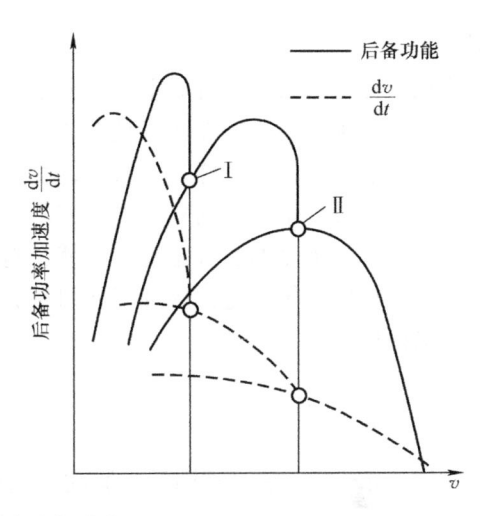

图 2-30　后备功率和加速度

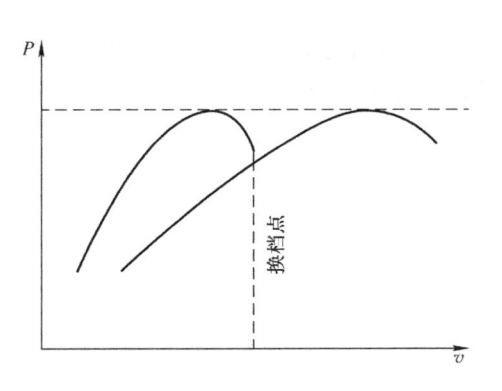

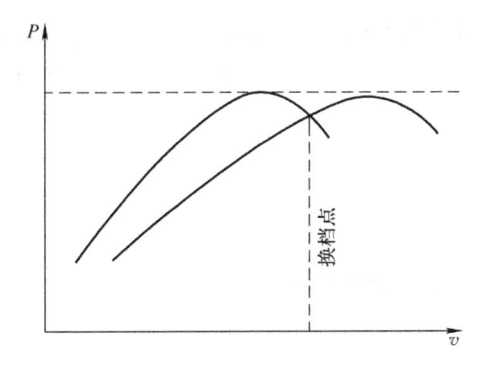

图 2-31　最佳换档点

如果不考虑旋转质量的影响，这和加速度曲线交点是相对应的；但实际 $\delta > 1$，结果加速度曲线交点（即最后换档点），要比上述驱动功率曲线交点向低速方向偏移（图 2-32）。

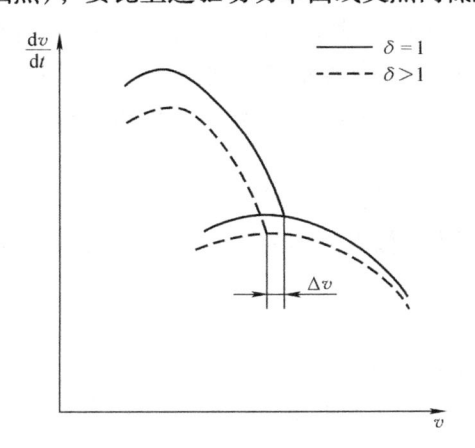

图 2-32　旋转质量系数对换档点的影响

> **案例2：**
> 　　要想获得足够大的后备驱动力，驱动力就得足够大，而行驶阻力要尽可能地小。后备驱动力越大，则可以用来加速或爬坡的力就越多。
> 　　就像我们学生学习一样，有目标，就有了动力，学习的内驱动力越大，相当于驱动力越大。在学习过程中受到的外界干扰和不良习惯相当于阻力，干扰或不良习惯越少则阻力越小。我们有了更多的后备驱动力，就会有更多的精力投入学习，取得更好的成绩。所以我们学习过程中应树立远大的理想或目标，改正不良习惯，心无旁骛，专心学习，这样才能取得更好成绩。

2.3.4　上坡能力

如果保持车速一定，利用后备驱动力上坡，可求得所能克服的最大坡度角的正弦值

$$\sin\alpha_{\max} = \frac{F_t - (F_f + F_w)}{G} \quad (2\text{-}13)$$

对于高速档，式（2-13）中 $F_f = Gf\cos\alpha_{\max}$ 可近似表示为 $F_f = Gf$，直接解出 $\alpha_{\max}$ 值。对于低速档，由于 $\alpha_{\max}$ 值较大，需用三角方程来解出 $\alpha_{\max}$ 值。由式（2-13）可以得出：

$$\sin\alpha_{\max} = D - f\cos\alpha_{\max} \quad (2\text{-}14)$$

或

$$\sin\alpha_{\max} = \frac{P_t - (P_f + P_w)}{Gv_a}$$

2.4　附着条件

2.4.1　汽车行驶的附着条件

从上面的分析可知，汽车动力系统所确定的驱动力是决定动力性的一个主要因素。驱动力大，加速能力好，爬坡能力也强。不过这个结论只在轮胎-路面有足够大的附着力（例如良好轮胎在干燥的水泥路面上）时才能成立。在潮湿的沥青路面上附着性能差时，大的驱动力可能引起车轮在路面上急剧加速滑转，地面切向反作用力并不很大，动力性也未进一步提高。由此可见，汽车的动力性不只受驱动力制约，它还受到轮胎与地面附着条件的限制。

关于附着力将在第4章详细讨论，这里只做简单介绍。

地面对轮胎切向反作用力的极限值称为附着力 F_φ，在硬路面上它与驱动轮法向反作用力 F_Z 成正比，常写成

$$F_{X\max} = F_\varphi = F_Z\varphi$$

式中　φ——附着系数，由路面与轮胎决定。

由作用在驱动轮上的转矩 T_t 引起的地面切向反作用力不能大于附着力，否则将发生驱动轮滑转现象。

汽车行驶的附着条件为驱动力不大于附着力，即：

$$F_t \leq F_\varphi \quad (2\text{-}15)$$

因此，汽车要想正常行驶，其必须满足的驱动-附着条件为

$$F_\varphi \geq F_t \geq F_f + F_w \tag{2-16}$$

2.4.2 车轮法向反力

1. 静态法向反力

通过汽车静态受力分析（图2-33），可知汽车前、后轴所受的力分别为

$$F_{Z10} = G\frac{l_2}{l}$$

$$F_{Z20} = G\frac{l_1}{l}$$

式中　G——汽车重力（N）；
　　　l——轴距（m）。
l_1，l_2——汽车质心到前、后轴的距离（m）。

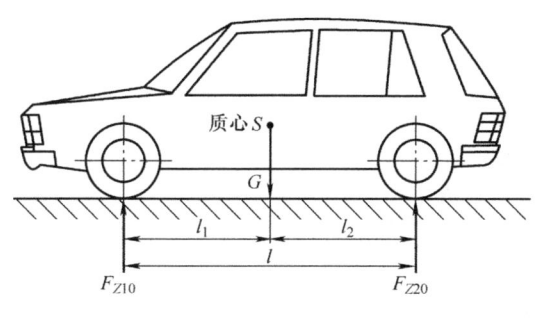

图 2-33　静态法向反力

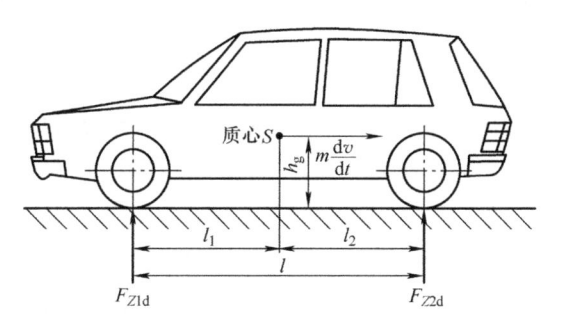

图 2-34　惯性力引起的反力

2. 惯性力引起的法向反力

当汽车加速行驶时，其受力图如图2-34所示，则汽车前、后轴惯性力引起的法向反力分别为

$$F_{Z1d} = -m\frac{h_g}{l}\frac{dv}{dt}$$

$$F_{Z2d} = m\frac{h_g}{l}\frac{dv}{dt}$$

式中　h_g——汽车质心高度（m）。

显然，$F_{Z1d} + F_{Z2d} = 0$。

3. 空气阻力引起的法向反力

空气阻力使后轴载荷增加，而前轴载荷减少。如图2-35所示，由空气阻力引起的汽车前、后轴法向反力分别为

$$F_{Z1w} = -F_w\frac{h_w}{l}$$

$$F_{Z2w} = F_w\frac{h_w}{l}$$

式中　h_w——空气阻力合力作用点离地高度（m），一般被视为与汽车质心高度相同。

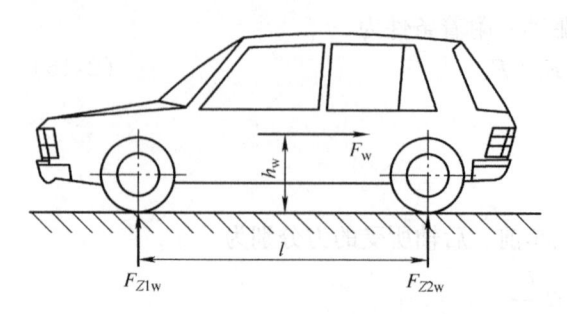

图 2-35 空气阻力引起的法向反力

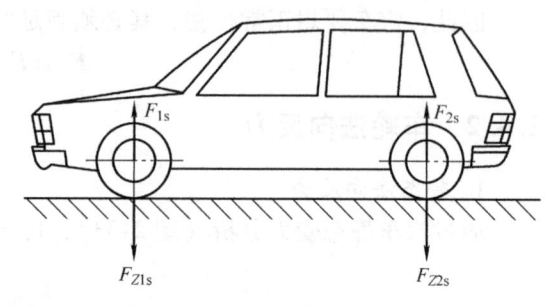

图 2-36 升力引起的法向反力

4. 升力引起的法向反力

在高速行驶的轿车上，由于迎面气流的作用，在前后轴上引起反力的变化，正的升力使车轮反力减小，负的升力使车轮反力增加，如图 2-36 所示。升力引起的汽车前、后轴法向反力分别为

$$F_{Z1s} = F_{1s}$$
$$F_{Z2s} = -F_{2s}$$

式中，F_{Z1s} 和 F_{Z2s} 分别为前后轴的升力（N）。

综上所述，汽车行驶中，前轴、后轴的反力分别为

$$\begin{cases} F_{Z1} = G\dfrac{l_2}{l} - m\dfrac{h_g}{l}\dfrac{dv}{dt} - F_w\dfrac{h_w}{l} - F_{1s} \\ F_{Z1} = G\dfrac{l_1}{l} + m\dfrac{h_g}{l}\dfrac{dv}{dt} + F_w\dfrac{h_w}{l} - F_{1s} \end{cases} \tag{2-17}$$

2.4.3 附着条件限制的加速能力

这里只需讨论低速档的加速能力限制问题。因为这时车轮切向力比较大，而低速档对应的车速较低，所以空气阻力和升力的影响可以忽略。

图 2-37 是一辆前轮驱动的轿车。驱动轮与路面间的切向作用力为

$$F_{X1} = F_{f2} + m\dfrac{dv}{dt}$$

由于驱动轮、传动系以及动力系统等部件的旋转惯性力矩已经由驱动力矩克服，所以只有非驱动轮惯性力矩引起的加速阻力反映到 F_{X1} 中来（如同 F_{f2} 一样），而它与平移质量惯性力相比是很小的，可以忽略不计。

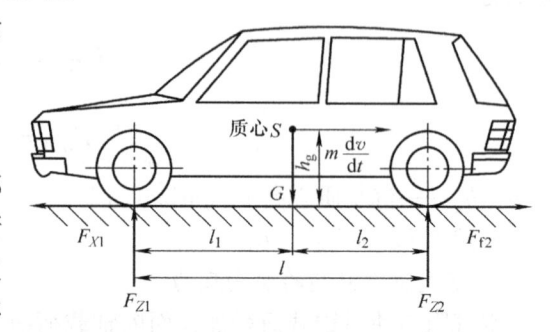

图 2-37 前轮驱动车辆加速行驶时受力

驱动轮的驱动力 F_{X1} 的极限值可由下式求出

$$F_{X1} = F_{Z1}\varphi$$

式中　F_{Z1}——前驱动轮与路面间的法向反力（N）；
　　　φ——附着系数。

由图 2-37 可知

$$F_{Z1} = G\frac{l_2}{l} - m\frac{h_g}{l}\frac{dv}{dt}$$

所以，
$$\left(G\frac{l_2}{l} - m\frac{h_g}{l}\frac{dv}{dt}\right)\varphi = F_{f2} + m\frac{dv}{dt}$$

而
$$F_{f2} = \left(G\frac{l_1}{l} + m\frac{h_g}{l}\frac{dv}{dt}\right)$$

即可解出附着条件限制的加速度为

$$\frac{dv}{dt} = \frac{-fl_1 + \varphi l_2}{l + (\varphi + f)h_g}g \tag{2-18}$$

同理，对于后轮驱动车辆，附着条件限制的加速度为

$$\frac{dv}{dt} = \frac{-fl_2 + \varphi l_1}{l - (\varphi + f)h_g}g \tag{2-19}$$

对于全轮驱动车辆，如果 $\dfrac{F_{X1}}{F_{Z1}} = \dfrac{F_{X2}}{F_{Z2}}$，则有

$$\frac{dv}{dt} = \varphi g \tag{2-20}$$

2.4.4 附着条件限制的上坡能力

汽车爬坡时车速较慢且保持不变，因此可以忽略空气阻力和升力的影响，图 2-38 所示为一辆前轮驱动的轿车上坡时的受力情况。

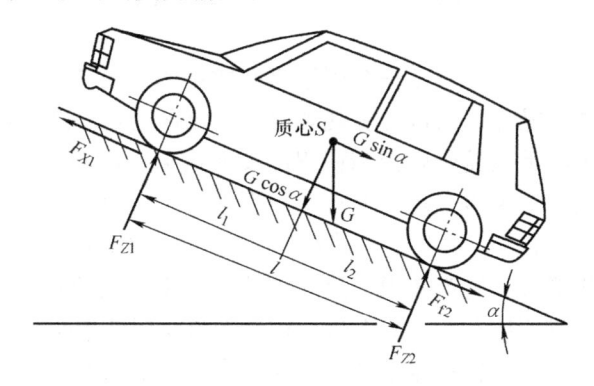

图 2-38 前轮驱动车辆上坡时的受力情况

比较图 2-37 和图 2-38，可见图 2-37 中的 $\dfrac{dv}{dt}$、g 分别对应图 2-38 中的 $G\sin\alpha$、$G\cos\alpha$。代入式（2-18）可以得出：

$$G\sin\alpha = \frac{-fl_1 + \varphi l_2}{l + (\varphi + f)h_g}G\cos\alpha$$

这样，可以求出附着条件限制下的最大爬坡度为

$$i = \tan\alpha = \frac{-fl_1 + \varphi l_2}{l + (\varphi + f)h_g} \tag{2-21}$$

同理，对于后轮驱动车辆，可求出附着条件限制下的最大爬坡度为

$$i = \tan\alpha = \frac{-fl_2 + \varphi l_1}{l - (\varphi + f)h_g} \tag{2-22}$$

对于全轮驱动车辆，如果 $\frac{F_{X1}}{F_{Z1}} = \frac{F_{X2}}{F_{Z2}}$，则有

$$i = \tan\alpha = \varphi \tag{2-23}$$

2.5　电动汽车动力性

电动汽车包括纯电动汽车、混合动力电动汽车和燃料电池电动汽车。纯电动汽车（Electric Vehicle，EV）利用电力驱动，在使用中可实现零排放。随着动力电池技术性能的不断提高，充电基础设施建设的发展，纯电动汽车是目前电动汽车的主要发展方向。

混合动力电动汽车（Hybrid Electric Vehicle，HEV）兼具传统燃油汽车续驶里程长和纯电动汽车污染小的特点，是高效节能汽车发展的另一个主要方向。

燃料电池电动汽车（Fuel Cell Electric Vehicle，FCEV）采用燃料电池，是一种将燃料的化学能通过电化学反应直接转换成电能的电化学发电器。它无污染、无噪声，排出的是水。它是新型高效节能汽车未来重要发展方向。

案例3：

2020年11月，国务院办公厅印发《新能源汽车产业发展规划（2021—2035年）》，要求深入实施发展新能源汽车国家战略，推动中国新能源汽车产业高质量可持续发展，加快建设汽车强国。

创新是引领发展的第一动力，是一个国家兴旺发达的不竭动力。所谓守正出新，"正"者，大道也，既包含道德操守，又包含客观规律，还包含正确理论；守正就是要守住初心，保证方向不偏，完整地继承人类所创造和积累的文明成果；出新则是创新、变化，其要旨是以创新作为价值取向，避免落入越有经验（习惯性思维、想当然）越容易失去创造力的陷阱，秉持"好奇心+追问"，要敢于挑战权威，善于探索新知，正确看待失败，尊重个性发展，于实践中提出概念、生产知识、建立理论，逐步形成超越前人的知识体系和技能体系，做到审时度势，推陈出新，与时俱进。创新的科学属性指明了行动方向：矢志探索，突破原创；聚焦前沿，独辟蹊径；需求牵引，突破瓶颈；共性导向，交叉融通。我们要不断培养胸怀祖国、服务人民的爱国精神，勇攀高峰、敢为人先的创新精神，追求真理、严谨治学的求实精神，淡泊名利、潜心研究的奉献精神，充分认识创新在我国现代化建设全局中的核心地位，深刻理解科技作为国家发展战略支撑的重大意义，努力把科技自立自强信念自觉融入人生追求之中。

2.5.1　纯电动汽车的结构与特点

纯电动汽车是一种驱动能量完全由电能提供、由电机驱动的汽车。电机的驱动能量来自可充电储能系统或其他能量储存装置。它具有零排放、噪声小、结构简单、维护简便等优点。相对于内燃机汽车和其他类型的电动汽车，纯电动汽车能量利用率最高，而且电力价格便宜，使用成本低。纯电动汽车可以利用夜间用电低谷时充电，因此还具有调节电网系统峰

谷负荷、提高电网效能的作用。

纯电动汽车主要由驱动电机、可充电动力蓄电池组（指高压动力蓄电池）、控制系统及安全保护系统等组成。其结构型式多样，布置灵活。按照驱动电机的布置方式不同，纯电动汽车可分为电机中央驱动和分布式电机驱动两种型式。电机中央驱动型式与内燃机汽车的驱动方案相似，用驱动电机和动力蓄电池替代内燃机和油箱，通过电机驱动左右两侧车轮，其具体的结构型式如图 2-39a～图 2-39c 所示。该结构的操作方式与内燃机汽车相同，技术成熟，安全可靠，但传动装置体积和质量较大，系统效率较低。分布式电机驱动型式一般将两个或四个电机分散布置到车轮上，其传动链短、传动高效、结构紧凑，车内空间利用率高，但控制系统复杂，成本高。其具体的结构型式如图 2-39d～图 2-39f 所示。

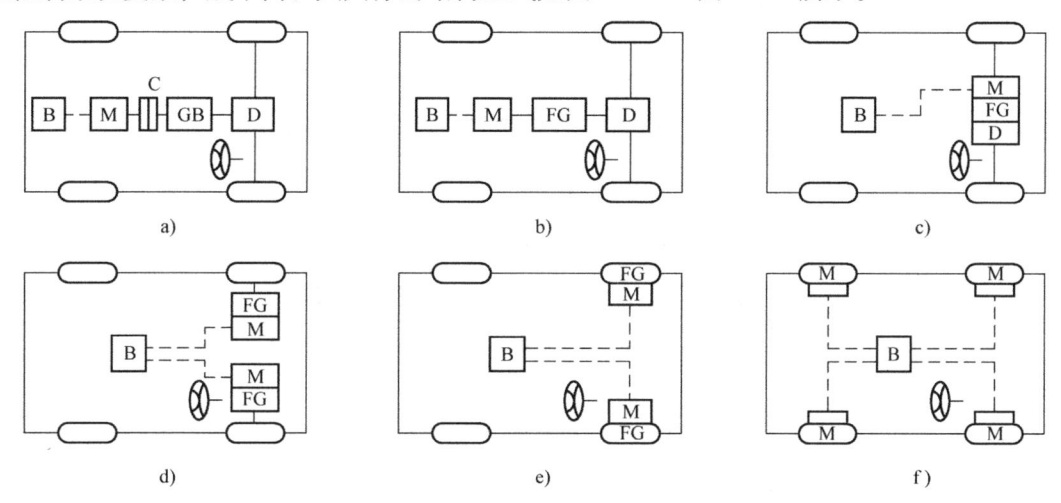

图 2-39　纯电动汽车的结构型式
a）带离合器中央电机驱动型式　b）无离合器中央电机驱动型式
c）电机变速器一体驱动型式　d）无差速器双电机电动轮驱动型式
e）两轮毂电机驱动型式　f）四轮毂电机驱动型式
B—动力电池　M—驱动电机　C—离合器　GB—变速器　FG—固定速比减速型式

2.5.2　纯电动汽车的动力性指标

与传统内燃机汽车一样，纯电动汽车动力性仍由最高车速、加速性能和爬坡性能三个指标来评定，测试的环境、仪器设备和载荷条件也基本相同，但也存在一些不同之处。

根据 GB/T 28382—2012《纯电动乘用车　技术条件》中的规定，电动汽车最高车速采用 30min 最高车速指标，即电动汽车能够持续 30min 以上的最高平均车速，其值应不低于 80km/h。加速性能包括车辆 0→50km/h 和 50→80km/h 的加速性能，其加速时间应分别不超过 10s 和 15s。爬坡性能包括爬坡速度和车辆最大爬坡度，即车辆通过 4% 坡度的爬坡车速不低于 60km/h，车辆通过 12% 坡度的爬坡车速不低于 30km/h，车辆最大爬坡度不低于 20%。

2.5.3　纯电动汽车的动力性

1. 驱动电机的转速 - 转矩特性

如果将驱动电机的功率 P_m、转矩 T_m 与转速 n_m 之间的函数关系以曲线表示，则此曲线称为驱动电机外特性曲线。

图 2-40 给出了一台峰值功率为 $P_{max}=45\text{kW}$ 电机的外特性曲线。其中，电机最高转速为 $n_{max}=6000\text{r/min}$，电机的额定转速，也称基速为 $n_0=1500\text{r/min}$，峰值转矩 $T_{max}=287\text{N}\cdot\text{m}$。从图 2-38 还可知，电机的工作特性可分为两个区域：恒转矩区和恒功率区。在基速以下的区域称为恒转矩区，随着转速的增加，驱动电机功率上升，但输出转矩恒定，在基速时电机功率达到最大值 P_{max}；基速以上的区域称为恒功率区，随着转速的增加，电机输出功率恒定，转矩随转速呈双曲线形下降。

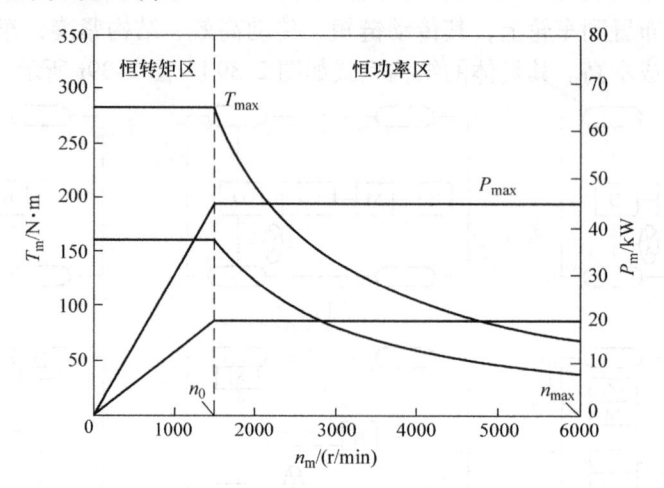

图 2-40 驱动电机特性曲线

2. 纯电动汽车的驱动力

纯电动汽车中驱动电机在驱动轮上产生的驱动力仍可采用式（2-1）进行计算。将由电机外特性确定的驱动力与车速之间的函数关系以图形表示，就可得到纯电动汽车的驱动力图，图 2-41 所示为采用减速器的纯电动汽车驱动力图。

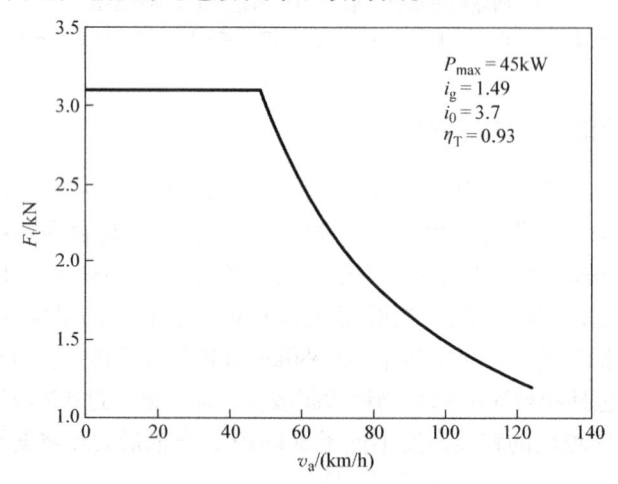

图 2-41 采用减速器的纯电动汽车驱动力图

3. 纯电动汽车动力性的计算

与传统内燃机汽车一样，纯电动汽车的行驶阻力包括：滚动阻力、空气阻力、坡度阻力和加速阻力。因此，纯电动汽车行驶方程式仍可采用式（2-5）来表示。

与传统内燃机汽车一样，也可采用驱动力-行驶阻力平衡图来确定纯电动汽车的动力性。图 2-42 给出了采用固定速比减速器的纯电动汽车驱动力-行驶阻力平衡图。图中，驱动力曲线 F_t 与 $F_f + F_w$ 曲线的交点对应的车速，即为最高车速。此时，驱动力和行驶阻力相等，汽车处于稳定的平衡状态。需要注意的是，在采用较大功率的驱动电机或者大传动比变速器时，驱动力-行驶阻力图中不存在这样的交点。此时，最高车速可由驱动电机的最高转速计算得到。图 2-42 所示为采用固定速比减速器的纯电动汽车驱动力-行驶阻力平衡图，其最高车速为 122km/h。

汽车的加速性能由汽车从静止或低速加速到一较高车速时的所需时间来评价。在衡量汽车的加速性能时，可以认为汽车是在水平路面上行驶的。此时，汽车的加速度可通过汽车行驶方程式得到，即

$$a = \frac{dv}{dt} = \frac{1}{\delta m}[F_t - (F_f + F_w)]$$

图 2-43 所示为采用固定速比减速器的纯电动汽车的加速度曲线。

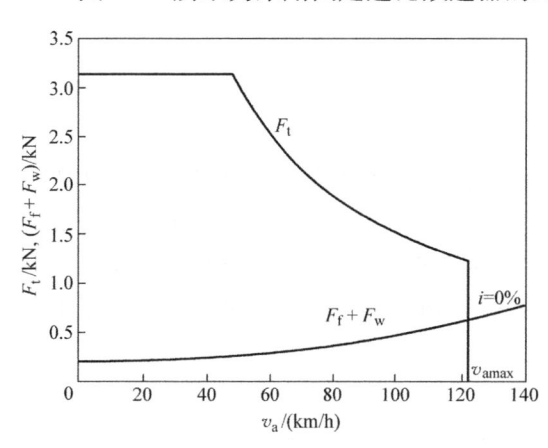

图 2-42　纯电动汽车驱动力-行驶阻力平衡图 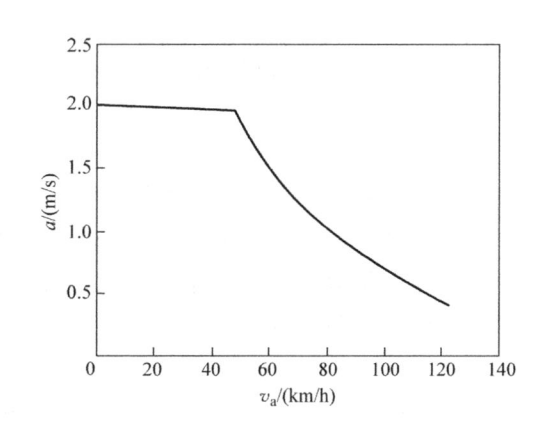　　　图 2-43　纯电动汽车的加速度曲线

因此，纯电动汽车由车速 v_1 加速到车速 v_2 的加速时间为

$$t = \frac{1}{3.6}\int_{v_1}^{v_2} \frac{1}{a}dt = \frac{1}{3.6}\int_{v_1}^{v_2} \frac{\delta m}{F_t - F_f - F_w}dv$$

加速时间可利用计算机进行数值积分计算或用图解法求出。利用图解法，可将 $a - v_a$ 曲线转画成 $\frac{1}{a} - v_a$ 曲线。$\frac{1}{a} - v_a$ 曲线下两个速度区间的面积就是通过此速度区间的加速时间。

汽车的爬坡能力可由后备驱动力求得，即 $F_i = F_t - (F_f + F_w)$。纯电动汽车的最大爬坡度一般为 20%~30%。因此，利用汽车行驶方程式来确定纯电动汽车低速最大爬坡能力时，坡度阻力应采用 $G\sin\alpha$。因此汽车最大爬坡度角为

$$\alpha = \arcsin\frac{F_t - (F_f + F_w)}{G}$$

利用上式可求得汽车能爬上的坡度角，相应地，根据 $\tan\alpha = i$ 可求出坡度值。

图 2-44 中，采用固定速比减速器的纯电动汽车的最大爬坡度为 21.5%。另外，电动汽车通过 4% 坡度的爬坡车速最大可达 122km/h，通过 12% 坡度的爬坡车速最大可达 74.5km/h。

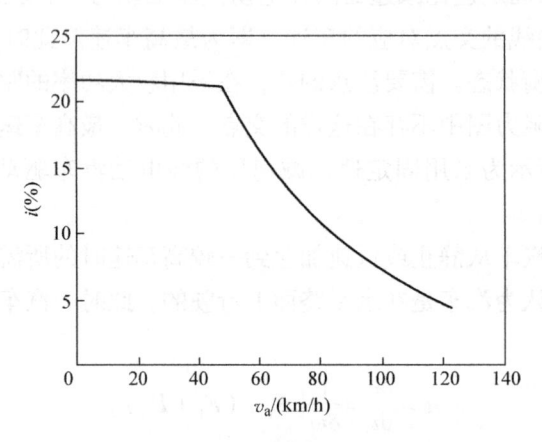

图 2-44 爬坡度曲线

2.6 汽车动力性试验

汽车的动力性试验主要包括三部分：最高车速试验、加速试验、爬坡试验（表 2-2）。通过动力性各项评价指标的测定，可以考察汽车是否符合设计要求，是否满足用户的使用要求，为改进设计提供依据。此外，动力性评价指标还用于两种车型优劣的比较，以及生产质量的检查和科学研究等方面。下面分别以传统燃油汽车和纯电动汽车为例来介绍动力性能试验的具体要求和试验方法。

表 2-2 动力性试验

车型	传统汽车	纯电动汽车
国家标准	GB/T 12544—2012 《汽车最高车速试验方法》 GB/T 12543—2009 《汽车加速性能试验方法》 GB/T 12539—2018 《汽车爬陡坡试验方法》	GB/T 18385—2005 《电动汽车 动力性能 试验方法》
试验方法	最高车速试验	最高车速试验 30min 最高车速试验
	加速试验	加速试验
	爬陡坡试验	爬坡车速试验

案例 4：

汽车动力性能的好坏直接决定运输效率，故在汽车设计阶段要给予足够的重视。如今面对新的机遇——新能源汽车，国内专家学者正致力于新能源汽车的研发，作为汽车人的我们，应努力做好专业知识储备，毕业后积极投身于国家的汽车事业，为我国的汽车产业发展添砖加瓦。

2.6.1 传统汽车动力性试验

试验方法按国家标准 GB/T 12544—2012《汽车最高车速试验方法》、GB/T 12543—2009《汽车加速性能试验方法》和 GB/T 12539—2018《汽车爬陡坡试验方法》。

1. 最高车速试验

最高车速是指按规定的试验方法，车辆能够保持的最高稳定车速。

（1）试验条件

车辆应清洁，车窗和乘客舱内通风装置应关闭，除非试验车辆有特殊要求。除试验必需的设备和车辆日常操纵部件外，应关闭车上的照明装置及辅助装置。

测量参数及其单位、精确度要求见表2-3。

表2-3 测量参数、单位及精确度

测量参数	单位	精确度
时间	s	±0.1s
长度	m	±0.1%
大气温度	℃	±1℃
大气压力	kPa	±1kPa
速度	km/h	±1% 或 ±0.1km/h（选取较大值）
质量	kg	±0.5%

试验应在直线道路或环形道路上进行。试验路面应坚硬、平整、干净、干燥并具有良好的附着系数。

直线道路的要求：道路测量区长度应至少为200m，并用标杆等做好标记。道路加速区应与测量区具有相同特性，且足够长，以保证车辆在到达测量区前能够稳定保持在最高车速。加速区和测量区的纵向坡度应不超过0.5%，单方向试验中直线道路纵向坡度应不超过0.1%。测量区的横向坡度应不超过3%。如果环形道路的一部分能满足上述要求，且其离心惯性反作用力小于汽车试验重量的20%，并可以通过道路横向坡度得到补偿，则此环形道路的这一部分可以作为测量区。

环形道路的要求：环形道路总长度应不小于2000m。为了计算最高车速，行驶里程应为汽车实际行驶的距离。环形道路与完整的圆形不同，它由直线的部分和近似环形的部分相接而成。环形部分的曲线半径应不小于200m，这样离心力通过曲线横向面补偿，不对转向盘进行任何操作，车辆可以正常行驶。

（2）试验方法

试验前，对试验结果会产生影响的汽车零部件应进行预热以达到制造厂指定的稳定温度条件。调整档位使汽车能够达到其最高稳定车速。

1）直线道路上的最高车速试验

① 标准试验规程（双方向试验）。为了减少道路坡度和风向（风速）等因素造成的影响，依次从试验道路的两个方向进行试验，并尽量使用道路的相同路径。

测量试验单程所用的时间 t_i。试验中车辆行驶速度变化不应超过2%。每个方向上的试验不少于1次，所用时间 t_i 的变化不超过3%。

试验速度计算公式：

$$v = \frac{L \times 3.6}{t}$$

式中　v——速度（km/h）；
　　　t——往返方向试验所测时间 t_i 的算术平均值（s）；
　　　L——测量道路长度（m）。

② 单方向试验。由于试验道路的自身特性，汽车不能从两个方向达到其最高车速，则允许只从一个方向进行试验。本试验中，道路特性要满足相应要求，需连续 5 次重复进行行驶试验，风速在车辆行驶方向的水平分量不超过 ±2m/s。

考虑到风速，最高车速应按下式修正：

$$v_{vi} = |v_i| \times 3.6$$

$$v_{ri} = \frac{3.6L}{t}$$

$$v_i = v_{ri} \pm v_{vi} \times f$$

式中　v_{ri}——每次行驶的最高车速，km/h；
　　　t——汽车行驶 $L(m)$ 长的距离所用的时间（s）；
　　　v_{vi}——风速水平分量（km/h）；
　　　v_i——所测量的风速行驶方向水平分量（m/s）；
　　　f——修正因数，取值为 0.6。

如果风的水平分量与汽车行驶方向相反，则选择"＋"号，否则选择"－"号。去掉 V_i 的两个极值，由下列公式计算得出最高车速 v：

$$v = \frac{1}{3} \sum_1^3 V_i$$

2）环形道路上的最高车速试验。记录汽车行驶一圈所用的时间 t_i。汽车以最高车速在道路上至少行驶三次，且不对转向盘施加任何动作以修正行驶方向。每次的测量时间差异不超过 3%。

时间 $\bar{t}$ 的计算公式：

$$\bar{t} = \frac{1}{3} \sum_1^3 t_i$$

最高车速计算公式：

$$v_a = \frac{L \times 3.6}{\bar{t}}$$

式中　v_a——最高速度（km/h）；
　　　$\bar{t}$——时间（s）；
　　　L——汽车实际行驶的环形道路的长度（m）。

用环形道路测量最高车速，需采用经验因数修正速度 v_a，尤其要考虑环形道路离心力的影响以及随之发生的汽车方向的变化：

$$v = v_a \times k$$

式中，k 的取值范围为 $1.00 \leq k \leq 1.05$。

2. 加速性能试验

（1）试验条件

试验应在大气温度为 0~40℃时进行，不应有雾、雨或雹，风速不大于 3m/s。

路面应是清洁、干燥、平直的混凝土或沥青（或相类似的）路面，其纵向坡度不应大于 0.1%。

试验汽车使用的燃料、润滑油（脂）牌号和规格，应符合该车技术条件，同一次试验的各项性能测试应使用同一批燃料、润滑油（脂）。

应对车辆进行磨合，磨合里程不少于该车技术条件的规定，车轮胎面应留有至少 75% 的花纹，且胎面良好。试验前，所有的轮胎均应经过至少 100km 的磨合。

车辆应按制造厂的技术要求进行检查及必要的调整。测试仪器安装后，不应妨碍车辆的操作和改变车辆的行驶特性。试验开始前，车辆应经过预热行驶。

（2）试验方法

1）全油门起步加速性能试验。车辆由静止状态全节气门加速到 100km/h（如果最高车速的 90% 达不到 100km/h，应取最高车速的 90% 向下圆整到 5 的整数倍的车速作为试验终了车速）。

车辆由静止状态全油门加速通过 400m 的距离。记录以上项目的行驶时间。

2）全节气门超越加速性能试验。车辆由 60km/h 全油门加速到 100km/h（如果最高车速的 90% 达不到 100km/h，应取最高车速的 90% 向下取整到 5 的整数倍的车速作为试验终了车速），记录行驶时间。

（3）变速器操作程序

1）手动变速器

① 全节气门起步加速性能试验。车辆起步加速，应在车轮滑转最小的情况下使车辆达到最大加速性能。离合器的操纵及换档时刻的选择应使加速性能发挥最大但不应超过发动机的额定转速。当车辆运动时触发记录装置。

② 全节气门超越加速性能试验。加速前，车速应控制在 58~60km/h 内保持匀速行驶至少 2s，当车速达到 60km/h 时触发记录装置。变速器在试验过程中不应换档。

M_1 类车辆和最大设计总质量小于 2t 的 N_1 类车辆的档位选择：对于 4 档或 5 档的手动变速器，档位应置于最高档和次高档；对于 6 档的手动变速器，档位应置于第 4 档和第 5 档；对于 3 档的手动变速器，仅使用最高档位。

M_2、M_3 类汽车和最大设计总质量不小于 2t 的 N 类车辆的档位选择：档位应置于最高档和次高档。

2）自动变速器

① 全节气门起步加速性能试验。在发动机怠速情况下（若有必要可踩下制动器），将变速器置于"D"位，车辆起步加速，应在车轮滑转最小的情况下使车辆达到最大加速性能，当车辆运动时触发记录装置。

② 全节气门超越加速性能试验。变速器置于"D"位。允许在汽车变速控制器的控制下换档。试验前，车辆加速到 58~60km/h 内保持匀速行驶至少 2s。当车速达到 60km/h 时触发记录装置。

3）手自一体变速器。分别进行自动模式和手动模式下的加速性能试验。

（4）试验数据

试验应往返进行，每个方向至少进行 3 次。若一次试验发生问题，则该往返试验均应重做。

（5）附件的操作

试验时应关闭前照灯。若汽车装有隐藏式车灯，则灯架应位于隐藏车灯的位置。为满足汽车行驶安全的需要可打开车灯，其他电器设备应置于关的位置，试验过程中要关闭所有车窗。

（6）数据处理

计算所有有效试验数据的算术平均值、标准偏差和变化系数（标准偏差/算术平均值）：

$$\mu = \frac{\sum_{i=1}^{n} T_i}{n}$$

$$SD = \sqrt{\frac{\sum_{i=1}^{n}(\mu - T_i)^2}{n-1}}$$

$$k = \frac{SD}{\mu}$$

式中　μ——算术平均值；

　　　i——第 i 次试验；

　　　T_i——第 i 次试验数据；

　　　n——试验总次数；

　　　SD——标准偏差；

　　　k——变化系数。

全节气门起步加速性能试验，变化系数不应大于 3%；全节气门超越加速性能试验，变化系数不应大于 6%。

3. 爬陡坡试验

最大爬坡度是指汽车在良好路面上，满载状态下所能通过的极限坡道，采用坡道垂直高度与水平距离的百分比表示。

爬坡成功是指汽车爬坡过程中，车速不断升高或趋于稳定通过测试路段的状态。

（1）试验条件

爬坡道路如图 2-45 所示，测试路段坡道长不小于 20m，测试路段的前后设有渐变路段，

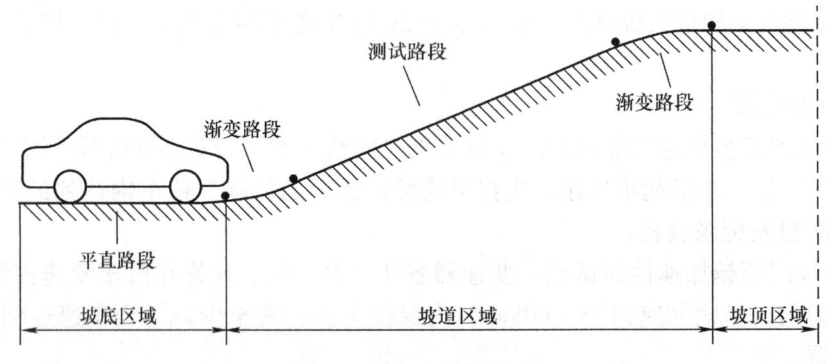

图 2-45　爬坡道路示意图

坡前平直路段不小于8m，应为表面平整、坚实、干燥、坡度均匀的自然坡道（沥青路面或混凝土路面）。

测试路段的纵向坡度变化率不大于0.1%，横向坡度变化率不大于3%。

测量参数及其单位、精确度要求见表2-4。

表2-4 测量参数及其单位、精确度

测量参数	单位	精确度
时间	s	±0.1s
长度	m	±0.1m
大气温度	℃	±1℃
大气压力	kPa	±1kPa
速度	km/h	±0.1km/h
质量（≤3500kg）	kg	±5kg
质量（>3500kg）	kg	±10kg
转速	r/min	±50r/min
坡度	%	±0.1%

轮胎气压为厂定轮胎在冷状态的充气压力下再增加20kPa。

装载质量按厂定型式确定，载荷分布宜均匀，固定牢靠。

车辆应干净，车窗和乘客舱内通风装置应关闭，除非试验车辆有特殊要求。

除试验必需的设备和车辆日常操纵部件外，应关闭车上的照明装置及辅助装置。

试验开始前，应采用适当的方式使车辆达到正常运行温度。

大于40%的纵坡应设置安全保险装置。

（2）试验方法

1）规定坡道爬坡。将汽车变速杆置于最低档，如有副变速器，也置于最低档，将自动变速器汽车档位置于D位（或按制造商要求），全驱车使用全轮驱动。

将汽车停于接近坡道区域的平直路段上。

起步后将节气门全开，在测试路段采集汽车的车速及发动机转速变化数据，爬坡中车速不断升高或趋于稳定通过测试路段，则爬坡成功并记录平均车速。

爬坡过程中监视各仪表（如冷却液温度、机油压力）的工作情况；爬至坡顶后，停车检查各部位有无异常现象发生，并做详细记录。

第一次爬坡失败时，分析爬坡失败的原因。如果爬坡过程中发动机转速未达到最大转矩点，可放宽车辆前端距坡道区域的距离，使车辆进入测试路段前发动机转速提升至最大转矩点，进行第二次爬坡，但总共不允许超过两次，第二次爬坡要在记录报告中特别说明。

越野车起步后，将节气门全开进行爬坡；当汽车处于测试路段时，靠自身制动系统停住，变速杆置于空档，发动机熄火2min，再起步爬坡，记录发动机转速。

牵引车做爬坡试验时，应在制造商规定的牵引条件和坡道上进行。

2）最大爬坡度

若没有制造商规定坡度的坡道，可增减装载质量或采用变速器较高一档（如Ⅱ档）进行试验，按试验条件折算为最大设计总质量下，变速器使用最低档时的爬坡度：

$$\tan\alpha_m \times 100\% = \tan\left\{\arcsin\left(\frac{\sin\alpha_1 G_{\alpha 1}\frac{i_1}{i_2} + \left(G_{\alpha 1}\frac{i_1}{i_2} - G_\alpha\right)f}{G_\alpha}\right)\right\} \times 100\%$$

式中　　$\tan\alpha_m \times 100\%$——最大爬坡度；

　　　　α_1——试验时的实际坡度角（°）；

　　　　$G_{\alpha 1}$——汽车实际总质量（kg）；

　　　　G_α——汽车最大设计总质量（kg）；

　　　　i_1——最低档总速比；

　　　　i_2——实际总速比；

　　　　f——滚阻系数，一般取 0.01。

2.6.2　纯电动汽车动力性试验

本节根据 GB/T 18385—2005《电动汽车　动力性能　试验方法》，来介绍纯电动汽车的加速特性、最高车速及爬坡能力等的试验方法。纯电动汽车动力性试验专业词汇定义见表 2-5。

表 2-5　专业词汇定义

纯电动汽车动力性试验	专业词汇定义
电动汽车整车整备质量（Complete electric vehicle kerb mass）	包括车载储能装置在内的整车整备质量
电动汽车试验质量（Test mass of electric vehicle）	电动汽车整车整备质量与试验所需附加质量的和。附加质量分别为： 1）如果最大允许装载质量小于或等于 180kg，该质量为最大允许装载质量 2）如果最大允许装载质量大于 180kg，但小于 360kg，该质量为 180kg 3）如果最大允许装载质量大于 360kg，该质量为最大允许装载质量的一半 4）最大允许装载质量包括驾驶人质量
最高车速（1km）（Maximum speed）	电动汽车能够往返各持续行驶 1km 以上距离的最高车速的平均值
30min 最高车速（Maximum 30 minutes speed）	电动汽车能够持续行驶 30min 以上的最高平均车速
加速能力（v_1 到 v_2）（Acceleration ability）	电动汽车从速度 v_1 加速到速度 v_2 所需的最短时间
爬坡车速（Speed uphill）	电动汽车在给定坡度的坡道上能够持续行驶 1km 以上的最高平均车速
坡道起步能力（Hill starting ability）	电动汽车在坡道上能够起动且 1min 内向上行驶至少 10m 的最大坡度

1. 试验条件（表2-6）

表2-6 试验条件

条件	具体要求
试验车辆	试验车辆应依据每项试验的技术要求加载； 在环境温度下，车辆轮胎气压应符合车辆制造厂的规定； 机械运动部件用润滑油应符合制造厂的规定； 车上的照明、信号装置以及辅助设备应该关闭，除非试验和车辆白天运行对这些装置有要求； 除驱动用途外，所有的储能系统应充到制造厂规定的最大值（电能、液压、气压等）； 车辆应清洁，对于车辆和驱动系统的正常运行不是必需的车窗和通风口应该通过正常的操作关闭； 试验驾驶人应按车辆制造厂推荐的操作程序使蓄电池在正常运行温度下工作； 试验前7天内，试验车辆应至少用安装在试验车辆上的蓄电池行驶300km；蓄电池应处于各项试验要求的充电状态
温度	室外试验大气温度为0~40℃； 室内试验温度为20~30℃
气压	大气压力为91~104kPa
风速	高于路面0.7m处的平均风速小于3m/s，阵风风速小于5m/s
湿度	相对湿度小于95%
其他	试验不能在雨天和雾天进行； 试验应该在干燥的直线跑道或环形跑道上进行； 路面应坚硬、平整、干净且要有良好的附着系数

2. 30min 最高车速试验

30min 最高车速试验可以在环形跑道上进行，也可以在底盘测功机上进行。将试验车辆加载到试验质量，增加的载荷应合理分布。使试验车辆以该车 30min 最高车速估计值 ±5% 的车速行驶 30min。试验中车速如有变化，可以通过踩加速踏板来补偿，从而使车速符合 30min 最高车速估计值 ±5% 的要求。如果试验中车速达不到 30min 最高车速估计值的 95%，试验应重做，车速可以是上述 30min 最高车速估计值或者是制造厂重新估计的 30min 最高车速。

测量车辆驶过的里程 S_1（单位为 m），并按下式计算平均 30min 最高车速 v_{30}（单位为 km/h）：

$$v_{30} = S_1/500$$

3. 最高车速试验

将试验车辆加载到试验质量，增加的载荷应合理分布。在直线跑道或环形跑道上将试验车辆加速，使汽车在驶入测量区之前能够达到最高稳定车速，并且保持这个车速持续行驶 1km（测量区的长度）。记录车辆持续行驶 1km 的时间 t_1；随即做一次反方向的试验，并记录通过的时间 t_2，按下式计算试验结果：

$$v = 3600/t$$

式中　v——实际最高车速（km/h）；

t——持续行驶 1km 两次试验所测时间的算术平均值 $(t_1+t_2)/2(s)$。

4. 加速性能试验

(1) M_1、N_1 类纯电动汽车加速性能试验

1) 0→50km/h 加速性能试验。将试验车辆加载到试验质量,增加的载荷应合理分布。将试验车辆停放在试验道路的起始位置,并起动车辆。将加速踏板快速踩到底,使车辆加速到 (50±1)km/h。如果车辆装有离合器和变速器,将变速杆置入该车的起步档位,迅速起步,将加速踏板快速踩到底,换入适当档位,使车辆加速到 (50±1)km/h。记录从踩下加速踏板到车速达到 (50±1)km/h 的时间,再以相反方向行驶再做一次相同的试验,0→50km/h 加速性能是两次测得时间的算术平均值。

2) 50→80km/h 加速性能试验

将试验车辆加载到试验质量,增加的载荷应合理分布。将试验车辆停放在试验道路的起始位置。将试验车辆加速到 (50±1)km/h,并保持这个车速行驶 0.5km 以上。将加速踏板踩到底,或使用离合器和变速杆(如果装有的话)将车辆加速到 (80±1)km/h,记录从踩下加速踏板到车速达到 (80±1)km/h 的时间。如果最高车速小于 89km/h,应达到最高车速的 90%,并应在报告中记录下最后的车速,再以相反方向行驶再做一次相同的试验。50→80km/h 加速性能是两次测得时间的算术平均值。

(2) M_2、M_3 类纯电动汽车加速性能试验

1) 0→30km/h 加速性能试验

将试验车辆加载到试验质量,增加的载荷应均匀分布。将试验车辆停放在试验道路的起始位置,并起动车辆。将加速踏板快速踩到底,使车辆加速到 (30±)km/h。如果车辆装有离合器和变速器,将变速杆置入该车的起步档位,迅速起步,将加速踏板快速踩到底,换入适当档位,使车辆加速到 (30±1)km/h。记录从踩下加速踏板到车速达到 (30±1)km/h 的时间,再以相反方向行驶再做一次相同的试验。0→30km/h 加速性能是两次测得时间的算术平均值(单位:s)。

2) 30→50km/h 加速性能试验

将试验车辆加载到试验质量,增加的载荷应合理分布。将试验车辆停放在试验道路的起始位置。将试验车辆加速到 (30±1)km/h,并保持这个车速行驶 0.5km 以上。将加速踏板踩到底,或使用离合器和变速杆(如果装有的话)将车辆加速到 (50±1)km/h。记录从踩下加速踏板到车速达到 (50±1)km/h 的时间。如果最高车速小于 56km/h,应达到最高车速的 90%,并应在报告中记录下最后的车速,再以相反方向行驶再做一次相同的试验。30→50km/h 加速性能是两次测得时间的算术平均值(单位:s)。

5. 爬坡车速试验

M_1、M_2、N_1 类纯电动汽车爬坡车速试验:将试验车辆加载到最大设计总质量,增加的载荷应合理分布。将试验车辆置于测功机上,并对测功机进行必要的调整,使其适合试验车辆最大设计总质量值。调整测功机,使其增加一个相当于 4% 坡度的附加载荷。将加速踏板踩到底,使试验车辆加速或使用适当变速档位使车辆加速。确定试验车辆能够达到并能持续行驶 1km 的最高稳定车速,同时,记录持续行驶 1km 的时间 t。调整测功机,使其增加一个相当于 12% 坡度的附加载荷,重复上述试验。试验完成后,停车检查各部位有无异常现象发生,并详细记录。按下式计算试验结果:

$$V = 3600/t$$

式中　V——实际爬坡最高车速（km/h）；

　　　t——持续行驶1km所测时间（s）。

同 步 训 练

一、填空题

1. 汽车的动力性主要由_____、_____和_____三方面的指标来评价。
2. 汽车行驶阻力主要包括_____、_____、_____和_____。
3. 车轮阻力由_____、_____和_____三部分组成。
4. 分析路面阻力时，需要分析_____、_____和_____三种路面的阻力情况。
5. 汽车空气阻力主要包括_____、_____、_____和_____。

二、简答题

1. 汽车动力性评价指标有哪些？
2. 汽车行驶方程式是什么？
3. 汽车加速阻力及表达式是什么？
4. 简述汽车驱动力－车速曲线图的绘制过程。
5. 简述汽车驱动力－行驶阻力平衡图的绘制过程。
6. 汽车驱动－附着条件有哪些？
7. 纯电动汽车驱动电机外特性曲线是怎样的？

三、名词解释

1. 汽车动力性
2. 汽车动力因数

四、绘制某一汽车驱动力－行驶阻力平衡图

1. 某一轻型载货汽车，为传统燃油汽车，汽车发动机使用外特性曲线的拟合公式为：

$$T_q = -19.313 + 295.27\left(\frac{n}{1000}\right) - 165.44\left(\frac{n}{1000}\right)^2 + 40.874\left(\frac{n}{1000}\right)^3 - 3.8445\left(\frac{n}{1000}\right)^4$$

式中，T_q 为发动机转矩（N·m），n 为发动机转速（r/min）。发动机的最低转速 n_{min} = 600r/min，最高转速 n_{max} = 4000r/min，具有四档变速器（i_{g1} = 6.09、i_{g2} = 3.09、i_{g3} = 1.71、i_{g4} = 1）。

基本技术参数	技术指标
装载质量 m/kg	2000
整车整备质量 m/kg	1800
总质量 m/kg	3880
车轮半径 R/m	0.367
传动系机械效率 η	0.85
滚动阻力系数 f	0.013

(续)

基本技术参数	技术指标
迎风面积 A/m^2	2.22
风阻系数 C_D	0.316
主减速器传动比	5.83
质量转换系数 δ	1.04
轴距 L/m	3.2
质心到前轴距离 a/m	1.947
质心高 h_g/m	0.9

2. 某一车辆为纯电动汽车，电机峰值功率为 $P_{max}=45kW$。电机的外特性曲线如下图所示。其中，电机最高转速为 $n_{max}=6000r/min$，电机的额定转速（也称基速）为 $n_0=1500r/min$，峰值转矩 $T_{max}=287N\cdot m$。

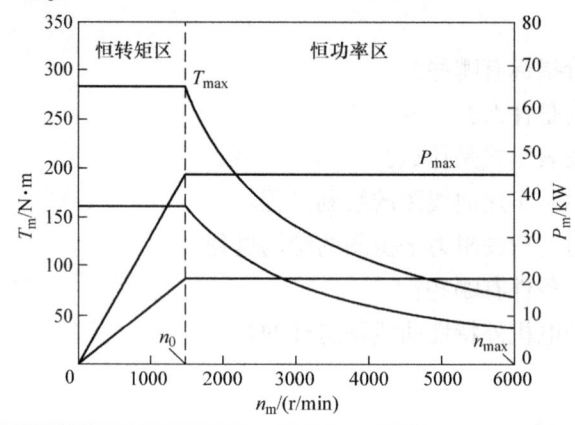

基本技术参数	技术指标
整车质量 m/kg	1531
迎风面积 A/m^2	2.22
车轮滚动半径 R/m	0.308
风阻系数 C_D	0.316
传动效率 η	0.93
滚动阻力系数 f	0.013
质量转换系数 δ	1.04
减速器传动比	1.49
主减速器传动比	3.7

第3章

汽车使用经济性

本章导学

汽车使用经济性是为完成单位运输量所支付的最少费用的一种使用性能。它是评价汽车营运经济效果的综合性指标。本章主要讲授汽车燃料经济性评价指标、试验方法、计算方法；提高汽车燃料经济性的政策性措施、结构措施、驾驶技术和维护的影响；纯电动汽车经济性评价指标和计算；最后介绍汽车（包括传统燃油车和纯电动汽车）经济性试验。

学习目标

1. 掌握汽车燃料经济性评价指标。
2. 掌握提高汽车燃料经济性的政策性措施。
3. 掌握提高汽车燃料经济性的结构措施。
4. 掌握驾驶技术和维护对提高汽车燃料经济性的影响。
5. 掌握纯电动汽车经济性评价指标和计算方法。
6. 了解汽车经济性试验的内容。

3.1 汽车燃料经济性

截至2022年，全球电动汽车保有量已突破2600万大关，相较于2016年的200万辆，增长极为显著。从市场分布来看，中国保持引领态势，占总销量的46%，其次是欧洲占34%，美国占15%。国内的电动汽车已初显普及之势，2022年9月，电动汽车产销量突破70万辆，其中电动乘用车渗透率逐月持续升高，已达到31.8%。但是，燃油汽车的保有量要远远超过新能源汽车，汽车燃料仍以石油产品为主。早在2012年时，中国车用燃油约占燃油总消耗量的55%，而石油的进口依赖度已近55%。由于汽车运输的油耗占汽车运输成本的20%以上，所以节约燃料就意味着汽车使用成本的降低，经济效益的提高。

案例1：

在我国"双碳"背景下，研究汽车燃料经济性的意义更为重大。请同学们查阅"碳达峰、碳中和"相关资料，研讨环境保护的重要性，树立"节能环保，低碳生活，从我做起"的环保理念。

3.1.1 汽车燃料经济性的评价指标

在今后的一段时期内，汽车燃料仍将以石油产品为主。例如，西欧工业发达国家交通运输消耗石油产品的 34%~45%，美国交通运输部门消耗其国内石油产品的 52%，我国交通运输和邮电通信业消耗的石油产品约占总量的 16%，每年消耗的汽油占其总消耗量的 36%，柴油占 27%。

据统计，2015—2022 年我国石油焦进口量整体呈上升态势，2022 年，我国石油焦进口数量为 1274.03 万 t，同比增长 24%。

汽车燃料经济性是在保证汽车动力性的基础上，以尽可能少的燃料消耗行驶的能力。汽车发动机的燃料经济性通常用有效燃料消耗率 g_e 或有效效率 η_e 来评价，但它们均不能反映发动机在具体汽车上的功率利用情况及行驶条件的影响，所以，它们不能直接用于评价整车的燃料经济性。

为了评价汽车的燃料经济性，通常用一定运行工况下汽车行驶百公里的燃油消耗量（L/100km）或一定燃料量使汽车行驶的里程［L/(100t·km)］作为评定指标。前者用于比较相同排量的汽车燃料经济性，也可用于分析不同部件（如发动机、传动系等）装在同一种汽车上对汽车燃料经济性的影响；后者常用于比较和评价不同容载量的汽车燃料经济性。

汽车燃料经济性也可用汽车消耗单位量燃料所经过的行程（km/L）作为评价指标，称为汽车的经济性因数。例如，美国采用每加仑燃料能行驶的英里数，即 MPG 或 mile/USgal。其数值越大，汽车的燃料经济性越好。

由于汽车在使用过程中，载荷和道路条件对汽车燃料的消耗影响很大，也可采用燃料消耗量 Q(L/100km) 与有效载荷 G_e(t) 之间的关系曲线，评价在不同道路条件下的汽车燃料经济性，即平均燃料运行消耗特性。

3.1.2 汽车燃料经济性的试验方法

汽车燃料经济性的试验方法可根据对各种使用因素的控制程度分为：不加以控制的道路试验；控制的道路试验；道路循环试验（包括等速油耗、加速油耗、制动油耗等）；在汽车底盘测功机（即转鼓试验台）上的循环试验。表 3-1 列出了影响汽车燃料经济性的使用因素。

表 3-1　影响汽车燃料经济性的使用因素

道路条件	道路等级、类型及路况
交通情况	交通流密度及构成，如行人、车辆构成
驾驶习惯	平均车速、加速与减速强度，加速踏板的使用情况
周围环境	气温、风、雨、雾、雪等
车辆情况	车辆质量、装载及维修

对表 3-1 所列的各个因素都不加以控制的试验，称为"不控制的道路试验"。在试验条件中，对被试车辆的维护、调整规范及所用燃料、润滑材料的规格都有明确的规定。由于各种使用因素的随机变化，要获得分散度很小的数据较难。为此，必须用相当数量的汽车（车队）进行长距离（10000~16000km）的试验，方能获得可信度较高的统计数据。由此可见，这种试验反映了车辆类型、道路条件、交通量、装载质量以及气候等因素对汽车燃料消耗的影响。它可用于全面地评价汽车的燃料经济性，是一种非常接近实际情况的试验，但这种试验持续时间很长，试验费用巨大，一般不被采用。

过去我国汽车运输企业采用的"使用油耗试验"就是一种"不控制的道路试验"。即在某地区的某汽车运输部门中，把试验车辆投入实际使用，在运行中认真记录汽车行驶里程与油耗量，最后确定平均耗油量。这种试验结果能较好地反映车队的实际情况，但难以真正做到准确地测量，同时也浪费时间，因此，它适合车型单一的运输企业使用。

在道路试验中测量油耗时，若维持影响汽车燃料经济性的使用因素中一个或几个因素不变，则称作"控制的道路试验"。例如，我国海南试验站的汽车质量检查试验规定，应在一般路面、恶劣路面和山区公路上测量百公里油耗，并对一些试验路线做了比较明确的规定，如指定在海口市秀英港以南，海榆中线 3km 处入口、9km 处出口，一条通往石山乡，全长 18km 的便道为试车的恶劣路面；海榆中线北起毛阳南至通什，总长 25km 的山道为试车的山区公路；而对一般路面，则仅指海南岛上较好的平原公路，未明确规定路段。这就是一种"控制的道路试验"。国外是在汽车试验场的专用试验道路上进行类似的油耗试验。

汽车完全按规定的车速—时间规范进行的道路试验方法被称为"道路循环试验"。试验规范中规定了换档时刻、制动时间、速度、加速度、制动减速度等数值。等速行驶油耗试验和怠速油耗试验是这类试验中两种最简单的循环试验方法。

等速行驶百公里油耗试验是一种在我国广泛采用的最简单的道路循环试验。试验规范规定，试验在纵坡不大于 0.3% 的混凝土、沥青道路上进行，要求路面干燥、平坦、清洁，测量路段长度为 500m，两端可方便地使汽车掉头。气温 0~35℃，气压 98~103kPa，相对湿度 50%~95%，风速小于 3m/s。汽车技术状况良好，试验前，汽车必须充分预热，使发动机冷却液温度达到 80~90℃，变速器及驱动桥润滑油温度不低于 50℃。试验时，汽车用最高档等速行驶，从车速 20km/h 开始，以车速 10km/h 的整数倍行驶，直至达到该档最高车速的 80%，至少测定 5 个数据点。通过 500m 测量段测定耗油量和时间，每种车速往返试验各两次，两次试验之间的时间间隔（包括使车速达到预定的稳定车速所需的助跑时间）应尽可能地缩短，以保持稳定的热状况。往返共四次试验结果的耗油量差值不应超过 ±5%，取四次试验结果的平均值为等速行驶的耗油量。其中某一车速的油耗是最低的，该车速即为经济车速。

等速油耗与实际行驶情况有很大差别，等速行驶燃料经济性不能全面考核汽车运行燃料经济性，它只能作为一种相对比较性的指标。因为等速燃料经济性试验缺乏有关动力性要求的检验指标，容易造成试验汽车的动力性要求与燃料经济性匹配不合理的现象。此外，等速行驶燃料经济性不能反映汽车实际行驶中频繁出现的加速、减速等非稳定行驶工况。现在一般都采用循环油耗来评定汽车的燃料经济性。循环油耗是指在一段指定的典型路段内汽车以设定的不同工况行驶时的油耗，至少要包括等速、加速和减速三种工况，复杂情况下还要计入冷起动和怠速停驶等多种工况，然后折算成百公里油耗。

我国针对载货汽车、城市公共汽车和乘用车提出了相应的燃料经济性试验规范。载货汽车"六工况燃料测试循环"、城市公共客车四工况（GB/T 12545.2—2001）方法见表 3-2、表 3-3 和图 3-1、图 3-2。试验过程是，用仪器记录行程－车速－时间曲线，检查试验参数。在每个试验单元中，车辆终速度偏差应小于 ±3.0km/h，其他工况速度偏差小于 ±1.5km/h，要求控制六工况的总行驶误差小于 ±1.5s。完成一个单元试验后，尽可能迅速地掉头，从相反方向重复试验。累计进行四个单元试验，将此六工况循环或四工况循环的累计耗油量折算成算术平均百公里耗油量测定值。

表3-2 六工况循环试验参数表

工况	行程/m	时间/s	累计行程/m	车速/(km/h)	加速度/(m/s^2)
1	125	11.3	125	40	—
2	175	14.0	300	40~50	0.2
3	250	18.0	550	50	—
4	250	16.3	800	50~60	0.17
5	250	15.0	1050	60	—
6	300	21.5	1350	60~40	0.26

表3-3 城市客车和双层客车四工况

工况序号	运转状态/(km/h)	行程/m	累计行程/m	时间/s	变速器档位	换档车速/(km/h)
1	0~25 换档加速	5.5	5.5	5.6	Ⅱ~Ⅲ	6~8
		24.5	30	8.8	Ⅲ~Ⅳ	13~15
		50	80	11.8	Ⅳ~Ⅴ	19~21
		70	150	11.4	Ⅴ	
2	25	120	270	17.2	Ⅴ	
3	(30)25~40	160	430	(20.9)17.7	Ⅴ	
4	减速行驶	270	700		空档	

注：1. 对于5档以上变速器采用Ⅱ档起步，按表中规定循环试验；对于4档变速器Ⅰ档起步，将Ⅳ代替表中Ⅴ档，其他依次代替，按表中规定试验循环进行。

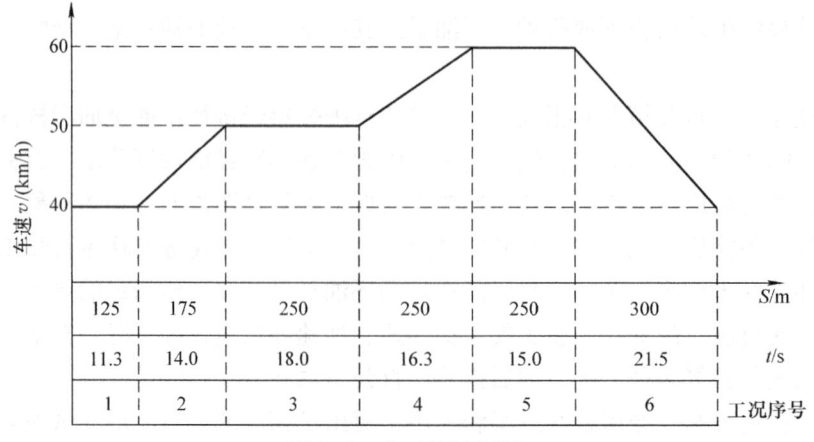

2. 括号数字适用于铰接式客车及双层客车。

图3-1 六工况循环图

"乘用车燃料消耗量试验方法"（GB/T 12545.1—2008）方法见表3-4和图3-3。距离测量的准确度应为0.3%，时间测量的准确度为0.2s，燃料测量的精度为±2%，燃料测量装置的进出口压力和温度变化不得超过10%和±25℃，环境温度应为5~35℃，大气压力应为91~104kPa。

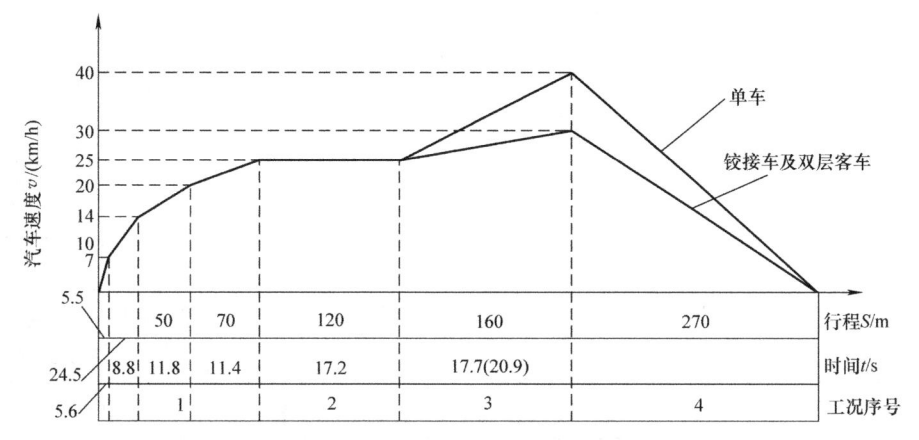

图 3-2 城市客车和双侧客车四工况循环

表 3-4 乘用车十五工况循环试验参数表

工况	运转次序	加速度 /(m/s²)	速度 /(km/h)	每次时间 运转/s	工况/s	累计时间 /s	手动变速器 使用档位
1	1 怠速	—	—	11	11	11	6sPM[①] + 5sK₁[②]
2	2 加速	1.04	0→15	4	4	15	1
3	3 等速	—	15	8	8	23	1
4	4 等速	-0.69	15→10	2	15	25	1
	5 减速，离合器脱开	-0.92	10→0	3		28	K₁
5	6 怠速	—	—	21	21	49	16sPM + 5sK₁
6	7 加速	0.83	0→15			54	1
	8 换档			12	12	56	—
	9 加速	0.94	15→32			61	2
7	10 等速	—	32	24	24	85	2
8	11 减速	-0.75	32→10	8	11	93	2
	12 减速，离合器脱开	-0.92	10→0	3		96	K₂
9	13 怠速	—	—	21	21	117	16sPM + 5sK₁
10	14 加速	0.83	0→15			122	1
	15 换档					124	—
	16 加速	0.62	15→35	26	26	133	2
	17 换档					135	—
	18 加速	0.62	35→50			143	3
11	19 等速	—	50	12	12	155	3
12	20 等速	0.52	50→35	8	8	163	3
13	21 等速	—	35	13	13	176	3
14	22 换档	—	—	12	12	178	—
	23 减速	-0.86	32→10			185	2
	24 减速，离合器脱开	-0.92	10→0			188	K₂
15	25 怠速	—	—	7	7	195	7sPM

① PM 指变速器在空档，离合器接合。
② K₁（或 K₂）指变速器挂 I 档（或 II 档），离合器脱开。
如车辆装备有自动变速器，驾驶人可根据工况自行选择合适档位。

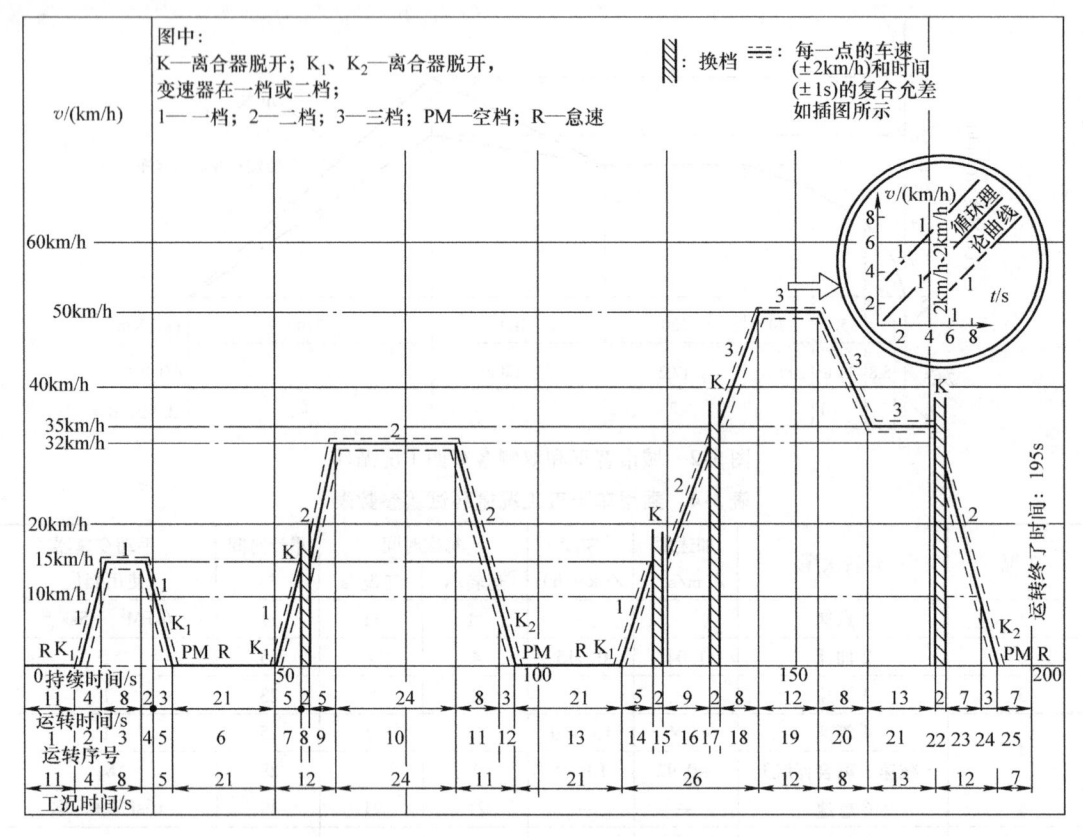

图 3-3　乘用车十五工况循环试验规范

轻型汽车燃料消耗量试验方法是指汽车在模拟城市和市郊工况循环下,通过测定排放的二氧化碳(CO_2)、一氧化碳(CO)和碳氧化合物(HC),用碳平衡法计算燃料消耗量的试验和计算方法。此方法适用于以点燃式发动机或压燃式发动机为动力,最大设计车速大于或等于50km/h 的 M1 类车辆,也可用于最大设计总质量不超过 3.5t 的 M2 类和 N1 类车辆。模拟市区和市郊行驶工况的试验循环,测量 CO_2、CO 和 HC 排放量(g/km)。测量时车辆的机械状态应良好,试验前车辆至少应行驶 3000km,且少于 15000km。应按制造厂的规定调整发动机和车辆操纵件,特别注意急速设定(转速、排气中 CO 和 HC 含量)、冷起动装置和排气污染物排放控制系统的调整。试验室可检查进气系统的密封性,以避免额外进气影响雾化。试验前,车辆应置于温度保持为 293～303K(20～30℃)的室内进行处理。此处理期至少为 6h,直至发动机的润滑油和冷却液温度达到室温的 ±2K 范围内,车辆可在正常温度下行驶后 30h 内进行试验。

GB/T 27840—2021《重型商用车辆燃料消耗量测量方法》规定中国重型商用车辆行驶工况包括:中国城市客车行驶工况、中国普通客车行驶工况、中国货车(GVW < 5500kg)行驶工况中国货车(GVW > 5500kg)行驶工况、中国自卸汽车行驶工况和中国半挂牵引车列车行驶工况。

其中中国城市客车行驶工况(CHTC – B)包括低速(1 部)、高速(2 部)2 个速度区间,工况时长共计 1310s,工况曲线如图 3-4 所示,工况曲线统计特征见表 3-5。其他工况曲线及工况统计特征参考 GB/T 38146.2—2019《中国汽车行驶工况　第 2 部分:重型商用车辆》。

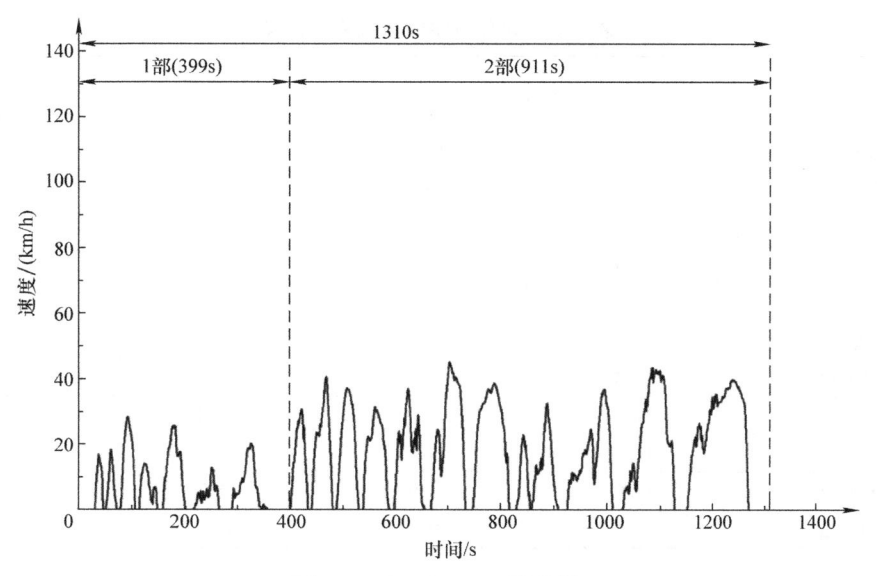

图 3-4　CHTC–B 工况曲线

表 3-5　CHTC–B 工况曲线统计特征

特征	总体	1 部	2 部
运行时间/s	1310	399	911
里程/km	5.49	0.74	4.75
最大速度/(km/h)	45.60	28.70	45.60
最大加速度/(m/s^2)	1.26	0.99	1.26
最大减速度/(m/s^2)	-1.32	-1.24	-1.32
平均速度/(km/h)	15.08	6.71	18.75
运行平均速度/(km/h)	19.43	10.06	22.78
加速段平均加速度/(m/s^2)	0.48	0.45	0.49
减速段平均减速度/(m/s^2)	-0.54	-0.47	-0.57
相对正加速度/(m/s^2)	0.17	0.16	0.17
加速比例（%）	29.16	22.81	31.83
减速比例（%）	25.88	22.06	27.55
匀速比例（%）	22.60	21.80	22.94
怠速比例（%）	22.37	33.33	17.67

美国机动车工程师协会（SAE）制订了 SAEJ10926 道路循环试验规范，包括四种不同循环：市区、城郊、州际 55 以及州际 70，见图 3-5 和表 3-6。

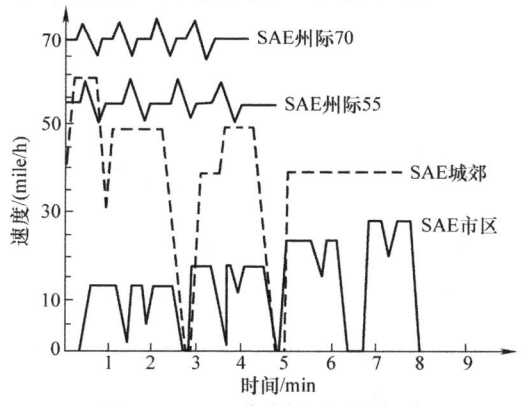

图 3-5　SAE 道路循环测试规范

表 3-6　SAE 道路循环试验规范表

行驶循环	市区	城郊	州际 55	州际 70
开始试验条件	热车	热车	热车	热车
试验地点	试验道	试验道	试验道	试验道
长度/m	3219	8369	7564	7564
行驶时间/min	7.7	7.6	5.1	4.0
平均车速/(km/h)	24.9	66.1	89.0	113.5
最高车速/(km/h)	48.2	96.6	96.6	120.7
最大加速度/(m/s^2)	2.1	2.1	0.3	0.3
定速时间（%）	58.3	75.2	61.8	51.5
加速时间（%）	11.3	11.3	19.1	24.3
减速时间（%）	17.4	10.5	19.1	24.2
急速时间（%）	13.0	3.0	0.0	0.0
停车次数/mile[①]	4.0	0.4	0.0	0.0

① 1mile = 1.61km。

道路循环试验在一定程度上反映了汽车实际行驶工况，它具有数据重复性好，使用仪器简单，花费时间少、消耗低等优点。所以，这类方法应用得相当广泛。

在汽车底盘测功机上进行汽车燃料经济性测量是汽车制造商和汽车检验认证机构常用的室内试验方法。这种试验能借助底盘测功机模拟汽车行驶阻力与加速时惯性阻力等道路上的行驶工况，所以，可以按照很复杂的循环规范对汽车进行室内试验。若试验间的气温也能控制，则室内汽车测功机就能控制主要使用因素。

图 3-6 是美国环保局（EPA）行驶循环（FTP75）的速度 – 时间关系曲线。整个试验循环工况分为冷工况循环和冷热工况循环两种。FTP75 冷起动循环工况由冷态过渡工况（0～505s）和稳态温度运行工况（506～1372s）所构成。FTP75 冷热起动循环工况由冷态过渡工况（0～505s）、热态稳态温度运行工况（506～1373s）、600s 热停车（1374～1973s）和热态过渡工况（1974～2477s）组成，持续时间 2477s。它们是根据美国洛杉矶市中心交通情况 LA – 4 循环运行工况而拟定的，包括了一系列不重复的加速、减速、急速和接近于等速的汽车行驶过程。

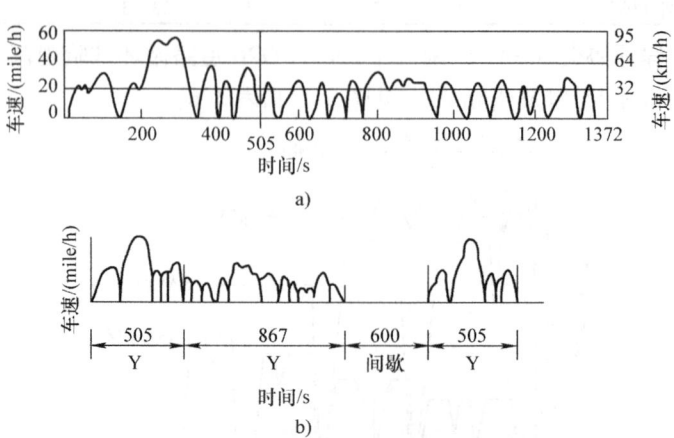

图 3-6　美国 LA – 4 循环工况的速度 – 时间曲线
a) LA – 2C 冷起动工况　b) LA – 4CH 冷热起动工况

用汽车测功机测量油耗的优点是，在室内试验可不受外界气候条件的限制；能控制试验条件，周围环境影响的修正系数可以减到最少；若能控制室温，则可对不同气温条件的汽车工况进行模拟试验；室内便于控制行驶状况，故能采用符合实际的复杂循环；可以同时进行燃料经济性与排气污染试验；能采用质量法、体积法与碳平衡法等多种油耗测量方法。

用汽车底盘测功机测量油耗的方法需要改进。例如，不易准确模拟道路滚动阻力和空气阻力；室内冷却风扇产生的冷却气流与道路上行驶时的实际情况有差异；难以准确地给出惯性阻力。

与其他方法相比，汽车底盘测功机测量油耗的重复性好，能反映实际行驶时复杂的交通情况，能采用多种油耗测量方法，还能同时测量废气污染物浓度，所以，这种方法日益受到重视。

3.1.3 汽车燃料经济性的计算方法

根据每小时燃料消耗量 $G_T(\text{kg/h})$，可利用式（3-1）来确定燃料消耗量 Q_s（L/100km）为

$$Q_s = \frac{100gG_T}{v_a\gamma} \tag{3-1}$$

$$G_T = \frac{P_e g_e}{1000} \tag{3-2}$$

式中 v_a——车速（km/h）；

γ——燃料重度，汽油可取 6.96～7.15N/L；柴油可取 7.94～8.13N/L；

P_e——发动机有效功率（kW）；

g_e——发动机有效燃料消耗率[g/(kW·h)]；

g——重力加速度（m/s²）。

将式（3-2）代入式（3-1），可得

$$Q_s = \frac{P_e g_e}{1.02 v_a \gamma} \tag{3-3}$$

根据汽车功率平衡方程式

$$P_e = (P_r + P_i + P_w + P_j)/\eta_T$$

$$P_r = \frac{F_r v_a}{3600} = \frac{v_a}{3600} Gf_r\cos\alpha$$

$$P_i = \frac{F_i v_a}{3600} = \frac{v_a}{3600} G\sin\alpha$$

$$P_\psi = \frac{F_\psi v_a}{3600} = \frac{v_a}{3600} G(f_r\cos\alpha \pm \sin\alpha)$$

$$\psi = f_r\cos\alpha \pm \sin\alpha$$

当 α 较小时，$\cos\alpha \approx 1$，$i = \tan\alpha \approx \sin\alpha \approx \alpha$

$$\psi = f_r \pm i$$

$$P_\psi = \frac{v_a}{3600}G\psi$$

$$P_w = \frac{F_w v_a}{3600} = \frac{C_D A v_a^3}{21.15 \times 3600}$$

$$P_\mathrm{j} = \frac{F_\mathrm{j} v_\mathrm{a}}{3600} = \frac{\delta G v_\mathrm{a}}{3600 g}\frac{\mathrm{d}v}{\mathrm{d}t}$$

则：

$$P_\mathrm{e} = \frac{v_\mathrm{a}}{3600\eta_\mathrm{t}}\left(G\psi + \frac{C_\mathrm{D} A v_\mathrm{a}^2}{21.15} + \frac{\delta G}{g}\frac{\mathrm{d}v}{\mathrm{d}t}\right),\ \mathrm{kW} \tag{3-4}$$

将式（3-4）带入式（3-2），可得汽车燃料消耗方程式为

$$Q_\mathrm{s} = \frac{g_\mathrm{e}}{3672\eta_\mathrm{T}\gamma}\left(G\psi + \frac{C_\mathrm{D} A v_\mathrm{a}^2}{21.15} + \frac{\delta G}{g}\frac{\mathrm{d}v}{\mathrm{d}t}\right) \tag{3-5}$$

汽车燃料消耗方程式可表明汽车燃料消耗量与影响因素（发动机燃料经济性、汽车结构参数、行驶条件等）的关系，它全面地表述了汽车燃料经济性。

在汽车研究和开发中，通常在试验样车制成前，根据发动机台架试验得到的油耗曲线与汽车功率平衡图，对汽车燃料经济性进行估算，其中最简单和最基本的就是估算汽车等速行驶时的燃料消耗量。

图 3-7 所示为由发动机台架试验得到的某传统燃油车的发动机使用负荷特性，由功率平衡图及负荷特性可找出行驶时发动机的油耗。使用负荷特性给出了在发动机某一转速 n_e 时，不同有效功率 P_e（或负荷率）下的有效油耗率 g_e 曲线。负荷率是指在某一转速下节气门部分打开时发动机发出的功率与节气门全开时（最大）发动机发出的功率之比，通常以百分数表示。

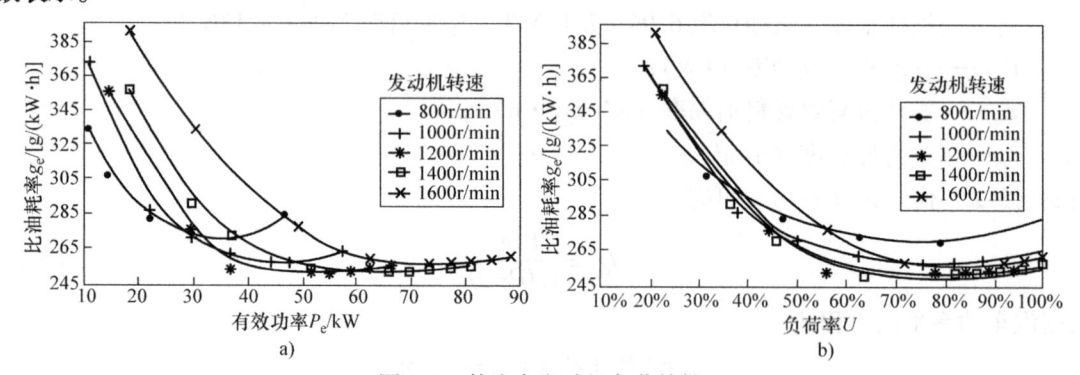

图 3-7 某汽车发动机负荷特性

若汽车以 v_2' 等速在平路上行驶，发动机输出功率应等于汽车阻力功率 P'（图 3-8a），此时，发动机负荷率 U' 为：

$$U' = \frac{P_\mathrm{s}'}{P_\mathrm{s}'} \times 100\%$$

若对应车速 v_a' 的发动机转速为 n_e'，则根据 n_e' 和 U' 便能在负荷特性曲线上确定有效油耗率 g_e'（图 3-8b）。

$$P' = \frac{v_\mathrm{a}'}{3600\eta_\mathrm{T}}\left(G\psi + \frac{C_\mathrm{D} A v_\mathrm{a}'^2}{21.15} + \frac{\delta G}{g}\frac{\mathrm{d}v}{\mathrm{d}t}\right)$$

$$v_\mathrm{a}' = 0.377\frac{n_\mathrm{e} r}{i_\mathrm{k} i_0}$$

式中　i_k——变速器相应档位的速比；

　　　i_0——主减速器速比。

将 v'_a、P'、g'_e 和 γ 代入式（3-3），即可求出此速度 v'_a 下的百公里油耗。

若每隔 10km/h 求出相应的百公里油耗，便可作出汽车等速百公里油耗曲线 $Q_s - v_a$。

按同样的步骤，也可作出汽车在有坡度 i 的道路上（$\psi = f_r + i$）行驶时的等速油耗曲线。（图 3-8c）。

目前厂家提供的负荷特性常是在发动机没有带附件的条件下测得的，因此应对计算所得到的等速油耗进行修正。

有时也用发动机万有特性来计算汽车的等速油耗，如图 3-9 所示。还可以在动力特性图上画上"等百公里油耗曲线"，该曲线称为行驶特性，它能全面反映汽车在各种档位下行驶时的百公里油耗。

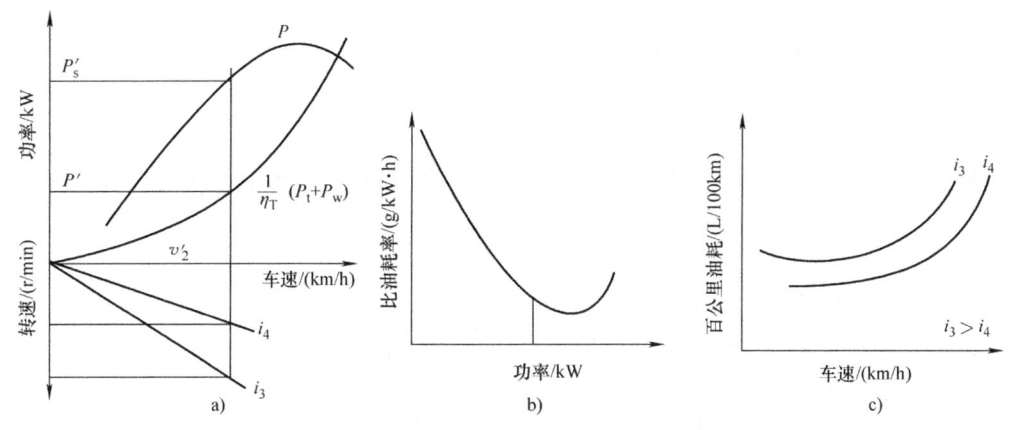

图 3-8 用功率平衡与负荷特性计算汽车等速百公里油耗
（1PS = 735.49W；$\psi = f_r + i$）

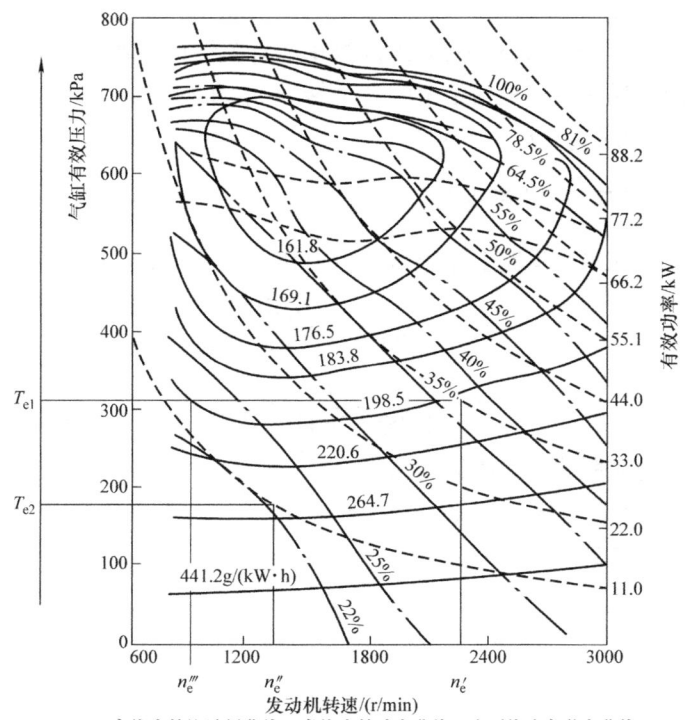

图 3-9 发动机万有特性图

实线为等比油耗曲线；虚线为等功率曲线；点画线为负荷率曲线

因为转矩 T_e 只能表示一台发动机性能产生的总的驱动效果，而不能表现发动机的工作特征，所以万有特性图的纵坐标轴是机械损失的大小及有效压力 P' 的比例标尺。因 P' 能综合地反映发动机工作循环进行的完善程度、机械损失的大小及其强化水平。同样，发动机转速 n_e 也是作为计算驱动效果的绝对值。为了反映发动机高速水平，万有特性图的横坐标轴也常附有平均活塞速度的比例刻度。此外，有时在特性图上还画上表示发动机热负荷的"等单位活塞面积功率曲线"。

利用万有特性计算汽车在一定道路上行驶的等速油耗，首先是根据某一行驶车速 v_a 求出相应的发动机转速 n_e（r/min），即

$$n_e = \frac{i_g i_0 v_a}{0.377r}$$

由道路行驶阻力功率求出发动机的转矩（N·m）：

$$M_e = \frac{9549 P_e}{n_e \eta_t}$$

根据 M_e、n_e，在万有特性图上查出 g_e 曲线值，并求出百公里油耗 Q_s（L/100km）为：

$$Q_s = \frac{i_0 i_g M_e g_e}{3672 r \gamma}$$

同理，可求出对应不同行驶车速 v_a 的汽车等速百公里油耗 Q_s。

选取不同的车速 v_a 和档位，就可以在功率平衡图或驱动力－行驶阻力平衡图或动力特性图上绘制等百公里油耗曲线图族。

上述计算主要依靠发动机使用负荷特性图或者万有特性图完成。汽车的等速行驶油耗也可采用经验拟合公式来计算。

计算方法概括如下：

已知（n_{ei}, P_i, g_{ei}），$i=1,2,3,\cdots,n$，以及汽车的有关结构参数和道路条件（f_r 和 i），求作出 $Q_s = f(v_a)$ 等速油耗曲线。根据给定的各个转速 n_e 和不同功率下的比油耗 g_e 值，采用拟合的方法求得拟合公式 $g_e = f(P_e, n_e)$。

1) 由公式 $v_a = 0.377 \frac{n_e r}{i_k i_0}$ 计算找出 v_a 和 n_e 对应的点 $(n_1, v_{a1}), (n_2, v_{a2}), \cdots, (n_m, v_{am})$。

2) 分别求出汽车在水平道路上克服滚动阻力和空气阻力消耗的功率 P_r 和 P_w。

$$P_w = \frac{F_w v_a}{3600} = \frac{C_D A v_a^3}{21.15 \times 3600}$$

$$P_r = \frac{F_r v_a}{3600} = \frac{v_a}{3600} G f_r \cos\alpha$$

3) 求出发动机为克服此阻力消耗的功率 P_e。

4) 由 n_e 和对应的 P_e，从 $g_e = f(P_e, n_e)$ 式计算 g_e。

5) 计算出对应的百公里油耗 Q_s 为

$$Q_s = \frac{P_e g_e}{1.02 v_a \gamma}$$

6) 选取一系列 $n_1, n_2, n_3, n_4, \cdots, n_m$，找出对应车速 $v_{a1}, v_{a2}, v_{a3}, v_{a4}, \cdots, v_{am}$。据此计算出 $Q_{s1}, Q_{s2}, Q_{s3}, Q_{s4}, \cdots, Q_{sm}$。

7）把这些 $Q_s - v_a$ 的点连成线，即为汽车在一定档位下的等速油耗曲线。为计算方便，计算过程见表3-7。

表3-7 等速油耗计算方法

n_e/(r/min)	计算公式	n_1	n_2	n_3	n_4	…	n_m
v_a/(km/h)	$0.377\dfrac{n_e}{i_g i_0}$	v_{a1}	v_{a2}	v_{a3}	v_{a4}	…	v_{am}
P_r/kW	$\dfrac{mgf_r v_a}{3600}$	P_{r1}	P_{r2}	P_{r3}	P_{r4}	…	P_{rm}
P_w/kW	$\dfrac{C_D A v_a^3}{76140}$	P_{w1}	P_{w2}	P_{w3}	P_{w4}	…	P_{wm}
P_e/kW	$\dfrac{(P_w + P_r)}{\eta_t}$	P_1	P_2	P_3	P_4	…	P_m
g_e/(g/kW·h)		g_{e1}	g_{e2}	g_{e3}	g_{e4}	…	g_{em}
Q_s/(L/100km)	$\dfrac{Pg_e}{1.02 v_a \gamma}$	Q_{s1}	Q_{s2}	Q_{s3}	Q_{s4}	…	Q_{sm}

等速油耗仅反映了汽车的稳态工况，而在实际行驶中汽车常为非稳态工况。因此，在分析传统燃油车燃料经济性时，除等速百公里油耗曲线外，还常用数值计算法确定按某行驶工况循环试验行驶时的总平均百公里耗油量。为此，必须进行加速、减速以及停车怠速的耗油量的计算。

减速及停车怠速时的耗油量，可根据试验得到的怠速耗油量（L/h）和循环中的减速行驶与停车怠速运转的时间计算求得。

由于加速过程中系统的加浓作用等，加速时发动机的有效油耗率 g_e 比稳态工况的略大。为了计算方便，在计算加速油耗时，仍常用稳态工况的 g_e 值来换算。

等加速行驶时的油耗为

$$Q_s = \frac{P_e g_e}{1.02 v_a \gamma} = \frac{g_e}{3672\eta_t \gamma}\Big[G\psi + \frac{C_D A v_a^2}{21.15} + \frac{\delta G \mathrm{d}v}{g\mathrm{d}t}\Big] = \frac{g_e}{3672\eta_t \gamma}\Big[G\psi' + \frac{C_D A v_a^2}{21.15}\Big]$$

其中

$$\psi' = \psi + \frac{\delta \mathrm{d}v}{g\mathrm{d}t},\ \psi = f_r \pm i_0$$

可见，汽车以等加速 $\dfrac{\mathrm{d}v}{\mathrm{d}t}$ 在道路阻力系数 ψ 的道路上行驶的燃料经济性，可用汽车在当量道路阻力系数 ψ' 下稳定行驶的燃料经济性近似表示。

在等加速行驶的油耗曲线下面画上加速过程曲线（在纵坐标上加上时间坐标），则在对应于此 Δt_1，Δt_2，Δt_3…的速度间隔中，其平均加速度为

$$\frac{\mathrm{d}v_1}{\mathrm{d}t_1} = \frac{\Delta v_1}{\Delta t_1}, \frac{\mathrm{d}v_2}{\mathrm{d}t_2} = \frac{\Delta v_2}{\Delta t_2}, \frac{\mathrm{d}v_3}{\mathrm{d}t_3} = \frac{\Delta v_3}{\Delta t_3}, \cdots, \frac{\mathrm{d}v_n}{\mathrm{d}t_n} = \frac{\Delta v_n}{\Delta t_n}$$

而在 Δt_1 与 Δt_3 时间间隔中，绝对油耗（L）为

$$\Delta Q_{s1} = \frac{1}{3.6 \times 10^5} v_{a1} Q_1 \Delta t_1$$

$$\Delta Q_{s2} = \frac{1}{3.6 \times 10^5} v_{a2} Q_2 \Delta t_2$$

$$\vdots$$

$$\Delta Q_{sn} = \frac{1}{3.6 \times 10^5} v_{an} Q_n \Delta t_n$$

式中 v_{a1}、v_{a2} 和 v_{an}——在 Δt_1、Δt_2 和 Δt_n 时间间隔的平均速度（km/h）。

由此，即可求出整个加速过程中的绝对油耗（L）为

$$Q = \sum \Delta Q_i$$

汽车加速过程的油耗计算方法是：首先把加速阻力作为道路阻力作出 $Q-v_a(\psi'_1, \psi'_2, \cdots)$，再根据 $Q-v_a(\psi'_1, \psi'_2, \cdots)$ 和 $t-v_a$（加速过程）图分别求出各不同加速度时的油耗值。分段越细，结果越准确。最后把各段相加，就是整个加速过程耗油量，再加上等速、减速、停车、急速等各种行驶状态的耗油量，就可以按预定循环试验程序估算出汽车的燃料经济性。这种估算在设计试验样车阶段是十分必要的。

计算某一具体条件下的汽车燃料消耗量也可采用定额计算法。它是一种能反映运输工作量的计算方法。

汽车运行燃料消耗量的影响因素，除汽车结构、工艺水平、车况外，还有道路、载荷、运距、环境条件（如气温、风、雨、雾、交通情况等）及驾驶水平等。其中包括随机因素、自然因素和人为因素。为了全面建立数学表达式，需要考虑可等级化和数量化的因素，如道路、载荷、气温、海拔等。交通因素将在道路分类中予以考虑，而车况、驾驶水平等因素，尽管它们对运行燃料消耗也有较大影响，但计算时将其视为一般正常水平，而不予以考虑。对风、雨、雾等特殊环境因素，由于它们的影响是局部的、地区性的，而且也难以等级化和数量化，其影响可根据实际情况在制定燃料消耗定额时确定。

汽车运行燃料消耗量的计算式可用于计算汽车在不同运行条件下运行时所消耗的燃料限额，以限制和考核汽车运行燃料经济性。它由汽车基本运行燃料消耗量和汽车运行条件修正系数两部分构成。

载货汽车运行燃料消耗量（L/100km）计算公式为

$$Q = \sum_{i=1}^{n} (q_a + q_b W_i + q_c \Delta m) S_i K / 100 \tag{3-6}$$

式中 q_a——汽车空驶基本燃料消耗量（L/100km）；

q_b——货物（旅客）周转量的基本附加燃料消耗量 [L/(100t·km)]；

q_c——整备质量变化的基本附加燃料消耗量 [L/(100t·km)]；

W_i——该运行条件下汽车的载质量（t）；

Δm——汽车整备质量增量，其值为汽车实际整备质量（包括挂车整备质量）与本标准给出的汽车整备质量 m_0 之差（t）；

S_i——该运行条件下汽车行驶里程（km）；

K——运行条件修正系数。

$$K = K_{ri} K_{hi} K_{ti} K_{\gamma i}$$

式中 K_{ri}——该运行条件下道路修正系数；

K_{hi}——该运行条件下海拔（大气压力）修正系数，$K_{hi} = 1 + 0.0021(p-100)$，$p$ 的单位为 kPa；

K_{ti}——该运行条件下气温修正系数；$K_{ti} = 1 + 0.025(20-T)$，T 的单位为℃；

$K_{\gamma i}$——燃料密度修正系数，对于汽油，$K_{\gamma i} = 1 + 0.8(0.742 - \gamma_g)$，对于柴油，$K_{\gamma i} = 1 + 0.8(0.830 - \gamma_d)$；

γ_g、γ_d——汽油和柴油在气温为20℃、气压为100kPa时的密度（g/mL）。

大型载客汽车运行燃料消耗量计算式为：

$$Q = \sum_{i=1}^{n}(q_a + q_b N_i + q_c \Delta m)S_i K/100$$

式中　N_i——该运行条件下乘客人数。

乘用车运行燃料消耗量计算式为：

$$Q = \sum_{i=1}^{n} q S_i K/100$$

式中　q——汽车空车质量综合基本燃料消耗量（L/100km）。

气温和气压修正系数也可以分别按表3-8和表3-9选取。道路条件修正系数可按表3-10选取。

表3-8　气温区间及修正系数

月平均气温 t/℃	< -25	< -25 ~ -15	< -15 ~ -5	< -5 ~ 5	5 ~ 28	> 28
K_{ti}	1.13	1.09	1.06	1.03	1.0	1.02

表3-9　海拔（气压）修正系数

海拔/100m	≤5	5 ~ 15	15 ~ 25	25 ~ 35	> 35
K_{hi}	1.00	1.03	1.07	1.13	1.20

表3-10　道路分级及修正系数

道路类别	公路等级和条件	城市道路等级	修正系数
1类	平原、微丘一、二、三级公路		1.00
2类	平原、微丘四级公路	平原、微丘一、二、三、四级公路	1.10
3类	山岭、重丘一、二、三级公路	重丘、一、二、三、四级公路	1.25
4类	平原、微丘级外公路	级外道路	1.35
5类	山岭、重丘四级公路		1.45
6类	山岭、重丘级外公路		1.70

3.2　提高汽车燃料经济性的途径和技术

影响汽车燃料经济性的因素主要包括汽车使用因素和汽车本身的结构因素，针对这两个因素，目前国内外汽车节油的途径，概括起来有政策性措施和技术管理措施两种。

3.2.1　政策性措施

政策性措施是制定正确的运输能源政策，包括燃料价格政策、燃料和道路税收政策、油料分配和奖惩制度、油料管理制度、各种运输方式的合理分配与转换政策、新能源开发政策、限制油耗及车速的标准法规等。

由于各国采取的燃料政策不同，汽车的平均油耗差异较大，见表3-11。显然，国家的燃料价格政策严重影响汽车的平均油耗。

表 3-11　部分国家乘用车运行统计

国别	每车平均载人数	年运行里程/1000km	油耗/(L/100km)	汽油价格/(美元/L)
美国	1.14	21.0	11.8	0.28
日本	1.67	10.4	10.7	1.00
德国	1.70	12.8	10.2	1.01
英国	1.72	16.6	9.3	0.87
法国	1.75	13.9	8.9	0.97
中国	4.65	10.4	5.13	1.13

注：表中数据，均为2022年数据。

节能管理和营运管理以及交通管理措施对汽车节能具有很大影响，是降低运输企业油耗成本的重要措施。节能管理包括制定有关运行油耗的法规和标准，完善油耗考核奖惩制度，正确选择与合理使用车辆，正确选用燃润料与轮胎，推广节能新技术、新产品，进行驾驶人轮训等。

营运管理包括掌握运输市场信息，建立现代化调度系统，搞好运输组织，提高现有车辆的实载率，大力研究结合卫星定位系统（中国北斗）、地理信息系统和先进运输信息系统的新型货运管理系统和客运管理系统。例如，优选公共汽车、载货汽车的路线；选择与道路、货运相适应的车型；加快信息反馈，完善物流系统，以便统一调配运输；搞好物流集散点的调整；改善运输方式，加强运输的集中管理，研制封闭容器运输、高架运输等新运输系统。

交通管理措施包括改善交通基础设施、设计合理的管理模式，从而改进交通流的运行特性。例如，改善道路设施，如建设高速公路、汽车专用公路，改善道路结构，提高路面质量，实行立体交叉等；优化交通管理，如采用信号控制，以及运行路线诱导，速度限制指示系统；改善交通系统，如采用双层公共汽车、特定需要的公共汽车、城市汽车系统、快速运输系统及复合运输系统。

除了有关交通管理措施和运输管理措施之外，工程技术也是燃料节约的重要措施，例如：

1）改善发动机的燃料经济性。改进燃烧室，提高压缩比；改善进、排气系统；可变配气相位；采用绝热燃烧室；采用新式燃料供给系统；改进点火系，提高点火能量；采用稀混合气；减少怠速油耗和强制怠速油耗；提高发动机功率的有效利用；减少发动机内部摩擦损失；废气能量回收；减少附件功率损失。发展低速大转矩发动机；发动机的柴油化；电子、电脑对发动机最佳控制；发动机的各种节油装置；改善燃料性质；提高空调机、电气装置等辅助设施的效率。

2）提高汽车功率有效利用。减轻汽车质量；减少空气阻力，例如长途运输商用汽车采用导流罩等；减少滚动阻力；回收制动能量；提高传动系效率；选择最佳传动比。

3）开发代用燃料。如液化石油气（Liquefied Petroleum Gas，LPG）、压缩天然气（Compressed Natural Gas，CNG）、甲醇汽油、乙醇燃料和生物柴油的应用。

4）研制新型动力装置。如转子发动机、塑料发动机、混合动力发动机、燃料电池发动机、氢气发动机、蓄电池车及电动车等。

5）增加专用车辆，发展大吨位汽车列车运输。

6）改进汽车维修方法，提高维修质量，提高车况完好率。

7）优选运行工况，提高驾驶技能。

案例2：

随着汽车领域节能减排任务越来越繁重，如何促进汽车从设计阶段就引入生态设计，并在制造和使用过程中充分体现节能减排的环保理念，从而更好地推动汽车产业绿色发展成为我们思索的一个重大问题。

长期以来，经济发展和生态环境被认为无法兼顾，要发展免不了要牺牲环境。党的十八大以来，在新发展理念指引下，我国坚定不移走生态优先、绿色低碳发展道路，着力推动经济社会发展全面绿色转型，既要发展，也要环境。党的二十大报告指出，要实施全面节约战略，发展绿色低碳产业，倡导绿色消费，统筹产业结构调整、污染治理、生态保护、应对气候变化，加快发展方式绿色转型。

党的二十大报告指出，大自然是人类赖以生存发展的基本条件。尊重自然、顺应自然、保护自然，是全面建设社会主义现代化国家的内在要求。必须牢固树立和践行"绿水青山就是金山银山"的理念，站在人与自然和谐共生的高度谋划发展。

我们要推进美丽中国建设，坚持山水林田湖草沙一体化保护和系统治理，统筹产业结构调整、污染治理、生态保护、应对气候变化，协同推进降碳、减污、扩绿、增长，推进生态优先、节约集约、绿色低碳发展。

3.2.2 提高汽车燃料经济性的结构措施

1. 提高压缩比

发动机在运转时，压缩比越大，压缩终了混合气的压力和温度就越高，燃烧也越迅速越充分，因而发动机发出的功率越大，经济性越好。反之，低压缩比的发动机燃烧时间相对延长，增加了能量消耗，从而降低了动力输出。

根据等容加热理论循环，汽油机的热效率为

$$\eta = 1 - \varepsilon^{1-K}$$

式中 ε——压缩比；

K——绝热指数，单原子气体 $K=1.6$，双原子气体 $K=1.4$，三原子气体 $K=1.3$。

显然，当压缩比 ε 提高时，热效率增加，发动机动力性提高，发动机油耗率降低。例如，解放CA6102型发动机的压缩比由7.0提高到7.4，最低比油耗由326g/kW·h下降至306g/kW·h。试验表明，在 $\varepsilon=7.5\sim9.5$ 范围内，压缩比每提高一个单位，油耗可以下降4%以上。但压缩比过大，发动机工作时抖振会明显增大，不仅不能进一步改善燃烧情况，反而会出现"爆燃"和"表面点火"等不正常燃烧现象，引起发动机过热，功率下降，油耗增加，甚至损毁发动机，而且会增加排气中 NO_x 污染物的浓度。另外，提高压缩比，需要相应地增加汽油辛烷值，使得汽油炼制成本提高。

改进燃烧室和进气系统，提高发动机结构的爆燃极限；使用爆燃传感器，自动延迟产生爆燃时的点火提前角；掺水燃烧抗爆；开发高辛烷值汽油等都是提高压缩比的措施。

2. 改善进、排气系统

改善进、排气系统的主要目的是，减少进气管气流阻力，减少排气干扰，提高充气效率。进气管的结构和尺寸要有足够的流通截面，并保证管道的表面光洁，连接处平整，要减少气流转折以及流通截面突变，以减少气流的局部阻力。进气门是整个进气管道中产生阻力最大的地方。例如，大众捷达汽车发动机每缸采用5气门（3个进气门，2个排气门）结构，以增加进气量。

由于发动机的工况不同对进气系统的要求也不同，所以可以采用可变进气系统等技术来改善进气情况，如惯性可变进气系统，就是通过改变进气歧管的长度，低转速用长进气管，保证空气密度，维持低转的动力输出效率；高转速用短进气歧管，加速空气进入气缸的速度，增强进气气流的流动惯性，保证高转速下的进气量，从而提高了发动机的输出转矩，降低了油耗，以此来兼顾各转速下发动机的表现。

3. 选择合理的配气相位

充气系数的变化特性、换气损失、燃烧室扫气作用、排气温度以及净化程度是综合评定配气相位的指标。

合理的配气相位选择是与发动机常用工作区相关的。通常，配气相位的持续角较宽时，发动机在高速时充气特性好，低速时充气特性差；当配气相位的持续角较窄时，则反之。我国汽车在城市运行条件下，车速偏低，发动机转速较低，所以应适当将持续角度变窄些。

最佳配气相位传统上可以通过计算图解法或试验法确定。确定时应综合考虑调整动力性和低速动力性的要求，一般可参考同类发动机的配气相位值进行反复试验而得到。正确的排气相位角可充分利用气流的惯性以及排气系统压力波动进行排气。

试验表明，当配气相位偏离最佳值较远时，其变化对发动机性能影响较大，而在最佳值附近时，发动机性能对其并不敏感。不敏感区最高可达10°以上，这就为选定配气相位提供了一定的自由度。

上述所谓的最佳配气相位是在常用工况下局部最佳。现在更多的是电液控制的可变配气相位（i-VVT）控制方法，可保证发动机配气相位在各种运行工况下均处于最佳状态。

4. 采用稀薄燃烧技术

稀薄燃烧是指空燃比为17:1～20:1混合气的燃烧过程。稀薄燃烧按供给方式可分为均质和非均质两种。目前，分层进气（分层燃烧）发动机作为稀薄燃烧中的非均质燃烧，是实现稀薄燃烧的主要方式。

稀混合气可提高发动机燃料经济性的主要原因是，由于稀混合气中的汽油分子有更多机会与空气中的氧分子接触，燃烧完全，同时混合气越稀越接近于空气循环，绝热指数K值越大，提高了热效率；燃用稀混合气，由于其燃烧后最高温度降低，一方面使通过气缸壁传热损失较少，另一方面燃烧产物的离解现象减少，使热效率得以提高。从另一角度分析，采用稀混合气，由于气缸内压力、温度低，不易发生爆燃，则可以提高压缩比，增大混合气的膨胀比和温度，减少燃烧室废气残留量，因而可以提高燃料的能量利用效率。但混合气过稀时，燃烧速度过于缓慢，等容燃烧速度下降，混合气发热量和分子改变系数变小，指示功减小，但机械损失功变化很小，使机械效率下降；混合气过稀，个别气缸失火的概率增加。

为了燃烧稀混合气，还可以采用分层充气技术，即在火花塞附近的局部区域内供给易于点燃的浓混合气，而在其他区域供给相当稀的混合气。当浓混合气一旦形成火焰，在它的高温和由它所造成的强涡流影响下，使稀混合气点燃，并使火焰得以传播。

分层充气发动机按照燃烧室结构可分为统一式燃烧室和分隔式燃烧室（或称双室式）两种，分隔式又可分为副室扫气和副室不扫气两种。统一式燃烧室主要利用强的旋流、适当的喷油方向和锥角与燃烧室形状匹配，以实现分层燃烧。其特点是：无节流损失、燃烧室壁面造成的热损失较小，经济性好。分隔式燃烧室则主要是进气分层，副室供应浓混合气，主室供应稀混合气，通过燃气运动来控制稀混合气燃烧。其特点是：可形成较强的涡流，易于形成层状化的混合气。

5. 减少强制怠速油耗

汽车滑行是依靠汽车惯性行驶，是降低汽车油耗的有效方法。在不切断发动机与传动系统连接的情况下，发动机由汽车惯性拖动而高速运转，称为强制怠速工况。

对采用电子控制怠速的供油装置，当强制怠速时，控制系统会驱动电磁阀开启附加空气通道，使空气进入怠速油道，减少甚至完全终止供油，因此对燃料消耗影响较大。

6. 闭缸节油技术

为了保证汽车具有良好的动力性，要求选用功率较大的发动机，以克服各种行驶阻力，但在汽车行驶中发动机经常处于部分负荷状况，使燃料消耗量增多。如果能够根据汽车运行工况调节发动机功率，使之始终保持在有利的负荷率下工作，就可解决上述问题。

通常可以采取改变发动机有效工作排量的方法解决此类问题，目前常用的方法有两种，即变行程法和变缸法。

变行程法是改变活塞行程，即在中小负荷时，缩短活塞行程，减少进气损失、泵气损失、活塞及活塞环与气缸壁摩擦损失。如桑地亚实验室研制的波劳特发动机，就采用了一种特制的机械连杆来改变行程。行程变化范围为 25.4 ~ 114.3mm，排量变化范围为 0.705 ~ 3.113L，可节油 10% ~ 15%，但可靠性差、寿命低和成本高，而且 NO_x 排放量高等问题均有待于解决。

变缸法是改变有效气缸数目，即在中小负荷时，关闭一部分气缸，而提高另一部分气缸的功率利用率，使之工作在较经济工况。变缸法的效果取决于变缸时机的掌握，最好用微型机自动控制。减少气缸数的方法很多，有的采用堵塞进气道的方法，有的采用关闭进排气门的方法，其中关闭进排气门的方法能减少泵气损失和气门驱动损失，节油效果显著。

7. 汽车轻量化

汽车行驶时，汽车功率消耗与汽车行驶阻力有关。除空气阻力外，其他阻力都与汽车总质量有关。因此，减少汽车整备质量，是降低油耗最有效的重要措施之一。据有关资料介绍，汽车整备质量每增加 25%，油耗增加 8%；汽车整备质量减少 10%，油耗可减少 8.5%。

汽车轻量化的目的，主要在于提高燃料经济性。资料介绍，奥迪 A9 乘用车铝制车身质量减少 15%，油耗随之降低 5% ~ 8%。

当前减轻自重的主要方法，一是尽量减少零件数量，如新车身骨架的零件数量，由 400 个减到了 75 个，重量减轻 30%；二是大量采用轻质合金及非金属材料。图 3-10 给出了乘用车的油耗与汽车总质量的关系曲线，由图可看出，随着汽车总质量的增加，油耗明显升高。

目前在汽车轻量化方面采取的主要措施有：用优化设计的方法充分利用材料的强度，提高结构的刚度；采用高强度轻材料，如采用高强度低合金钢、铝合金、镁合金、塑料和各种纤维强化等材料制造汽车零件；改进汽车结构，如乘用车采用前轮驱动、高可靠性轮胎（可以去掉备胎）、少片或单片弹簧钢板、承载式车身、空冷式发动机、二冲程发动机、绝热发动机，以及各种零件的薄壁化、复合化、小型化等；减少车身尺寸，这还有利于减少行驶时的空气阻力；取消一些附加设备及器材等。质量轻的电子产品的大量应用，也对汽车的轻量化发挥了作用。

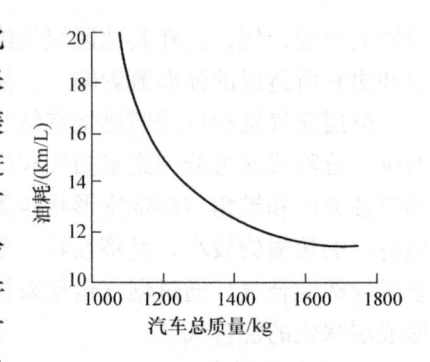

图 3-10 乘用车的油耗与汽车总质量的关系曲线

8. 减少滚动阻力

试验表明，滚动阻力减少 10%，油耗可降低 2%。采用子午线轮胎，提高轮胎气压，是减少滚动阻力主要途径。

大型载货汽车装用子午线轮胎后，滚动阻力可减少 15%～30%，节油 5%～8%，乘用车子午线轮胎的汽车节油率为 6%～9%。研究表明，采用轮胎制造新技术，可使轮胎滚动阻力系数由 0.016 降至 0.008。

在重型汽车上采用子午线轮胎的节油效果最佳。美国子午线轮胎安装率已达 90%；西欧的乘用车从 20 世纪 80 年代就已全部使用子午线轮胎，在货车上的安装率也达 80% 以上。

提高轮胎气压，使汽车行驶时轮胎变形减少，汽车的滚动阻力将随轮胎气压的增加而减少。研究表明，将轮胎气压由 166.6kPa 提高到 215.6kPa，滚动阻力将减少 30%，燃料消耗可降低 3%。但轮胎气压提高后，又带来舒适性降低、悬架动载荷变大等问题，并且轮胎气压的提高受到道路有关法规的限制。

9. 减少空气阻力

汽车在高速行驶时，空气阻力消耗的功率相当大，可达 50% 左右。

空气阻力的大小取决于汽车迎风面积 A 和空气阻力系数 C_D。汽车迎风面积取决于汽车的外形尺寸，难以改变。因而，主要应从改进空气阻力系数 C_D 着手。例如，大众汽车的空气阻力系数 C_D，1975 年前后约为 0.45，1992 年下降至 0.3～0.35，其概念车的空气阻力系数 C_D 已下降至 0.20，2007 年款的迈腾乘用车的风阻系数 C_D 为 0.28。

研究表明，空气阻力系数每降低 10%，可使汽车燃料经济性提高 2% 左右。目前国内外减少空气阻力系数的主要措施有，选择合理的车身外形，对所有暴露部分进行空气动力学优化，以及在车身上加装各种导流装置。图 3-11 为汽车上加装各种导流装置示意图。

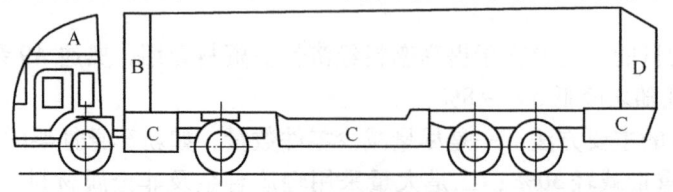

图 3-11 车辆上安装导流装置示意图
A—导流板 B—间隔密封罩 C—挂车下部防风罩 D—后导流罩

载货汽车采用导流装置日益得到发展，目前应用较多的有以下几种：

1) 凸缘型空气阻力减少装置。它装于厢式车身的前壁，并包覆其顶边及两侧。安装这种装置后，C_D可减少3%~5%。

2) 空气动力导流罩装在驾驶室顶上。安装这种导流罩后，C_D可减少3%以上。

3) 间隙密封罩B装在驾驶室和车厢之间。据相关试验表明，其最好的节油效果达到12%。

此外，在车身下部装防护罩及在车厢后面装后导流罩等，都是有效的节油措施。

10. 选择最佳传动比

为了判断传动比与发动机匹配是否合理，通常，把在一定使用条件下，发动机的常用工况区与发动机万有特性画在同一坐标系上，考察常用工况区与最低油耗区接近（重叠）情况，如图3-12所示。经运行工况调查，可知常用的车速和档位，从中可确定相应的转速范围为$n_{e1} \sim n_{e2}$，相应的功率范围为$P_{e1} \sim P_{e2}$，则可在万有特性图上表示出常用工况区A。若A区偏离万有特性最低油耗区，可进行调整，使常用工况在B区或C区则为佳。

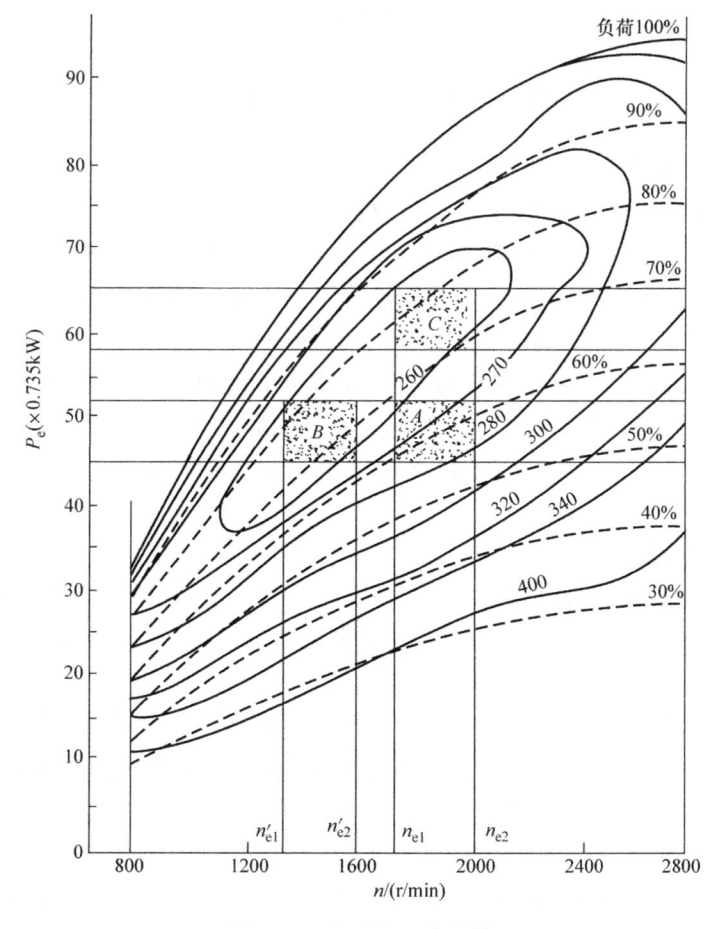

图3-12 发动机万有特性

图3-13为某型38t载货汽车的发动机万有特性图和不同主减速比（变速器为最高档）常用工况区图。原车主减速比$i_0 = 5.2$，最常用工况时发动机转速为1500~2000r/min，有效

比油耗为 240~205g/(kW·h)；当将主减速比改为 3.84 后，在长途运输中常用工况下的转速移到 1100~1500r/min，常用功率范围不变，有效比油耗降至 210~200g/(kW·h)，减少 10%。由于在新常用工况区 i_0 = 3.8 工作时，发动机转矩比原工况区提高 39%，虽然主减速比减少，但仍有足够驱动力。

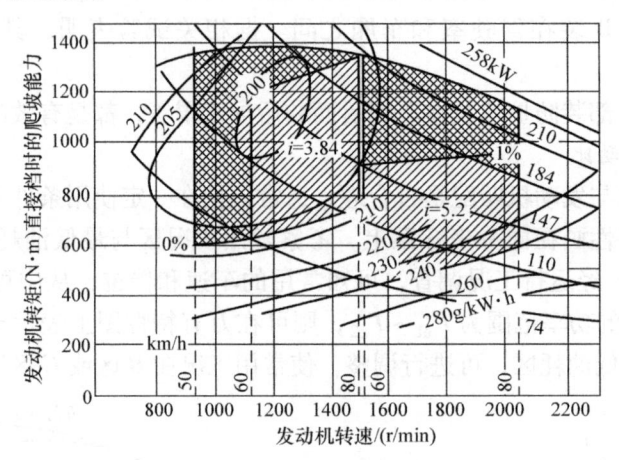

图 3-13 汽车发动机万有特性图及常用工况区

11. 不选用过大功率的发动机

发动机与汽车的功率匹配情况会影响发动机在运行中的负荷率，进而影响汽车的燃料经济性。由发动机的负荷特性可知，在转速一定的条件下，负荷率在 80%~90% 时，有效燃料消耗率最低；发动机在中等转速、较高负荷率下工作时，其燃料经济性较好。但在实际使用中，大部分时间内发动机的负荷率都达不到经济范围。试验表明，一般汽车在路况良好的路面上以常用车速行驶时，克服各种阻力所需的功率仅为发动机相应转速下最大功率的 50%~60%，相当于发动机最大功率的 20% 左右。因此，为提高汽车使用中发动机的负荷率，提高汽车的燃料经济性，在保证汽车动力性足够的前提下，不宜选用过大功率的发动机。

12. 减少机械摩擦损失

减少机械损失，可提高发动机的机械效率，从而提高发动机的有效功率输出，也即提高了燃料经济性。试验表明，当减少总摩擦损失的 17%~21% 时，可以提高整机经济性 3%~7%。

减少机械摩擦损失的主要途径包括：降低活塞、活塞环、连杆等往复运动机件的质量；减少滑动部件的滑动速度及面压比；合理选择和使用润滑油；合理选择摩擦零件的材料，优化材料配对，提高摩擦表面加工精度等。

13. 采用汽车新技术

采用小型化直喷汽油发动机、可变气门正时（Variable Valve Timing，VVT）、可变进气系统（i-VCT）等发动机新技术；采用全铝合金质发动机，减轻了质量，增强了散热性，从而降低了油耗。

在变速器方面也有一些帮助提高汽车燃料效率的改进，目前已经成为行业标准配置的六速变速器与之前的四速变速器相比大约提高燃料经济性 1%~3%。更高的齿速比，比如一些豪华车的七速和八速变速器,以及某些车型采用的CVT技术,都可以提高燃料经济性。

3.2.3 汽车驾驶技术和维护的影响

在相同使用条件下,不同的汽车技术状况、不同驾驶人,其汽车百公里油耗相差较大,所以,提高驾驶人操作技术和正确维护是重要的节约燃料措施。

1. 发动机的起动升温

油路、电路、怠速和点火提前角的正确调整、发动机预热是顺利起动的前提。每次起动时间不得超过5s,两次起动间隔不得少于10s。三次起动不成功时,必须进行检查,排除故障。起动后应迅速转入怠速,起动时切勿重踏和反复踏加速踏板。

冬季室外停放的车辆在冷起动前,应注意发动机的充分预热,轻踏几次加速踏板,起动发动机。

汽车行驶过程中,经常遇到停车熄火后重新起动(热起动)的情况。此时,发动机的温度较高,轻踏加速踏板即可起动,然后,马上转入怠速运转。

2. 汽车起步加速

试验表明,发动机冷却液温度上升到40℃以上时起步,具有较好的节油效果。机体温度低时,燃料雾化不良,燃烧不完全。另外机油黏度大,摩擦损失功率增加,因而费油。冬季汽车起步后10km以内,载货汽车车速不要超过30~40km/h,并根据气温适当延长低速档行驶时间。气温在-5~0℃时,二档行驶约50s,三档和四档各运行约35s;气温约为-20℃时,二档行驶约1~2min,三档3~4min,四档运行约5~6min;直到冷却液温度和各总成温度上升至正常值后,再进入正常行驶。

满载车在良好路面上使用二档起步,阻力较大时或拖带挂车及半挂车时用一档起步。

汽车坡道起步时,加速踏板、离合器、驻车制动器的操作配合应协调,不使车辆倒退、熄火,达到平稳地顺利起步。

3. 档位的选择和变换

汽车在良好路面上行驶,在一定的行驶范围内,既可使用次高档也可用最高档,但用最高档时较节约燃料。这是因为最高档时发动机的负荷率较高,而有效比油耗较低。为了节约燃料,在节气门开度不超过90%的条件下,应尽可能使用最高档。

汽车上坡行驶时应及时减档。减档过早,不能充分利用汽车惯性爬坡;减档过晚,车速降低过多,常需要多换一次档,增加油耗。

4. 汽车行驶速度

汽车满载在良好路面上等速行驶时,存在一个使得等速燃料消耗最小的车速,即技术经济车速v_p。车速高于或低于v_p,汽车等速油耗均上升。

v_p只是一个点,在实际中很难掌握,为此将经济车速点前后油耗较低的车速称为经济车速范围。不同车型的经济车速范围一般可通过试验得到。

在良好路面上行驶时应尽可能保持经济车速行驶。国产中型货车的设计车速低,在高速公路行驶时,可以65~75km/h的速度行驶,不宜追求过高的车速,否则油耗增大,磨损加剧,甚至发生爆胎等恶性事故。

5. 加速踏板的运用

汽车行驶时,加速踏板要轻踏、柔和控制,减少加速泵供油的机会。避免空档猛踏加速踏板，据试验某中型汽车每次空档猛踏加速踏板，就要消耗 3~5mL 汽油。节气门的开度不宜过大，以避免增加油耗。

6. 行车温度的控制

汽车行车温度包括发动机冷却液温度、机油温度、发动机舱盖内气温、变速器和驱动桥齿轮油温度等。

冷却液温度过低会使燃料不易雾化，各缸进气不均，燃烧室壁散热损失增加，燃烧速度下降，造成发动机功率和转矩下降，油耗增加；另外，机油的流动性和飞溅润滑能力下降，增加了机械损失。

冷却液温度过高会使机体过热，充气量下降，容易出现爆燃、早燃等异常燃烧现象；供油系容易发生气阻；造成功率下降，油耗增加且在高温下机油压力和黏度下降；并加速机油因氧化和热分解而发生的变质，加快发动机的磨损。

正常的发动机冷却液温度，有利于燃料的雾化和混合气的均匀分配，使得发动机有良好的燃料经济性和动力性，并保证机油的黏度和润滑能力，减少发动机的磨损。

中型载货汽车试验表明，发动机的冷却液温度在 80~90℃ 时，燃油消耗量最低，功率和转矩最高；冷却液温度由 90℃ 下降至 80℃ 时，油耗增加 2.5%，下降至 75℃ 时，油耗增加 3%~5%，下降至 65℃ 时，油耗增加 15%。在行车中应根据冷却液温度表的指示值，调节百叶窗开度，保证冷却液温度在使用说明书要求的范围内。冬季可采用加装保温套等保温措施，使发动机舱盖下的温度保持在 20~30℃。发动机机油温度以 75℃ 为宜。变速器和驱动桥齿轮油温度应不低于 50℃。这可通过起步后以中速行驶一段路程实现。

7. 合理利用滑行

汽车滑行可分为减速滑行、加速滑行和下坡滑行。

汽车行驶中当前方遇窄道、修路施工、车辆抛锚、弯道、桥梁、路口、坑洼路面、会车、行人较多以及预见性停车和到达停车场时，预先将变速器置空档的滑行，称为减速滑行。当车辆接近上述障碍时，车速已降低，可不采取制动而顺利通过或停车。这样就可达到节约燃料和保证安全的目的。

汽车以高速档加速至较高车速后，空档滑行至较低的车速，然后再挂高速档加速，这种加速和空档滑行交替进行的方法，称为加速滑行方法。

试验结果表明，在平均车速相同的情况下，采用最佳的加速滑行模式与等速行驶相比，满载时的节油率达 11.8%~16.7%，空载时的节油率达 21.3%~22.4%。

在车型、载质量、平均车速及行驶距离相同的条件下，加速滑行与等速行驶相比，两者的生产率和所做的功相同。但在良好的道路上中速行驶时，发动机的负荷率一般为 40%~50%，比油耗较大，单位功消耗的油多，故完成该功的耗油量大；而加速滑行采用加速的方法，可人为地提高发动机的负荷率，降低单位功的油耗，故完成该功的耗油量少，即使加上滑行过程中发动机怠速耗油量，仍比等速行驶省油。

不同汽车有各自的最佳加速滑行模式。东风 EQ1090 汽车的试验表明，加速至 50km/h 比加速到 60km/h 的加速滑行油耗要低，但后者的平均速度高，显然对提高生产率及降低运输成本有利。

加速滑行一般不适合拖带挂车的重载汽车列车，因汽车列车的负荷率已较高，采用加速滑行方法加速时，负荷率很高，比油耗高，节油效果不明显，甚至油耗增加。

此外，加速滑行操作法使驾驶人的劳动强度增加，对安全不利。

汽车加速滑行只能在道路宽直、无视线遮挡、行人和车辆稀少的条件下采用；要求汽车的技术状况良好，滑行距离应达加速距离的1.5倍以上；加速滑行的最大车速不应超出经济车速范围的上限，速度之差以15~25km/h为佳；加速时应缓慢踏加速踏板至节气门全开的80%~90%，以免混合气加浓装置起作用；在高速公路行驶时不能使用加速滑行法。

在坡度小于5%的缓直坡道或陡坡接近坡尾，可空档滑行；在路况熟悉的波状起伏微丘地带，可在临近坡顶时空档滑行过坡顶，至临近坡尾再挂档加速冲过第二个坡道，但在这种道路滑行时，发动机不得熄火。

在长而陡的坡道上严禁熄火空档滑行。应在高速档不熄火滑行，利用发动机阻力，并施加间歇制动，控制车速。如果熄火空档滑行，长时间用行车制动器控制车速，制动器容易发热，使制动效能下降，甚至失效或烧毁制动摩擦片。

8. 汽车底盘技术状况

汽车底盘技术状况的好坏会影响整车技术性能。经常保持底盘技术状况良好，可减少车辆行驶机械损失和滚动阻力，从而减少功率消耗，降低燃料消耗。

常用滑行性能检查底盘的综合技术状况，它对汽车运行油耗的影响很大。汽车的滑行性能常用滑行距离和滑行阻力系数表示。滑行阻力系数不得大于0.014。

某车型试验表明，当底盘调整良好时，30km/h的滑行距离为254m，油耗为15.5L/100km；而当前束不合乎规定、轮毂轴承调整不佳时，滑行距离降低至173m，油耗为19.5L/100km，比底盘调整良好的增加了25.8%。

9. 有效的起动和减少紧急制动次数

汽车每起动一次的耗油量可以行驶1km，对发动机的磨损相当于行驶50km的磨损量；所以尽量不要让汽车非正常熄火，频繁的起动将会增加不必要的油耗。汽车每紧急制动一次，所浪费的油可行驶2km，对轮胎的磨损相当于行驶80km的磨损量。

10. 尽量减少怠速运转的时间

根据试验测算，怠速运转时的耗油量大约相当于以中等速度行驶4倍的耗油量。汽车在怠速时运转3min以上所消耗的燃料要比重新起动时所消耗的燃料多，因此长时间停车时最好熄火等待。试验表明，开起自动起停的车辆的平均节油率在8%~15%之间。

3.2.4 采用节能汽车和新能源汽车

在当前石油资源短缺、石油价格持续攀升以及环境污染的压力下，以石油为燃料的汽车工业正在通过各类替代燃料技术的开发和多元化的应用，走向一个以清洁的、可再生的能源为动力的汽车工业。发展各种节能与新能源汽车是提高汽车燃料经济性的一个主要途径。

根据《节能与新能源汽车产业发展规划（2012—2020年）》中的定义，新能源汽车包括纯电动汽车、插电式混合动力汽车以及燃料电池汽车；节能汽车包括以内燃机为主要动力系统、综合工况燃料消耗量优于下一阶段目标值的汽车。

1. 电动汽车

2022年12月，新一代电动汽车入选"2022全球十大工程成就"。电动汽车采取轮式驱动、无级控制等方式，以电机和控制器取代传统内燃机。它清洁无污染，能量效率高，能源多样化，结构简单且维修使用方便，是21世纪重要的新型绿色环保交通工具。锂离子电池是目前世界最新一代的充电电池，与其他蓄电池比较，锂离子电池具有电压高、比能量高、充放电寿命长、无记忆效应、无污染、快速充电、自放电率低、工作温度范围宽和安全可靠等优点，已成为电动汽车较为理想的动力电池。

燃料电池电动汽车是清洁汽车的终极目标。常规燃料电池利用氢氧结合产生电流，其作用过程是：在反应室里，从质子交换膜逸出的氢质子与氧反应，在与氧反应生成水的过程中释放出电化学能。燃料电池寿命较长，能量密度远大于普通蓄电池，除了水和热量外，不会排出任何物质。而且更轻巧、结构简单、噪声小、维护工作量小，降低了维修费用。但是，燃料电池所使用的氢燃料具有大的危险性，储存极为困难。

2. 压缩天然气和液化石油气汽车

天然气汽车，即通常所称的 CNG 汽车。天然气埋藏量十分丰富，它是最有希望代替汽油的新型燃料。天然气燃料具有 CO_2、CO、HC、NO_x 排放低的优点。近年来，天然气和液化石油气汽车技术发展较快，不仅在动力性和燃料经济性方面有显著提高，而且在排放性能方面也已列入"绿色汽车"行列。

3. 甲醇、氢气及太阳能汽车

甲醇汽车具有环保、清洁性突出，使用方便，无需改动装置，成本低，原料易购，来源广泛，生产不受季节和规模限制，燃料经济性好等特点。

氢气可由电解水而制成，可以说是一种可再生能源，国内外能源界都将其列为 21 世纪最有发展前景的清洁能源之首。目前面临的问题是如何降低成本而又大量地生产出氢气能源，在汽车上使用还存在储存和运输的难题。

太阳能汽车就是把将太阳能转变为电能的电池装在汽车上作为驱动电源的汽车。随着光伏电池技术以及电子技术的不断进步，太阳能汽车作为一种新能源汽车已经崭露头角。

3.3 电动汽车经济性

3.3.1 电动汽车经济性指标

电动汽车行驶过程中所需的能量部分或全部来自于电能，而电能的单位通常采用瓦时（$W \cdot h$），在计算电动车辆的能量消耗时，一般以 $W \cdot h/km$ 表示每单位距离所消耗的能量。对于配置动力蓄电池的纯电动汽车，由于全部电能来自于动力蓄电池，动力蓄电池的能量一般以 $W \cdot h$ 来表示。因此，根据动力蓄电池能量就可以计算出纯电动汽车的续驶里程。对于混合动力电动汽车而言，由于能量最终来源于燃油，因此仍采用内燃机汽车中经济性指标 L/100km，并将电能折算为等效的燃油消耗量。

1. 纯电动汽车的经济性指标

电动汽车的经济性常用一定运行工况下汽车行驶的电能消耗量或一定电量条件下汽车行驶的里程来衡量，主要包括能量消耗率和续驶里程两个评价指标。

能量消耗率是指电动汽车经过规定的试验循环后，对动力电池重新充电至试验前的容量，从电网上得到的电能与行驶里程的比值，单位为 $W \cdot h/km$。

续驶里程是指电动汽车在动力蓄电池完全充电状态下，以一定的行驶工况，能连续行驶的最大距离，单位为 km。电动汽车的续驶里程可以分为等速续驶里程和循环工况续驶里程。

2. 混合动力电动汽车的经济性指标

混合动力电动汽车具有内燃机和驱动电机两个动力源，因此，它的能量消耗通常包括燃油消耗和电能消耗。

1）燃油消耗量。燃油消耗量是指混合动力电动汽车经过规定的循环工况后，在电池储存的容量与运行前保持同一水平条件下所消耗的燃油量，单位为 L/100km。

2）纯电动续驶里程。纯电动续驶里程是指混合动力电动汽车在动力蓄电池完全充电状态下，以一定的行驶工况，能连续行驶的最大距离，单位为 km。

3.3.2 纯电动汽车经济性

纯电动汽车的电驱动系统主要包括动力蓄电池系统和驱动电机系统两部分。动力蓄电池系统和驱动电机系统的效率对电动汽车的经济性有很大影响。因此，在对纯电动汽车经济性进行计算与分析之前，先介绍动力电池系统和驱动电机系统的效率。

1. **动力电池系统的效率**

车用动力蓄电池是一种既能从外部接受能量（充电），又能向外释放能量（放电）的电化学装置。电动汽车常用的动力蓄电池包括铅酸电池、镍氢电池和锂离子电池等。

图 3-14 所示为一种简化的电池等效电路模型，它包括一个电源电动势 E、一个可变等效内阻 R_{int} 和电池端电压 U_b。在这个模型中，等效内阻是用来模拟电池充电和放电过程中的能量损失。在电池充、放电过程中，等效内阻是不一样的。

在这个模型中，电池的端电压可表示为

$$U_b = E - R_{int} i_b \tag{3-7}$$

式中　U_b——电池端电压（V）；
　　　i_b——电池电流（A）。

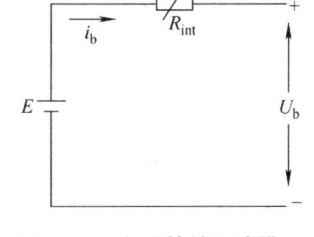

图 3-14　电池等效电路模型

电池的效率可定义为电池可提供的总能量与电池完全充满所需的能量之比。

在恒定的充电和放电电流情况下，如果电池的容量为 Q_0（A·h），则总的放电时间为 $t_d = Q_0/i_b$，从而，电池能够提供给负载的能量可表示为

$$E_{dis} = \int_0^{t_d} P_d dt = t_d(E - R_{int} i_b) i_b$$

式中　P_d——电池放电功率。

以同样的速率将电池从耗尽到充满所需的能量为

$$E_{chg} = \int_0^{t_d} P_c dt = t_d(E + R_{int} i_b) i_b$$

式中　P_c——电池充电功率。

从而，电池的效率可表示为

$$\eta_b = \frac{E_{dis}}{E_{chg}} = \frac{E - R_{int} i_b}{E + R_{int} i_b} \tag{3-8}$$

如果电池在恒定功率 P 下进行充电或放电，其对电池效率的分析方法也是一样的。由于

$$i_b = \frac{P}{U_b} \tag{3-9}$$

将式 (3-9) 带入式 (3-7) 中，可得

$$U_b^2 - EU_b + PR_{int} = 0$$

因此，电池端电压 U_b 可以表示为电池功率 P 的函数，即

$$U_b = \frac{E}{2} + \sqrt{\frac{E^2}{4} - PR_{int}}$$

从而，式 (3-8) 可转化为

$$\eta_b = \frac{E_{dis}}{E_{chg}} = \frac{E - R_{int}P/U_b}{E + R_{int}P/U_b}$$

需要说明的是，在动力蓄电池实际充、放电过程中，电池的电动势、内阻和端电压受电池荷电状态（State of Charge，SOC）、外界温度的影响较大。因此，动力蓄电池充、放电效率也会受到电池充放电功率、电池荷电状态和外界温度的影响。

锂离子电池充电从安全、可靠及兼顾充电效率等方面考虑，通常采用两段式充电方法。第一阶段为恒流限压，第二阶段为恒压限流。锂离子电池充电的最高限压值根据正极材料不同而有一定的差别。锂离子电池基本充放电电压曲线如图 3-15 所示。图中曲线采用的充放电电流均为 0.3C。

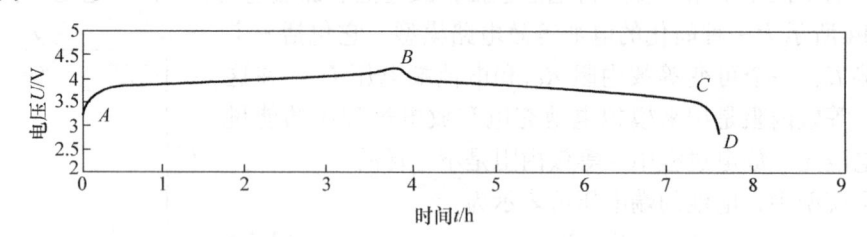

图 3-15 锂离子电池基本充放电电压曲线

对于不同的锂离子电池，区别主要有两点：

1) 第一阶段恒流值，根据电池正极材料和制造工艺不同，最佳值存在一定的差别。一般采用电流范围为 0.2C~0.3C。

2) 不同锂离子电池在恒流时间上存在很大的差别，恒流可充入容量占总体容量的比例也存在很大差别。从电动汽车实际应用的角度，恒流时间越长，充电时间越短，更有利于应用。

2. 驱动电机系统的效率

驱动电机系统的效率为电机输出功率与输入功率的比值，包括电机控制器效率和机械效率两部分。

电机控制器效率可表示为

$$\eta_{mc} = \frac{i_{mc}U_{mc}}{i_b U_b}$$

式中 η_{mc} ——驱动电机控制器效率；

i_{mc} ——电机控制器输出电流（A）；

U_{mc} ——电机控制器输出电压（V）。

机械效率可表示为

$$\eta_{\mathrm{mj}} = \frac{T_{\mathrm{m}}\omega_{\mathrm{m}}}{i_{\mathrm{mc}}U_{\mathrm{mc}}}$$

式中　η_{mj}——驱动电机的机械效率；
　　　ω_{m}——电机转子的角速度（rad/s）；
　　　T_{m}——电机输出转矩（N·m）。

从而，驱动电机系统的效率可表示为

$$\eta_{\mathrm{m}} = \eta_{\mathrm{mj}}\eta_{\mathrm{mc}} = \frac{T_{\mathrm{m}}\omega_{\mathrm{m}}}{i_{\mathrm{b}}U_{\mathrm{b}}}$$

当电动汽车减速时，可回收一部分制动能量，此时电机处于发电状态，给动力蓄电池充电，电机系统效率可表示为

$$\eta_{\mathrm{g}} = \frac{i_{\mathrm{b}}U_{\mathrm{b}}}{T_{\mathrm{m}}\omega_{\mathrm{m}}}$$

图 3-16 所示为驱动电机系统的效率特性。图中，转矩为正的区域是电机处于电动工况下的效率等高线，转矩为负的区域是电机处于发电工况下的效率等高线。与内燃机相比，电机的效率要远高于内燃机。电机效率图中存在效率较高的区域。因此，在电动汽车行驶过程中，要尽量保证驱动电机经常运行在高效率区域，以充分发挥电机的性能，进一步提高整车系统效率，延长续驶里程。

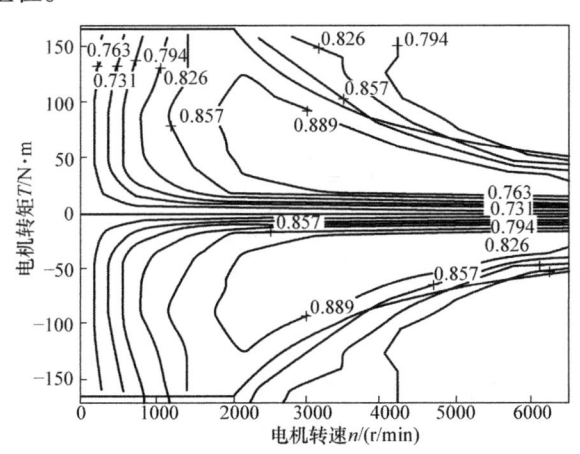

图 3-16　驱动电机系统的效率特性

3. 纯电动汽车经济性的计算

纯电动汽车经济性的计算需要在一定的循环工况下进行，下面分别介绍其在等速行驶工况和循环工况下能量消耗率和续驶里程的计算。

（1）等速行驶工况能量消耗率和续驶里程的计算

在忽略纯电动汽车辅助系统能量消耗的条件下，汽车驱动系统的能量主要用于克服车辆行驶过程中受到的滚动阻力和空气阻力。从而，当汽车等速行驶时，电机所需提供的功率应为

$$P_{\mathrm{m}} = \frac{1}{\eta_{\mathrm{T}}}\left(\frac{Gfv_{\mathrm{a}}}{3600} + \frac{C_{\mathrm{D}}Av_{\mathrm{a}}^{3}}{76140}\right)$$

式中　η_{T}——传动系统效率。

从而，电驱动系统在等速行驶时间 t_t(s) 内所消耗的电能（W·h）为

$$Q_t = \frac{1}{3.6}\int_0^{t_t} \frac{P_m}{\eta_b \eta_m} dt$$

等速行驶工况下，电动汽车的续驶里程（km）为

$$s_t = \frac{v_a}{3600} t_t$$

因此，等速行驶工况下电动汽车的能量消耗率（W·h/km）为

$$C = \frac{Q_t}{s_t}$$

(2) 循环工况下的能量消耗率和续驶里程的计算

ECE-R15 循环工况是由等速、等加速、等减速、停车等行驶工况组成的循环。等速工况能量消耗量的计算在前面已经讲过，这里不再赘述。下面分别计算在等加速、等减速和停车行驶工况下的能量消耗量，并在此基础上进行循环工况下的能量消耗率和续驶里程的计算。

1) 等加速行驶工况能量消耗量和续驶里程的计算。在汽车加速行驶时，驱动电机除了克服滚动阻力和空气阻力之外，还要提供为克服加速阻力所消耗的功率，若加速度为 $\frac{dv}{dt}$ (m/s²)，则电机提供的功率 P_m (kW) 为

$$P_m = \frac{1}{\eta_T}\left(\frac{Gfv_a}{3600} + \frac{C_D A v_a^3}{76140} + \frac{\delta m v_a}{3600}\frac{dv}{dt}\right)$$

加速时间 t_a (s) 为

$$t_a = \frac{v_{a2} - v_{a1}}{3.6\frac{dv}{dt_a}}$$

从而，电驱动系统在等加速行驶时间 t 内的能量消耗（W·h）为

$$Q_a = \frac{1}{3.6}\int_0^{t_a} \frac{P_m}{\eta_b \eta_m} dt$$

在等加速行驶工况下，电动汽车的行驶距离（m）为

$$s_a = \frac{v_{a2}^2 - v_{a1}^2}{25.92\frac{dv}{dt}}$$

2) 等减速行驶工况能量消耗量和续驶里程的计算。当汽车减速行驶时，一部分制动能量（在传统汽车中是损耗掉的）可通过电机工作于发电状态予以回收，并存储于动力电池中而得到重复利用，若减速度为 $\frac{dv}{dt}$ (m/s²)，则电机制动回收功率（kW）为

$$P_m = \frac{\varphi}{\eta_T}\left(\frac{Gfv_a}{3600} + \frac{C_D A v_a^3}{76140} + \frac{\delta m v_a}{3600}\frac{dv}{dt}\right)$$

式中，φ 为制动能量回收比例系数，即电机回收的制动能量占总制动能量的比值，$0 \leq \varphi \leq 1$。

减速时间 t_d(s) 为

$$t_d = \frac{v_{a2} - v_{a3}}{3.6\frac{dv}{dt}}$$

从而，电驱动系统在等减速行驶时间 t_d 内所回收的电能（W·h）为

$$Q_d = \frac{1}{3.6}\int_0^{t_d} P_m \eta_b \eta_m dt$$

在等减速行驶工况下，电动汽车的行驶距离（m）为

$$s_a = \frac{v_{a2}^2 - v_{a3}^2}{25.92 \frac{dv}{dt_d}}$$

3）停车时的能量消耗。电动汽车停车时，驱动系统的能量消耗量 Q_s 为零。

4）整个循环工况下的能量消耗。对于由等速、等加速、等减速、停车等行驶工况组成的循环，如 ECE-R15 循环工况，其整个试验循环的能量消耗量（W·h）为

$$Q_z = \sum Q_t + \sum Q_a - \sum Q_d + \sum Q_s$$

电动汽车在动力蓄电池完全充电的状态下，以规定的行驶工况，如 ECE-R15 循环工况，连续行驶的最大里程（km）为

$$s_z = \frac{1}{1000}\sum s$$

式中，s_z 为汽车连续行驶过程中，所有等速、等加速、等减速工况行驶距离（m）之和。

因此，循环工况下电动汽车的能量消耗率为

$$C = \frac{Q_z}{s_0}s_z$$

式中 s_0——一个循环工况的行驶距离（km）。

3.4 汽车经济性试验

对汽油、柴油、两用燃料及双燃料乘用车经济性试验，应执行 GB/T 19233—2020《轻型汽车燃料消耗量试验方法》，采用全球统一轻型车辆测试循环（World Light Vehicle Test Cycle，WLTC）测试车型燃料消耗量。

能量消耗率和续驶里程试验是评价电动汽车经济性和续驶里程的测试方法。续驶里程是指电动汽车在动力蓄电池完全充电状态下，以一定的行驶工况，能连续行驶的最大距离。能量消耗率是指电动汽车经过规定的试验循环后对动力蓄电池重新充电至试验前的容量，从电网上得到的电能除以行驶里程所得的值。

传统汽车和纯电动汽车的经济性试验见表 3-12。

表 3-12 经济性试验

车型	传统汽车	纯电动汽车
国家标准	GB 27999—2019《乘用车燃料消耗量评价方法及指标》	GB/T 18386《电动汽车能量消耗率和续驶里程试验方法》
试验方法	利用碳平衡法，通过测定汽车二氧化碳（CO_2）、一氧化碳（CO）和碳氢化合物（HC）排放量计算燃料消耗量	工况条件下的续驶里程试验
		等速条件下的续驶里程试验
		能量消耗率试验

3.4.1 传统汽车燃料经济性试验

以传统燃油汽车为例，介绍燃料经济性试验的具体要求和试验方法。此试验利用碳平衡法，通过测定汽车二氧化碳（CO_2）、一氧化碳（CO）和碳氢化合物（HC）排放量计算燃料消耗量。本试验适用于以点燃式发动机或压燃式发动机为动力，最大设计车速大于或等于 50km/h 的 N1 类和最大设计总质量不超过 3500kg 的 M_1、M_2 类车辆。最大设计总质量超过 3500kg 的 M_1 类车辆可参照执行。其试验方法按国家标准 GB 27999—2019《乘用车燃料消耗量评价方法及指标》和 GB 19578—2021《乘用车燃料消耗量限值》。

> **案例 3：**
> 以我国汽车排放法规（从"国一"到目前的"国六"）的发展历程，讨论我国政府对环境保护的重视历程。从我国汽车快速发展对环境造成的影响出发，深刻理解"绿水青山就是金山银山"的环保理念；培养学生人与自然和谐、共生的理念。

1. 试验设备

燃料经济性测试设备连接如图 3-17 所示。冷却风机、底盘测功机、排气稀释装置、排气测量装置如图 3-18 ~ 图 3-21 所示。

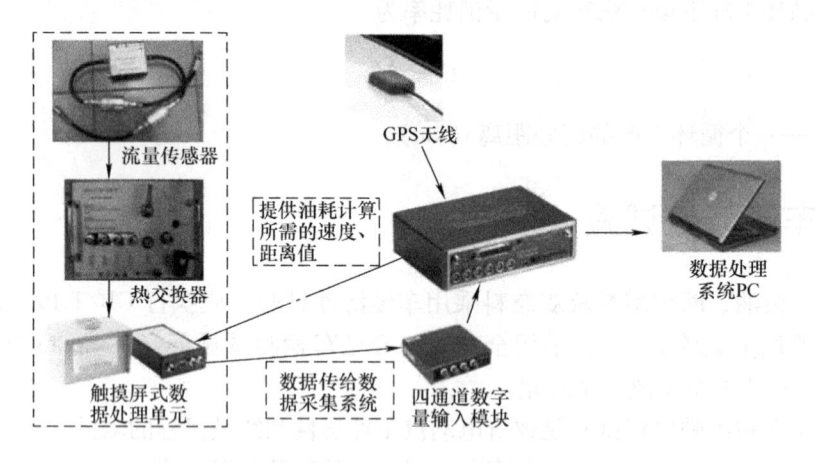

图 3-17 燃料经济性测试设备连接图

图 3-18 冷却风机

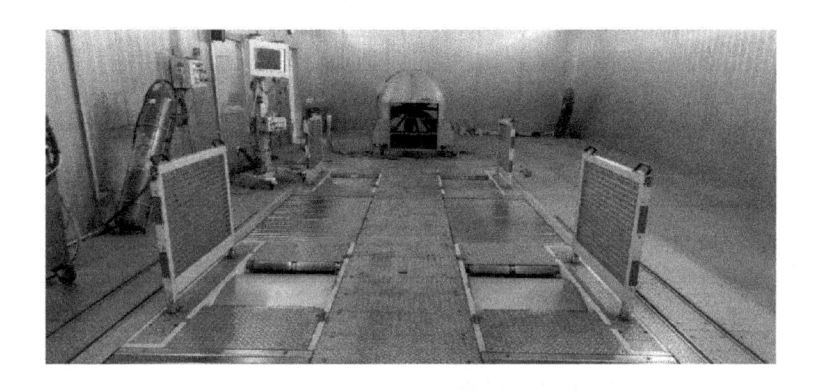

图 3-19　底盘测功机

图 3-20　排气稀释装置

图 3-21　排气测量装置

2. 试验准备

试验条件的要求见表 3-13。

表 3-13 试验条件

条件	具体要求
环境	试验室的环境空气,排放测量系统中需要使用的稀释和取样系统温度应保持 ±1.5℃的精度; 大气压力分辨率为 ±0.1kPa; 绝对湿度(H)(水/干空气)分辨率为 ±1g/kg; 试验室温度应设置为23℃,允许偏差 ±5℃。大气温度和湿度应在试验车辆冷却风机出风口测量,最小测量频率为1Hz
试验车辆	试验车辆的所有零部件应满足批量生产要求; 汽车生产企业或其授权代理者应将一辆代表被试车型的车辆提交给负责型式试验的检验机构; 应使用汽车生产企业规定的润滑剂; 试验车辆可根据汽车生产企业或其授权代理者需求进行磨合,并保证机械状况良好,磨合里程不超过15000km
试验设备	测试设备技术特性应符合 GB 18352.6—2016 中附件 CD 的规定
试验燃料	试验时应按照汽车生产企业推荐的最低标号,采用符合 GB 18352.6—2016 中附录 K 要求的基准燃料,燃料中不准许额外添加含氧物; 采用 GB 18352.6—2016 中附录 K 中未规定的燃料种类时,应采用符合相关国家标准规定的市售车用燃料

3. 试验方法

试验采用 GB 18352.6—2016 中附件 CA 所规定的试验循环,该循环由全球轻型车统一测试循环(WLTC)的低速段(Low)、中速段(Medium)、高速段(High)和超高速段(Extra High)四部分组成,持续时间共1800s。其中低速段的持续时间为589s,中速段的持续时间为433s,高速段的持续时间为455s,超高速段的持续时间为323s。

燃料消耗量通过测量汽车排放物中的 CO_2、CO 和 HC 的排放量,利用碳平衡法分别计算各速度段和综合燃料消耗量,单位为 L/100km。

对于装备汽油机的车辆:

$$FC = \frac{0.1155}{D}[(0.866 \times HC) + (0.429 \times CO) + (0.273 \times CO_2)]$$

对于装备柴油机的车辆:

$$FC = \frac{0.1156}{D}[(0.865 \times HC) + (0.429 \times CO) + (0.273 \times CO_2)]$$

式中 FC——燃料消耗量(L/100km);
HC——碳氢排放量(g/km);
CO——一氧化碳排放量(g/km);
CO_2——二氧化碳排放量(g/km);
D——288K(15℃)下试验燃烧的密度(kg/L)。

4. 检测结果评价

(1) 燃料燃烧量限值

装有手动变速器且具有三排以下座椅的车辆的燃料消耗量限值见表3-14;其他车辆的

燃料消耗量限值见表3-15。

表3-14 装有手动变速器且具有三排以下座椅的车辆的燃料消耗量限值

整车整备质量（CM）/kg	车型燃料消耗量限值/(L/100km)
CM≤750	5.2
750＜CM≤865	5.5
865＜CM≤980	5.8
980＜CM≤1090	6.1
1090＜CM≤1205	6.5
1205＜CM≤1320	6.9
1320＜CM≤1430	7.3
1430＜CM≤1540	7.7
1540＜CM≤1660	8.1
1660＜CM≤1770	8.5
1770＜CM≤1880	8.9
1880＜CM≤2000	9.3
2000＜CM≤2110	9.7
2110＜CM≤2280	10.1
2280＜CM≤2510	10.8
2510＜CM	11.5

表3-15 其他车辆的燃料消耗量限值

整车整备质量（CM）/kg	车型燃料消耗量限值/(L/100km)
CM≤750	5.6
750＜CM≤865	5.9
865＜CM≤980	6.2
980＜CM≤1090	6.5
1090＜CM≤1205	6.8
1205＜CM≤1320	7.2
1320＜CM≤1430	7.6
1430＜CM≤1540	8.0
1540＜CM≤1660	8.4
1660＜CM≤1770	8.8
1770＜CM≤1880	9.2
1880＜CM≤2000	9.6
2000＜CM≤2110	10.1
2110＜CM≤2280	10.6
2280＜CM≤2510	11.2
2510＜CM	11.9

(2) 判断方法

若汽车检测得到的燃料消耗量大于其限值,则其燃料经济性不合格;反之,则合格。

3.4.2 纯电动汽车能量消耗率和续驶里程试验

下面根据 GB/T 18386—2017《电动汽车能量消耗率和续驶里程试验方法》来介绍纯电动汽车的能量消耗率和续驶里程的试验方法。专业词汇定义见表 3-16。

表 3-16 专业词汇定义

纯电动汽车能量消耗率和续驶里程试验 专业词汇定义	
放电能量(整车)(Discharged energy)	电动汽车行驶中,由储能装置释放的电能,单位为 W·h
再生能量(Regenerated energy)	行驶中的电动汽车用再生制动回收的电能,单位为 W·h
续驶里程(Range)	电动汽车在动力电池完全充电状态下,以一定的行驶工况,能连续行驶的最大距离,单位为 km
能量消耗率(Energy consumption)	电动汽车经过规定的试验循环后对动力电池重新充电至试验前的容量,从电网上得到的电能除以行驶里程所得的值,单位为 W·h/km

1. 试验条件

试验条件要求见表 3-17。

表 3-17 试验条件

条件	具体要求
试验质量	为电动汽车整车整备质量与试验所需附加质量的和; 附加质量分别为:对于 M_1、N_1、最大设计总质量不超过 3500kg 的 M_2 类车辆,该质量为 100kg;对于城市客车,该质量为最大设计装载质量的 65%;对于其他车辆,该质量为最大设计装载质量
试验车辆	试验车辆应依据每项试验的技术要求加载; 轮胎应选用制造厂为原配件所要求的类型,并按制造厂推荐的轮胎最大试验负荷和最高试验速度对应的轮胎充气压力进行充气; 机械运动部件用润滑油黏度应符合制造厂的规定; 车上的照明、信号装置以及辅助设备应该关闭,除非试验和车辆白天运行对这些装置有要求; 除驱动用途外,所有的储能系统应充到制造厂规定的最大值(电能、液压、气压等); 试验驾驶人应按车辆制造厂推荐的操作程序使动力电池在正常运行温度下工作; 试验前,试验车辆应至少用安装在试验车辆上的动力电池行驶 300km
环境温度	在 20~30℃室温下进行室内试验

2. 试验方法

确定能量消耗率和续驶里程应该使用相同的试验程序,试验程序包括以下三个步骤:

1)对动力蓄电池进行初次充电。
2)进行工况或等速条件下的续驶里程试验。
3)试验后再次为动力蓄电池充电,测量来自电网的能量。

对 M_1、N_1、最大设计总质量不超过 3500kg 的 M_2 类车,在每两个步骤执行之间,如果车辆需要移动,不允许使用车上的动力将车辆移动到下一个试验地点,且再生制动系统未起作用。对于 M_1、N_1、最大设计总质量不超过 3500kg 的 M_2 类车以外的车辆,如果需要移动,允许使用车上的动力。

(1) 公差

试验循环上的速度公差和时间公差应该满足图 3-22 给出的基准曲线和公差的要求。

图中的每一个点给出的速度公差适用于 M_1、N_1、最大设计总质量不超过 3500kg 的 M_2 类车型为 ±2km/h，适用于其他车型为 ±3km/h，时间公差为 ±1s。

在每个行驶循环中，允许超出公差范围的累计时间，对于 M_1、N_1、最大设计总质量不超过 3500kg 的 M_2 类车型应不超过 4s，对于其他车型应不超过 10s。在试验报告中应注明超出公差的总时间。

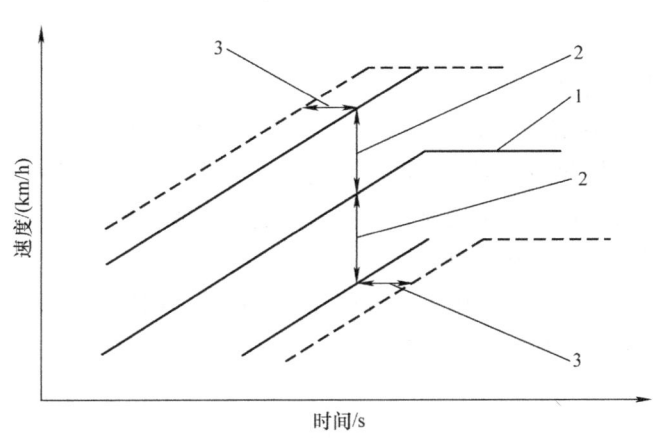

图 3-22 基准曲线和公差

1—基准曲线　2—速度公差，km/h　3—时间公差，s

(2) 结束试验循环的标准

进行 NEDC (New European Driving Cycle) 工况试验循环时：对最高车速大于等于 120km/h 的试验车辆，不能满足规定的公差要求时，应停止试验；对最高车速小于 120km/h 的试验车辆，在工况目标车速大于车型申报最高车速时，目标工况相应速度基准曲线调整为车辆申报最高车速，此时要求驾驶人将加速踏板踩到底，允许车辆实际车速超过规定的公差上限，当不能满足规定的公差下限时应停止试验；在工况目标车速小于等于车型申报最高车速时，如果不能满足规定的公差要求，应停止试验。

进行中国典型城市公交循环工况试验循环时，如果不能满足规定的公差要求，应停止试验。

进行 C-WTVC (World Transient Vehicle Cycle) 工况试验循环，在车速小于等于 70km/h 时，如果不能满足规定的公差要求，应停止试验；在车速大于 70km/h 时，如果不能满足公差要求，则将加速踏板踩到底，直到车速再次跟随 C-WTVC 循环工况目标车速，允许超出规定的公差范围。

进行等速试验时，当车辆的行驶速度达不到 54km/h (M_1、N_1、最大设计总质量不超过 3500kg 的 M_2 类车) 或 36km/h (M_1、N_1、最大设计总质量不超过 3500kg 的 M_2 类车以外的车辆) 时停止试验。

达到试验结束条件时，档位保持不变，使车辆滑行至最低稳定车速或 5km/h，再踩下制动踏板进行停车。

（3）动力蓄电池的初次充电

1）总则。除非车辆制造厂或动力蓄电池制造厂有其他的规定，动力蓄电池的初次充电可以按照下面的规定进行。动力蓄电池的初次充电指接收车辆以后的动力蓄电池的第一次充电。如果所规定的几个试验或测量连续进行，第一次充电可认为是初次充电。动力蓄电池的初次充电按下面的规定进行。

2）动力蓄电池的放电。首先，试验车辆以 30min 最高车速的 70%±5% 的稳定车速行驶，使车辆的动力蓄电池放电。放电在下列条件下结束：车速不能达到 30min 最高车速的 65% 时，或车辆制造厂安装在车上的仪器提醒驾驶人将车辆停止时。

3）动力蓄电池的充电。按照车辆制造厂规定的充电规程，使蓄电池达到完全充电状态，或按下列规程为蓄电池充电。

① 常规充电。在环境温度为 20~30℃ 下，使用车载充电机（如果已安装）为蓄电池充电，或采用车辆制造厂推荐的外部充电器（应记录充电器的型号，规格）给蓄电池充电。

常规充电不包括其他特殊类型的充电。例如蓄电池翻新或维修充电。车辆制造厂应该保证试验过程中车辆没有进行特殊充电操作。

② 充电结束的标准。12h 的充电即为充电结束的标准；如果标准仪器发出明显的信号提示驾驶人蓄电池没有充满，那么最长充电时间为：3×制造厂规定的蓄电池能量（kW·h）/电网供电功率。

③ 完全充电蓄电池。如果依据常规充电规程，达到充电结束标准，则认为蓄电池已完全充满。

（4）续驶里程试验

在动力蓄电池充电结束时记录该时刻。在此之后 12h 之内开始按照规定的试验程序进行试验。在此期间，确保车辆在 20~30℃ 的温度条件下放置。

1）车辆道路负荷的设定。行驶阻力测定及在底盘测功机上的模拟：M_1、N_1、最大设计总质量不超过 3500kg 的 M_2 类试验车辆按照 GB 18352.6—2016 中附件 CH 的规定；其他类试验车辆相应载荷的道路行驶阻力按照 GB/T 27840—2021 中附录 C 的方法进行测量或按照本标准中附录 A 的重型商用车辆行驶阻力系数推荐方案。在进行道路和底盘测功机的滑行试验时，均应当把制动能量回收系统功能屏蔽。道路和底盘测功机滑行试验，汽车的其他部件都应当处于相同的状态（如空调关闭等）。

2）工况法。

① 适用于 M_1、N_1、最大设计总质量不超过 3500kg 的 M_2 类车的工况法。在底盘测功机上采用 NEDC 循环进行试验；直到达到规定的要求时停止试验。除非有其他的规定，每 6 个工况试验循环，允许停车（10±1）min，停车期间，车辆起动开关应处于"OFF"状态，关闭发动机舱盖，关闭试验台风扇，释放制动踏板，不能使用外接电源充电。

在试验循环工况结束，车辆停止时，记录试验车辆驶过的距离 D，用 km 来表示，测量值按四舍五入圆整到整数；同时记录用小时（h）和分（min）表示的所用时间。

应该在报告中给出工况试验循环期间车辆所达到的最高车速、平均车速和行驶时间（h 和 min）。

② 适用于 M_1、N_1、最大设计总质量不超过 3500kg 的 M_2 类车以外的工况法。车辆充电位置与底盘测功机不在一起的情况下，如果使用车辆自身动力在两者之间移动，要求车辆用不大于 30km/h 的车速尽量以匀速的方式在两者之间移动（尽量减少电能的消耗），车辆每次在两者之间移动的距离不得超过 3km；然后断电，关闭点火锁 15min，进行车辆预置。

对于城市客车，在底盘测功机上采用中国典型城市公交循环或 C - WTVC 循环进行试验；对于其他车辆，在底盘测功机上采用 C - WTVC 循环工况进行试验；直到达到规定的要求时停止试验。在移动和试验过程中应实时测量并记录电池端的电压和电流值。

除非有其他的规定，每 6 个工况试验循环，允许停车（10 ± 1）min，停车期间，车辆起动开关应处于"OFF"状态，关闭发动机舱盖，关闭试验台风扇，释放制动踏板，不能使用外接电源充电。

在中国典型城市公交循环工况结束，车辆停止时，记录试验车辆驶过的距离 $D_{试验阶段}$。

在 C - WTVC 循环工况结束，车辆停止时，分别记录试验车辆驶过的市区部分距离 $D_{市区}$、公路部分距离 $D_{公路}$、高速部分距离 $D_{高速}$，用 km 来表示；同时记录用小时（h）和分（min）表示的所用时间。

应该在报告中给出工况试验循环期间车辆所达到的最高车速、平均车速和行驶时间（h 和 min）。

3）等速法

① 适用于 M_1、N_1、最大设计总质量不超过 3500kg 的 M_2 类车的等速法。进行（60 ± 2）km/h 的等速试验，试验过程中允许停车两次，每次停车时间不允许超过 2min，当车辆的行驶速度达到规定的要求时停止试验。

记录试验期间试验车辆的停车次数和停车时间。试验循环工况结束，车辆停止时，记录试验车辆驶过的距离 D，用 km 来表示，测量值按四舍五入圆整到整数，该距离即为等速法测量的续驶里程；同时记录用小时（h）和分（min）表示的所用时间。

② 适用于除 M_1、N_1、最大设计总质量不超过 3500kg 的 M_2 类车以外的等速法。进行（40 ± 2）km/h 的等速试验，试验过程中允许停车两次，每次停车时间不允许超过 2min，当车辆的行驶速度达到规定的停车要求时停止试验。

记录试验期间试验车辆的停车次数和停车时间。试验循环工况结束，车辆停止时，记录试验车辆驶过的距离 D，用 km 来表示，测量值按四舍五入圆整到整数，该距离即为等速法测量的续驶里程；同时记录用小时（h）和分（min）表示的所用时间。

（5）动力蓄电池充电和能量测量

完成规定的试验后，在 2h 之内将车辆与电网连接，按照充电规程为车辆的动力蓄电池充满电。在电网与车辆充电机之间连接能量测量装置，在充电期间测量来自电网的用 W·h 表示的能量 E，测量值按四舍五入圆整到整数。如果电网断电，其断开的时间应该根据停电时间，适当延长相应时间。车辆制造厂和认证试验室的技术服务部门应该探讨充电的有效性。

同 步 训 练

一、填空题

1. 为了评价汽车的燃料经济性，通常用_____或_____作为评定指标。

2. 评价汽车的燃料经济性，常用_____比较相同排量的汽车燃料经济性，也可用于分析不同部件（如发动机、传动系等）装在同一种汽车上对汽车燃料经济性的影响。

3. 评价汽车的燃料经济性，常用_____比较和评价不同容载量的汽车燃料经济性。

4. 测定汽车燃料经济性的试验方法有多种。根据对各种使用因素的控制程度，试验方法分为_____、_____、_____和_____。

5. 影响汽车燃料经济性的因素主要包括_____和_____。

6. 目前国内外汽车节油途径，概括起来有_____措施和_____措施。

7. 电动汽车的经济性常用_____或_____来衡量。

8. 电动汽车的经济性主要包括_____和_____两个评价指标。

二、简答题

1. 简述平均燃料运行消耗特性。
2. 汽车燃料消耗方程式是什么？
3. 国内外汽车节油途径的政策性措施有哪些？
4. 简述燃料节约的工程技术措施。
5. 提高汽车燃料经济性的结构措施有哪些？
6. 汽车驾驶技术和维护的影响是什么？

三、名词解释

1. 汽车经济性因数。
2. 电池的效率。
3. 电机控制器的效率。
4. 驱动电机系统的效率。

第4章

汽车制动性

本章导学

汽车制动性是汽车的主要性能之一。制动性直接关系到交通安全，重大的交通事故往往与汽车的制动距离过长、紧急制动时发生侧滑等情况有关。本章主要讲授汽车制动性定义及评价指标；制动时车轮的受力；制动时的方向稳定性；重点分析前后制动器制动力的比例关系；最后介绍汽车制动性试验。

学习目标

1. 掌握汽车制动性定义及评价指标。
2. 掌握地面制动力、制动器制动力与附着力的定义及其关系。
3. 掌握汽车制动时的方向稳定性。
4. 掌握汽车在不同路面上的制动过程。
5. 了解汽车制动性试验的内容。

汽车制动性是指汽车行驶时能在短距离内停车且维持行驶方向稳定性和下长坡时能维持一定车速的能力。

汽车制动性是汽车的主要性能之一。制动性直接关系到交通安全，重大的交通事故往往与汽车的制动距离过长、紧急制动时发生侧滑等情况有关。汽车制动性是汽车安全行驶的重要保障，改善汽车的制动性，是汽车设计制造部门和使用部门的重要任务。

4.1 制动性评价指标

汽车制动性主要由下列三个方面来评价：

1）制动效能，即制动距离与制动减速度。
2）制动效能的恒定性，即抗热衰退性能。
3）制动时汽车的方向稳定性，即制动时汽车不发生跑偏、侧滑以及失去转向能力的性能。

制动效能是指在良好路面上，汽车以一定初速度制动到停车的制动距离或制动时汽车的减速度。它是制动性能最基本的评价指标。

汽车高速行驶或下长坡连续制动时制动效能保持的程度，称为抗热衰退性能。因为制动过程实际上是把汽车行驶的动能通过制动器吸收转换为热能，所以制动器温度升高后能否保持在冷状态时的制动效能，已成为设计制动器时要考虑的一个重要问题。此外，涉水行驶后，制动器还存在水衰退问题。

制动时汽车的方向稳定性，常用制动时汽车按给定路径行驶的能力来评价。若制动时发生跑偏、侧滑或失去转向能力，则汽车将偏离原来的路径。

4.2 制动时车轮的受力

汽车受到与行驶方向相反的外力时，才能从一定的初速度降低到较小的车速直至停车。这个外力只能由地面和空气提供。但由于空气阻力相对较小，因此实际上外力主要是由地面提供的，这个力即为地面制动力。地面制动力越大，制动减速度越大，制动距离也越短，所以地面制动力对汽车制动性具有决定性影响。

下面分析一个车轮在制动时的受力状况，以说明影响汽车地面制动力的主要因素。

4.2.1 地面制动力

图 4-1 所示为在良好硬路面上制动时车轮的受力情况。图中滚动阻力偶矩和减速时的惯性力、惯性力偶矩均忽略不计。T_μ 是车轮制动器中摩擦片与制动鼓或制动盘相对滑转时的摩擦力矩，单位为 N·m；F_{Xb} 是地面制动力，单位为 N；W 为车轮垂直载荷，F_p 为车轴对车轮的推力，F_Z 为地面对车轮的法向反作用力，它们的单位均为 N。

从力矩平衡可得到

$$F_{Xb} = \frac{T_\mu}{r} \quad (4-1)$$

式中 r——车轮半径（m）。

地面制动力是使汽车制动而减速行驶的外力，但是地面制动力取决于两个摩擦副的摩擦力：一个是制动器内制动摩擦片与制动鼓或制动盘间的摩擦力；一个是轮胎与地面间的摩擦力，即附着力。

图 4-1 车轮在制动时的受力情况

4.2.2 制动器制动力

在轮胎周缘为了克服制动器摩擦力矩所需的力称为制动器制动力，以符号 F_μ 表示。它相当于把汽车架离地面，并踩住制动踏板，在轮胎周缘沿切向方向推动车轮直至它能转动所需的力，显然有

$$F_\mu = \frac{T_\mu}{r} \quad (4-2)$$

式中 T_μ——制动器摩擦力矩（N·m）；

由式（4-2）可知，制动器制动力由制动器结构参数所决定，即取决于制动器的形式、结构尺寸、制动器摩擦副的摩擦因数以及车轮半径，并与制动踏板力即制动器的液压或空气压力成正比。图 4-2 所示为通过实验得到的某四座轿车的制动器制动力与踏板力的关系曲线。

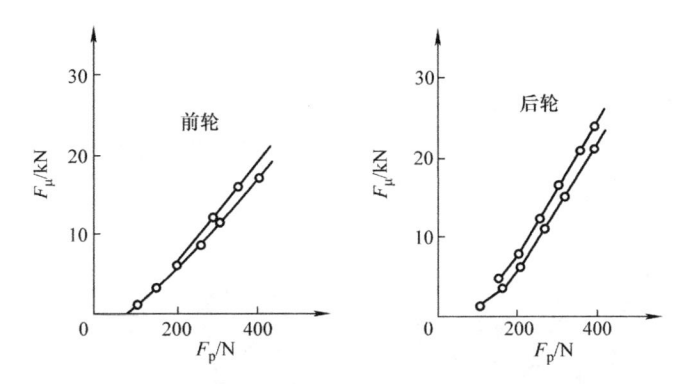

图 4-2　制动器制动力与制动踏板力的关系曲线

4.2.3　地面制动力、制动器制动力与附着力之间的关系

在制动时，若只考虑车轮的运动为滚动与抱死拖滑两种状况，当制动踏板力较小时，制动器摩擦力矩不大，地面与轮胎之间的摩擦力即地面制动力，足以克服制动器摩擦力矩而使车轮滚动。显然，车轮滚动时的地面制动力就等于制动器制动力，且随踏板力增长成正比例增长（图 4-3）。但地面制动力是滑动摩擦的约束反力，它的值不能超过附着力，即

$$F_{Xb} \leqslant F_\varphi = F_Z \varphi \tag{4-3}$$

或最大地面制动力 $F_{Xb\max}$ 为

$$F_{Xb\max} = F_Z \varphi \tag{4-4}$$

当制动器踏板力 F_p 或制动系液压力 p 上升到某一值（图 4-3 中为制动系液压力 p_a）、地面制动力 F_{Xb} 达到附着力 F_φ 值时，车轮抱死不转而出现拖滑现象。制动系液压力 $p > p_a$ 时，制动器制动力 F_μ 由于制动器摩擦力矩的增长而仍按直线关系持续上升。但是，若作用在车轮上的法向载荷为常数，则地面制动力 F_{Xb} 达到附着力 F_φ 的值后就不再增加。

由此可见，汽车的地面制动力首先取决于制动器制动力，但同时又受地面附着条件的限制，所以只有汽车具有足够的制动器制动力，同时地面又能提供高的附着力时，才能获得足够的地面制动力。

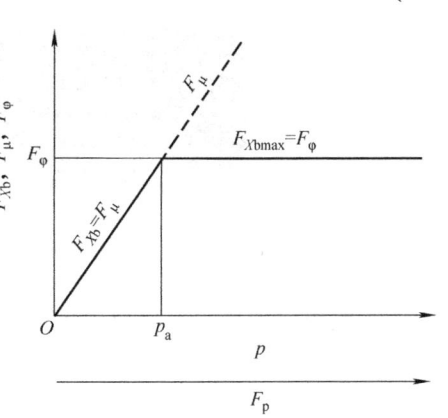

图 4-3　制动过程中地面制动力、制动器制动力与附着力的关系

案例1：
由地面制动力、制动器制动力与附着力之间的关系可知，要想有足够大的制动力，除了要求有足够的制动器制动力外，还要附着力足够大。实际工作中，平台决定高度，个人能力与发展平台息息相关，平台越大，个人发展空间越大。不重视平台就是低头蛮干，往往会事倍功半，因此要善于利用环境提升自己。

4.2.4 硬路面上的附着系数

前面，曾假设车轮的运动只有滚动和抱死拖滑，但仔细观察汽车制动过程，发现胎面留在地面的印痕从车轮滚动到抱死拖滑是一个渐变的过程。图 4-4 所示为汽车制动过程逐渐增大踏板力时，轮胎留在地面上的印痕。印痕基本上可分为三段：

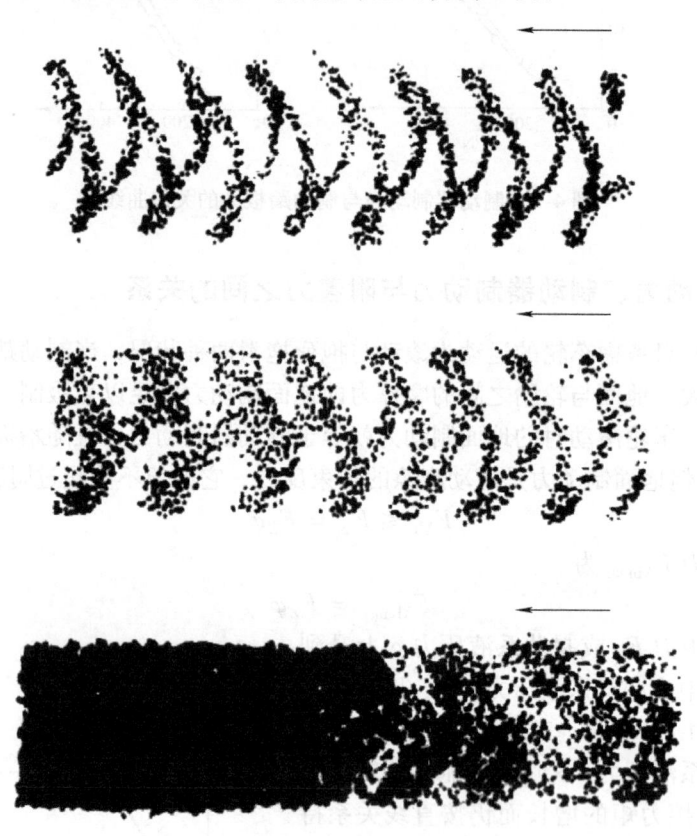

图 4-4 制动时轮胎留在地面上的印痕

第一段内，印痕的形状与轮胎胎面花纹基本上一致，车轮还接近于单纯的滚动，可以认为，

$$v_w \approx r_{r0} \omega_w$$

式中 v_w——车轮中心的速度；
r_{r0}——没有地面制动时的车轮滚动半径；
ω_w——车轮的角速度。

第二段内，轮胎花纹的印痕可以辨别出来，但花纹逐渐模糊，轮胎不只是单纯的滚动，胎面与地面发生一定程度的相对滑动，即车轮处于边滚边滑的状态，此时有

$$v_w > r_{r0} \omega_w$$

且随着制动强度的增加，滑动成分的比例越来越大，即

$$v_w \gg r_{r0} \omega_w$$

第三段内，形成一条粗黑的、看不出花纹的印痕，车轮被制动器抱住，在路面上做完全

的拖滑，此时有

$$\omega_w = 0$$

从这三段的变化情况可以看出，随着制动强度的增加，车轮滚动成分越来越少，而滑动成分越来越多。一般用滑动率 s 来说明这个过程中滑动成分的多少。滑动率（或称滑移率）的定义是

$$s = \frac{v_w - r_{r0}\omega_w}{v_w} \times 100\% \tag{4-5}$$

在纯滚动时，$v_w = r_{r0}\omega_w$，滑动率 $s=0$；在纯拖滑时，$\omega_w = 0$，$s = 100\%$；边滚边滑时，$0 < s < 100\%$。因此，滑动率的数值说明了车轮运动中滑动成分所占的比例。滑动率越大，滑动成分越多。

若令地面制动力与垂直载荷之比为制动力系数 φ_b，则在不同滑动率时，制动力系数 φ_b 的数值不同。图 4-5 给出了试验所得的制动力系数曲线，即 $\varphi_b - s$ 曲线。曲线在 OA 段近似于直线，随 s 的增加而迅速增大；过 A 点后上升缓慢，至 B 点达到最大值。制动力系数的最大值称为峰值附着系数 φ_p。一般出现在 $s = 15\% \sim 20\%$ 处。滑动率再增加，制动力系数有所下降，直至滑动率为 100%。$s = 100\%$ 的制动力系数称为滑动附着系数 φ_s，在干燥路面上，峰值附着系数 φ_p 与滑动附着系数 φ_s 的差别较小，而在湿路面差别较大。若令 $\gamma = \varphi_s / \varphi_p$，则 γ 在 $1/3 \sim 1$ 之间。

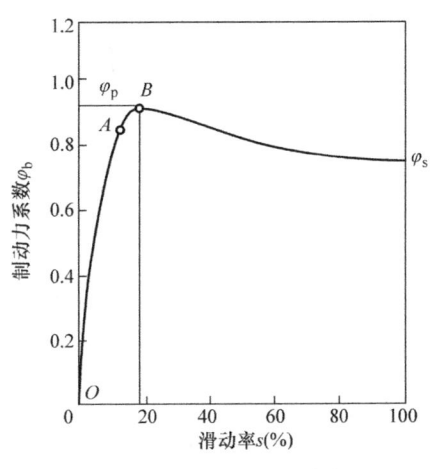

图 4-5 制动力系数曲线

在 $\varphi_b - s$ 的 OA 段，虽有一定的滑动率，但轮胎并没有与地面发生真正的相对滑动。滑动率大于零的原因是轮胎的滚动半径变大。当出现地面制动力时，轮胎前面即将与地面接触的胎面受到拉伸而有微量的伸长，滚动半径 r_r 随地面的制动力的加大而加大。故 $u_w = r_r\omega_w > r_{r0}\omega_w$，或 $s > 0$。显然，滚动半径与地面制动力成正比地增大，$\varphi_b - s$ 曲线 OA 段近似直线，至 A 点后，轮胎接地面积中出现局部的相对滑动，φ_b 值的增大速度减慢。因为摩擦副间的动摩擦系数小于静摩擦系数，故 φ_b 值在 B 点达最大值后又逐渐降低。

图 4-5 中的数据是在轮胎没有受到侧向力的条件下测得的。实际行驶中制动时，轮胎常常受到侧向力而侧偏或发生侧滑现象（第 5 章第二节将对侧偏现象做详细介绍）。图 4-6 中给出了由试验得到的、有侧向力作用而发生侧偏时的制动力系数 φ_b、侧向力系数 φ_l 与滑动率 s 的关系曲线。侧向力系数为侧向力与垂直载荷之比。曲线表明，滑动率越低，同一侧偏角条件下的侧向力系数 φ_l 越大，即轮胎保持转向、防止侧滑的能力越大。所以，制动时若能使滑动率保持在较低值，便可获得较大的制动力系数与较高的侧向力系数。这样，制动性能最好，侧向稳定性也很好。制动防抱死装置就能实现这个要求，它能够显著地改善汽车在制动时的制动效能与方向稳定性。

附着系数的数值主要取决于道路的材料、路面的状况、轮胎结构、胎面花纹、轮胎材料以及汽车运动的速度等因素。图 4-7a 为 7.75-14 斜交轮胎在各种路面上的 $\varphi_b - s$ 曲线。图 4-7b、c 所示为不同轮胎花纹深度的米其林 215/75R15 轮胎，在两种水膜深度中峰值附着

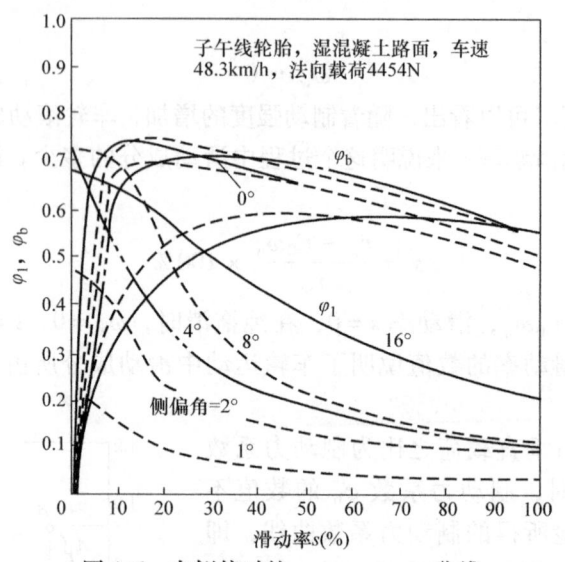

图 4-6　有侧偏时的 $\varphi_b - s$、$\varphi_1 - s$ 曲线

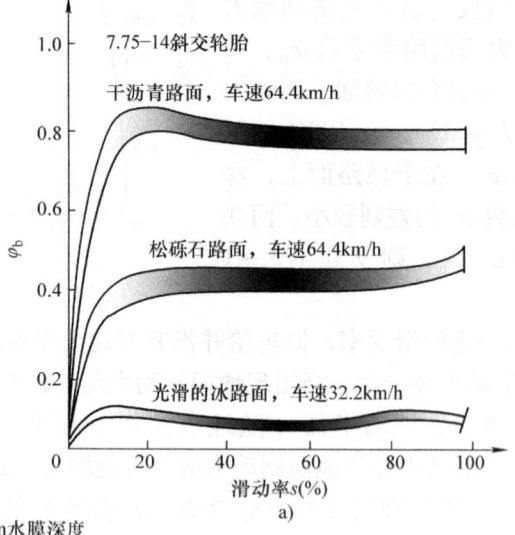

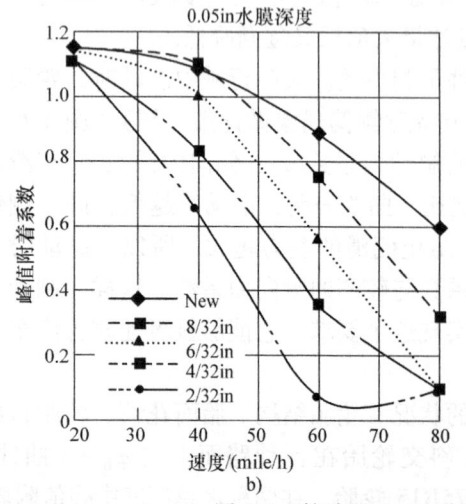

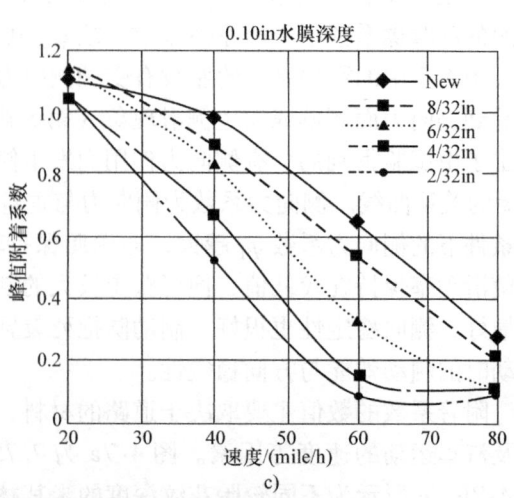

图 4-7　轮胎的 $\varphi_b - s$ 曲线和峰值附着系数随速度的变化曲线

系数随速度的变化曲线。图 4-8 所示为车速对货车轮胎 $\varphi_b - s$ 曲线的影响。表 4-1 是各种路面上的平均附着系数。图 4-9 所示为三种车速下某地潮湿沥青路面滑动附着系数的分布情况，可以看出附着系数的分散性。

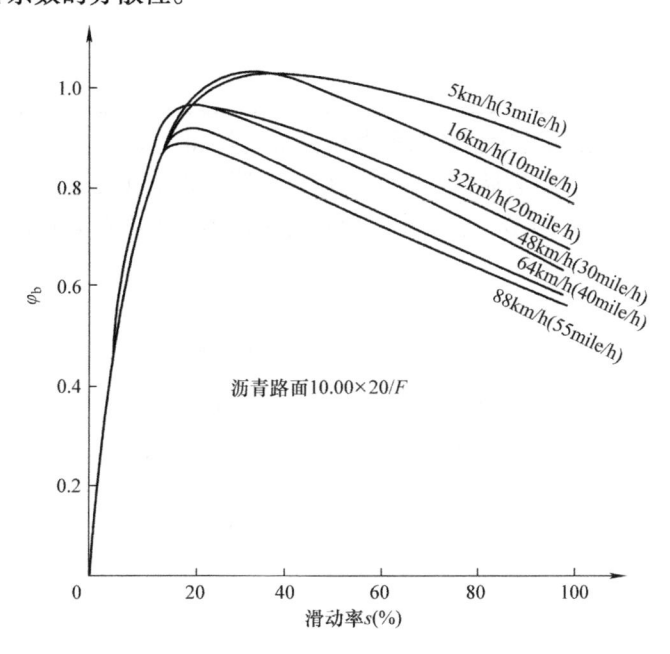

图 4-8 车速对货车轮胎 $\varphi_b - s$ 曲线的影响

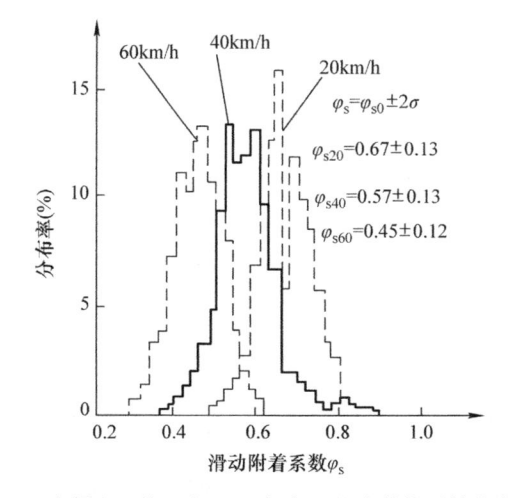

图 4-9 三种车速下某地潮湿沥青路面滑动附着系数的分布情况

表 4-1 各种路面上的平均附着系数

路面	峰值附着系数	滑动附着系数
沥青或混凝土（干）	0.8~0.9	0.75
沥青（湿）	0.5~0.7	0.45~0.6
混凝土（湿）	0.8	0.7
砾石	0.6	0.55

(续)

路面	峰值附着系数	滑动附着系数
土路（干）	0.68	0.65
土路（湿）	0.55	0.4~0.5
雪（压紧）	0.2	0.15
冰	0.1	0.07

图 4-10 所示为三种胎面的轮胎在四种潮湿路面上测得的 φ_p 与 φ_s 值。可以看出，在良好、平整的沥青路面上，对于有胎面花纹的轮胎，其附着性能比无花纹光胎面的轮胎要好得多；另外，车速对附着系数的影响也不小。但在排水能力强的石英岩路面上，不同胎面轮胎的附着性能差别很小。

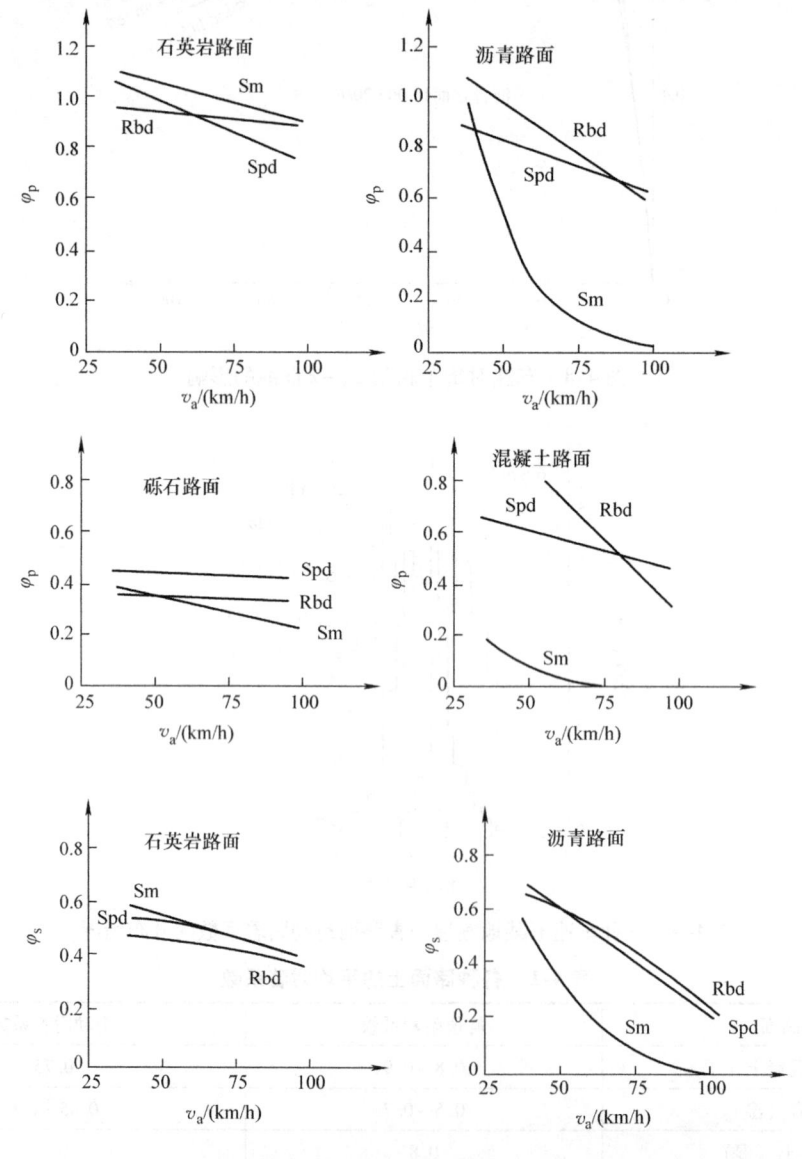

图 4-10 三种胎面的轮胎在四种潮湿路面上测得的 φ_p 与 φ_s 值

Sm—无花纹光胎面　Rbd—有沟槽胎面　Spd—有沟槽且有小切缝的胎面

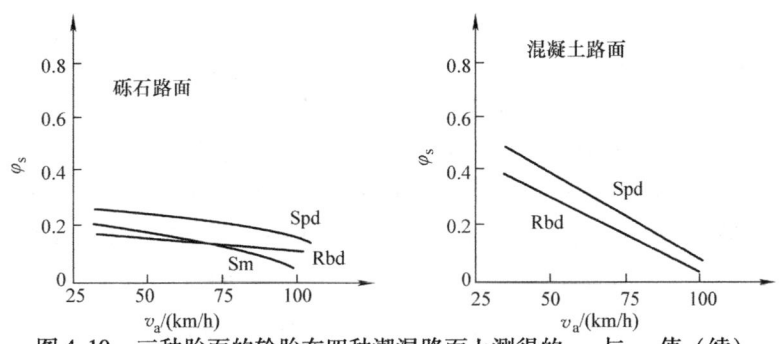

图4-10 三种胎面的轮胎在四种潮湿路面上测得的 φ_p 与 φ_s 值（续）

Sm—无花纹光胎面　Rbd—有沟槽胎面　Spd—有沟槽且有小切缝的胎面

另外，轮胎的磨损会影响它的附着能力。随着胎面花纹深度的减小，它的附着系数将显著下降（图4-7b、c）。

汽车行驶时可能遇到两种附着能力很小的危险情况：一种情况是刚开始下雨，路面上只有少量雨水时，雨水与路面上的尘土、油污相混合，形成黏度高的水液，滚动的轮胎无法排挤出胎面与路面间的水液膜；由于水液膜的润滑作用，附着性能降低，平滑的路面有时会同冰雪路面一样滑溜。另外一种情况是高速行驶的汽车经过有积水层的路面，出现了滑水（Hydroplaning）现象。轮胎在有积水层的路面上滚动时，其接触面如图4-11所示，分为三个区域：A区是水膜区，C区是胎面与路面直接接触产生附着力的主要区域，B区是A区与C区的过渡区，是部分穿透的水膜区，路面的凸出部分与胎面接触，提供部分附着力。轮胎低速滚动时，由于水的黏滞性，接触面前部的水需要一定时间才能挤出，所以接触面中轮胎面的前部将越过楔形水膜即A区滚动。车速提高后，高速滚动的轮胎迅速排挤水层，由于水的惯性，接触区的前部水中产生动压力，其值与车速的平方成正比。压力使胎面与地面分开，即随车速的增加，A区水膜在接触区中向后扩展，B区、C区相对缩小；在某一车速下，在胎面下的动水压力的升力等于垂直载荷时，轮胎将完全漂浮在水膜上面而与路面毫不接触，B区、C区不复存在。这就是滑水现象。

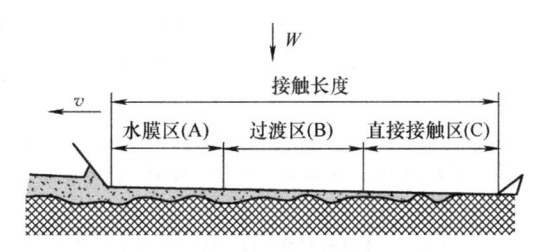

图4-11 路面有积水层时轮胎接地面中的三个区域

对于光滑胎面、细花纹胎面等胎面无排水沟槽的轮胎以及一般花纹轮胎，当路面积水层深度超过沟槽深度时，可以根据流体动力学的原理确定发生滑水现象的车速。这时轮胎可假定作为一个倾斜的板，完全由水支撑在道路上，设动水压力的升力 F_h 与轮胎接地面积 A、水密度 ρ 及车速 v_a 的平方成正比，即

$$F_h \propto \rho A v_a^2$$

出现滑水现象时，动水压力的升力分量等于作用于轮胎的垂直载荷。因此，刚出现滑水的车速与平均接地压力 W/A 的平方根成正比。Horne 等人（1968年）根据研究给出下式来估算滑水车速 v_h（单位为 km/h，如图4-12所示）：

$$v_h = 6.34\sqrt{p_i}$$

式中 p_i——轮胎充气气压（kPa）。

对于一般胎面花纹的轮胎，在积水层深度小于胎面沟深时，滑水车速的估算更为复杂。它与路面结构、积水层厚度、水液黏度和密度、轮胎充气压力、垂直载荷、花纹形式及轮胎磨损程度有关。图4-12中还给出了实际测得的一些轮胎滑水车速。

滑水现象减小了胎面与地面的附着能力，影响汽车的制动、转向等性能。图4-13所示为两种轿车轮胎在不同积水层深度下滑动附着系数与车速的关系曲线。由图可见，车速为100km/h、水膜厚度为10mm时，滑动附着系数接近于零，即已发生了滑水现象。

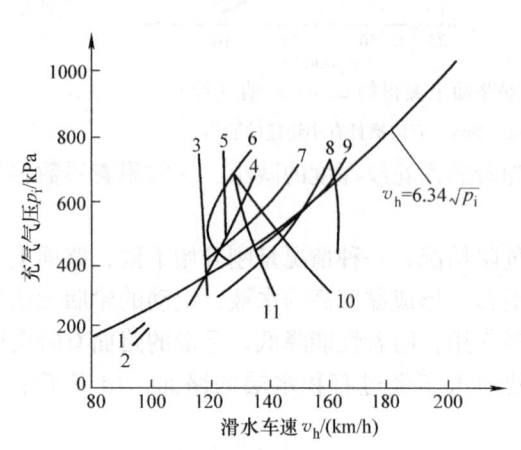

图4-12 滑水车速与轮胎气压的关系
1—165SR13 2—645-13 3—磨耗的1100-20纵向花纹
4—磨耗的1100-20横向花纹 5—磨耗的750-16纵向花纹
6—磨耗的750-16横向花纹 7—1000-20子午胎
8—750-16横向花纹 9—750-20纵向花纹
10—1000-20横向花纹 11—1000-20纵向花纹

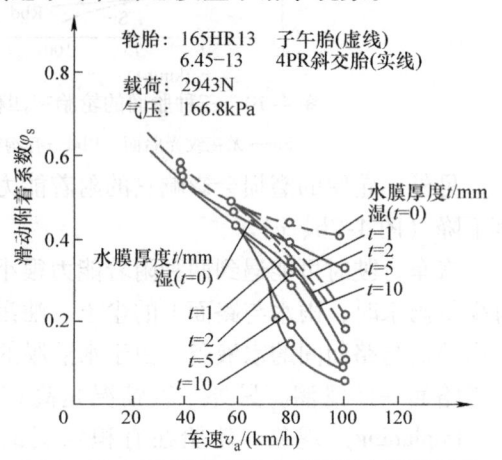

图4-13 两种轿车轮胎在不同积水层深度下滑动附着系数与车速的关系曲线
注：左侧水膜厚度对应实线从上往下；右侧水膜对应虚线从上往下。$t=10$的虚线与$t=1$的实线重合。

4.3 汽车的制动效能及其恒定性

汽车的制动效能是指汽车迅速降低车速直至停车的能力。评定制动效能的指标是制动距离s和制动减速度a_b。

4.3.1 制动距离与制动减速度

制动距离与汽车的行驶安全有直接的关系。它指的是汽车初速度为v_0时，从驾驶人开始操纵制动控制装置（制动踏板）到汽车完全停住为止所驶过的距离。制动距离与制动踏板力、路面附着条件、车辆载荷等许多因素有关。在测试制动距离时，应对制动踏板力或制动系压力、路面附着系数以及车辆的状态做一个规定。制动距离与制动器的热状况也有密切关系，若无特殊说明，一般制动距离是在冷试验的条件下测得的，即起始制动时制动器的温度在100℃以下。由于各种汽车的动力性不同，对制动效能提出了不同的要求：一般轿车、轻型载货汽车行驶车速高，所以要求制动效能也高；重型载货汽车行驶车速低，制动效能要求就稍低一点。

制动减速度是制动时车速对时间的导数，即$\dfrac{dv}{dt}$。它反映了地面制动力的大小，与制动器制动力（车轮滚动时）及附着力（车轮抱死拖滑时）有关。

在不同路面上，由于地面制动力为

$$F_{Xb} = \varphi_b G$$

故汽车能达到的减速度（m/s²）为

$$a_{bmax} = \varphi_b g$$

若允许汽车的前、后车轮同时抱死，则

$$a_{bmax} = \varphi_s g$$

若装有理想的防抱死制动装置来控制汽车的制动，则制动减速度为

$$a_{bmax} = \varphi_p g$$

在评价汽车制动性能时，由于瞬时减速度曲线形状复杂，不便用某一点的值来代表，所以国家标准 GB 7258—2017 和 ECE R13 中采用的是充分发出的平均减速度（m/s²），即

$$\text{MFDD} = \frac{(v_b^2 - v_e^2)}{25.92(s_e - s_b)}$$

式中　v_b——0.8v_0 的车速（km/h）；
　　　v_0——起始制动车速（km/h）；
　　　v_e——0.1v_0 的车速（km/h）；
　　　s_b——v_0 到 v_b 车辆经过的距离（m）；
　　　s_e——v_0 到 v_e 车辆经过的距离（m）。

下面假设在 φ 值不变的条件下，对制动距离进行粗略的定量分析，以研究各种因素对制动距离的影响。

4.3.2　制动距离的分析

为了分析制动距离，需要对制动过程有个全面了解。

图 4-14 所示为驾驶人在接收到紧急制动信号后的制动踏板力、汽车制动减速度与制动时间的关系曲线。其中，图 4-14a 所示为实际测得的曲线，图 4-14b 所示为经过简化后的曲线。

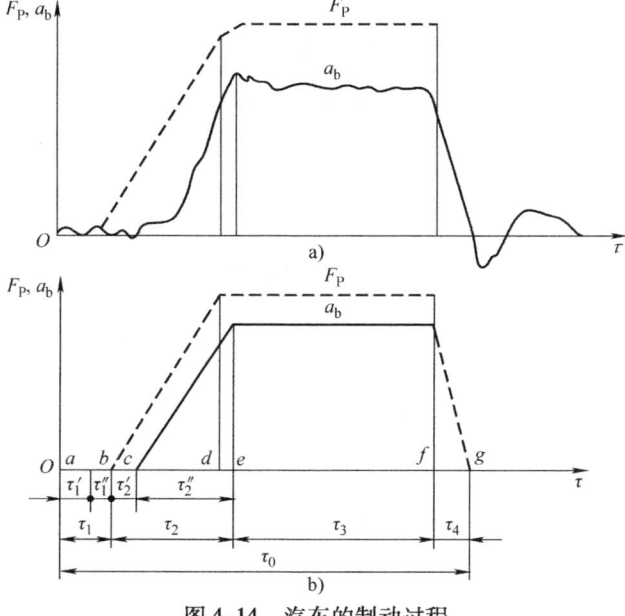

图 4-14　汽车的制动过程

驾驶人接到紧急停车信号时,并没有立即行动(图 4-14b 中的 a 点),而要经过 τ'_1 后才意识到应进行紧急制动,并移动右脚,再经过 τ''_1 后才踩着制动踏板。从 a 点到 b 点所经过的时间 $\tau_1 = \tau'_1 + \tau''_1$ 称为驾驶人反应时间。这段时间一般为 $0.3 \sim 1.0 \mathrm{s}$。在 b 点以后,随着驾驶人踩踏板的动作,制动踏板力迅速增大,至 d 点时达到最大值。不过由于制动蹄是由回位弹簧拉着的,蹄片与制动鼓间存在间隙,所以要经过 τ'_2,即至 c 点,才有地面制动力起作用,使汽车开始产生减速度。由 c 点到 e 点是制动器制动力增长过程所需的时间 τ''_2,$\tau_2 = \tau'_2 + \tau''_2$,总称为制动器的作用时间。制动器作用时间不仅取决于驾驶人踩踏板的速度,还受制动系结构形式的影响。τ_2 一般在 $0.2 \sim 0.9 \mathrm{s}$ 之间。由 e 点到 f 点为持续制动时间 τ_3,其减速度基本不变。到 f 点时驾驶人松开踏板,但制动力的消除还需要一段时间,τ_4 一般在 $0.2 \sim 1.0 \mathrm{s}$ 之间,这段时间过长会耽误随后起步行驶的时间。另外,若因车轮抱死而使汽车失去控制,驾驶人采取措施放松制动踏板时,又会使制动力不能立即释放。

从制动的全过程来看,总共包括驾驶人见到信号后做出行动反应、制动器起作用、持续制动和放松制动器四个阶段。一般所指制动距离是开始踩着制动踏板到完全停车的距离,它包括制动器起作用和持续制动两个阶段中汽车驶过的距离 s_2 和 s_3。

在制动器起作用阶段,汽车驶过的距离 s_2 估算如下:

在 τ'_2 时间内有

$$s'_2 = v_0 \tau'_2$$

式中　v_0——起始制动车速。

在 τ''_2 时间内,制动减速度线性增长,即

$$\frac{\mathrm{d}v}{\mathrm{d}t} = k\tau$$

式中

$$k = -\frac{a_{\mathrm{bmax}}}{\tau''_2}$$

故

$$\int \mathrm{d}v = \int k\tau \mathrm{d}\tau$$

求解这个积分等式。因 $\tau = 0$ 时(图 4-14b 中的 c 点),$v = v_0$,故有

$$v = v_0 + \frac{1}{2}k\tau^2$$

在 τ''_2 时的车速为

$$v_\mathrm{e} = v_0 + \frac{1}{2}k\tau''^2_2$$

又因

$$\frac{\mathrm{d}s}{\mathrm{d}\tau} = v_0 + \frac{1}{2}k\tau^2$$

故

$$\int \mathrm{d}s = \int \left(v_0 + \frac{1}{2}k\tau^2\right)\mathrm{d}\tau$$

而 $\tau = 0$ 时(图 4-14b 中的 c 点),$s = 0$,故

$$s = v_0\tau + \frac{1}{6}k\tau^3$$

$\tau = \tau_2''$时的距离为

$$s_2'' = v_0\tau_2'' - \frac{1}{6}a_{\text{bmax}}\tau_2''^2$$

因此，在 τ_2 时间内的制动距离为

$$s_2 = s_2' + s_2'' = v_0\tau_2' + v_0\tau_2'' - \frac{1}{6}a_{\text{bmax}}\tau_2''^2$$

在持续制动阶段，汽车以 a_{bmax} 做匀减速运动，其初速度为 v_e，末速度为零，故有

$$s_3 = \frac{v_e^2}{2a_{\text{bmax}}}$$

代入 v_e 值，得

$$s_3 = \frac{v_0^2}{2a_{\text{bmax}}} - \frac{v_0\tau_2''}{2} + \frac{a_{\text{bmax}}\tau_2''^2}{8}$$

故总制动距离 s（km）为

$$s = s_2 + s_3 = \left(\tau_2' + \frac{\tau_2''}{2}\right)v_0 + \frac{v_0^2}{2a_{\text{bmax}}} - \frac{a_{\text{bmax}}\tau_2''^2}{24}$$

因为 τ_2'' 很小，故略去 $\dfrac{a_{\text{bmax}}\tau_2''^2}{24}$ 项，且车速的单位为 km/h，则总制动距离 s（m）又可写为

$$s = \frac{1}{3.6}\left(\tau_2' + \frac{\tau_2''}{2}\right)v_{a0} + \frac{v_{a0}^2}{25.92a_{\text{bmax}}} \tag{4-6}$$

从式（4-6）可以看出，决定汽车制动距离的主要因素是：制动器起作用的时间、最大制动减速度即附着力（或最大制动器制动力）以及起始制动车速。附着力（或制动器制动力）越大、起始制动车速越低，制动距离越短，这是显而易见的。

下面仅对制动器起作用的时间加以分析。

真正使汽车减速停车的是持续制动时间，但制动器起作用时间对制动距离的影响也是不小的。制动器起作用时间与制动系的结构形式有密切的关系。

当驾驶人急速踩下制动踏板时，液压制动系的制动器起作用时间可短至 0.1s 或更短；真空助力制动系和气压制动系起作用时间为 0.3~0.9s；载货汽车有挂车时，汽车列车的制动器起作用时间有时竟长达 2s，但精心设计的汽车列车制动系起作用时间可缩短到 0.4s。

1993 年，斯堪尼亚（Scania）公司和博世（BOSCH）公司面向欧洲市场发布了电子制动系统（Electronic Braking System，EBS），采用电传动和控制方式，缩短了气制动的反应时间。例如，奔驰 Actros 3341S 牵引车在没有 EBS 时，后左轮、后右轮的反应时间分别为 0.569s 和 0.568s，而配 EBS 时缩短反应时间到 0.401s 和 0.395s。因此 EBS 现在已经在先进的重型汽车和挂车上广泛采用。

改进制动系结构，减少制动器起作用时间，是缩短制动距离的一项有效措施，例如红旗 CA770 轿车由真空助力制动系改为压缩空气助力（气顶液）制动系后，以 30km/h 起始制动车速所做的制动试验结果见表 4-2。

表4-2　装用不同助力系时 CA770 轿车的制动试验结果

制动系形式	制动时间/s	制动距离/m	最大制动减速度/(m/s)
真空助力制动系	2.12	12.25	7.25
压缩空气-液压制动系	1.45	8.25	7.65

由表 4-2 可见，采用压缩空气-液压制动系后，制动距离缩短了 32%，制动时间减少了 31.6%，但最大减速度只提高了 3.5%。虽未单独给出制动器起作用时间 τ_2 的变化情况，但试验结果说明，最大减速度提高不多，即持续制动时间 τ_3 变化不大。因此，可认为制动器起作用时间的减少是缩短制动距离的主要原因。

由于解放载货汽车采用新型制动阀（总泵），使进气时间缩短了 40%~50%，因此也使制动距离有一定的缩短。

图 4-15 所示为根据《Autocar》杂志在对 48 辆装有真空助力器的各种轿车在干燥、良好的路面上进行制动试验的结果，并按最小二乘法原理拟合得到的制动距离曲线。拟合得到的公式为

$$s = 0.0034 v_{a0} + 0.00451 v_{a0}^2$$

式中　v_{a0}——起始制动车速（km/h）；
　　　s——制动距离（m）。

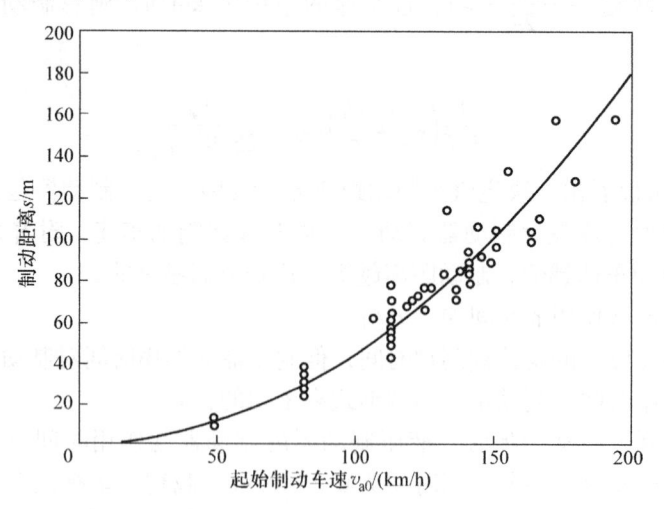

图 4-15　轿车的制动距离曲线

它代表了 20 世纪 90 年代轿车制动性能的水平。

按照新的国家标准，制动距离考核的是初速度为 100km/h 制动到停车时的距离。根据易车网测试数据，统计了国内近年 21 家企业生产的 40 种乘用车（没有考虑同品牌的进口车）的制动距离，平均值为 40.5m，标准偏差为 1.90m，最长制动距离为 45.98m，最短制动距离为 37.83m。表 4-3 列出了制动距离小于 40m 的 10 种汽车的数据，从这些数据可以观察到汽车的制动性能水平。

表 4-3　10 种汽车的制动距离

车型	观致 3 2016 款 1.6L	标致 408 2015 款 1.2THP	高尔夫 2015 款 1.4TSI	帕萨特 2016 款 280TSI	途观 2015 款 2.0TSI	皇冠 2015 款 2.0T	蓝鸟 2016 款 1.6L	朗动 2013 款 1.6L	迈锐宝 2016 款 1.6T	V6 菱仕 2014 款 1.5T
制动距离/m	39.07	37.83	38.03	39.4	38.23	38.87	38.78	39.2	38.99	39.59

4.3.3　制动效能恒定性

以上的讨论仅限于在冷制动情况（制动器起始温度在100℃以下）下的制动效能。汽车在繁重的工作条件下制动时（例如在下长坡时，制动器就要较长时间连续地进行较大强度的制动），制动器温度常在300℃以上，有时高达 600~700℃。紧急制动时，制动器温度也会很快上升。制动器温度上升后，摩擦力矩常会有显著下降，这种现象称为制动器的热衰退。例如 Lexus LS400 汽车在冷制动时，起始制动车速为195km/h，制动距离为163.9m，减速度为8.5m/s^2；而经过下山中的 26 次制动后，前制动器温度达693℃，这时以同样的起始车速制动，减速度为6.0m/s^2，制动距离达到244.5m，增加了80.6m。热衰退是目前制动器不可避免的现象，只是程度上有所差别。制动效能恒定性主要指的是抗热衰退性能。

制动器抗热衰退性能一般用一系列连续制动时制动效能的保持程度来衡量。根据国家标准，要求以一定车速连续制动 15 次，每次的制动减速度为3m/s^2，最后的制动效能应不低于规定的冷试验制动效能的 60%（在制动踏板力相同的条件下）。

山区行驶的货车和客车对抗热衰退性能有更高的要求。GB 7258—2017 中规定，车长大于9m 的客车（对专用校车为车长大于8m）、总质量大于或等于12000kg 的货车和专项作业车、所有危险货物运输车，应装备缓速器或其他辅助制动装置，以保持其在山区道路上行驶的制动效能。

抗热衰退性能与制动器摩擦副材料及制动器结构有关。

一般制动器的制动鼓、制动盘由铸铁制成，摩擦片由石棉、半金属和无石棉等几种材料制成。按照 ECE R13 的规定，石棉对人体健康有害，因此不允许使用含石棉的摩擦片。正常制动时，摩擦副的温度在200℃左右。摩擦副的摩擦因数为 0.3~0.4。但在更高的温度时，有些摩擦片的摩擦因数会有很大程度的降低而出现热衰退现象。另外，制动器结构不合理或使用不当会引起制动液温度急剧上升，当温度超过制动液的沸点时会发生汽化现象，使制动完全失效。

制动器抗热衰退性能不仅受摩擦材料摩擦因数的影响，而且与制动器的结构形式有密切关系。

常用制动效能因数与摩擦因数的关系曲线来说明各种类型制动器的效能及其稳定程度。图 4-16 所示为具有典型尺寸的各种形式制动器制动效能因数与摩擦因数的关系曲线。由图可知，对于双向自动增力蹄及双领蹄制动器，由于结构上几何力学的关系产生增力作用，具有较大的制动效能因数。摩擦因数变化时，制动效能按非线性关系迅速改变。因此，摩擦因数的微小改变能引起制动效能大幅度变化，即制动器的稳定性差。双从蹄制动器情况与之相反。领从蹄式制动器介于二者之间。这里要特别强调的是盘式制动器，其制动效能没有鼓式制动器大（一般盘式制动器常加装真空助力器以增大制动效能），但其稳定性好。高强度制动时，摩擦材料的摩擦因数虽有下降，但对制动效能影响不大。同时盘式制动器和鼓式制动器相比，反应时间短且不会因为热膨胀而增加制动间隙。因此，盘式制动器已普遍用作轿车的前后制动器；目前各种吨位的载货汽车，包括重型载货汽车（行驶于公路上做长途运输的）、牵引车采用盘式制动器的也日益增多。总之，盘式制动器越来越广泛地用于高速轿车、重型矿用车。

当汽车涉水、水进入制动器时，短时间内制动效能的降低称为水衰退。此时，汽车应在短时间内迅速恢复原有的制动效能。

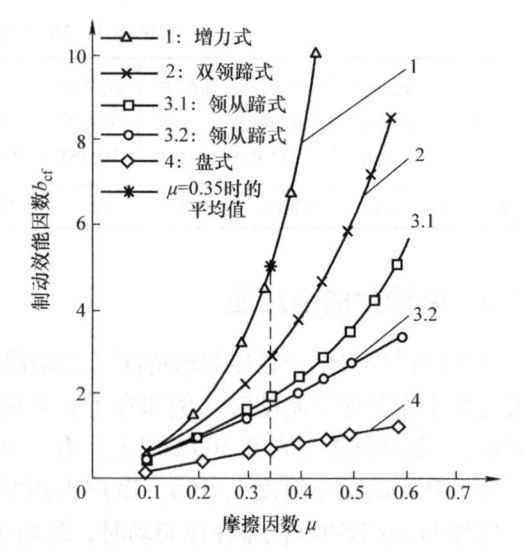

图 4-16 制动效能因数与摩擦因数的关系曲线

案例 2：
从制动性能角度来考虑，影响行车安全的原因主要是制动效能低、制动效能的恒定性差、制动时发生方向不稳定。作为汽车专业的学生，应该从汽车设计阶段来保证汽车的制动性能符合要求，避免发生因为制动性能差导致的交通事故，减少人员伤亡和降低财产损失，为汽车安全行驶保驾护航。作为未来的汽车工程师，我们应树立安全意识和践行安全生产观，成为安全生产的模范。

4.4 制动时汽车的方向稳定性

汽车在制动过程中，有时会出现制动跑偏、后轴侧滑或前轮失去转向能力而使汽车失去控制，离开原来的行驶方向，甚至发生撞入对方车辆行驶车道、下沟、滑下山坡的危险情况。一般称汽车在制动过程中维持直线行驶或按预定弯道行驶的能力为制动时汽车的方向稳定性。汽车试验中常规定一定宽度的试验通道（如车宽+0.5m 或 2.5m），制动时方向稳定性合格的车辆，在试验过程中不允许产生不可控制的效应而使它离开这条通道。

制动时汽车自动向左或向右偏驶称为"制动跑偏"。侧滑是指制动时汽车的某一轴或两轴发生横向移动。最危险的情况是在高速时制动发生后轴侧滑，此时汽车常发生不规则的急剧回转运动而失去控制。跑偏与侧滑是有联系的，严重的跑偏有时会引起后轴侧滑，易于发生侧滑的汽车也有跑偏加剧的趋势。图 4-17 中给出了单纯制动跑偏和由跑偏引起后轴侧滑时轮胎留在地面上的印迹示意图。

前轮失去转向能力是指，弯道制动时汽车不再按原来的弯道行驶而沿弯道切线方向驶出，直线行驶制动时虽然转动转向盘但汽车仍按直线方向行驶的现象。失去转向能力和后轴侧滑也是有联系的，如果汽车后轴不侧滑，前轮一般仍有转向能力；后轴侧滑，前轮就可能失去转向能力。

制动跑偏、侧滑与前轮失去转向能力是造成交通事故的重要原因。例如，我国某市市郊一山区公路，根据两周（雨季）发生的七起交通事故分析，发现其中六起是由于制动时后轴发生侧滑或前轮失去转向能力造成的。一些统计表明，发生人身伤亡的交通事故中，在潮湿路面上约有1/3的事故与侧滑有关；在冰雪路面上有70%~80%的事故与侧滑有关。根据对侧滑事故的分析，发现有50%的事故是由制动引起的。

4.4.1 汽车的制动跑偏

制动时汽车跑偏的原因有两个：

1）汽车左、右车轮，特别是前轴左、右车轮（转向轮）制动器的制动力不相等。

2）制动时悬架导向杆系与转向系拉杆在运动学上的不协调（互相干涉）。

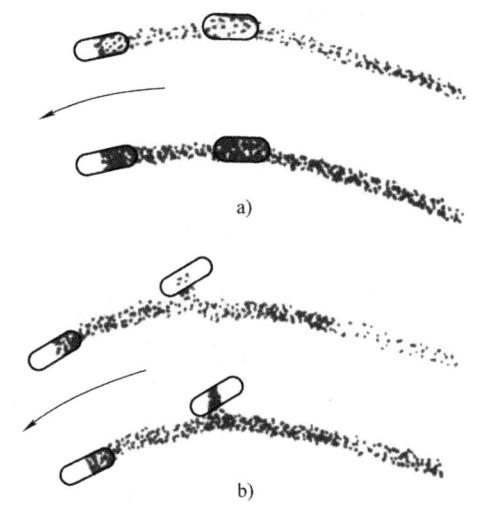

图 4-17 制动时汽车跑偏的情形
a) 单纯制动跑偏时轮胎在地面上留下的印迹
b) 制动跑偏引起后轴轻微侧滑时轮胎留在地面上的印迹

其中，第一个原因是制造、调整误差造成的，汽车究竟向左或向右跑偏，要根据具体情况而定；而第二个原因是设计造成的，制动时汽车总是向左（或向右）一方跑偏。

图 4-18 中给出了由于转向轴左、右车轮制动力不相等而引起跑偏的受力分析。为了简化，假定车速较低，跑偏不严重，且跑偏过程中转向盘是不动的，在制动过程中也没有发生侧滑，并忽略汽车做圆周运动时产生的离心力及车身绕质心的惯性力偶矩。

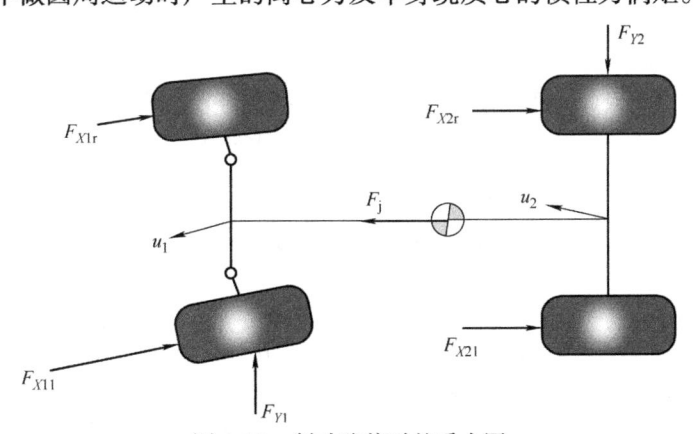

图 4-18 制动跑偏时的受力图

设前左轮的制动器制动力大于前右轮，故地面制动力 $F_{X1l} > F_{X1r}$。此时，前、后轴分别受到的地面侧向反作用力为 F_{Y1} 和 F_{Y2}。显然，前左轮地面制动力 F_{X1l} 绕主销的力矩大于前右轮地面制动力 F_{X1r} 绕主销的力矩。虽然转向盘不动，由于转向系各处的间隙及零部件的弹性变形，转向轮仍产生一个向左转动的角度而使汽车有轻微的转弯行驶，即跑偏。同时，由于主销有后倾，也使 F_{Y1} 对转向轮产生一个同方向的偏转力矩，这样也增大了向左转动的角度。

曾在轿车上做了专门的试验来观察左、右车轮制动力不相等的程度对制动跑偏的影响。

试验车的前轴左、右车轮制动泵装有可以调节液压的限压阀，以产生不同的制动器制动力。后轴上也装有一个可调节的限压阀，以改变前、后轴制动力之比，使汽车在制动时产生

后轴车轮抱死与不抱死两种工况。转向盘可以锁住。左、右车轮制动力之差用不相等度表示，即

$$\Delta F_{\mu r} = \frac{F_{\mu b} - F_{\mu 1}}{F_{\mu b}} \times 100\%$$

式中 $F_{\mu b}$——大的制动器制动力（N）；
$F_{\mu 1}$——小的制动器制动力（N）。

GB7258—2017中规定，前轴的不相等度不应大于20%，后轴的不相等度不应大于24%（轴制动力大于或等于该轴轴荷60%时）。

试验的结果用车身横向位移和汽车的偏航角来表示，如图4-19和图4-20所示。由图可见，制动跑偏随着 $\Delta F_{\mu r}$ 的增加而增大；当后轮抱死时，跑偏的程度加大。

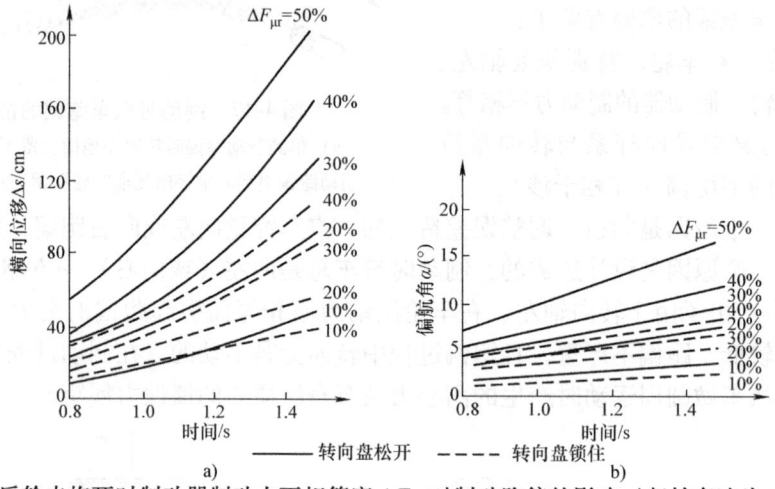

图4-19 后轮未抱死时制动器制动力不相等度 $\Delta F_{\mu r}$ 对制动跑偏的影响（起始车速为62.7km/h）
a）车身的横向位移 b）偏航角

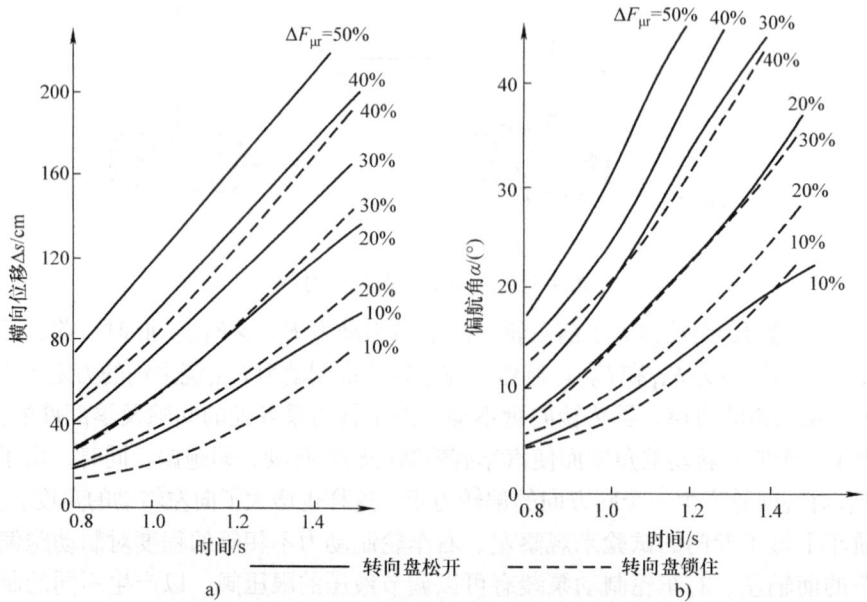

图4-20 后轮抱死时 $\Delta F_{\mu r}$ 对制动跑偏的影响（起始车速为62.7km/h）
a）车身的横向位移 b）偏航角

造成跑偏的第二个原因是悬架导向杆系与转向系拉杆发生运动干涉，且跑偏的方向不变。例如一辆试制中的货车，在紧急制动时总是向右跑偏，在车速30km/h时，最严重的跑偏距离为1.7m。分析其原因，主要是转向节上节臂处的球头销离前轴中心线太高，且悬架钢板弹簧的刚度又太小。图4-21给出了该货车的前部简图。在紧急制动时，前轴向前扭转一个角度，转向节上节臂处球头销本应做相应的移动，但由于球头销又连接在转向纵拉杆上，仅能克服转向拉杆的间隙，使拉杆有少许弹性变形而不允许球头销做相应的移动，致使转向节臂相对于主销做向右的偏转，于是引起转向轮向右移动，造成汽车跑偏。后来改进了设计，使转向节上节臂处球头销位置下移，在前钢板弹簧扭转相同角度时，球头销位移量减少，转向节偏转也减少，同时还增加了前钢板弹簧的刚度，从而基本上消除了跑偏现象。

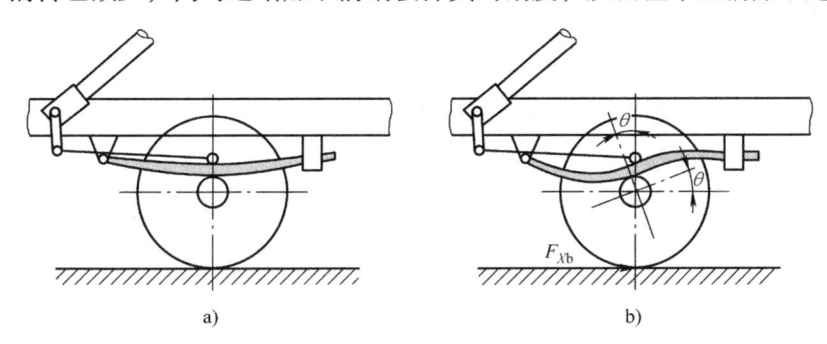

图4-21 悬架导向杆系与转向系拉杆在运动学上的不协调引起的制动跑偏
a）未制动时 b）制动时前轴转动（转角为θ）

4.4.2 制动时后轴侧滑与前轴转向能力的丧失

制动时发生侧滑，特别是后轴侧滑，将引起汽车剧烈的回转运动，严重时可使汽车掉头。由试验与理论分析得知，制动时若后轴车轮比前轴车轮先抱死拖滑，就可能发生后轴侧滑。若能使前、后轴车轮同时抱死或前轴车轮先抱死、后轴车轮再抱死或不抱死，则能防止后轴侧滑。不过前轴车轮抱死后将失去转向能力。

由下述直线行驶制动试验可以清楚地看到这些结论。

试验是在一侧有2.5%的横向坡的平直混凝土路面上进行的。为了降低附着系数使之容易发生侧滑，在地面上洒了水。试验用的轿车有调节各个车轮制动器液压的装置，以控制每根车轴的制动力，达到改变前、后车轮抱死拖滑次序的目的。调节装置甚至可使车轮制动器液压为零，即在实施制动时该车轮根本不制动。下面给出四项试验结果。

1）前轮无制动力而后轮有足够的制动力。试验结果如图4-22中的曲线A所示。曲线A说明，随着车速提高，侧滑的程度更加剧烈。车速在48km/h时，汽车纵轴与行驶方向的夹角（偏航角）可达180°。

2）后轮无制动力而前轮有足够的制动力。试验结果如图4-22中曲线B所示。由图可知，即使车速达到65km/h，汽车的纵轴转角也不大，夹角的最大值只有10°，即汽车基本上维持直线行驶。不过应当指出，前轴车轮抱死后，汽车将失去转向能力，若遇到障碍，只有放松制动踏板，才能绕开行驶。

3）前、后车轮都有足够的制动力，但它们抱死拖滑的次序和时间间隔不同。试验时利用车上的制动器液压调节装置，可使前、后车轮在制动到抱死拖滑时有不同的先后次序和时间间隔。以 64.4km/h 起始车速制动，试验结果如图 4-23 所示。由图可知，若前轮比后轮先抱死拖滑（此时前轮丧失转向能力），或后轮比前轮先抱死且时间间隔在 0.5s 以内，则汽车基本上按直线行驶；若后轮比前轮先抱死拖滑且时间间隔超过 0.5s，则后轴将发生严重的侧滑。

试验时还发现，前轴或后轴的两个车轮也不是同时抱死的。如果只有一个后轮抱死，也不会发生侧滑，侧滑程度取决于后抱死的后轮与后抱死的前轮的时间间隔。

4）起始车速和附着系数的影响。试验时还做了起始车速为 48.2km/h 及 72.3km/h 的制动。试验表明，起始车速为 48.2km/h 时，即使后轮比前轮先抱死拖滑在 0.5s 以上，汽车纵轴转角也只有 25°；起始车速为 72.3km/h 时，侧滑的情况与 64.4km/h 时一样。这说明只有在起始车速超过 48km/h 时，后轴侧滑才成为一种危险的侧滑。

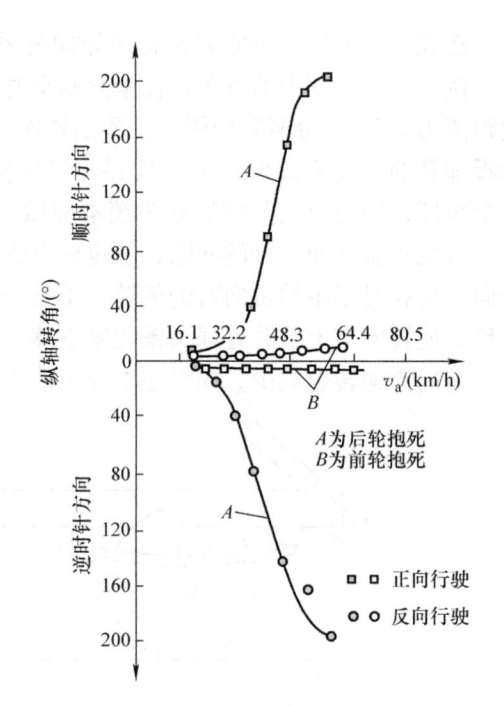

图 4-22 前轮抱死或后轮抱死时汽车纵轴转过的角度（偏航角）

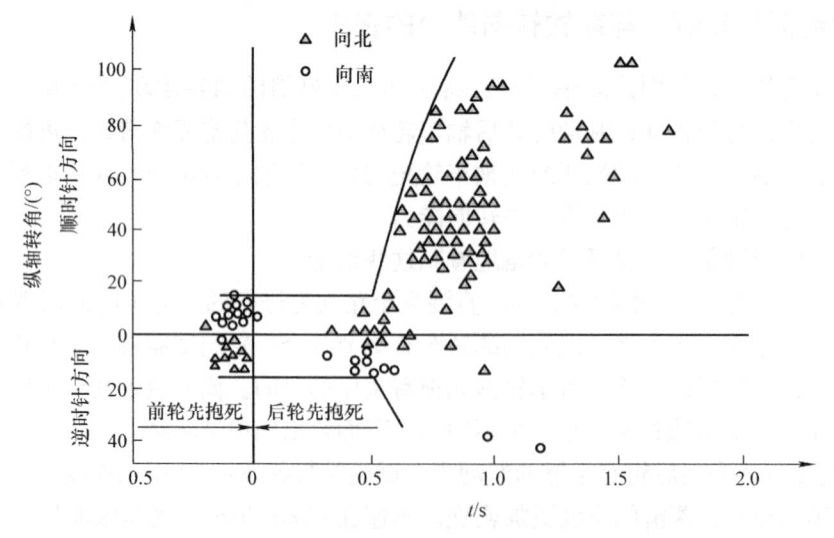

图 4-23 前、后轮抱死拖滑的次序和时间间隔对后轴侧滑的影响（混凝土路面、转向盘固定）

为了证明附着系数对侧滑的影响，还在干燥路面上做了同样的试验。试验时前轮无制动力，后轮可制动到抱死拖滑。干燥路面的制动距离是湿路面的 70%，即在湿路面上制动时的制动时间要长。试验结果如图 4-24a 所示。曲线表明，在干燥路面上，汽车纵轴转角比湿路面上的要小。每次试验还记录后轮开始拖滑的时间，若以时间为横坐标把曲线重画一次

(图 4-24b），则在同样的时间内，干、湿路面的汽车纵轴转角相差不多。可见，在低附着系数路面上制动，侧滑程度的增加主要是由于制动时间增加。

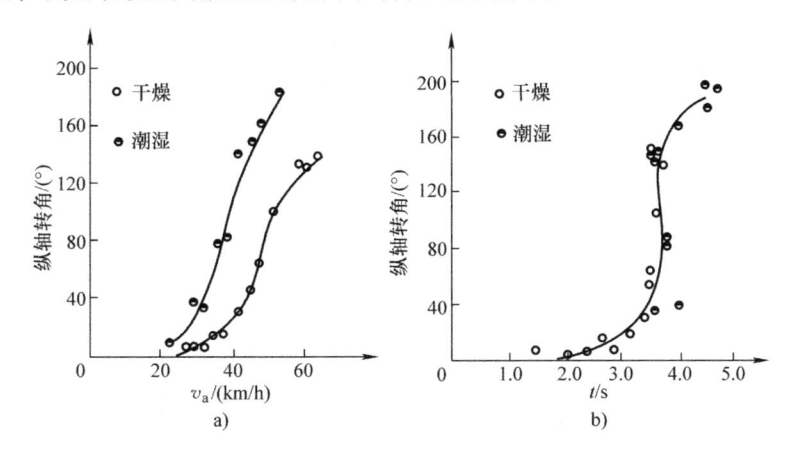

图 4-24　路面附着系数对后轴侧滑的影响

以上四项试验可以总结为两点：

1) 制动过程中，若是只有前轮抱死或前轮先抱死拖滑，则汽车基本上沿直线向前行驶（减速停车）；汽车处于稳定状态，但丧失转向能力。

2) 若后轮比前轮提前一定时间（如试验中的汽车为 0.5s 以上）先抱死拖滑，且车速超过某一数值（如试验中的汽车车速超过 48km/h）时，汽车在轻微的侧向力作用下就会发生侧滑。路面越滑、制动距离和制动时间越长，后轴侧滑越剧烈。

下面从受力情况角度分析汽车前轮抱死拖滑和后轮抱死拖滑的两种运行情况。

图 4-25a 所示为前轴侧滑时，即前轮抱死而后轮滚动的运动情况。设转向盘不动，汽车受到偶然并短暂的侧向外力作用后，前轴发生侧向滑动，前轴中点 A 的速度 v_A 与汽车纵轴的夹角为 α；后轴没有侧向滑动，后轴中点速度 v_B 的方向与汽车纵轴方向一致。此时，汽车发生类似转弯的行驶运动，其瞬时转动中心为速度 v_A、v_B 垂线的交点 O，在质心 C 上作用有离心力。图 4-25 中画出了汽车侧向的受力情况，F_{Y1}、F_{Y2} 为作用于前、后轴的地面侧向反作用力，F_j 为侧向惯性力，其数值基本上等于离心力；图 4-25 中没有画出沿纵轴方向的力。当前轮抱死时，F_{Y1} 很小，可认为 $F_{Y1} \approx 0$。根据刚体平面运动微分方程，有 $F_{Y1} + F_{Y2} + F_j = 0$，即地面侧向反作用力与侧向惯性力平衡；$(F_{Y1}a - F_{Y2}b) + M_j = 0$，$M_j = -I_Z \dot{\omega}_r$（式中，$I_Z$ 为汽车绕通过质心 C 垂直地面轴线的转动惯量；$\dot{\omega}_r$ 为汽车角加速度），即地面侧向反作用力对质心 C 的力矩之和与惯性力矩平衡。由力矩平衡方程式可知，前轮抱死、后轮滚动时，后轮侧向反作用力对质心的力矩 $F_{Y2}b$，使图 4-25a 中的汽车角速度减小，汽车趋于恢复直线行驶而处于稳定状况。图 4-25b 所示为后轴侧滑，即后轮抱死而前轮滚动的运动情况。这时 $F_{Y2} \approx 0$，前轮地面侧向反作用力 F_{Y1} 对 C 点的力矩增大了汽车角速度，汽车在一定条件下可能出现难以控制的急剧转动。因此，后轴侧滑是一种不稳定的、危险的工况。

上面是直线行驶条件下的制动试验，在弯道行驶时进行的制动试验也会得到类似的结果，即只有后轮抱死或后轮提前抱死，在一定车速条件下，后轴才会发生侧滑。另外，只有前轮抱死或前轮先抱死时，因为侧向力系数为零，不能产生任何地面侧向反作用力，所以汽车将无法按原弯道行驶而沿切线方向驶出，即失去转向能力。

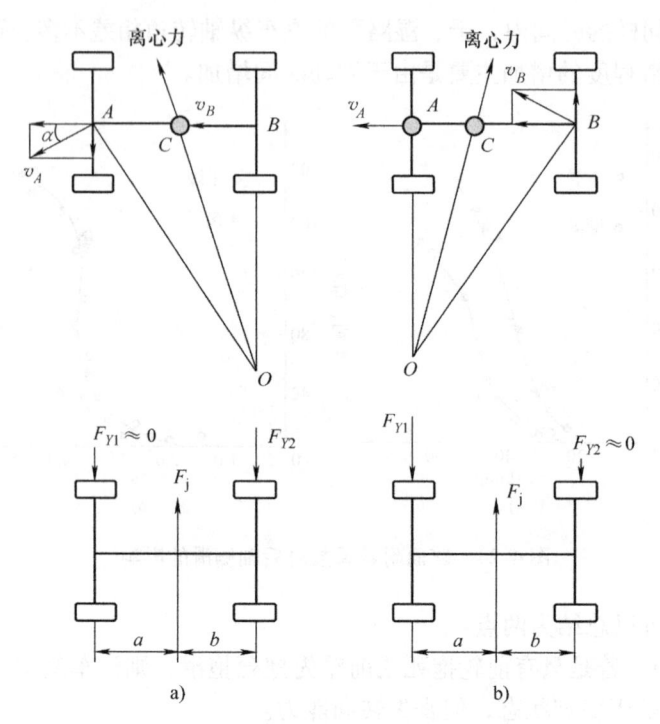

图 4-25 汽车一根轴侧滑时的运动状况
a) 前轴侧滑　b) 后轴侧滑

因此，从保证汽车方向稳定性的角度出发，首先不能出现只有后轴车轮抱死或后轴车轮比前轴车轮先抱死的情况，以防止危险的后轴侧滑；其次，尽量少出现只有前轴车轮抱死或前、后车轮都抱死的情况，以维持汽车的转向能力。最理想的情况就是防止任何车轮抱死，前、后车轮都处于滚动状态，这样就可以确保制动时的方向稳定性。

以上讨论了评价汽车制动性的三项指标，即制动效能、制动效能的恒定性以及制动时汽车的方向稳定性，并分析了各种影响因素。下面讨论与方向稳定性密切相关的制动器制动力在前、后轴间的分配和调节问题。

4.5　前后制动器制动力的比例关系

对于一般汽车而言，根据其前、后轴制动器制动力的分配、载荷情况及道路附着系数和坡度等因素，当制动器制动力足够时，制动过程可能出现如下三种情况：

1）前轮先抱死拖滑，然后后轮抱死拖滑。
2）后轮先抱死拖滑，然后前轮抱死拖滑。
3）前、后轮同时抱死拖滑。

4.4 节已指出：情况 1）是稳定工况，但在制动时汽车丧失转向能力，附着条件没有充分利用（分析详见后）；情况 2）中，后轴可能出现侧滑，是不稳定工况，附着条件利用率也低；而情况 3）可以避免后轴侧滑，同时前转向轮只有在最大制动强度下才使汽车失去转向能力，较之前两种工况，附着条件利用情况较好。

所以，前、后制动器制动力分配的比例将影响汽车制动时的方向稳定性和附着条件利用程度，是设计汽车制动系必须妥善处理的问题。

4.5.1 地面对前、后车轮的法向反作用力

在分析前、后制动器制动力分配比例之前，必须先了解在制动时地面作用于前、后车轮的法向反作用力。

图 4-26 所示为在水平路面上制动时汽车的受力图。图中忽略了汽车的滚动阻力偶矩、空气阻力以及旋转质量减速时产生的惯性力偶矩。此外，下面的分析中还忽略制动时车轮边滚边滑的过程，附着系数只取一个定值 φ_0。由图 4-26 对后轮接地点取力矩得

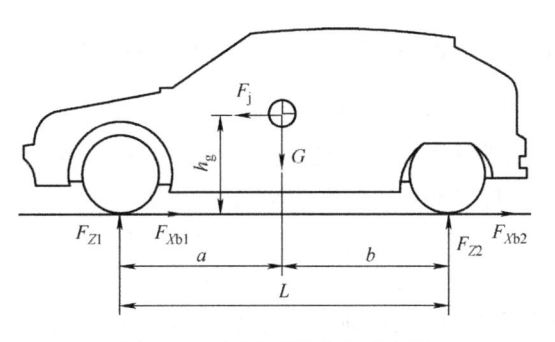

图 4-26 制动时的汽车受力图

$$F_{Z1}L = Gb + m\frac{\mathrm{d}v}{\mathrm{d}t}h_g$$

式中　F_{Z1}——地面对前轮的法向反作用力（N）；
　　　G——汽车重力（N）；
　　　b——汽车质心至后轴中心线的距离（m）；
　　　m——汽车质量（kg）；
　　　h_g——汽车质心高度（m）；
　　　$\dfrac{\mathrm{d}v}{\mathrm{d}t}$——汽车减速度（m/s²）。

对前轮接地点取力矩得

$$F_{Z2}L = Ga - m\frac{\mathrm{d}v}{\mathrm{d}t}h_g$$

式中　F_{Z2}——地面对后轮的法向反作用力（N）；
　　　a——质心至前轴中心线的距离（m）。

令 $\dfrac{\mathrm{d}v}{\mathrm{d}t} = zg$，$z$ 称为制动强度，则可求得地面法向反作用力为

$$\begin{cases} F_{Z1} = G(b + zh_g)/L \\ F_{Z2} = G(a - zh_g)/L \end{cases} \tag{4-7}$$

若在不同附着系数的路面上制动，前、后轮都抱死（不论是同时抱死还是分别先后抱死），此时 $F_{Xb} = F_\varphi = G\varphi$ 或 $\dfrac{\mathrm{d}v}{\mathrm{d}t} = \varphi g$。地面作用于前、后轮的法向反作用力为

$$\begin{cases} F_{Z1} = \dfrac{G}{L}(b + \varphi h_g) \\ F_{Z2} = \dfrac{G}{L}(a - \varphi h_g) \end{cases} \tag{4-8}$$

式（4-7）和式（4-8）均为直线方程。图 4-27 中给出了 BJ 1041 和 BJ 213 汽车前、后轮法向反作用力随减速度与四轮均抱死后随地面附着系数变化的情况。由图可知，当制动强

度或附着系数改变时，前、后轮法向反作用力的变化是很大的。例如，BJ 1041 汽车，当 $a_b = 0.7g$ 时，即 $\varphi = 0.7$ 时，前轮法向反作用力增加了 53.1%，而后轮法向反作用力减少了 34.2%。

4.5.2 理想的前、后制动器制动力分配曲线

前已指出，制动时前、后车轮同时抱死，对附着条件的利用、制动时汽车的方向稳定性均较为有利。此时的前、后轮制动器制动力 $F_{\mu 1}$ 和 $F_{\mu 2}$ 的关系曲线，常称为理想的前、后轮制动器制动力分配曲线。在任意附着系数 φ 的路面上，前、后车轮同时抱死的条件是：前、后轮制动器制动力之和等于附着力，并且前、后轮制动器制动力分别等于各自的附着力，即

$$\begin{cases} F_{\mu 1} + F_{\mu 2} = \varphi G \\ F_{\mu 1} = \varphi F_{Z1} \\ F_{\mu 2} = \varphi F_{Z2} \end{cases} \tag{4-9}$$

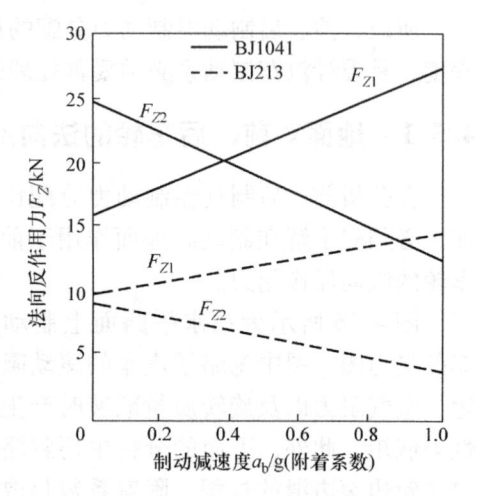

图 4-27 制动时地面对前、后轮法向反作用力的变化

或

$$\begin{cases} F_{\mu 1} + F_{\mu 2} = \varphi G \\ \dfrac{F_{\mu 1}}{F_{\mu 2}} = \dfrac{F_{Z1}}{F_{Z2}} \end{cases}$$

将式（4-8）代入式（4-9），得

$$\begin{cases} F_{\mu 1} + F_{\mu 2} = \varphi G \\ \dfrac{F_{\mu 1}}{F_{\mu 2}} = \dfrac{b + \varphi h_g}{a - \varphi h_g} \end{cases} \tag{4-10}$$

消去变量 φ，得

$$F_{\mu 2} = \frac{1}{2}\left[\frac{G}{h_g}\sqrt{b^2 + \frac{4h_g L}{G}F_{\mu 1}} - \left(\frac{Gb}{h_g} + 2F_{\mu 1}\right) \right] \tag{4-11}$$

由式（4-11）画成的曲线，即为前、后车轮同时抱死时前、后轮制动器制动力的关系曲线，即理想的前、后轮制动器制动力分配曲线，简称 I 曲线。

一般可用作图法直接求得 I 曲线。先将式（4-10）中第一式按不同 φ 值（$\varphi = 0.1$，0.2，0.3，…）作图画在图 4-28 上，得到一组与坐标轴成 45°的平行线；再对式（4-10）中第二式按不同 φ 值（$\varphi = 0.1$，0.2，0.3，…）代入，也作图于图 4-28 上，得到一组通过坐标原点、斜率不同的射线。

这两组直线中，对于某一 φ 值，均可找到两条直线，这两条直线的交点便是满足式（4-10）中两式的 $F_{\mu 1}$ 值和 $F_{\mu 2}$ 值。把对应于不同 φ 值的两直线交点 A，B，C，…连接起来，便得到 I 曲线。曲线上任一点代表在该附着系数路面上前、后制动器制动力应有的数值。

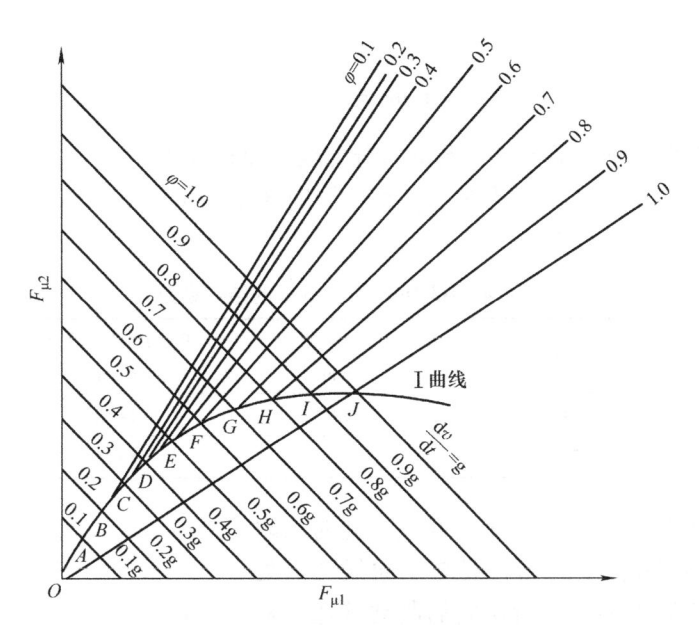

图 4-28 理想的前、后制动器制动力分配曲线

由此可见，只要给出汽车的总质量（或汽车的重力）、汽车的质心位置（a、b 和 h_g），就能作出 I 曲线。

应当指出，I 曲线是制动踏板力增长到前、后车轮同时抱死拖滑时的前、后制动器制动力的分配曲线。车轮同时抱死时，$F_{\mu 1} = F_{Xb1} = F_{\varphi 1}$，$F_{\mu 2} = F_{Xb2} = F_{\varphi 2}$，所以 I 曲线也是车轮同时抱死时 $F_{\varphi 1}$ 和 $F_{\varphi 2}$ 的关系曲线。

还应进一步指明，汽车前、后制动器制动力常不能按 I 曲线的要求来分配。制动过程中常是一根车轴的车轮先抱死，随着制动踏板力的进一步增加，接着另一根车轴的车轮抱死。显然，I 曲线还是前、后轮都抱死后的地面制动力 F_{Xb1} 与 F_{Xb2} 的关系曲线。

4.5.3 具有固定比值的前、后制动器制动力与同步附着系数

一般两轴汽车的前、后制动器制动力之比为一固定值。常用前制动器制动力与汽车总制动器制动力之比来表明分配的比例，称为制动器制动力分配系数，并以符号 β 表示，即

$$\beta = \frac{F_{\mu 1}}{F_\mu}$$

式中　　$F_{\mu 1}$——前制动器制动力（N）；
　　　　$F_{\mu 2}$——后制动器制动力（N）；
$F_\mu = F_{\mu 1} + F_{\mu 2}$——汽车总制动器制动力，N。

故

$$F_{\mu 1} = \beta F_\mu, F_{\mu 2} = (1-\beta) F_\mu$$

且

$$\frac{F_{\mu 1}}{F_{\mu 2}} = \frac{\beta}{1-\beta} \tag{4-12}$$

若用 $F_{\mu 2} = B(F_{\mu 1})$ 表示，则 $F_{\mu 2} = B(F_{\mu 1})$ 为一条直线，此直线通过坐标原点，且其斜

率为

$$\tan\theta = \frac{1-\beta}{\beta}$$

这条直线称为实际前、后制动器制动力分配线，简称 β 线。

图 4-29 给出了 BJ 1041 载货汽车的 β 线，同时还给出了该载货汽车空载和满载时的 I 曲线。该车的结构参数见表 4-4。

表 4-4 BJ 1041 载货汽车的结构参数

载荷	汽车总质量/kg	质心高度 h/mm	质心至前轴线距离 a/mm	质心至后轴线距离 b/mm
空载（一名驾驶人）	2074	730	1451	1749
满载	4074	950	1947	1253

图中 β 线与 I 曲线（满载）交于 B 点，此时的附着系数值为 $\varphi_0 = 0.786$。我们称 β 线与 I 曲线交点处的附着系数为同步附着系数，所对应的制动减速度称为临界减速度。同步附着系数是由汽车结构参数决定的，反映汽车制动性能的一个参数。

同步附着系数说明，前、后制动器制动力为固定比值的汽车，只有在一种附着系数，即同步附着系数路面上制动时才能使前、后车轮同时抱死。

同步附着系数也可用解析法求得。设汽车在同步附着系数路面上制动，此时前、后轮同时抱死，则将式（4-10）代入式（4-12），得

$$\frac{\beta}{1-\beta} = \frac{b + \varphi_0 h_g}{a - \varphi_0 h_g}$$

经整理，得

$$\varphi_0 = \frac{L\beta - b}{h_g} \tag{4-13}$$

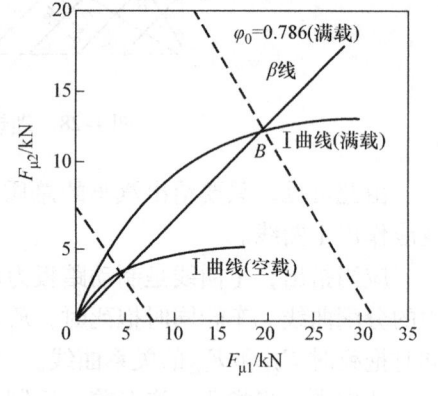

图 4-29 BJ1041 载货汽车的 β 线与 I 曲线

式中　L——汽车轴距，$L = a + b$。

4.5.4　前、后制动器制动力具有固定比值的汽车在各种路面上制动过程的分析

利用 β 线与 I 曲线的配合，就可以分析前、后制动器制动力具有固定比值的汽车在各种路面上的制动情况。为了便于分析，先介绍两组线组——f 线组与 r 线组。

f 线组是后轮没有抱死，在各种 φ 值路面上前轮抱死时的前、后地面制动力关系曲线。

r 线组是前轮没有抱死而后轮抱死时的前、后地面制动力关系曲线。

普通轿车在制动踏板力逐渐加大时，常有后轮没有抱死而前轮先抱死这样的过程；有的空载载货汽车在制动踏板力逐渐加大时，会出现前轮没有抱死而后轮先抱死的过程。

先求 f 线组。当前轮抱死时有：

$$F_{Xb1} = \varphi F_{Z1} = \varphi \left(\frac{Gb}{L} + \frac{F_{Xb} h_g}{L} \right)$$

由于
$$F_{Xb} = F_{Xb1} + F_{Xb2}$$
$$F_{Xb1} = \varphi\left(\frac{Gb}{L} + \frac{F_{Xb1} + F_{Xb2}}{L}h_g\right)$$

故整理得
$$F_{Xb2} = \frac{L - \varphi h_g}{\varphi h_g}F_{Xb1} - \frac{Gb}{h_g} \tag{4-14}$$

这就是在不同 φ 值路面上只有前轮抱死时的前、后地面制动力的关系式。

显然，当前、后轮都抱死后，式（4-14）也成立，只是此时的后轮地面制动力也已经达到后轮附着力的数值。

以不同 φ 值代入式（4-14），即得到 f 线组，如图 4-30 所示。

从式（4-14）可以看出，此线组与纵坐标的交点为 $\left(0, -\dfrac{Gb}{h_g}\right)$，而与 φ 值无关。应指出，F_{Xb2} 为负值时已是地面驱动力，此处不再讨论。

当 $F_{Xb2} = 0$ 时，$F_{Xb1} = \dfrac{\varphi Gb}{(L - \varphi h_g)}$。利用此式可求出在不同 φ 值时相应的 F_{Xb1} 值，即线组与横坐标的交点 a，b，c，…。根据汽车结构参数的具体数值，可以知道此情况下的总地面制动力 $F_{Xb} = F_{Xb1} + 0 = F_{Xb1}$，$F_{Xb} < \varphi G$，即后轮未抱死。随着 F_{Xb1} 与 F_{Xb2} 的增加，F_{Xb} 也增加，最后 f 线组与 I 曲线相交。如前所述，I 曲线也是前、后车轮都抱死后的 $F_{\varphi 1}$ 与 $F_{\varphi 2}$ 的关系曲线。因此，相交点处的 $F_{Xb1} + F_{Xb2} = F_{\varphi 1} + F_{\varphi 2} = \varphi G$，后轮也抱死。由此可见，I 曲线以上的 f 线组已无意义（图 4-31）。

再求 r 线组。当后轮抱死时有
$$F_{Xb2} = \varphi F_{Z2} = \varphi\left(\frac{Ga}{L} - \frac{F_{Xb}h_g}{L}\right)$$

代入 $F_{Xb} = F_{Xb1} + F_{Xb2}$，并经整理得
$$F_{Xb2} = \frac{-\varphi h_g}{L + \varphi h_g}F_{Xb1} + \frac{\varphi Ga}{L + \varphi h_g} \tag{4-15}$$

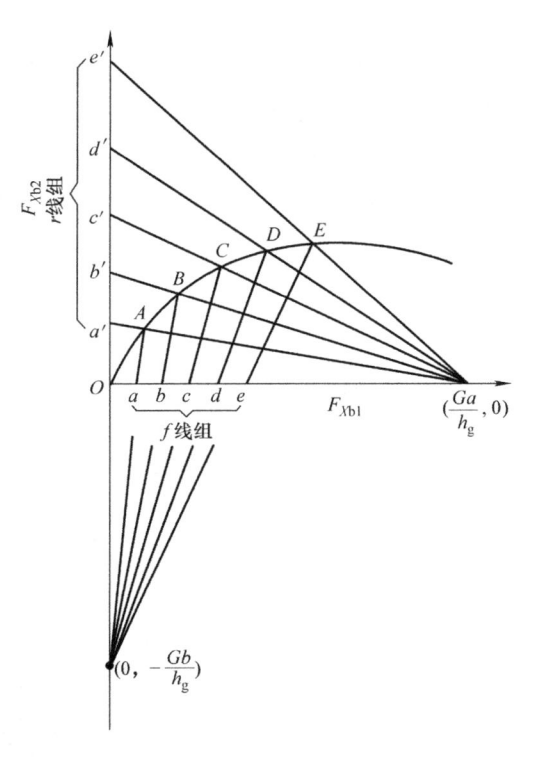

图 4-30 f 线组与 r 线组

式（4-15）即为在不同 φ 值路面上只有后轮抱死时的前、后地面制动力的关系式。

显然，当前、后轮都抱死后，式（4-15）也成立，只是此时的前轮地面制动力也已经达到前轮附着力。

用不同的 φ 值代入式（4-15），即得 r 线组。由式（4-15）可知，r 线组与横坐标的交

点为 $\left(\dfrac{Ga}{h_g}, 0\right)$，而与 φ 值无关。当 $F_{Xb1}=0$ 时，$F_{Xb2}=\dfrac{\varphi Ga}{(L+\varphi h_g)}$。由此，可求出不同的 φ 值时对应的 F_{Xb2} 值，即 r 线组与纵坐标的交点 a'，b'，c'，…。显然，这些点对应的总地面制动力 $F_{Xb}=0+F_{Xb2}<G\varphi$，即前轮未抱死。随着 F_{Xb1} 的增加及相应地 F_{Xb2} 的稍稍减少，F_{Xb} 增加，最后，r 线组与 I 曲线相交。相交点处的 $F_{Xb1}+F_{Xb2}=\varphi G$，前轮也抱死，故 I 曲线以下的 r 线段已无意义（图4-31）。

显然，对于同一 φ 值下 f 线组与 r 线组的交点 A，B，C，…，既符合 $F_{Xb1}=\varphi F_{Z1}$，又符合 $F_{Xb2}=\varphi F_{Z2}$，所以这些交点便是前、后车轮都（包含同时）抱死的点。因此，连接 A，B，C，…各点的曲线也就是前面讨论过的 I 曲线。

下面利用 β 线、I 曲线、f 线组和 r 线组分析汽车在不同 φ 值路面上的制动过程。如图4-31所示，为了便于说明问题，以早年生产的载重 2.5t 跃进牌 NJ130 载货汽车为例，其同步附着系数为 $\varphi_0=0.39$。图中还画出了 F_{Xb1} 和与 F_{Xb2} 之和为 $0.1G$，$0.2G$，$0.3G$，…的 45°斜直线组。同一条斜线上的点均有同样大小的总地面制动力 F_{Xb}，相应的制动减速度也是常数，即为 $0.1g$，$0.2g$，$0.3g$，…，故此 45°斜直线组称为"等地面制动力线组"或"等制动减速度线组"。分析制动过程时，常利用此线组来确定制动过程中的总地面制动力与制动减速度 $\dfrac{dv}{dt}$ 的数值。应指出，这个线组就是式（4-10）中的第一式按不同 φ 值作出的 45°斜直线组。

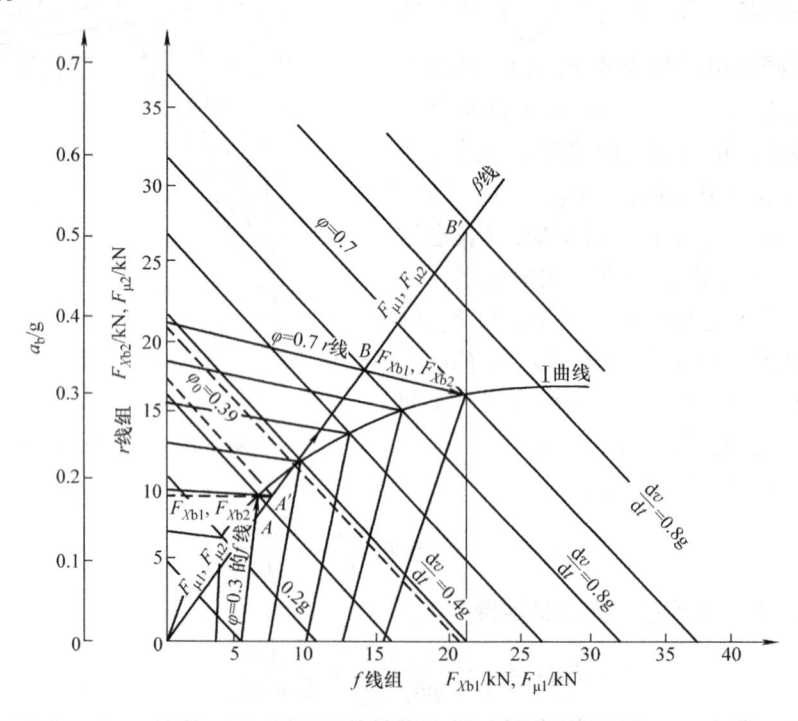

图4-31 不同 φ 值路面上汽车制动过程分析

1）当 $\varphi<\varphi_0$ 时，设 $\varphi=0.3$，则制动开始时，前、后制动器制动力 $F_{\mu 1}$、$F_{\mu 2}$ 按 β 线上升。因前、后车轮均未抱死，地面制动力等于制动器制动力，故地面制动力 F_{Xb1} 和 F_{Xb2} 也按 β 线上升。到 A 点时，β 线与 $\varphi=0.3$ 的 f 线相交，前轮开始抱死，制动减速度为 $0.27g$。

此时的地面制动力 F_{Xb1}、F_{Xb2} 已符合后轮没有抱死而前轮先抱死的状况。驾驶人如继续增加制动踏板力，F_{Xb1}、F_{Xb2} 将沿 f 线变化，前轮的地面制动力 F_{Xb1} 不再等于 $F_{\mu 1}$，但继续制动，前轮法向反作用力增加，故 F_{Xb1} 沿 f 线稍有增加。但因后轮未抱死，所以当制动踏板力增大，$F_{\mu 1}$、$F_{\mu 2}$ 沿 β 线上升时，F_{Xb2} 仍等于 $F_{\mu 2}$ 而继续上升。当 $F_{\mu 1}$、$F_{\mu 2}$ 至 A' 点时，f 线与 I 曲线相交，此时后轮达到抱死所需的地面制动力 F_{Xb2}（也就是后轮的附着力），于是前、后车轮均抱死，汽车获得的减速度为 $0.3g$。

可见，β 线位于 I 曲线下方，制动时总是前轮先抱死。前面已经指出，前轮先抱死虽是一种稳定工况，但丧失转向能力。

2）当 $\varphi > \varphi_0$ 时，设 $\varphi = 0.7$，如图 4-31 所示，开始制动时，前、后车轮均未抱死，故前、后轮地面制动力和制动器制动力一样均按 β 线增长。到 B 点时，β 线与 $\varphi = 0.7$ 的 r 线相交，地面制动力 F_{Xb1}、F_{Xb2} 符合后轮先抱死的状况，后轮开始抱死，此时的制动减速度为 $0.6g$。从 B 点以后，再增加制动踏板力，F_{Xb1}、F_{Xb2} 将沿 $\varphi = 0.7$ 的 r 线变化。但继续制动时，后轮法向反作用力有所减少，因而后轮地面制动力沿 r 线稍有下降。但前轮未抱死，当 $F_{\mu 1}$、$F_{\mu 2}$ 沿 β 线增长时，始终有 $F_{Xb1} = F_{\mu 1}$。当 $F_{\mu 1}$、$F_{\mu 2}$ 到 B' 点时，r 线与 I 曲线相交，F_{Xb1} 达到前轮抱死的地面制动力，前、后轮均抱死，汽车获得的减速度为 $0.7g$。

可见，β 线位于 I 曲线上方，制动时总是后轮先抱死，因而容易发生后轴侧滑而使汽车失去方向稳定性。

3）$\varphi = \varphi_0$ 时，不言而喻，在制动时汽车的前、后轮将同时抱死，此时的减速度为 $\varphi_0 g$，即 $0.39g$，也是一种稳定工况，但也失去转向能力。

> **案例 3：**
> 通过分析汽车在不同 φ 值路面上的制动过程，可知汽车结构型式不同，其 φ_0 也不同，每个车辆都有自己的 φ_0。只有在 $\varphi = \varphi_0$ 的路面上，地面的附着条件才得到较好的利用。而在 $\varphi < \varphi_0$ 或 $\varphi > \varphi_0$ 的路面上，出现前轮或后轮提前抱死情况时，地面附着条件均未得到较好的利用。我们每个人都有自己特长和施展才华的地方，面对不同的环境，我们要努力走出那条漂亮的"制动路线"。

4.5.5 利用附着系数与制动效率

为了防止后轴侧滑和前轮失去转向能力，汽车在制动过程中最好既不出现后轴车轮先抱死的危险工况，也不出现前轴车轮先抱死或前、后车轮都抱死的工况。所以，应当以即将出现车轮抱死但还没有任何车轮抱死时的制动减速度作为汽车能产生的最高制动减速度。

从上面的分析可知，若在同步附着系数的路面上制动，则汽车的前、后车轮将同时达到抱死的工况，此时的制动强度 $z = \varphi_0$，φ_0 为同步附着系数。在其他附着系数的路面上制动时，达到前轮或后轮抱死前的制动强度比路面附着系数要小，即不出现前轮或后轮抱死的制动强度必须小于地面附着系数，也就是 $z < \varphi$。因此可以说，只有在 $\varphi = \varphi_0$ 的路面上，地面的附着条件才得到较好的利用。而在 $\varphi < \varphi_0$ 或 $\varphi > \varphi_0$ 的路面上，出现前轮或后轮提前抱死情况时，地面附着条件均未得到较好的利用。这一点从上面分析的例子中可以看出。

这个结论也常常这样来描述：汽车以一定减速度制动时，除去制动强度 $z = \varphi_0$ 以外，不发生车轮抱死所要求的（最小）路面附着系数总大于其制动强度。为了定量说明这一点，

我们引进利用附着系数的概念，又称为被利用的附着系数，其定义为

$$\varphi_i = \frac{F_{Xbi}}{F_{Zi}}$$

式中　F_{Xbi}——对应于制动强度 z，汽车第 i 轴产生的地面制动力（N）；
　　　F_{Zi}——制动强度为 z 时，地面对第 i 轴的法向反作用力（N）；
　　　φ_i——第 i 轴对应于制动强度 z 的利用附着系数。

显然，利用附着系数越接近制动强度，地面的附着条件发挥得越充分，汽车制动力分配的合理程度越高。通常以利用附着系数与制动强度的关系曲线（图 4-32）来描述汽车制动力分配的合理性。最理想的情况是利用附着系数总是等于制动强度这一关系，即图 4-32 中的对角线（$\varphi = z$）。图 4-32 中给出了与图 4-31 所示同一货车的利用附着系数与制动强度曲线。应当指出，前、后制动力分配曲线（图 4-29 与图 4-31）与利用附着系数曲线是一一对应的。例如，具有理想制动力分配的汽车，其利用附着系数就是对角线（$\varphi = z$）。

下面分别求出前轮或后轮提前抱死时，前轴和后轴的利用附着系数。

设汽车前轮刚要抱死或前、后轮同时刚要抱死时产生的减速度为 $\dfrac{\mathrm{d}v}{\mathrm{d}t} = zg$，则有

$$F_{\mu 1} = F_{Xb1} = \beta \frac{G}{g} \frac{\mathrm{d}v}{\mathrm{d}t} = \beta G z$$

而

$$F_{Z1} = \frac{G}{L}(b + zh_g)$$

故前轴的利用附着系数为

$$\varphi_f = \frac{F_{Xb1}}{F_{Z1}} = \frac{\beta z}{\dfrac{1}{L}(b + zh_g)} \tag{4-16}$$

同理，后轴的利用附着系数可求得如下：

$$F_{Xb2} = (1-\beta)\frac{G}{g}\frac{\mathrm{d}v}{\mathrm{d}t} = (1-\beta)Gz$$

$$F_{Z2} = \frac{G}{L}(a - zh_g)$$

故

$$\varphi_r = \frac{F_{Xb2}}{F_{Z2}} = \frac{(1-\beta)z}{\dfrac{1}{L}(a - zh_g)} \tag{4-17}$$

由图 4-32 可以看出，$z = 0.39$ 时，前、后轴利用附着系数均为 0.39，即无任何车轮抱死所要求的（最小）地面附着系数（实际上为刚要抱死）为 0.39，这就是该货车的同步附着系数。在 $\varphi < \varphi_0$ 的路面上，前轮提前抱死；在 $\varphi > \varphi_0$ 的路面上，情况正好相反，后轮提前抱死。

由图 4-32 还可以看出，空车时 φ_r 全在 45°对角线上面，所以实际上汽车总是出现后轮先抱死的工况，φ_r 曲线就是汽车的利用附着系数曲线，而且此时利用附着系数远远大于制动强度，汽车的制动力分配是不合理的。

通常，还用制动效率的概念来描述地面附着条件的利用程度，并说明实际制动力分配的

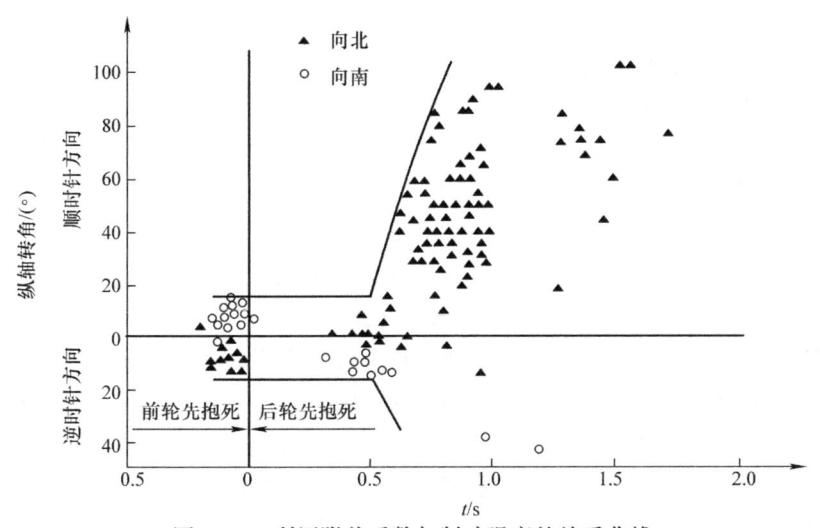

图 4-32　利用附着系数与制动强度的关系曲线

合理性。

制动效率定义为车轮不抱死的最大制动减速度与车轮和地面间附着系数的比值。也就是车轮将要抱死时的制动强度与被利用的附着系数之比。不难看出，由式（4-16）和式（4-17）即可得到前轴的制动效率为

$$E_{\mathrm{f}} = \frac{z}{\varphi_{\mathrm{f}}} = \frac{b/L}{\beta - \varphi_{\mathrm{f}} h_{\mathrm{g}}/L} \tag{4-18}$$

后轴的制动效率为

$$E_{\mathrm{r}} = \frac{z}{\varphi_{\mathrm{r}}} = \frac{a/L}{(1-\beta) + \varphi_{\mathrm{r}} h_{\mathrm{g}}/L} \tag{4-19}$$

图 4-33 所示为前、后轴制动效率曲线。由图可知，当 $\varphi = 0.6$ 时，空载时后轴制动效率约等于 67%。这说明后轮不抱死时，汽车最多只利用可供制动的附着力的 67%，即其制动减速度不是 $0.6g$，而只有 $0.6g \times 0.67 = 0.402g$。

4.5.6 对前、后制动器制动力分配的要求

通过以上讨论，得到的结论是：为了防止后轴抱死发生危险的侧滑，汽车制动系的实际前、后制动力分配线（β 线）应总是在理想的制动力分配线（I 曲线）下方；为了

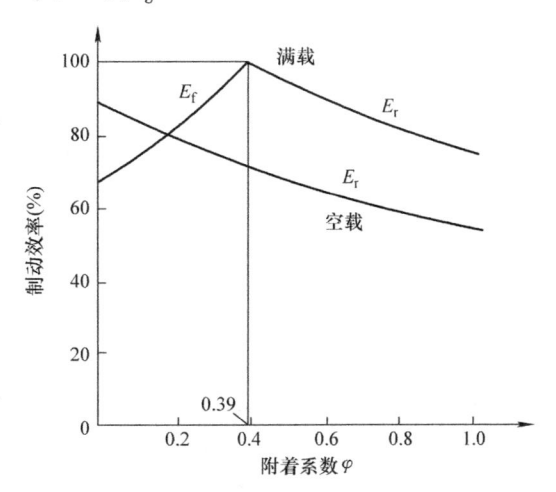

图 4-33　前、后轴制动效率曲线

减少制动时前轮抱死而失去转向能力的机会，提高附着效率，β 线应越靠近 I 曲线越好。同样，若按利用附着系数曲线图来考虑，为了防止后轮抱死并提高制动效率，前轴利用附着系数曲线应总在 45°对角线上方，即总在后轴利用附着系数曲线的上方，同时还应靠近图中的对角线（$\varphi = z$）。

1. ECE 制动法规

为了保证制动时汽车的方向稳定性和有足够的制动效率，联合国欧洲经济委员会制定的 ECE R13 制动法规中对双轴汽车的前、后轮制动器制动力提出了明确的要求。我国的国家标准 GB 21670—2008 和 GB 12676—2014 也提出了类似的规定。对于不同的车辆有不同的要求，下面仅对 M_1 类车和最大总质量大于 3.5t 的载货汽车予以说明，其他类型的车辆请查看标准。法规中对未装备 ABS 的商用车有如下规定：

对于 $\varphi = 0.2 \sim 0.8$ 之间的各种车辆，要求制动强度系数为

$$z \geq 0.1 + 0.85(\varphi - 0.2)$$

车辆在各种装载状态时，前轴利用附着系数曲线应在后轴利用附着系数曲线之上。对于最大总质量大于 3.5t 的载货汽车，在制动强度系数 $z = 0.15 \sim 0.3$ 之间，每根轴的利用附着系数曲线位于 $\varphi = z \pm 0.08$ 两条平行于理想的附着系数直线的平行线之间；而制动强度系数 $z \geq 0.3$ 时，后轴的利用附着系数满足关系式 $z \geq 0.3 + 0.74(\varphi - 0.38)$，则认为也满足了法规的要求（图4-34）。对于未安装 ABS 的 M_1 类车，在车辆所有载荷状态下，当制动强度系数 $z = 0.15 \sim 0.80$ 时，后轴利用附着系数曲线不应位于前轴附着系数曲线上方；当附着系数 $\varphi = 0.2 \sim 0.8$ 时，制动强度系数 $z \geq 0.1 + 0.7(\varphi - 0.2)$（图4-35a）。作为生产一致性检查时的替代要求，当制动强度系数为 $0.15 \sim 0.80$ 时，后轴利用附着系数曲线应位于直线 $z = 0.9\varphi$ 以下（图4-35b）。

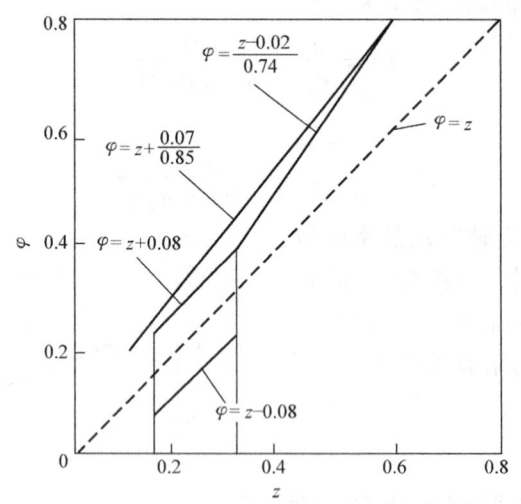

图 4-34　ECE 法规规定的最大总质量超过 3.5t 载货汽车的制动力分配

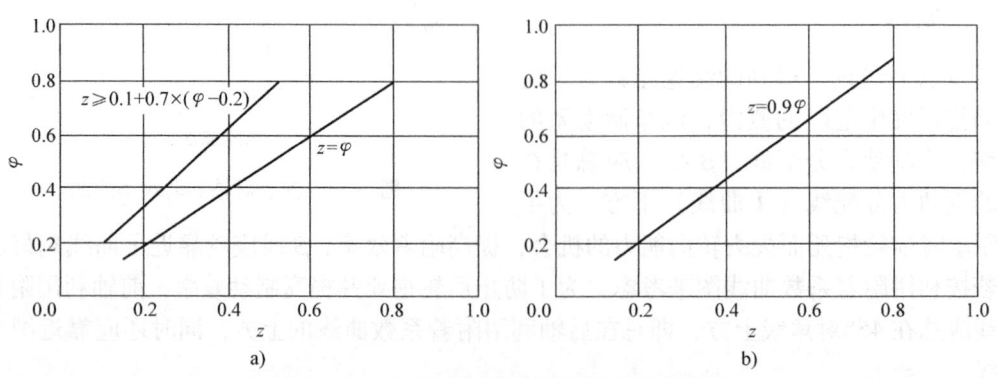

图 4-35　ECE 法规中规定的轿车制动力分配

图 4-32 中除了载货汽车的利用附着系数与制动强度系数的关系曲线之外，还给出了 ECE 法规对载货汽车利用附着系数与制动强度系数关系曲线要求的区域。它表明这辆中型载货汽车在空载时不能满足法规的要求。实际上，一般具有固定比值制动力分配制动系的载货汽车，若不配备恰当的制动力调节装置，使其具有变化值的制动力分配特性，则无法满足法规提出的要求。

2. 具有变化值的前、后制动器制动力的分配特性

由上节分析可知，对于具有固定比值的前、后制动器制动力的制动系特性，其实际制动力分配曲线与理想的制动力分配曲线相差很大，制动效率低，前轮可能因抱死而丧失转向能力，后轮也可能抱死而使汽车有发生后轴侧滑的危险。因此，汽车装有比例阀或载荷比例阀等制动力调节装置，可根据制动强度、载荷等因素来改变前、后制动器制动力的比值，使之接近于理想制动力分配曲线，满足制动法规的要求。制动力分配曲线的设计仍然考虑的是兼顾制动稳定性和最短制动距离但优先稳定性的原则，但实际转折点的选择是复杂的，因为前面所讲的 I 曲线是简单的直线制动情况，实际的制动工况会使 I 曲线发生改变，如发动机对制动的影响，转弯制动时左、右车轮载荷的转移等。所以，转折点的选择一般低于 I 曲线，以保证有一定的稳定性余地。

图 4-36 给出了限压阀、比例阀、感载比例阀、感载射线阀与减速度传感比例阀（Deceleration Sencing Proportioning Valve，DSPV）的制动力分配曲线。其中，图 4-36a 给出的是限压阀的制动力分配曲线，在其转折点后，由于后轮液压不变，是一条水平线，虽然分配曲线对空载基本是合适的，但仍有一小段是非稳定区，且满载时效率偏低；图 4-36b 给出了比例阀的制动力分配曲线，在其转折点以后是一条斜线，和空载 I 曲线的交点即同步附着系数超过了 0.82（见 ECE 法规），既消除了不稳定区又提高了制动效率，但是满载时转折点下移会增加和 I 曲线的距离，降低制动的效率；图 4-36c 给出了感载比例阀的制动力分配曲线，满载时转折点上移和满载的 I 曲线靠近，提高了制动效率；图 4-36d 给出了感载射线阀的制动力分配曲线；图 4-36e 还给出了根据 ECE 要求计算得到的轿车制动力分配所要求的范围。可以看出，DSPV 能够满足 ECE 法规的要求。

对装备防抱制动系统的车辆，应在空载和满载两种工况，低附着系数和高附着系数两种路面上都满足附着系数利用率大于等于 0.75 的要求。

4.5.7 辅助制动器和发动机制动对制动力分配和制动效能的影响

在山路上下坡行驶时，一般利用主制动系统将汽车的势能和动能转化成为热能；而在连续下长坡行驶时，商用车的制动系统的热负荷是非常大的，主制动系统无法及时将热量释放到大气中，使得制动鼓（盘）的温度大幅度升高，从而使摩擦因数下降、磨损加大（图 4-37a），制动器失去或部分失去制动效能，这种热衰退现象是很危险的。典型的例子如：在八达岭高速公路进京方向 51~56km 处，曾经经常发生重大交通事故。造成事故的主要原因是这一路段有连续下坡的坡道与弯道，有些驾驶人超载、超速地驾驶没有装备缓速器的商用车，在下坡时长时间踩着制动踏板，致使制动鼓与蹄片过热而制动失灵。在汽车连续下长坡行驶时，吸收势能、维持较慢车速安全行驶的制动工作应由辅助制动系统来承担。辅助制动系统虽然在制动过程中吸收的功率较小，但是它可在长时间内维持制动功率不变，从而保证汽车安全行驶。为此，原联邦德国道路交通法规中规定：客车总质量在 5.5×10^3kg

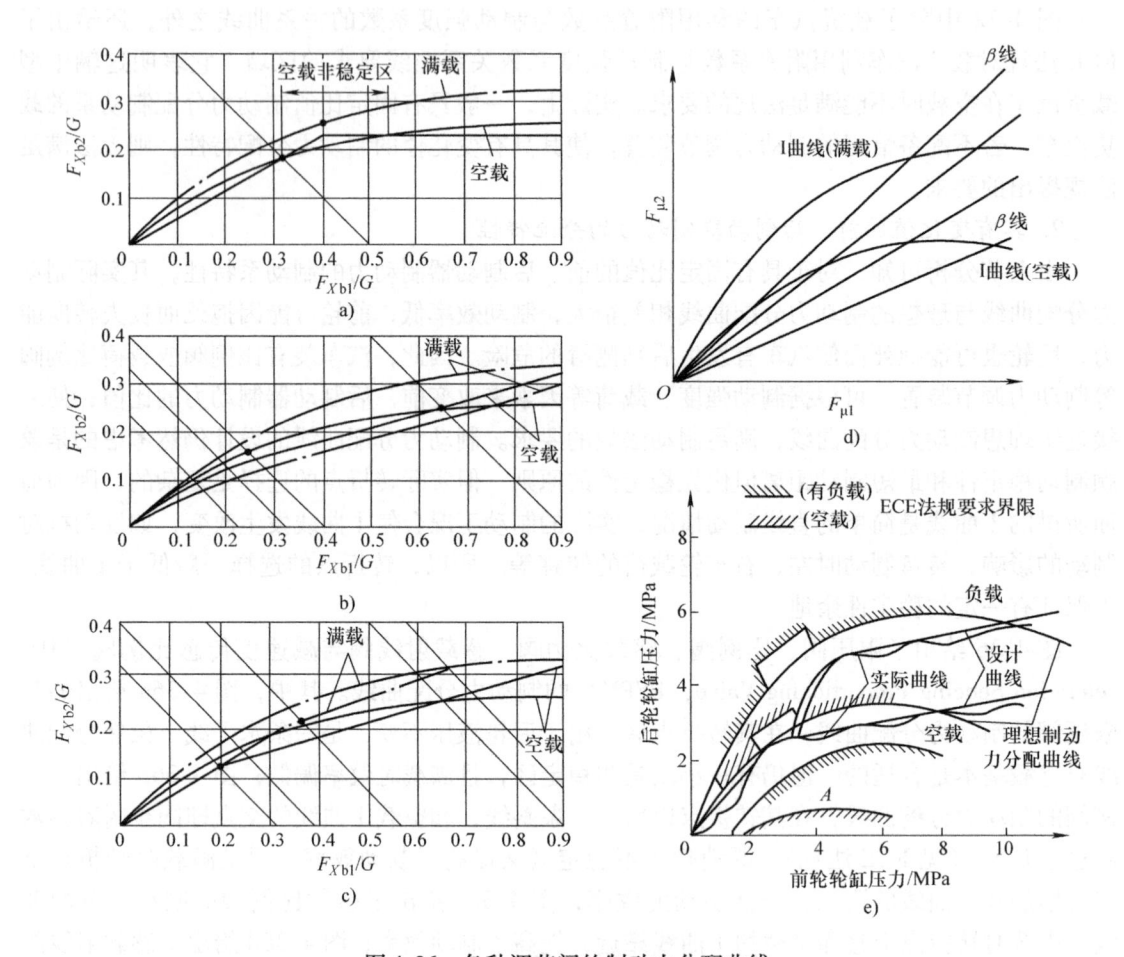

图 4-36 各种调节阀的制动力分配曲线
a）限压阀 b）比例阀 c）感载比例阀 d）感载射线阀 e）减速度传感比例阀

以上、商用车总质量在 9×10^3 kg 以上，必须加装辅助制动装置，或称为第三制动装置。

JT/T 325—2018《营运客车类型划分及等级评定》标准，规定高二级以上客车必须安装缓速器。目前，几乎所有的高一级以上的大中型客车都标配或选装缓速器。

1. 汽车缓速器的制动力

图 4-37b 所示为液力缓速器的力矩特性曲线，这几种液力缓速器在 800~2500r/min 时有较高的制动力矩。缓速器的缓速能力可以分为几档，如分为四级，即 25%、50%、75% 和 100%，以保证不同的减速要求。同时，缓速器还有恒速控制功能，所有操作均由手柄控制。南京依维柯公司的 NJ6686JF5 中型客车，在传动轴上装有手控 IV 档的电涡流缓速器，图 4-38 所示为该缓速器制动力与车速的关系曲线。

没有安装电力或液力缓速器的汽车下坡时，变速器应挂上相应档位，松开加速踏板，利用发动机制动或排气制动进行制动。图 4-39 所示为亚星客车集团特种车辆厂生产的 JS6820 中型客车在变速器分别处于 3、4 档并利用发动机制动、排气制动工作时，汽车制动力与行驶车速的关系曲线。

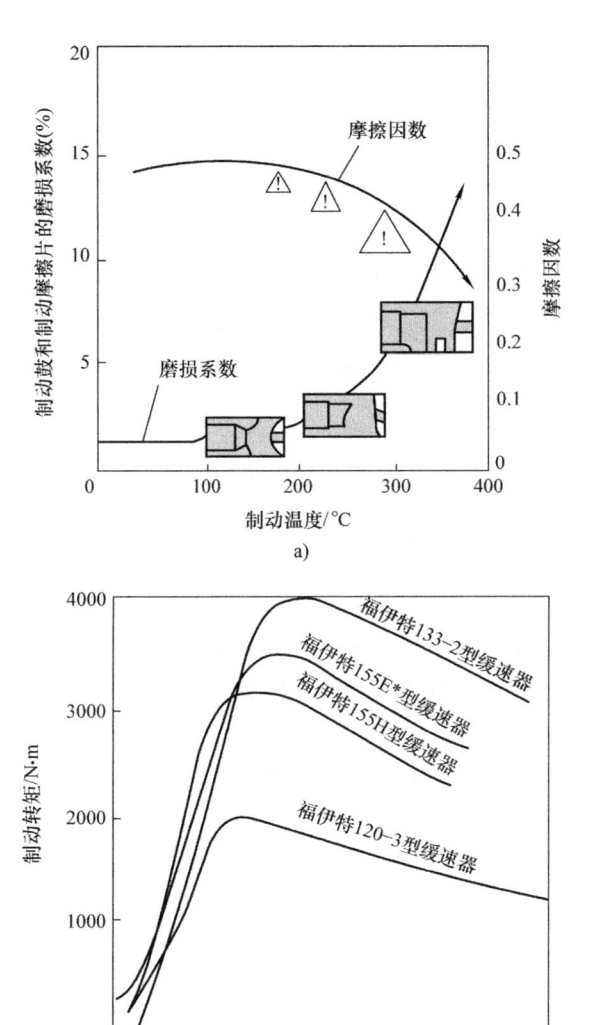

图 4-37 几种液力缓速器的特性曲线

a）摩擦因数和磨损系数曲线　b）液力缓速器的力矩特性曲线

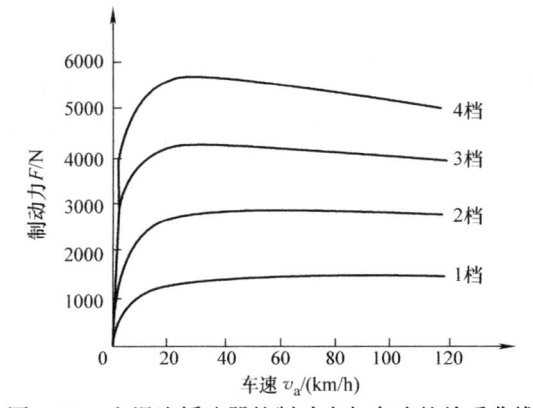

图 4-38 电涡流缓速器的制动力与车速的关系曲线

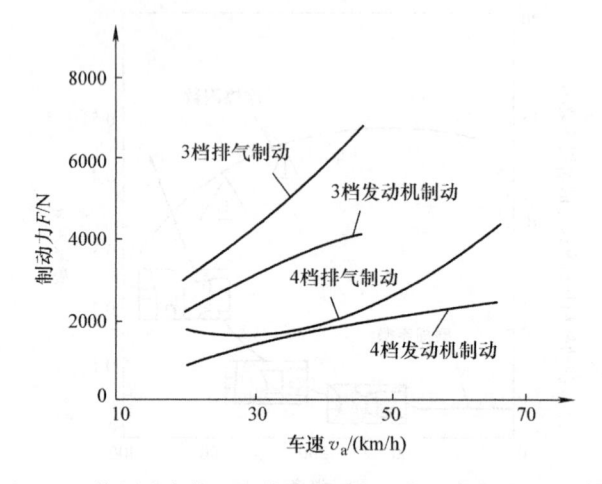

图 4-39 作用在车轮上的持续制动力随车速变化的关系曲线

2. 汽车缓速器对制动力分配的影响

汽车上装用缓速器后，前、后车轮制动器的制动力 $F_{\mu 1}$、$F_{\mu 2}$ 仍存在定比关系，但后轮（商用车一般是后轮驱动）的制动力还应该加上缓速器或发动机制动所带来的制动力 F_r，即后轮的总制动力为

$$F_{\mu r} = F_{\mu 2} + F_r = \frac{1-\beta}{\beta} F_{\mu 1} + F_r$$

$$F_r = \frac{T i_0}{r \eta}$$

式中　T——缓速器的制动力矩（N·m）；
　　　i_0——主传动比；
　　　η——传动效率；
　　　r——驱动轮半径（m）。

而

$$F_{\mu 1} = F_{Z1} \varphi = \frac{G}{L}(b + \varphi h_g)\varphi$$

所以

$$\frac{F_{\mu 1}}{F_{\mu r}} = \frac{\dfrac{G}{L}(b + \varphi h_g)\varphi}{\dfrac{1-\beta}{\beta}\left(\dfrac{G}{L}\right)(b + \varphi h_g)\varphi + F_r} = \frac{b + \varphi h_g}{a - \varphi h_g}$$

即

$$\frac{h_g}{\beta}\varphi^2 - \left(a - \frac{1-\beta}{\beta} b\right)\varphi + \frac{L F_r}{G} = 0$$

解此方程可以得到两个根，它们的和为 $(L\beta - b)/h_g = \varphi_0$，也就是这两个根之和为同步附着系数，且都要小于原来不带缓速器时的同步附着系数。当然这里是假定：在制动减速过程中，始终都有缓速器的制动力。实际上，在车轮速度降低到一定值时，其制动力会很快下降。由于缓速器在不同档位和不同车速下产生的制动力 F_r 的大小不同，因此制动力 $F_r(v)$

是车速 v 的函数，这样汽车行车制动器与缓速器共同作用的制动力分配曲线就是一族变化的曲线，它们与汽车的 I 曲线存在不同的匹配关系。当 $F_r=0$ 时，就是原来的分配。很显然，相对原来的行车制动器 β 线，考虑辅助制动器和发动机制动以后，相应其共同作用时的制动力分配线要上移，这就是为什么图 4-36 中的满载 I 曲线要和行车制动器 β 线的压力拐点保留一定距离的原因。在装有 ABS 的汽车上，为了保证制动力的正确分配，通常在紧急制动时，一旦系统进入 ABS 的控制就立刻将缓速器断开，以便保证 ABS 的性能。同时按照 GB12676—2014 的规定，装有缓速制动系统的车辆，在测定车轴间的制动力分配的车辆性能时，不考虑缓速制动系统产生的减速作用。

4.5.8 防抱制动装置

凡驾驶过汽车的人都有一些这样的体验：在被雨淋湿而带有泥土的沥青路上或在积雪道路上紧急制动时，汽车会发生侧滑甚至掉头旋转；左、右两侧车轮如果行驶在不同的路面上，如一侧车轮在积雪路面上，另一侧车轮在显露出来的沥青路面上，紧急制动时，汽车就会失去方向控制；高速行驶在弯道上进行紧急制动，有可能从路边滑出或闯入对面的车道；在直道上紧急制动可能无法躲避障碍物等危险情况。防抱制动装置（Antilock Braking System，ABS）就是为了防止这些危险状况的发生而研制的。它是在制动过程中防止车轮被制动抱死，提高汽车的方向稳定性和转向操纵能力，缩短制动距离的安全装置。除 ABS 外，还有驱动过程中防止驱动车轮发生滑转的控制系统（Acceleration Slip Regulation，ASR），因其是通过牵引力控制来实现驱动车轮滑转控制，又称为牵引力控制系统（Traction Control System，TCS）。现代高级轿车中，一般把 ABS 和 TCS 结合为一体，组成汽车统一的防滑控制系统。

图 4-40 所示为典型的 ABS，它具有三个独立进行压力调节的管路，所以称为三通道系统。轮速传感器 1 将车轮旋转的信号传给计算机控制单元 5，ECU 经过对轮速信号的处理判断，发出指令送到液压调节器 3，使之调节制动管路的压力，保证车轮不抱死。现代轿车多采用四通道的 ABS。

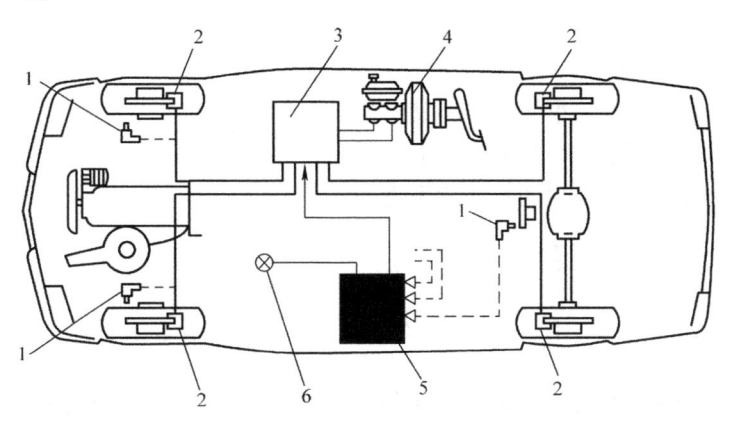

图 4-40 典型的 ABS
1—轮速传感器 2—轮缸 3—液压调节器 4—制动主缸 5—计算机控制单元（ECU） 6—警告灯

对于制动压力的调节，目前大多采用 2 位 2 通阀，图 4-41 所示为博世（BOSCH）公司

ABS5.3 型阀的液压原理图。关闭出油阀 6，打开进油阀 7，压力增加；关闭进油阀，打开出油阀，压力减小；进油阀和出油阀同时关闭，保持压力不变。

为了说明 ABS 的控制原理，我们用单轮模型（图 4-42）来分析一下汽车的抱死过程。

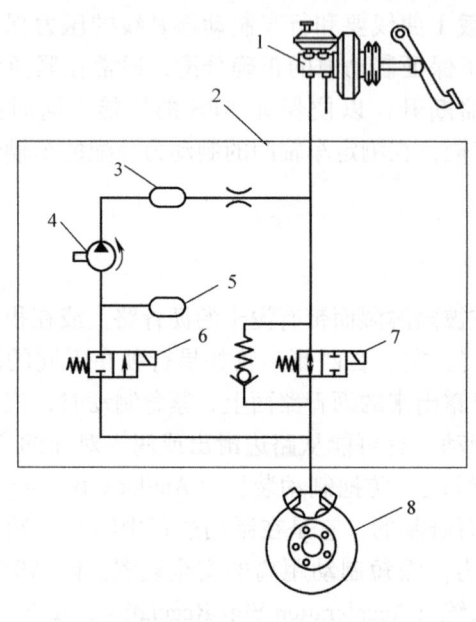

图 4-41 博世（BOSCH）公司
ABS5.3 型阀的液压原理图
1—主缸 2—液压调节器 3—阻尼器 4—回油泵
5—蓄能器 6—出油阀 7—进油阀 8—制动器

图 4-42 ABS 单轮模型

设单轮模型的质量为 m，车轮的转动惯量为 I，车轮旋转的角速度为 ω，地面的制动力为 F_{Xb}，作用于车轮的制动力矩为 T_μ，忽略空气阻力与滚动阻力，则可以列出微分方程如下

$$F_{Xb} = F_Z \varphi_b$$

$$I \frac{d\omega}{dt} = F_{Xb} r - T_\mu$$

为了使问题进一步简化，可做如下假设：
1) 认为车轮的抱死过程很快，忽略其车速的降低。
2) 认为车轮的载荷是一个常数，即 $F_Z = mg$。
3) 附着力滑移曲线可以用两直线段来近似代替，即

$$\varphi_b = \begin{cases} \varphi_p \dfrac{s}{s_p}, & 0 \leq s \leq s_p \\ \varphi_s + \dfrac{(1-s)(\varphi_p - \varphi_s)}{1-s_p}, & s_p < s \leq 1 \end{cases} \quad (4\text{-}20)$$

4) 制动力矩是时间的线性函数，设车轮制动器的制动效能因数为 K_{ef}（单位制动轮缸推力产生的制动器摩擦力），制动轮缸的压力 $p(t) = p_0 t$，其中 p_0 表示液压增长斜率，制动器的制动力矩 $T_\mu = p(t) F_s K_{ef} r_k$，其中 F_s 表示轮缸面积，r_k 表示制动器摩擦力的等效作用半径。

令 $T_0 = p_0 F_s K_{ef} r_k$，则 $T_\mu = T_0 t$。

根据这些假设来解微分方程，当 $0 < s \leqslant s_p$ 时有

$$I\frac{d\omega}{dt} = \varphi_p \frac{s}{s_p} F_Z r - T_0 t$$

而

$$s = \frac{v - r\omega}{v} = 1 - \frac{\omega}{v/r} = 1 - \frac{\omega}{\omega_0} \qquad (4\text{-}21)$$

所以

$$I\frac{d\omega}{dt} = \frac{\varphi_p}{s_p} mgr\left(1 - \frac{\omega}{\omega_0}\right) - T_0 t$$

令 $\dfrac{T_0}{I} = B$，$\dfrac{mgr\varphi_p}{Is_p} = H$，则方程可变为

$$\frac{d\omega}{dt} + H\frac{\omega}{\omega_0} = H - Bt$$

解方程得

$$\omega = -\frac{B\omega_0^2}{H^2} e^{-\frac{H}{\omega_0}t} - \frac{B\omega_0}{H}t + \omega_0 + \frac{B\omega_0^2}{H^2}$$

$$\frac{\omega}{\omega_0} = 1 - \frac{B}{H}t + \frac{B\omega_0}{H^2}(1 - e^{-\frac{H}{\omega_0}t})$$

忽略过渡过程，则

$$\frac{\omega}{\omega_0} = 1 + \frac{B\omega_0}{H^2} - \frac{B}{H}t$$

$$\frac{\dot{\omega}}{\omega_0} = -\frac{B}{H}$$

即

$$\dot{\omega} = -\frac{T_0 s_p \omega_0}{mgr\varphi_p} \qquad (4\text{-}22)$$

因为 $s = 1 - \dfrac{\omega}{\omega_0}$，所以

$$s_p = \frac{B}{H}t_p - \frac{B\omega_0}{H^2}$$

$$t_p = \frac{H}{B}s_p + \frac{\omega_0}{H} = \frac{mgr\varphi_p}{T_0} + \frac{Is_p\omega_0}{mgr\varphi_p}$$

当 $s_p < s \leqslant 1$ 时

$$I\frac{d\omega}{dt} = \left[\varphi_s + \frac{(1-s)(\varphi_p - \varphi_s)}{1 - s_p}\right] mgr - T_0 t$$

即

$$\frac{d\omega}{dt} - \frac{\varphi_p - \varphi_s}{1 - s_p} \frac{mgr}{I\omega_0}\omega = \frac{\varphi_s mgr}{I} - \frac{T_0}{I}t$$

解方程得

$$\omega = \frac{(1-s_p)^2 I \omega_0^2 T_0}{(\varphi_p - \varphi_s)^2 m^2 g^2 r^2} - \frac{\varphi_s (1-s_p) \omega_0}{(\varphi_p - \varphi_s)} + \frac{T_0 (1-s_p) \omega_0}{(\varphi_p - \varphi_s) mgr} + e^{\frac{\varphi_p - \varphi_s}{1-s_p} \frac{mgr}{I\omega_0} t}$$

这里最后一项是有影响，不便忽略，所以

$$\dot{\omega} = \frac{T_0 (1-s_p) \omega_0}{(\varphi_p - \varphi_s) mgr} + \frac{\varphi_p - \varphi_s}{1-s_p} \frac{mgr}{I\omega_0} e^{\frac{\varphi_p - \varphi_s}{1-s_p} \frac{mgr}{I\omega_0} t}$$

t_s 计算比较繁，这里就不做介绍了。

表 4-5 和图 4-43 是采用 Runge – Kutta 法求解上述微分方程的一个例子（车型是 KLQ6601）。

表 4-5　用 Runge – Kutta 法求解的一个例子

路面	峰值附着系数	滑动附着系数	t_p/ms	$\dot{\omega}_p/g$	t_s/ms	$\dot{\omega}_s/g$
干沥青路面	0.9	0.78	309.1	1.019	462.2	23.16
湿沥青路面	0.6	0.5	213.5	1.529	364.3	22.64
雪路面	0.2	0.15	103.7	4.244	239.7	21.75
冰路面	0.1	0.07	86.1	6.048	212.4	21.68

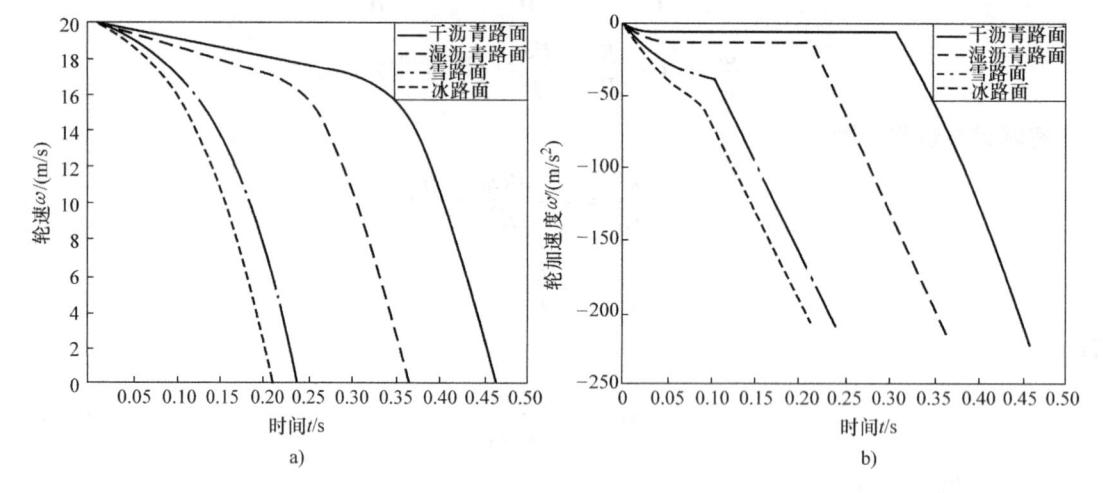

图 4-43　各种路面车辆制动时的轮速和轮加速度曲线
a）各种路面车辆制动时的（前）轮速变化情况
b）各种路面车辆制动时的（前）轮加速度变化情况

通过分析可以看到，车轮的角速度、角加速度、滑动率是表明车轮运动状态的重要参数。ECU 对轮速信息的处理就是计算车轮的角加速度值、车辆的参考车速以及车轮的滑动率。图 4-44 所示就是博世（BOSCH）公司采用的一种典型的逻辑门限值控制的制动过程。制动开始时，如果车轮的角减速度低于门限值 -a（本节均指绝对值），则取此刻车轮速度作为初始的参考车速 v_{ref0}。此后，参考车速 $v_{ref} = v_{ref0} - a_b t$，$a_b$ 为由车轮减速度计算得到的汽车减速度。根据 v_{ref} 就可以计算出车轮的滑动率 s。当车轮的角减速度达到 -a 而 s 小于滑动率的门限值 s_1 时，则使制动压力进入保持阶段（第 2 阶段）；当 s 大于 s_1 时，使制动压力减少（第 3 阶段）；这时车轮的角减速度也会减小，恢复到 -a 值时，就使之保持制动压力（第 4 阶段）；这时车轮因惯性会进一步加速，越过门限值 +a（该门限值是用来判断低附着系数路面的）后继续加速，一直达到门限值 $+A_k$（表明是高附着系数路面），这时使制动压力再次增加（第 5 阶段）；当车轮角加速度再回到 $+A_k$ 时，进行保压（第 6 阶段）；车轮角加速度值回落到 $+a$ 值，说明此时是在峰值附着系数附近，使制动压力进入缓慢升压阶段，以便保持在峰值附着系数附近，一直到车轮减速度再次达到 $-a$ 值，构成一个循环。以后循环往复一直到汽车停止。

对于防抱死系统来说，判断车轮即将抱死应该减压或抱死现象已消失需要重新加压制动运动的参数是很重要的。一般常用的参数有：车轮角减（加）速度和滑动率、车轮角加速度与半径的乘积、汽车的参考车速和汽车的减速度等。

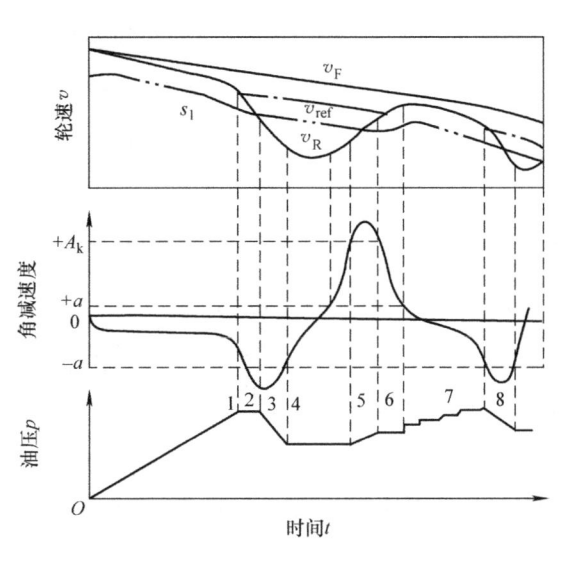

图 4-44 在高附着系数路面上的制动防抱死过程
v_F—汽车实际速度　v_{ref}—汽车参考速度
v_R—车轮速度

图 4-45 所示为牵引车 CA4161 带半挂车 THT9260（列车总质量为 12660kg，总长为 15.9m）并安装万安集团 VIE-1 型 ABS 在冰路上进行匹配调试时的一次试验结果，图中给出了左侧一个车轮随时间变化的车速或轮速、轮减速度、滑动率及制动压力的变化情况（试验时牵引车解除制动）。

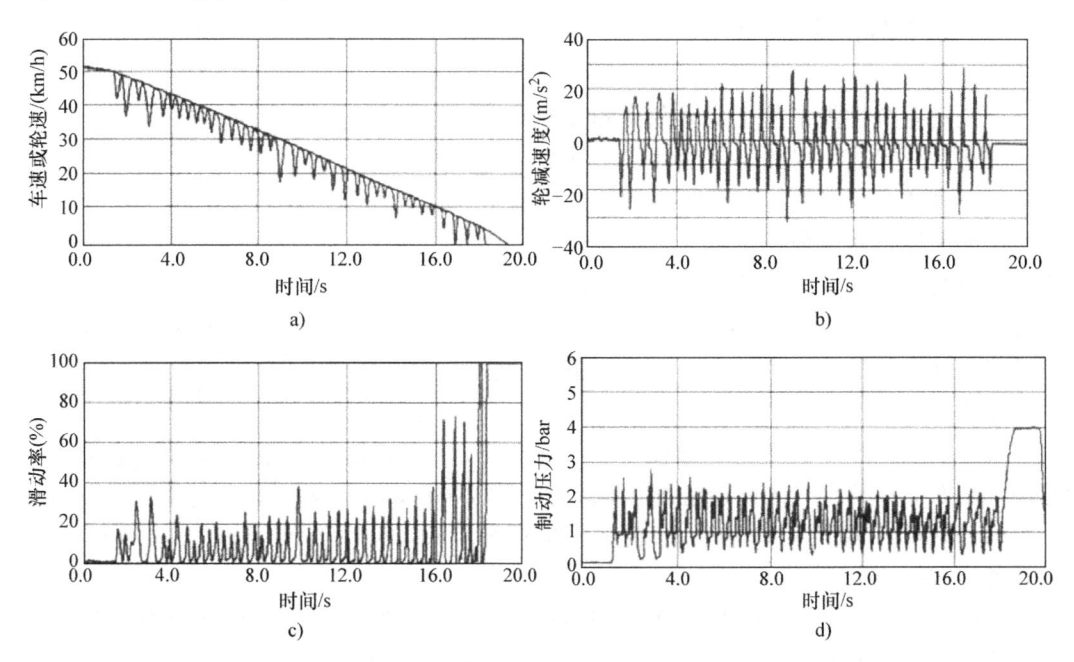

图 4-45 牵引车 CA4161 带半挂车 THT9260 并安装 VIE-1 型 ABS 的试验结果（注：$1bar = 10^5 Pa$）
a）车速或轮速　b）轮减速度　c）滑动率　d）制动压力

奔驰轿车装有以车轮角减速度作为参量的 ABS，其道路试验结果见表 4-6。

表 4-6　奔驰轿车的道路试验结果

试验条件		装有 ABS			无 ABS		
混凝土路面	起始车速/(km/h)	制动距离/m	平均减速度/(m/s²)	制动距离减小量/m	制动距离/m	平均减速度/(m/s²)	残余速度 v_R/(km/h)
干	100	41.8	9.25	8.2	50	7.73	40
湿	100	62.75	6.71	37.25	100	3.9	60
干	130	81.2	8.0	12.5	93.7	7.0	47.5
湿	130	97.1	6.71	41.1	138.2	4.72	70.9

所列残余速度 v_R 是从制动距离缩短算得的，即装 ABS 的汽车停住时，不装 ABS 的汽车还有残余速度。

以上试验是在直线行驶制动时测得的。图 4-46 给出了车速为 80km/h、装和不装 ABS 的转弯制动试验。结果表明，装有 ABS 的汽车能准确地按弯道行驶，而不装 ABS 的汽车未能按弯道行驶。装有 ABS 汽车的制动距离可缩短 3.9m（干路面）和 7.3m（湿路面）。

4.6　汽车制动性试验

汽车制动系统性能是基于制动距离和充分发出的平均减速度规定的。因此，制动系统的性能应通过测量与车辆初速度有关的制动距离和测量试验中充分发出的平均减速度来确定。另外，还要测定在直道、转弯与变更车道时汽车制动的方向稳定性。国家标准中对汽车制动系统详细规定有 0、Ⅰ、Ⅱ、Ⅲ型试验，这里只是对一些基本方法与设备做一些说明与介绍。

试验路段应为干净、平整、坡度不大于 1% 的硬路面，路面须具有良好的附着性能。试验时，风速应小于 5m/s，气温在 0~35℃。车辆的质量状态应符合各类试验的规定。

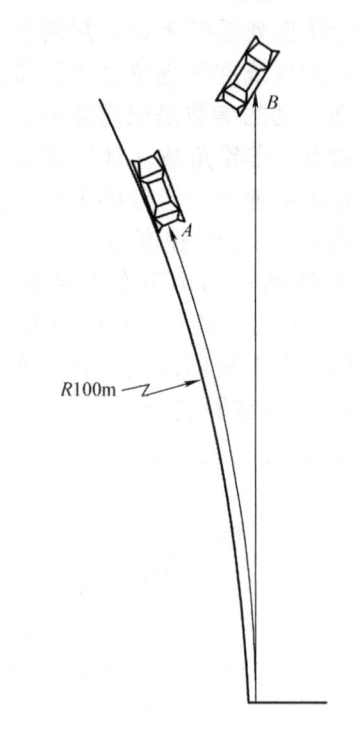

图 4-46　转弯制动试验的对比
A—装有 ABS 的汽车制动距离：
干路面上为 31.1m，湿路面上为 33.9m
B—未装 ABS 的汽车制动距离：
干路面上为 35m，湿路面上为 41.2m
侧向偏离：前轴为 2.4m（干路面）、7.3m（湿路面），后轴为 0.9m（干路面）、4.8m（湿路面）

路面试验的主要仪器为第五车轮、减速度计和压力传感器。近代的第五车轮采用电磁感应传感器、光电传感器或卫星定位惯性测量系统，能精确测出起始车速、制动距离和时间以及横向偏移，明显地提高了试验的准确性。

在进行冷制动试验开始前，在制动摩擦片内部、制动盘或制动鼓摩擦表面测得的最热车轴的行车制动器的平均温度应在 65~100℃ 之间。令汽车加速超过起始制动车速 6~

12km/h，高于测试速度3km/h时关闭节气门，摘档滑行，待车速降至起始制动车速时，紧急制动直至停车。用仪器记录各项评定指标。为了保证试验结果的可靠性，M_1类汽车应该进行200次制动器的磨合制动试验，制动减速度为$3.5m/s^2$。试验中，若汽车偏航角变动大于15°或超越试验路段宽度3.5m界限时，应重新调整被试汽车的制动系，再进行试验。

高温工况试验包含两个阶段：加热制动器与测定制动性指标。连续制动是一种常用的加热方法，即令汽车加速到$0.8v_{amax}$时，以$3m/s^2$减速度制动减速到$0.4v_{amax}$；再加速，再制动减速。每次制动的时间间隔根据不同类型的车辆为45~60s，共制动15~20次。加热后应进行数次制动性指标测定，以评定制动系的热衰退性能。

例如M_1类汽车热态性能不得低于冷态的75%，就是制动距离不大于$0.1v_0+0.008\times v_0^2$，而充分发出的平均减速度不小于$4.82m/s^2$。另一种高温工况是下长坡连续制动。例如令汽车在坡度为6%~10%、长7~10km的坡道上以车速30km/h制动下坡，最后检查制动性指标。

汽车转弯制动试验在平坦的干路面上进行（ABS的转弯制动在冰雪路面上进行）。试验时汽车沿一定半径做圆周运动，达到下述开始制动前的稳定状态：转弯半径为40m或50m，侧向加速度为$(5\pm0.5)m/s^2$，相应车速为51km/h或57km/h；或者转弯半径为100m，侧向加速度为$(4\pm0.4)m/s^2$，相应车速为72km/h；保持转向盘转角不变动，关节气门，迅速踩制动踏板，离合器可以脱开也可以不脱开，使汽车以不同的等减速度制动。记录制动减速度、汽车横摆角速度、汽车航向角的变动量、制动时侧向路径偏离量参数。根据试验结果绘制最大横摆角速度、汽车航向角变动量、制动时侧向路径偏离量等参数与制动减速度的关系曲线。利用这些曲线来评价汽车转弯制动的方向稳定性。

因为湿路面附着系数降低很多，转弯制动试验也常在湿路面上进行。

对一辆国产中型载货汽车装用不同花纹轮胎在不同前、后制动气室气压比时进行转弯制动试验，绘制其最大横摆角速度与制动减速度的关系曲线，如图4-47所示。试验是用空载载货汽车在湿路面上进行的。起始制动车速为32km/h，转弯半径为40m，相应的侧向加速度为$0.22g$。由试验结果可以看出，原车装用烟斗花纹轮胎时的方向稳定性较差，最大横摆角速度为起始横摆角速度的两倍多；当汽车的前制动气室气压比后制动气室气压大时，即$i>1$时，最大横摆角速度减小；当采用连烟斗花纹轮胎（没有改变前、后制动气室气压比，即$i=1$），汽车空载时的转弯制动方向稳定性也有大幅度的改善。

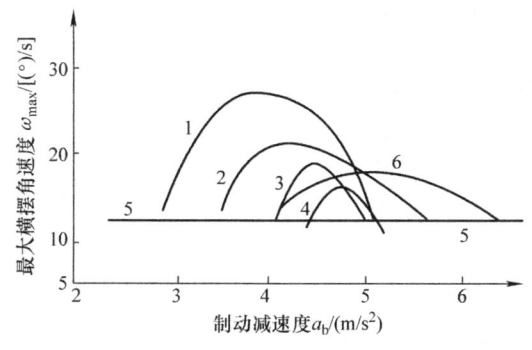

图4-47 最大横摆角速度与制动减速度的关系曲线
1—原车装用烟斗花纹轮胎 2—烟斗花纹轮胎，$i=1.8~2.1$（i为前、后制动气室气压比）
3—烟斗花纹轮胎，$i=1.9~2.4$ 4—烟斗花纹轮胎，$i=2.1~2.55$
5—烟斗花纹轮胎，$i=2.3~2.85$ 6—原车装用烟斗花纹轮胎

对于采用防抱制动装置的汽车，试验时应测量附着系数利用率。附着系数利用率 ε 定义为防抱死装置工作时的最大制动强度 z 和附着系数 φ 的比值，即 $\varepsilon = z/\varphi$。附着系数利用率 ε 应在附着系数等于或小于 0.3 和大约为 0.8 的两种路面上，并在空载和满载两种情况下进行测量，此外 ε 应满足 $\varepsilon \geq 0.75$ 的条件。同时还应保证在对接路面（从高附着系数 φ_H 到低附着系数 φ_L 或者反过来，$\varphi_H \geq 0.5$，$\varphi_H/\varphi_L > 2$）和左右车轮分别位于两种不同附着系数（φ_H 和 φ_L）的对开路面上（$\varphi_H \geq 0.5$，$\varphi_H/\varphi_L > 2$），以 50km/h 起始制动车速制动，车轮不得抱死。此外还要求在对开路面上，用转向来修正方向时，在最初 2s，转向盘转角不得超过 120°，总转角不得超过 240°。

在汽车道路制动试验中，关键是要测准制动距离、制动减速度和车辆的侧向路径偏离量。测量制动距离时，首先要测准制动的起始时刻。一般采用制动踏板开关和制动灯开关来进行测量。对自制的踏板开关一般要进行不同位置的踩踏试验以及开关触点接触电阻的试验，防止开关接通时不可靠。要注意制动灯开关电压的大小，必要时应该进行分压，以使电压的大小符合采集系统的要求。制动初速度在极限偏差为 3% 的范围内，制动距离可以按下式修正：

$$L = L'(v_a/v_a')^2$$

式中　L——校正后的制动距离（m）；
　　　L'——测定的制动距离（m）；
　　　v_a——初速度的规定值（km/h）；
　　　v_a'——初速度的测定值，km/h。

制动减速度测量有两种方法：一种是采用减速度计；另一种是采用五轮仪的速度信号微分。减速度计的选择要注意频率响应特性、灵敏度和噪声。侧向路径偏离量的测量有两种方法：一种方法是采用皮尺测量汽车相对行驶航道的偏离，最大测量误差为 0.05m；另一种方法是采用航向陀螺测量偏航角。

路上试验虽能全面地反映汽车的制动性，但试验需要有特定的场地，且也非常费时间。因此，在汽车生产、使用企业及一般车辆检测单位，常用室内试验装置测试汽车制动器的摩擦力矩，来检查汽车的制动性。

室内试验装置主要有平板式及滚筒式两种。图 4-48 所示为平板式制动试验台简图。平板式试验台由四块可活动的平板组成，左右平板中心的间隔距离等于轮距的宽度，前、后平板中心的间距等于轴距，每一块平板的长度都大于一个车轮的直径，大约为 1m。试验时，车辆用低速驶上平板并踩制动踏板。由于四个平板的纵向运动受到测力传感器的约束，所以每一块平板所测出的力等于轮胎和平板之间的制动力。平板式试验台的优点是可以反映制动时载荷的转移，测试方便、时间短。平板式试验台容易模拟道路的附着情况，而滚筒式制动试验台为了增加筒面与轮胎胎面的附着力，筒面应有横向槽形花纹，以保持附着系数在 0.65 以上。有时还应使用一定加载装置，以增加附着重量。

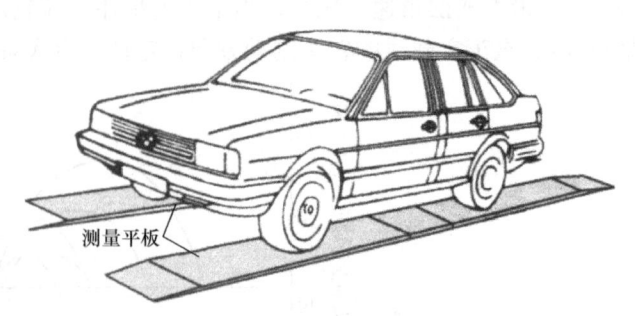

图 4-48　平板式制动试验台简图

轿车制动力大部分是由前轮制动器提供的，在滚筒式试验台上测量轿车前轮制动力常常会不准确。这是因为试验中作用于滚筒的垂直力仅是处于静止状态汽车的前轴轴荷（大大小于真实制动时前轴对地面的动态作用力），轮胎与筒面间的附着系数又较低，造成轮胎与筒面间的附着力明显不足。采用平板式试验台进行测试时，注意要有一定的引车距离和稳定的车速，以提高其测试的重复性。平板式试验台不容易测量制动鼓的失圆度，测量制动力随踏板力的变化不如滚筒式试验台方便。在测量左、右侧制动力的偏差时，目前常用检测线上的滚筒式试验台，通过计算机采集制动踏板力增长过程中的左、右侧制动力，然后计算出不相等度。

同 步 训 练

一、填空题

1. 汽车的制动性主要由_____、_____和_____三方面来评价。
2. 汽车制动全过程包括_____、_____、_____和_____四个阶段。
3. 制动器热衰退与制动器_____及制动器_____有关。
4. _____、_____和_____是造成交通事故的重要原因。
5. 汽车制动距离与_____、_____、_____等诸多因素有关。

二、简答题

1. 汽车制动性评价指标有哪些？
2. 简述地面制动力、制动器制动力与附着力之间的关系。
3. 滑水现象是怎样的？
4. 如何进行汽车制动距离分析？
5. 汽车制动跑偏的原因是什么？
6. 简述汽车制动过程的三种情况。
7. 前、后车轮同时抱死的条件是什么？
8. 简述理想的前、后制动器制动力分配曲线做法。
9. 画出附着率（制动力系数）与滑动率关系曲线，并做必要说明。

三、名词解释

1. 汽车制动性。
2. 制动效能。
3. 滑动率。
4. 制动力系数。
5. 侧向力系数。
6. 制动器热衰退。
7. 制动跑偏。
8. 制动侧滑。
9. 制动强度。
10. 制动力分配系数。
11. 同步附着系数。

12. f 线组。
13. r 线组。
14. 利用附着系数。
15. 制动效率。

四、分析题

1. 汽车制动过程及距离分析。

2. 已知某汽车质量为 $m = 4000 \text{kg}$，前轴负荷为 1350kg，后轴负荷为 2650kg，$h_g = 0.88 \text{m}$，$L = 2.8 \text{m}$，同步附着系数为 $\varphi_0 = 0.6$，试确定前、后制动器制动力分配比例。

3. 已知某汽车同步附着系数 $\varphi_0 = 0.40$，请利用 I 曲线、β 线、f 线组和 r 线组，分析在路面附着系数 φ 为 0.38 路面上的制动过程（主要包括地面制动力和制动器制动力等的变化）。

4. 已知某汽车同步附着系数 $\varphi_0 = 0.40$，请利用 I 曲线、β 线、f 线组和 r 线组，分析在路面附着系数 φ 为 0.4 路面上的制动过程（主要包括地面制动力和制动器制动力等的变化）。

5. 已知某汽车同步附着系数 $\varphi_0 = 0.40$，请利用 I 曲线、β 线、f 线组和 r 线组，分析在路面附着系数 φ 为 0.70 路面上的制动过程（主要包括地面制动力和制动器制动力等的变化）。

6. 一辆轿车的有关参数如下：总质量为 1600kg，质心位置 $a = 1450 \text{mm}$、$b = 1250 \text{mm}$、$h_g = 630 \text{mm}$，轿车装有交叉型双回路制动系统，其制动器制动力分配系数 $\beta = 0.65$。试求：

1）同步附着系数。
2）在 $\varphi = 0.7$ 路面上的制动效率。
3）汽车此时能达到的最大制动减速度（指无任何车轮抱死时）。
4）计算在 $\varphi = 0.7$ 的路面上，当一个回路失效时的制动效率及其能达到的最大制动减速度（指无任何车轮抱死时）。

第5章

汽车操纵稳定性

本章导学

汽车操纵稳定性不仅影响汽车驾驶的操纵方便程度，而且也是决定高速汽车安全行驶的一个主要性能。本章主要讲授汽车操纵稳定性定义及评价指标；分析轮胎侧偏特性；重点分析前轮角阶跃输入下进入的汽车稳态响应；最后介绍汽车操纵稳定性试验。

学习目标

1. 掌握汽车操纵稳定性定义及评价指标。
2. 掌握前轮角阶跃输入下进入的汽车稳态响应。
3. 理解汽车轮胎侧偏现象。
4. 了解线性二自由度汽车模型运动微分方程。
5. 了解汽车操纵稳定性试验。

汽车操纵稳定性是指在驾驶人不感到过分紧张、疲劳的条件下，汽车能遵循驾驶人通过转向系及转向车轮给定的方向行驶，且当遭遇外界干扰时，汽车能抵抗干扰而保持稳定行驶的能力。

汽车操纵稳定性不仅影响汽车驾驶的操纵方便程度，而且也是决定高速汽车安全行驶的一个主要性能，所以人们称之为"高速车辆的生命线"。

随着道路的改善，特别是高速公路的发展，汽车以100km/h或更高车速行驶的情况是常见的。现代轿车设计的最高车速常超过200km/h，有的运动型轿车甚至超过300km/h。因此，汽车的操纵稳定性日益受到重视，成为现代汽车的重要使用性能之一。

5.1 操纵稳定性评价指标

5.1.1 汽车操纵稳定性包含的内容

汽车操纵稳定性涉及的问题较为广泛，与前面讨论过的几个性能有所不同，它需要采用较多的物理参量从多方面来进行评价。表5-1给出了汽车操纵稳定性的基本内容及评价所用的物理参量。

在汽车操纵稳定性的研究中，常把汽车作为一个控制系统，求出汽车曲线行驶的时域响应与频域响应，并用它们来表征汽车的操纵稳定性能。

汽车曲线行驶的时域响应是指汽车在转向盘输入或外界侧向干扰输入下的侧向运动响

应。转向盘输入有两种形式：给转向盘作用一个角位移，称为角位移输入，简称角输入；给转向盘作用一个力矩，称为力矩输入，简称力输入。驾驶人在实际驾驶车辆时，对转向盘的这两种输入是同时加入的。外界侧向干扰输入主要是指侧向风与路面不平产生的侧向力。

表5-1中的转向盘角阶跃输入下进入的稳态响应及转向盘角阶跃输入下的瞬态响应，就是表征汽车操纵稳定性的转向盘角位移输入下的时域响应。回正性是一种转向盘力输入下的时域响应。

表5-1 汽车操纵稳定性的基本内容及评价所用物理参量

项目	基本内容	主要评价参量
直线行驶性能	直线行驶性 侧向风敏感性 路面不平敏感性 节气门变化响应 不平路面上车道保持	车速、转向盘转角和力矩；侧向偏移；质心侧偏角
弯道行驶特性（稳态）	原地转向轻便性 低速行驶转向轻便性 高速行驶转向轻便性 稳态圆周行驶 转向半径	转向力、转向功、摩擦力和力矩 侧偏角、侧倾角、侧向加速度 最小转弯半径
弯道行驶特性（过渡特性）	转向盘角阶跃输入下进入的稳态响应-转向特性 转向盘角阶跃输入下的瞬态响应 横摆角速度频率响应特性 回正性 湿路面行驶 转向盘中心区操纵稳定性	稳态横摆角速度增益-转向灵敏度、反应时间、横摆角速度波动的无阻尼圆频率 共振峰频率、振幅比、相位滞后角、稳态增益 横摆角速度超调量、回正后残余横摆角速度、稳定时间 转向灵敏度、横摆角速度增益、转向力特性、转向功灵敏度、转向刚度、转向摩擦力矩
典型行驶工况性能	蛇行性能 移线性能 双移线性能——回避障碍性能	转向盘转角、转向力、侧向加速度、横摆角速度、侧偏角、车速等
极限行驶性能	圆周行驶极限侧向加速度 抗侧翻能力 发生侧滑时的控制能力（正弦迟滞试验） 冰雪道路操稳行驶能力	极限车速、极限车身侧倾角、极限侧向加速度、通过时间、横摆角速度 转向盘转角、侧向偏移量、质心侧偏角

横摆角速度频率响应特性是转向盘转角正弦输入下，频率由0→∞时，汽车横摆角速度与转向盘转角的振幅比及相位差的变化规律。它是另一个重要的表征汽车操纵稳定性的基础特性。

转向盘中心区操纵稳定性是转向盘小转角、低频正弦输入下汽车高速行驶时的操纵稳定性。

转向半径是评价汽车机动灵活性的物理参量。

转向轻便性是评价转动转向盘轻便程度的特性。

汽车直线行驶性能是评价汽车操纵稳定性的另一个重要方面。其中，侧向风敏感性与路面不平敏感性是汽车直线行驶时在外界侧向干扰输入下的时域响应。

典型行驶工况性能（Task Performance）是指汽车通过某种模拟典型驾驶操作的通道的性能。它们能更如实地反映汽车的操纵稳定性。

极限行驶性能是指汽车在处于正常行驶与异常危险运动之间的运动状态下的特性。它表明了汽车安全行驶的极限性能。

本章只讨论上述内容的最基本部分：转向盘角阶跃输入下的稳态响应、瞬态响应与横摆角速度频率特性。

汽车是由若干部件组成的一个物理系统。它具有惯性、弹性、阻尼等许多动力学的特点，所以它是一个多自由度动力学系统。应当指出，构成汽车动力学系统的元件，如轮胎、悬架、转向系等，具有非线性特性，描述汽车的微分方程应是非线性微分方程，即汽车为一个非线性系统。但是在大多数行驶状况下，汽车的侧向加速度不超过 $0.4g$，若忽略一些次要因素，则可以把汽车近似地看作一个线性动力学系统。本章就是把汽车作为线性系统来分析讨论的。

案例1：

汽车的操纵稳定性是指在驾驶人不感到过分紧张、疲劳的条件下，汽车能遵循驾驶人通过转向系及转向车轮给定的方向行驶，且当遭遇外界干扰时，汽车能抵抗干扰而保持稳定行驶的能力。同样，在我们的人生成长过程中，也要抵制各种诱惑，才能行稳致远。只有行得正，走得稳，才能走得远。

5.1.2 车辆坐标系与转向盘角阶跃输入下的时域响应

汽车的运动是借固结于运动着的汽车上的动坐标系——车辆坐标系来描述的。图 5-1 所示固结于汽车上的 $Oxyz$ 直角动坐标系就是车辆坐标系。xOz 处于汽车左右对称的平面内。当车辆在水平路面上处于静止状态下，x 轴平行于地面指向前方，z 轴通过质心指向正上方，y 轴指向驾驶人的左侧，坐标系的原点 O 常与质心重合。与操纵稳定性有关的主要运动参量有：车厢角速度在 z 轴上的分量——横摆角速度 ω_r、汽车质心速度在 y 轴上的分量——侧向速度 v，汽车质心加速度在 y 轴上的分量——侧向加速度 a_y（图 5-1）等。

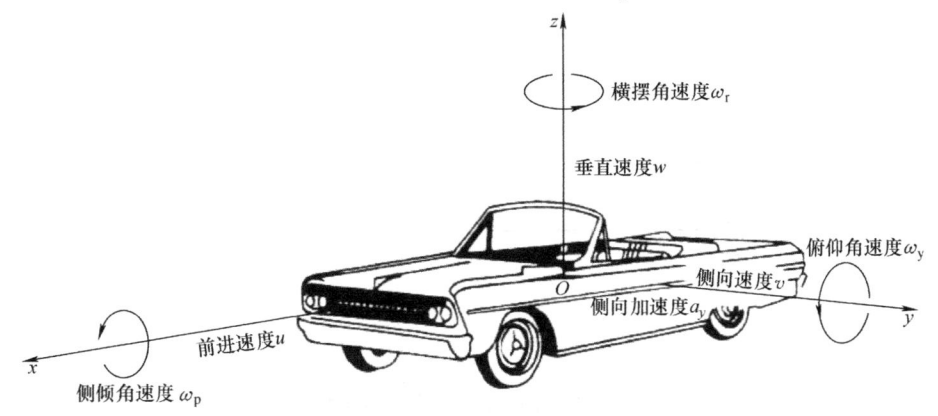

图 5-1 车辆坐标系与汽车的主要运动形式

汽车时域响应可分为不随时间变化的稳态响应和随时间变化的瞬态响应。例如，汽车等速直线行驶是一种稳态；若在汽车等速直线行驶时，急速转动转向盘至某一转角时，停止转动转向盘并维持此转角不变，即给汽车以转向盘角阶跃输入，一般汽车经短暂时间后便进入等速圆周行驶，这也是一种稳态，称为转向盘角阶跃输入下进入的稳态响应。

在等速直线行驶与等速圆周行驶这两个稳态运动之间的过渡过程便是一种瞬态，相应的瞬态运动响应称为转向盘角阶跃输入下的瞬态响应。

汽车的等速圆周行驶，即汽车转向盘角阶跃输入下进入的稳态响应，虽然在实际行驶中不常出现，却是表征汽车操纵稳定性的一个重要的时域响应，一般也称它为汽车的稳态转向特性。

汽车的稳态转向特性分为三种类型：不足转向、中性转向和过多转向（详见5.3.2节）。这三种不同转向特性的汽车具有如下行驶特点（图5-2）：在转向盘保持一个固定转角 δ_{sw} 下，缓慢加速或以不同车速等速行驶时，随着车速的增加，不足转向汽车的转向半径 R 增大；中性转向汽车的转向半径维持不变；而过多转向汽车的转向半径则越来越小。操纵稳定性良好的汽车应具有适度的不足转向特性。一般汽车不应具有过多转向特性，也不应具有中性转向特性，因为具有中性转向特性的汽车在使用条件变动时，有可能转变为过多转向特性。

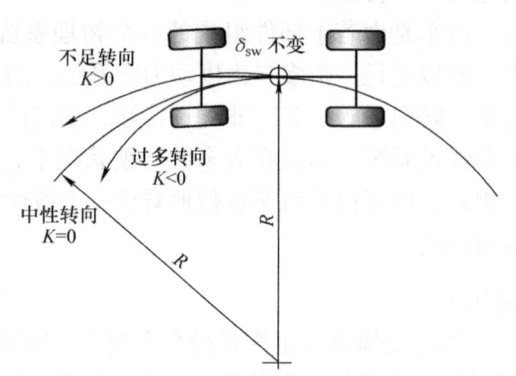

图 5-2 汽车的三种稳态转向特性

汽车的操纵稳定性同汽车行驶时的瞬态响应有密切关系。常用转向盘角阶跃输入下的瞬态响应来表征汽车的操纵稳定性。图 5-3 所示为一辆等速行驶汽车在 $t=0$ 时，驾驶人急速转动转向盘至角度 δ_{sw0} 并维持此转角不变（即转向盘角阶跃输入）时的汽车瞬态响应曲线。

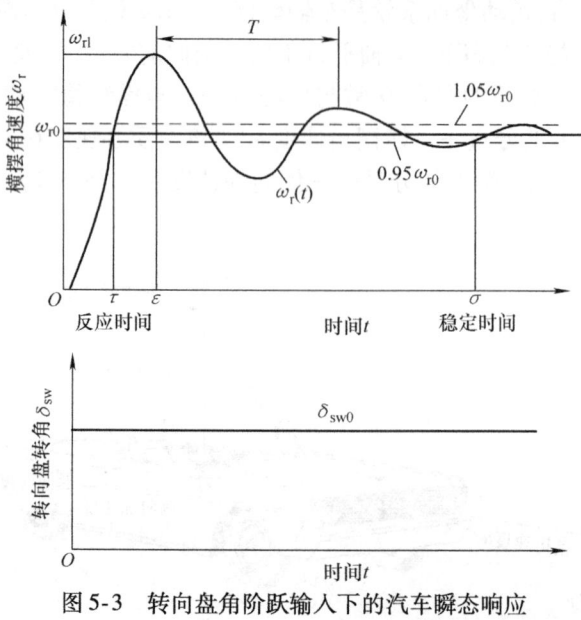

图 5-3 转向盘角阶跃输入下的汽车瞬态响应

图 5-3 中是以汽车横摆角速度 ω_r 来描述汽车响应的。可以看出，给汽车以转向盘角阶跃输入后，汽车横摆角速度经过一个过渡过程后达到稳态横摆角速度 ω_{r0}。此过渡过程即汽车的瞬态响应，它具有如下特点：

1) 时间上的滞后。汽车的横摆角速度不能立即达到稳态横摆角速度 ω_{r0}，而要经过时间 τ 后才能第一次达到 ω_{r0}。这一段滞后时间称为反应时间。反应时间短，则驾驶人感到转向响应迅速、及时，否则就会觉得转向迟钝。也有用到达第一峰值的时间 ε 来表示滞后时间的。

2) 执行上的误差。最大横摆角速度 ω_{r1} 常大于稳态值 ω_{r0}。$\omega_{r1}/\omega_{r0} \times 100\%$ 称为超调量，它表示执行指令误差的大小。

3) 横摆角速度的波动。在瞬态响应中，横摆角速度 ω_r 以频率 ω 在 ω_{r0} 值上下波动。波动的频率 ω 取决于汽车动力学系统的结构参数，它也是表征汽车操纵稳定性的一个重要参数。

4) 进入稳态所经历的时间。横摆角速度达到稳态值 95%～105% 之间的时间 σ，称为稳定时间。它表明进入稳态响应所经历的时间。

个别汽车也可能出现汽车横摆角速度 ω_r 不能收敛的情况，即 ω_r 值越来越大，转向半径越来越小，而导致汽车产生侧向滑动或翻车的危险。由此可知，瞬态响应包括两方面的问题：一是行驶方向稳定性，即给汽车以转向盘角阶跃输入后，汽车能否达到新的稳定状况的问题；二是响应品质问题，即达到新的稳态之前，其瞬态响应的特性如何。

5.1.3 人-汽车闭路系统

在上述对汽车时域响应的讨论中，假定驾驶人的任务只是机械地急速转动转向盘至某一转角并维持此角度不变，而不允许根据汽车的转向运动做出任何操纵修正动作，即不允许驾驶人起任何反馈作用。因此，汽车的时域响应只是把汽车作为开路控制系统。它们完全取决于汽车的结构与参数，是汽车本身固有的特性。汽车作为开路系统的时域响应可以通过建立数学模型进行理论分析，也可以使用测试设备在试验中客观地进行测量。

但是，汽车的操纵稳定性最后应该是由驾驶人来评定的，操纵稳定性与驾驶人的操作特性又是紧密相关的。因此，操纵稳定性的研究对象应该是把驾驶人与汽车作为统一整体的人-汽车系统，而不能忽略驾驶人的反馈作用。图 5-4 中简要地表示了人-汽车系统中驾驶人与汽车的关系。在汽车行驶中，驾驶人根据需要，操纵转向盘使汽车做一定的转向运动；路面的凸凹不平，侧向风等亦影响汽车的行驶。与此同时，驾驶人根据随之出现的道路、交通等情况和通过眼睛、手及身体感知到的汽车运动状况，经过头脑的分析、判断，修正其对转向盘的操纵。如此不断反复循环，驾驶人操纵汽车行驶前进。由此可见，在人-汽车系统中，通过驾驶人把系统的输出参数反馈到输入控制中去，所以人-汽车系统是一个闭路系统。不过驾驶人的反馈作用十分复杂，目前对于人-汽车闭路系统的理论研究还不是很成熟，人-汽车系统的汽车操纵稳定性只能用试验方法来实际测定。表 5-1 中列出的典型行驶工况性能就是人-汽车闭路系统的操纵稳定性能，是指人-汽车系统通过某种典型通道时的性能。在典型行驶试验时，令汽车以一定车速，或以驾驶人感到安全的最高车速通过试验通道试验，可以对汽车的横摆角速度响应、车厢侧倾等进行综合评价。

尽管试验得到的人-汽车闭路系统的性能真实地反映了汽车的操纵稳定性能，但是由于

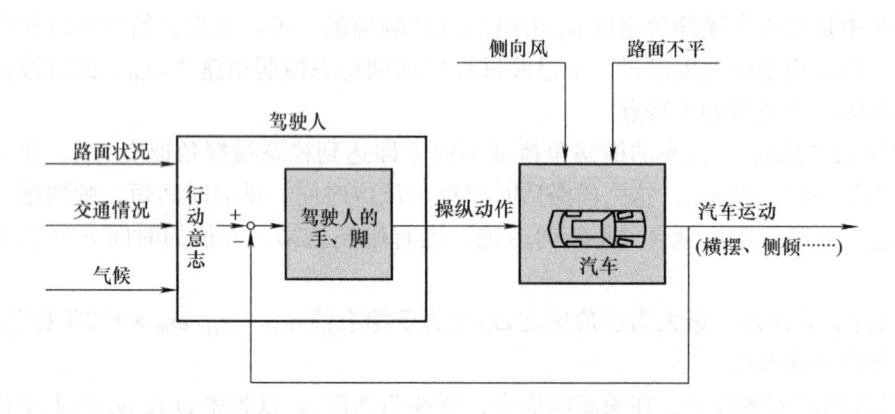

图 5-4 人–汽车系统简图

进行试验的驾驶人的操作特性起了反馈作用，所以客观性及再现性就不如开路系统汽车的时域响应好。还应指出，人–汽车系统的操纵稳定性只能在已具有实际车辆的条件下通过试验求得，目前还不能做到通过理论分析与计算来进行准确的预测。因此，在产品开发阶段，广泛应用的理论分析对象仍然只能是开路系统汽车的时域响应。

5.1.4 汽车试验的两种评价方法

汽车性能应通过试验来进行测定与评价。试验中的性能评价有主观评价和客观评价两种方法。客观评价法是通过测试仪器测出表征性能的物理量如横摆角速度、侧向加速度、侧倾角及转向力等来评价操纵稳定性的方法。主观评价法就是感觉评价，其方法是让试验评价人员根据试验时自己的感觉来进行评价，并按规定的项目和评分办法进行评分。

研究汽车本身特性的开路系统只采用客观评价法。研究人–汽车闭路系统的试验常同时采用客观评价与主观评价两种方法。

由于汽车是由人来驾驶的，因此主观评价法始终是操纵稳定性的最终评价方法。客观评价中采用的物理量是否可以表征操纵稳定性，就取决于用这些物理量评价性能的结果与主观评价是否一致。熟练的试验驾驶人在进行主观评价试验时，还能发现仪器所不能检测出来的现象。较为常见的是先由人的感觉发现问题，然后用仪器来进行检测。虽然开路系统试验只用客观评价法，但是其试验方法的本身及采用的评价指标，实际上均是由人们的长期实践或专门设置的主观评价试验来检验、确定的。

主观评价的缺点之一是，它受到评价者个人主观因素的影响，不同评价者可能给出差别较大的评价结果；另一个缺点是，一般情况下，它不能给出汽车性能与汽车结构二者之间有何种联系的信息。而开路系统客观评价试验中的评价指标，可以通过理论分析确定它们与汽车结构参数的函数关系，因此开路系统客观评价试验可以指出改变汽车结构及结构参数以提高性能的具体途径。

确定稳态响应与瞬态响应的转向盘角阶跃输入试验、确定横摆角速度频率响应特性的转向盘角脉冲输入试验以及转向盘中心区操纵稳定性试验（On Center Handling Test），就是由长期汽车工程实践与专门的主观评价试验所肯定下来的开路系统客观评价试验方法。

5.2 轮胎的侧偏特性

轮胎的侧偏特性是轮胎力学特性的一个重要部分。本节将讨论轮胎的侧偏现象与侧偏特性。侧偏特性主要是指侧偏力、回正力矩与侧偏角间的关系，它是研究汽车操纵稳定性的基础。

5.2.1 轮胎的坐标系

为了讨论轮胎的力学特性，需要建立一个坐标系，如图 5-5 所示。垂直于车轮旋转轴线的轮胎中分平面称为车轮平面。坐标系的原点 O 为车轮平面和地平面的交线与车轮旋转轴线在地平面上投影线的交点。车轮平面与地平面的交线取为 X 轴，规定向前为正。Z 轴与地平面垂直，规定指向上方为正。Y 轴在地平面上，规定面向车轮前进方向时指向左方为正。图 5-5 中还给出了地面作用于轮胎的力与力矩，即正地面切向反作用力 F_X、正地面侧向反作用力 F_Y、正地面法向反作用力 F_Z 以及地面反作用力绕 Z 轴的力矩——回正力矩 T_Z 等。它们均按轮胎坐标系规定的方向确定正、负方向。图中还画出了侧偏角 α 与外倾角 γ。侧偏角是轮胎接地印迹中心（即坐标系原点）位移方向与 X 轴的夹角，图示方向为正，外倾角是垂直平面（XOZ 平面）与车轮平面的夹角，图示方向为正。

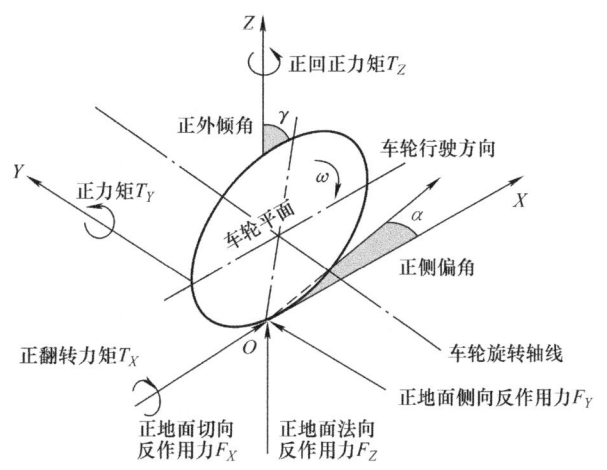

图 5-5 轮胎的坐标系与地面作用于轮胎的力和力矩

5.2.2 轮胎侧偏现象和侧偏力－侧偏角曲线

汽车在行驶过程中，由于路面的侧向倾斜、侧向风或曲线行驶时的离心力等的作用，车轮中心沿 Y 轴方向将作用有侧向力 F_y，相应地在地面上产生地面侧向反作用力 F_Y，F_Y 也称为侧偏力。当有地面侧向反作用力时，若车轮是刚性的，则可以发生两种情况：

1）当地面侧向反作用力 F_Y 未超过车轮与地面间的附着极限时，车轮与地面间没有滑动，车轮仍在其自身平面 cc 内运动（图 5-6）。

2）当地面侧向反作用力 F_Y 达到车轮与地面间的附着极限时，车轮发生侧向滑动，若滑动速度为 Δu，车轮便沿合成速度 u' 的方向行驶，偏离了 cc 平面。

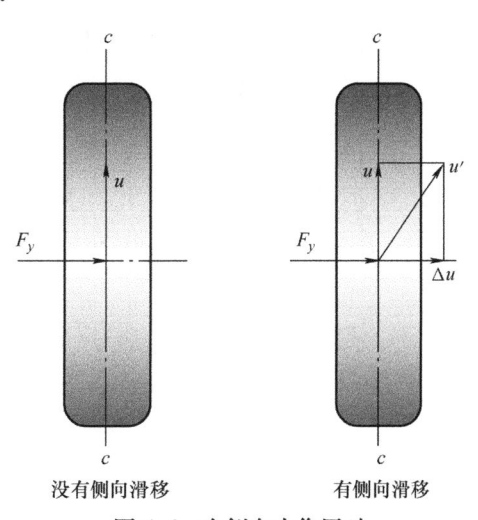

图 5-6 有侧向力作用时刚性车轮的滚动

当车轮有侧向弹性时,即使 F_Y 没有达到附着极限,车轮行驶方向也将偏离车轮平面 cc,这就是轮胎的侧偏现象。为了说明侧偏现象,我们讨论具有侧向弹性的车轮在垂直载荷为 W 的条件下,车轮中心受到侧向力 F_y、地面相应地有侧偏力 F_Y 时的两种情况。一种情况是车轮静止不滚动,由于车轮有侧向弹性,轮胎发生侧向变形,轮胎胎面接地印迹的中心线 aa 与车轮平面 cc 不重合,错开 Δh,但 aa 仍平行于 cc(图5-7a)。另一种情况是车轮滚动,接触印迹的中心线 aa 不只是和车轮平面错开一定距离,而且不再与车轮平面 cc 平行,aa 与 cc 的夹角 α 即为侧偏角,此时车轮沿着 aa 方向滚动(图5-7b)。

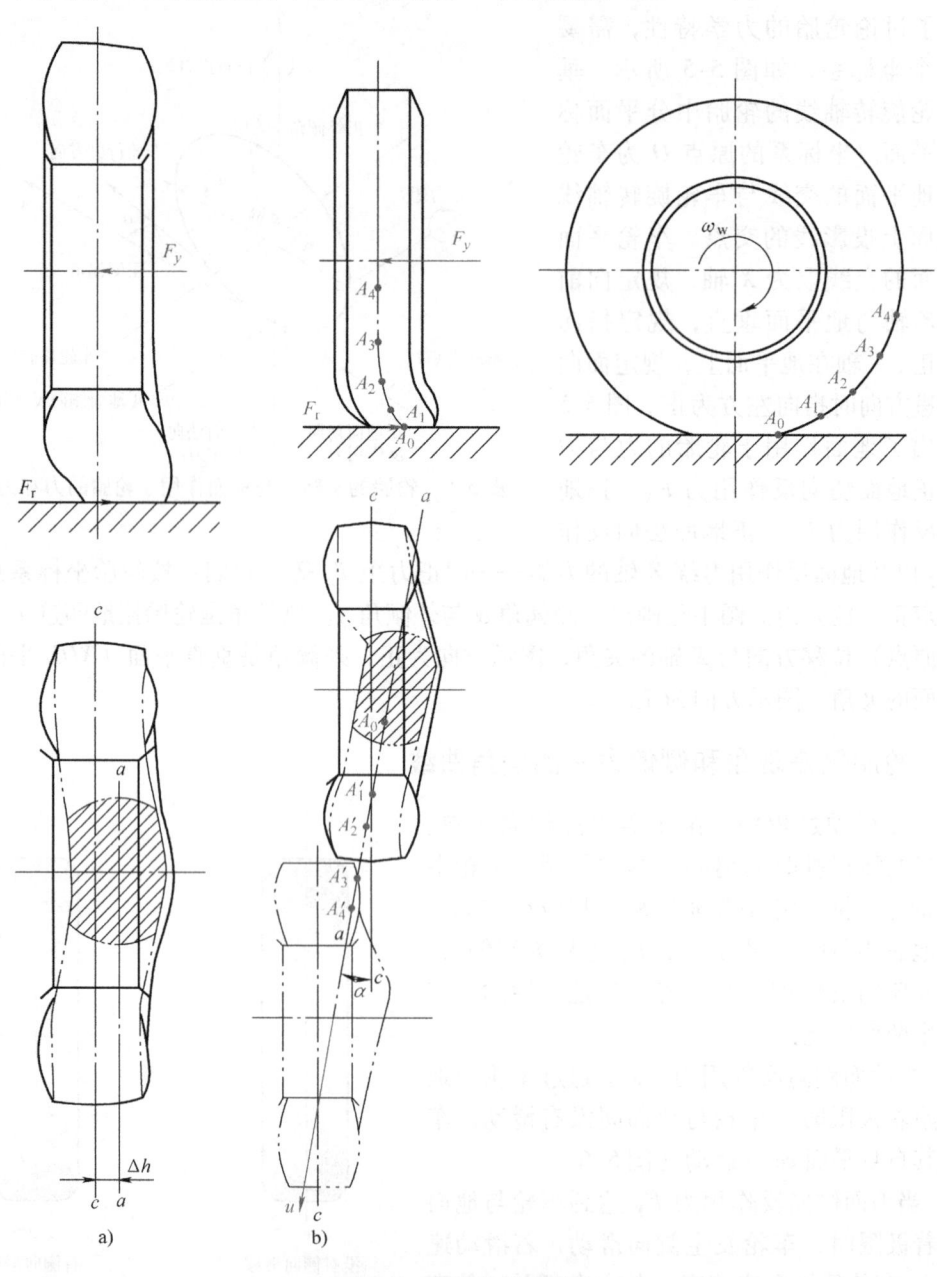

图5-7 轮胎的侧偏现象
a)车轮静止不动时 b)车轮滚动时

为了说清楚出现侧偏角 α 的原因，下面具体分析车轮的滚动过程（图 5-7b）。在轮胎胎面中心线上标出 A_1，A_2，A_3…各点，随着车轮向前滚动，各点将依次落于地面上相应的 A_1'，A_2'，A_3'…各点上。在主视图上可以看出，靠近地面的胎面上，A_1，A_2，A_3…各点连线在接近地面时逐渐变为一条斜线，因此它们落在地面相应各点 A_1'，A_2'，A_3'…的连线并不垂直于车轮旋转轴线，即与车轮平面 cc 有夹角 α。当轮胎与地面没有侧向滑动时，A_1'，A_2'，A_3'…的连线就是接地印迹的中心线，当然也是车轮滚动时在地面上留下的痕迹，即车轮并没有在车轮平面 cc 内向前滚动，而是沿着侧偏角 α 的方向滚动。显然，侧偏角 α 的数值是与侧偏力 F_Y 的大小有关的。

图 5-8 中给出了一条由试验测出的侧偏力-侧偏角曲线。曲线表明，侧偏角不超过 5°时，F_Y 与 α 呈线性关系。汽车正常行驶时，侧向加速度不超过 0.4g，侧偏角不超过 4°~5°，可以认为侧偏角与侧偏力呈线性关系。F_Y-α 曲线在 α=0°处的斜率被称为侧偏刚度 k，单位为 N/rad 或 N/(°)。由轮胎坐标系有关符号规定可知，负的侧偏力产生正的侧偏角，因此侧偏刚度为负值。F_Y 与 α 的关系式可写作

$$F_Y = k\alpha \tag{5-1}$$

小型轿车轮胎的 k 值在 -80000 ~ -28000N/rad 范围内。侧偏刚度是决定操纵稳定性的重要轮胎参数，轮胎应有高的侧偏刚度（指绝对值），以保证汽车良好的操纵稳定性。

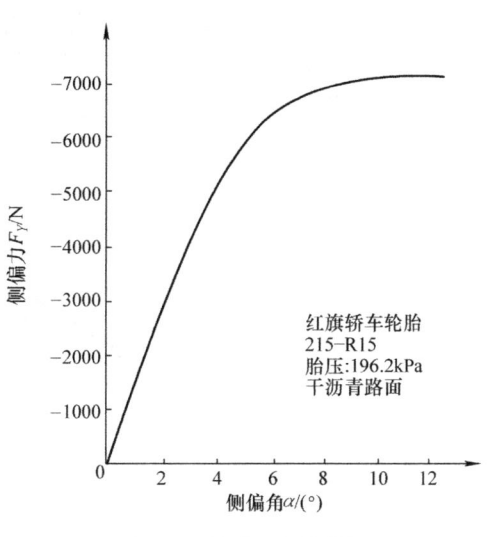

图 5-8 轮胎的侧偏特性

在较大的侧偏力时，侧偏角以较大的速率增长，即 F_Y-α 曲线的斜率逐渐减小，这时轮胎在接地面处已发生部分侧滑。最后，侧偏力达到附着极限时，整个轮胎侧滑。显然，轮胎的最大侧偏力取决于附着条件，即垂直载荷，轮胎胎面花纹、材料、结构、充气压力，路面的材料、结构、潮湿程度以及车轮的外倾角等。一般而言，最大侧偏力越大，汽车的极限性能越好，按圆周行驶的极限侧向加速度就越高。

案例 2：

我们要认识到，学习不是单纯的知识和认知的堆积，"学业之美在德行，不仅文章"，博学以修德为先，只有使自己成长为有德行的人，才能保证我们一天天因学习而蓄积起来的能量是"正"的，我们才能抵御外界干扰。

充分发挥个人的才智及在团队中的作用，积极践行爱国、敬业、诚信、友善的公民价值准则，志存高远，脚踏实地，追求卓越，坚守"心中有梦想、事业有目标、肩上有责任、人生有价值"，真正做一个有大爱大德大情怀的新时代工程技术人才，努力做走在时代前列的奋进者、开拓者、奉献者，用青春和汗水谱写中华民族伟大复兴的美好篇章！"功成不必在我，功成必定有我"，"君子不器"的养成需要触及灵魂的"悟道"体会与实践，需要继续"上下求索"。因此，我们要不断学习，才能发挥出我们最大的能量。

5.2.3 轮胎的结构、工作条件对侧偏特性的影响

轮胎的尺寸、形式和结构参数对侧偏刚度有显著影响。尺寸较大的轮胎有较高的侧偏刚度。子午线轮胎接地面宽，一般侧偏刚度较高。钢丝子午线轮胎比尼龙子午线轮胎的侧偏刚度还要高些。

以百分数表示的轮胎断面高 H 与轮胎断面宽 B 之比 $H/B \times 100\%$ 称为高宽比。早期轮胎的高宽比为 100%，现代轮胎的高宽比逐渐减小，目前不少轿车已采用高宽比为 60% 或称 60 系列的宽轮胎。追求高性能的运动型轿车也有采用高宽比为 50% 甚至 35% 宽轮胎的。高宽比对轮胎侧偏刚度影响很大，采用高宽比小的宽轮胎是提高侧偏刚度的主要措施。图 5-9 所示为四种不同高宽比子午线轮胎的侧偏刚度与载荷的关系曲线，可以看出高宽比为 60% 的 60 系列轮胎的侧偏刚度有大幅度提高。

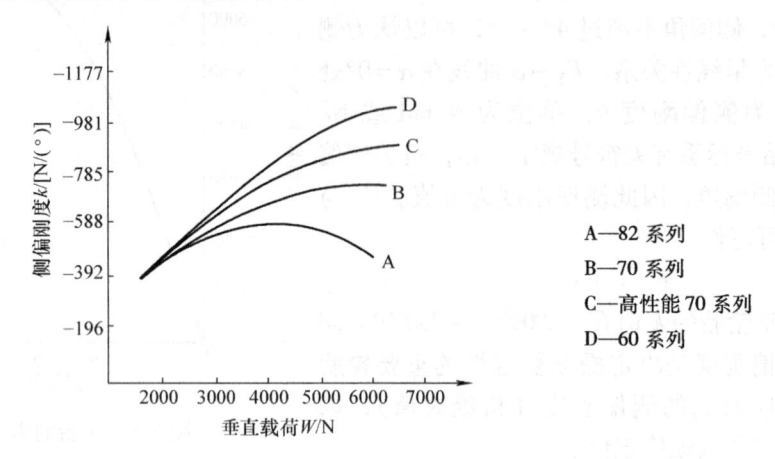

图 5-9　四种不同高宽比子午线轮胎的侧偏刚度与载荷的关系曲线

汽车行驶时，轮胎的垂直载荷常有变化。例如转向时，内侧车轮轮胎的垂直载荷减小，外侧车轮轮胎的垂直载荷增大。垂直载荷的变化对轮胎侧偏特性有显著影响。图 5-10 表明：垂直载荷增大后，侧偏刚度随垂直载荷的增加而加大；但垂直载荷过大时，轮胎与地面接触区的压力变得极不均匀，使轮胎侧偏刚度反而有所减小。

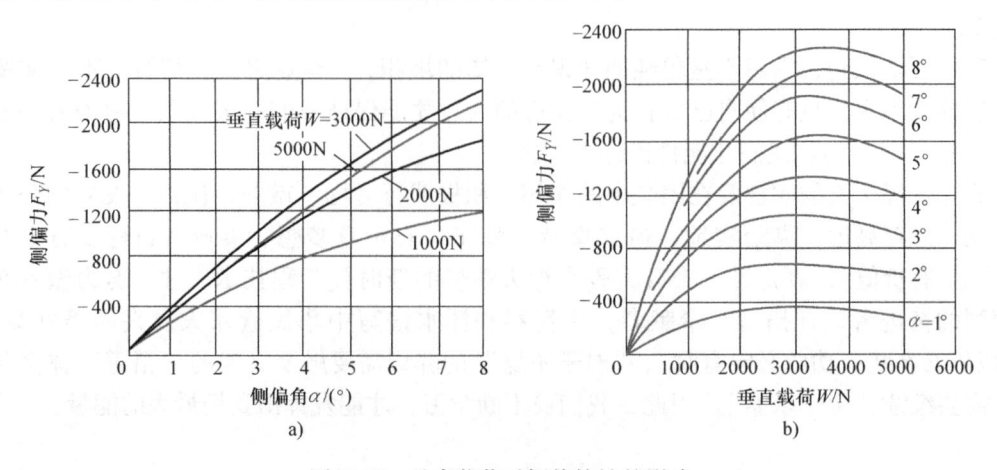

图 5-10　垂直载荷对侧偏特性的影响

轮胎的充气压力对侧偏刚度也有显著影响。由图 5-11 可知，随着气压的增加，侧偏刚度增大；但气压过高后刚度不再变化。

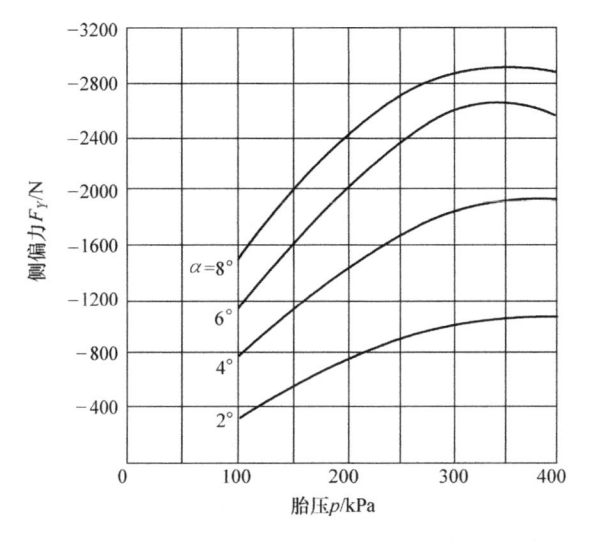

图 5-11 轮胎充气压力对侧偏特性的影响

行驶车速对侧偏刚度的影响很小。

上面讨论的是没有切向反作用力作用时轮胎的侧偏特性。实际上，在轮胎上常同时作用有侧向力与切向力。由试验得到的曲线（图 5-12）表明，一定侧偏角下，驱动力增加时，侧偏力逐渐有所减小，这是由于轮胎侧向弹性有所改变的关系。当驱动力相当大时，侧偏力显著下降，因为此时接近附着极限，切向力已耗去大部分附着力，而侧向能利用的附着力很少。作用有制动力时，侧偏力也有相似的变化。由图 5-12 还可看出，这组曲线的包络线接近于一个椭圆，一般称为附着椭圆。它确定了在一定附着条件下切向力与侧偏力合力的极限值。

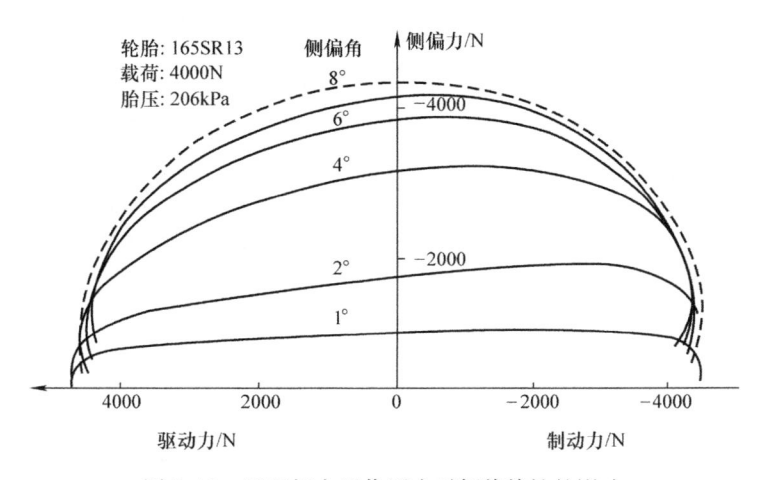

图 5-12 地面切向反作用力对侧偏特性的影响

路面及其粗糙程度、干湿状况对侧偏特性，尤其是最大侧偏力有很大影响。图 5-13 所示为轮胎在干沥青路面和湿沥青路面及湿混凝土路面上的侧偏特性。图中给出的是侧向力系数 F_Y/F_Z 与侧偏角 α 的关系曲线。

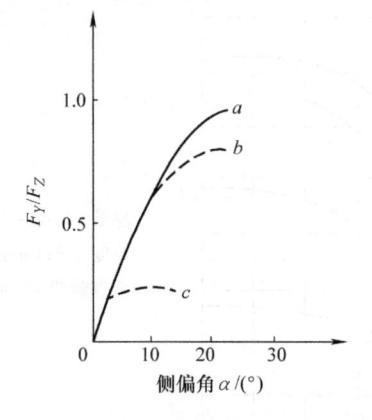

图 5-13 干沥青路面和湿沥青路面及湿混凝土路面上的侧偏特性

路面有薄水层时，由于滑水现象，会出现完全丧失侧偏力的情况。图 5-14 表明轮胎在不同轮胎胎面、路面粗糙度和水层厚度等条件下，最大侧偏力的降低情况。水层厚度为 1.02mm 时，在粗糙路面上，开有 4 条沟槽的胎面能防止滑水现象。水层厚度为 7.62mm 时，不论胎面有无沟槽、路面是否粗糙，当车速为 80km/h 时均出现滑水现象，此时最大侧偏力为零。

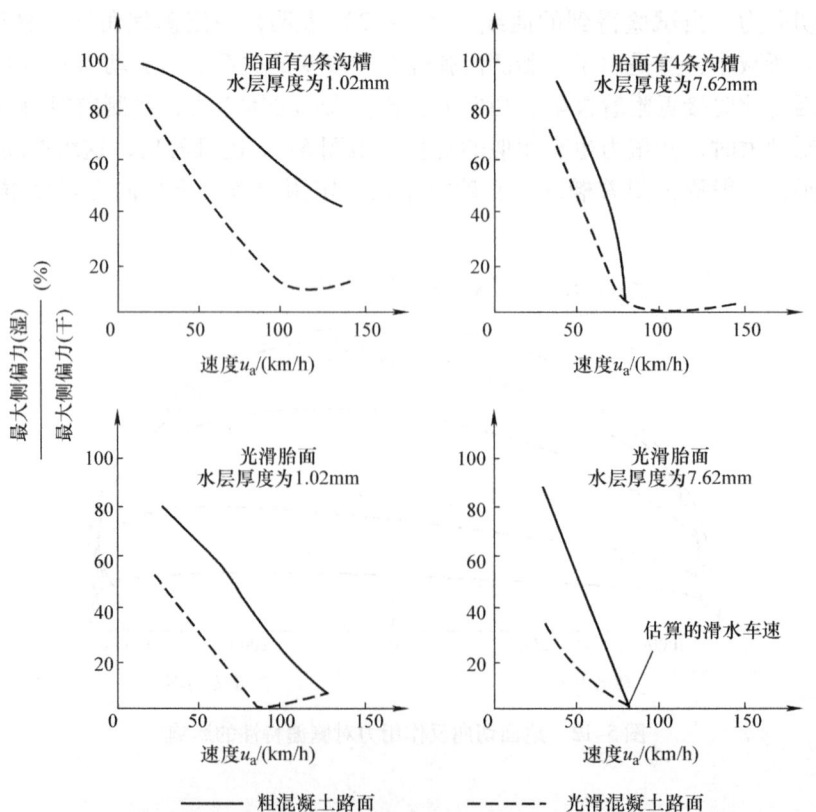

图 5-14 轮胎胎面、路面粗糙程度、水层厚度与滑水现象的关系

5.2.4 回正力矩——绕 OZ 轴的力矩

在轮胎发生侧偏时，还会产生作用于轮胎绕 OZ 轴的力矩 T_Z，如图 5-5 所示。圆周行驶时，T_Z 是使转向车轮恢复到直线行驶位置的主要恢复力矩之一，称为回正力矩。

回正力矩是由接地面内分布的微元侧向反作用力产生的。由图 5-7 可知，车轮在静止时受到侧向力后，印迹长轴线 aa 与车轮平面 cc 平行，错开 Δh，即印迹长轴线 aa 上各点的横向变形（相对于 cc 平面）均为 Δh，故可以认为地面侧向反作用力沿 aa 线是均匀分布的（图 5-15a）。而车轮滚动时，如前所述，印迹长轴线 aa 不仅与车轮平面错开一定距离，而且转动了 α 角，因而印迹前端离车轮平面近，侧向变形小；印迹后端离车轮平面远，侧向变形大。可以认为，地面微元侧向反作用力的分布与变形成正比，故地面微元侧向反作用力的分布情况将如图 5-15b 所示，其合力就是侧偏力 F_Y，但其作用点必然在接地印迹几何中心的后方，偏移某一距离 e。e 称为轮胎拖距，$F_Y e$ 就是回正力矩 T_Z。

在 F_Y 增加时，接地印迹内地面微元侧向反作用力的分布情况如图 5-15c 所示。F_Y 增大至一定程度时，接地印迹后部的某些部分便达到附着极限，侧向反作用力将沿 345 线分布（图 5-15d）。随着 F_Y 的进一步加大，将有更多部分达到附着极限，直到整个接地印迹发生侧滑，因而轮胎拖距会随着侧向力的增加而逐渐变小。图 5-16 所示为试验得到的轮胎的回正力矩-侧偏角曲线。可以看出，回正力矩开始时逐步增大，侧偏角为 4°~6°时达到最大值；侧偏角再增大，回正力矩下降，在 10°~16°时回正力矩为零；侧偏角再大，回正力矩成为负值。也有人用接地面后部发生侧向滑动的速度大，摩擦因数较小来解释这个现象。试验结果还表明，回正力矩随垂直载荷的增大而增加。

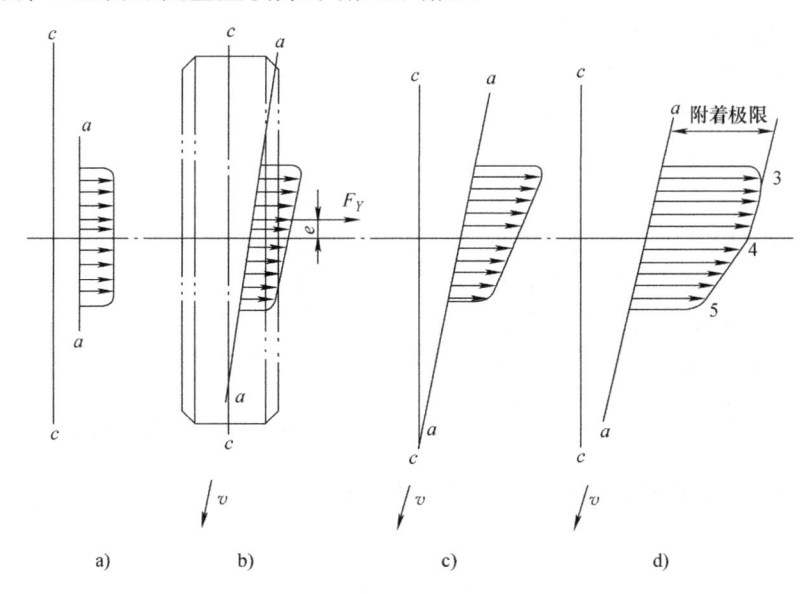

图 5-15 接地印迹内地面侧向反作用力的分布与回正力矩的产生

轮胎的形式及结构参数对回正力矩-侧偏角曲线有重要影响。在同样的侧偏角下，尺寸大的轮胎一般回正力矩较大。子午线轮胎的回正力矩比斜交轮胎大。

轮胎的气压低，接地印迹长，轮胎拖距大，回正力矩也就大。

地面切向反作用力对回正力矩的影响如图 5-17 所示。从图中看出，随着驱动力的增加，回正力矩达最大值后再下降。在制动力作用下，回正力矩不断减小，到一定制动力时下降为零，其后便变为负值。

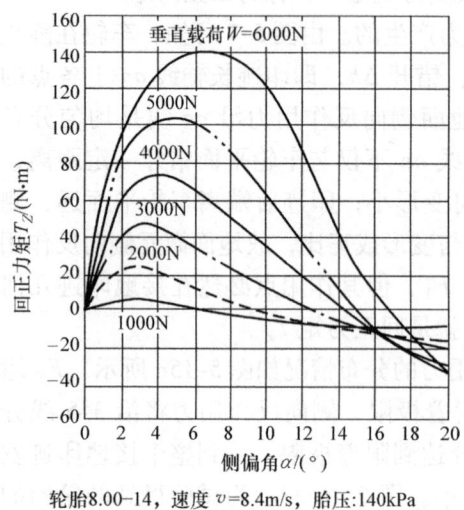

图 5-16 试验得到的轮胎的回正力矩 – 侧偏角曲线

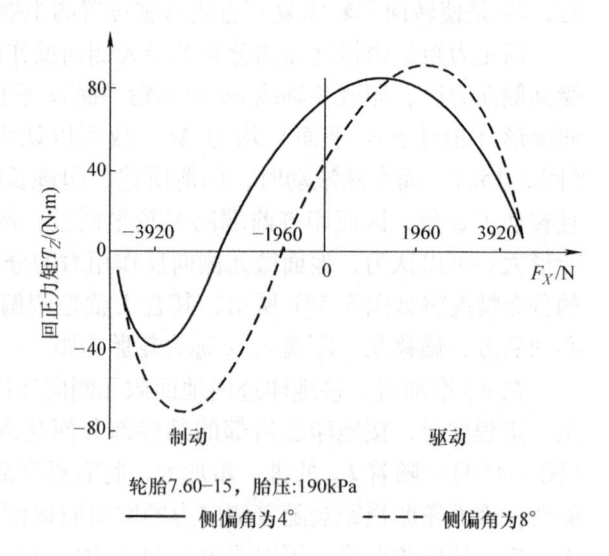

图 5-17 地面切向反作用力对回正力矩的影响

5.2.5 有外倾角时轮胎的滚动

汽车两个前轮有外倾角 γ，具有绕各自旋转轴线与地面的交点 O' 滚动的趋势（图 5-18），若不受约束，犹如发生侧偏一样，将偏离正前方各自向左、右侧滚动。实际上，由于前轴的约束，两个车轮只能一起向前行驶。因此，车轮中心必作用有一侧向力 F_y，把车轮"拉"回至同一方向向前滚动。与此同时，轮胎接地面中产生一与 F_y 方向相反的侧向反作用力，这就是外倾侧向力 $F_{Y\gamma}$。

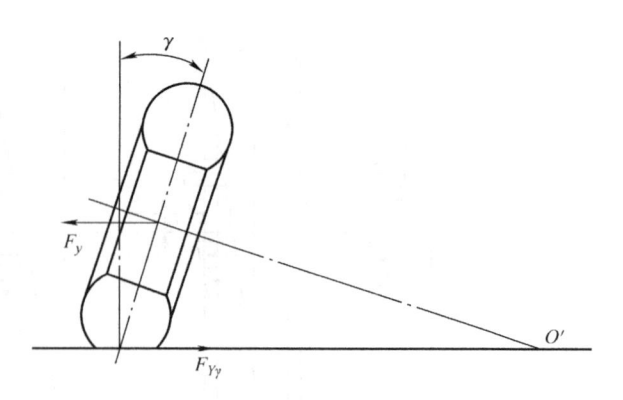

图 5-18 车轮外倾角与外倾侧向力

图 5-19a 所示为试验得到的外倾侧向力与外倾角的关系曲线。外倾侧向力与外倾角呈线性关系，其关系式为

$$F_{Y\gamma} = k_\gamma \gamma \tag{5-2}$$

按轮胎坐标系规定，k_γ 为负值，称作外倾刚度，单位为 N/rad 或 N/(°)。

图 5-19b 所示为试验求得的不同外倾角下轮胎的侧偏特性。由图可知，侧偏特性具有平移的特点。图 5-19c 所示为图 5-19b 中的局部放大图，图上的 A、B 与 C 线条是外倾角 γ 为正、为零与为负时，小侧偏角范围内的侧偏特性。图 5-19c 还表明：

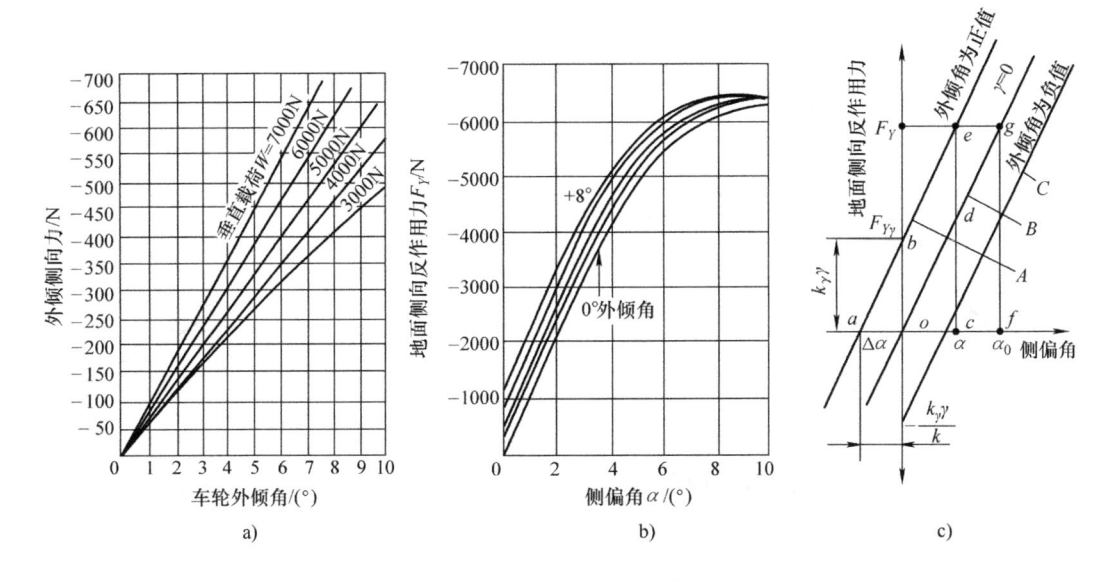

图 5-19 有外倾角时轮胎的侧偏特性

1) 侧偏角为零时的地面侧向反作用力便是外倾侧向力 $F_{Y\gamma}$，由式（5-2）可知，$F_{Y\gamma} = k_\gamma \gamma$。当外倾角为正值时（见 A 线），$F_{Y\gamma}$ 为负值。

2) 外倾角为正值时，侧偏角为 α 的地面侧向反作用力为 $F_Y = cd + de$，见 A 线，即 F_Y 为外倾角等于零时的侧偏力与外倾侧向力之和。因此，有外倾角时的地面侧向反作用力与外倾角、侧偏角的关系式为

$$F_Y = F_{Y\alpha} + F_{Y\gamma} = k\alpha + k_\gamma \gamma \tag{5-3}$$

式中　$F_{Y\alpha}$——只有侧偏角而外倾角为零时的侧偏力；

　　　$F_{Y\gamma}$——只有外倾角而侧偏角为零时的外倾侧向力；

　　　α——侧偏角；

　　　γ——外倾角。

应当指出，随着外倾角的增大，胎面与路面的接触情况越来越差，会影响最大地面侧向反作用力（侧向附着力）而损害汽车的极限性能（降低极限侧向加速度）。因此，高速轿车特别是采用超宽断面轮胎的竞赛车，转弯行驶时承受大部分前侧向力的前外轮应尽量垂直于地面，即外倾角等于零。摩托车转弯时，车轮外倾角很大，为了保证最大地面侧向反作用力，摩托车轮胎具有圆形断面。

车轮有外倾角时还产生回正力矩。图 5-20 所示为不同垂直载荷下的回正力矩与外倾角曲线。

按照轮胎坐标系的规定，将上述各轮胎特性参数的正负关系体现在图 5-21 中，可见正侧偏角对应于负的侧偏力与正的回正力矩；正外倾角对应于负的外倾侧向力与负的外倾回正力矩。

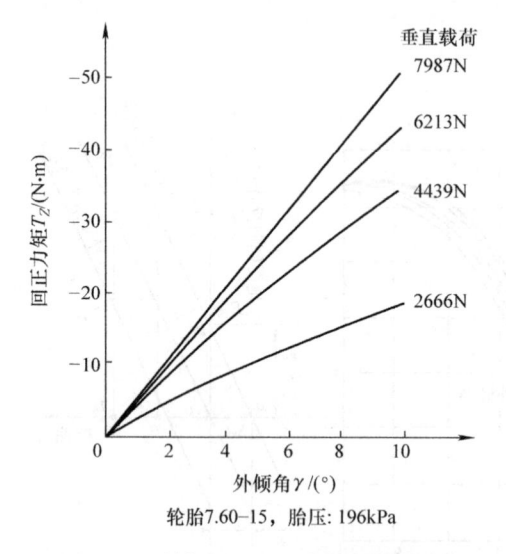

图 5-20　外倾回正力矩与外倾角曲线

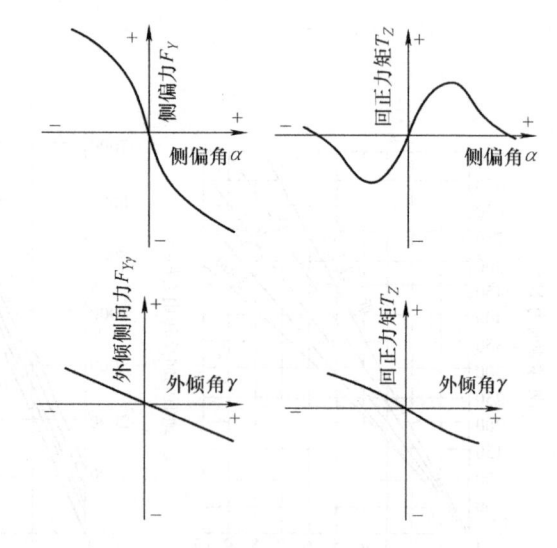

图 5-21　轮胎特性参数的正负关系

5.3　线性二自由度汽车模型对前轮角输入的响应

5.3.1　线性二自由度汽车模型的运动微分方程

为了便于掌握操纵稳定性的基本特性，我们将对一个简化为线性二自由度的汽车模型进行研究。分析中忽略转向系统的影响，直接以前轮转角作为输入；忽略悬架的作用，认为汽车车厢只做平行于地面的平面运动，即汽车沿 z 轴的位移、绕 y 轴的俯仰角与绕 x 轴的侧倾角均为零。另外，在本章特定条件下，汽车沿 x 轴的前进速度 v 视为不变。因此，汽车只有沿 y 轴的侧向运动与绕 z 轴的横摆运动这样两个自由度。此外，汽车的侧向加速度限定在 $0.4g$ 以下，轮胎侧偏特性处于线性范围。在建立运动微分方程时还假设：驱动力不大，不考虑地面切向力对轮胎侧偏特性的影响，没有空气动力的作用，忽略左、右车轮轮胎由于载荷的变化而引起轮胎特性的变化以及轮胎回正力矩的作用。这样，实际汽车便简化成一个两轮摩托车模型，如图 5-22 所示。它是由前后两个有侧向弹性的轮胎支承于地面、具有侧向及横摆运动的二

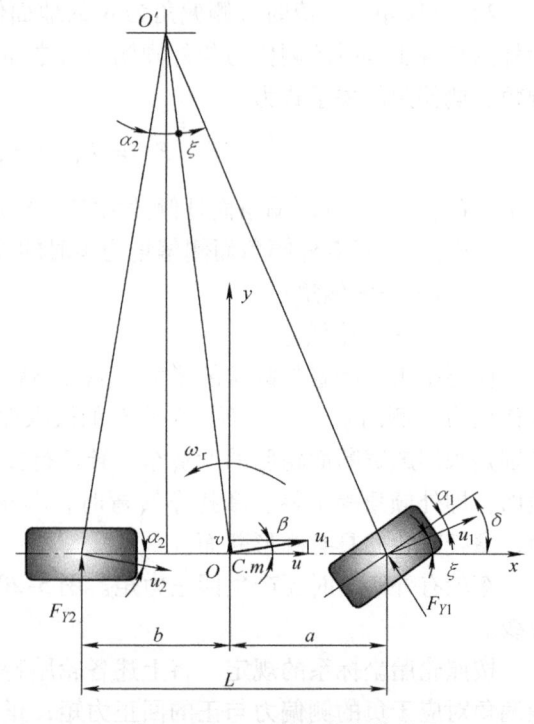

图 5-22　二自由度汽车模型

自由度汽车模型。

分析时，令车辆坐标系的原点与汽车质心重合。

显然，汽车的质量分布参数，如转动惯量等，对固结于汽车的这一动坐标系而言为常数，这正是采用车辆坐标系的方便之处。因此，只要将汽车的（绝对）加速度与（绝对）角加速度及外力与外力矩沿车辆坐标系的轴线分解，就可以列出沿这些坐标轴的运动微分方程。

下面依次确定：汽车质心的（绝对）加速度在车辆坐标系上的分量，二自由度汽车受到的外力与绕质心的外力矩，外力、外力矩与汽车运动参数的关系。最后，列出二自由度汽车的运动微分方程式。

首先确定汽车质心的（绝对）加速度在车辆坐标系上的分量。

如图 5-23 所示，Ox 与 Oy 为车辆坐标系的纵轴与横轴。质心速度 v_1 于 t 时刻在 Ox 轴上的分量为 u，在 Oy 轴上的分量为 v。由于汽车转向行驶时伴有平移和转动，在 $t+\Delta t$ 时刻，车辆坐标系中质心速度的大小与方向均发生变化，而车辆坐标系的纵轴与横轴的方向亦发生变化。因此，沿 Ox 轴速度分量的变化为

$$(u+\Delta u)\cos\Delta\theta - u - (v+\Delta v)\sin\Delta\theta$$
$$= u\cos\Delta\theta + \Delta u\cos\Delta\theta - u - v\sin\Delta\theta - \Delta v\sin\Delta\theta$$

考虑到 $\Delta\theta$ 很小并忽略二阶微量，上式变为

$$\Delta u - v\Delta\theta$$

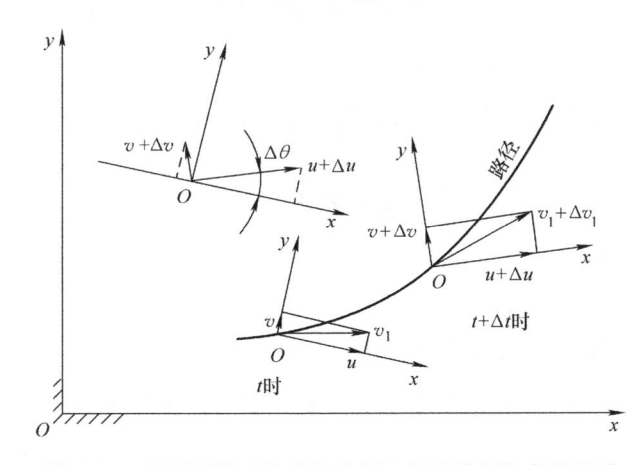

图 5-23 利用固结于汽车的车辆坐标系分析汽车的运动

除以 Δt 并取极限，便是汽车质心绝对加速度在车辆坐标系 Ox 轴上的分量

$$a_x = \frac{du}{dt} - v\frac{d\theta}{dt} = \dot{u} - v\omega_r \tag{5-4}$$

同理，汽车质心绝对加速度沿横轴 Oy 上的分量为

$$a_y = \dot{v} + u\omega_r \tag{5-5}$$

由图 5-22 可知，二自由度汽车受到的外力沿 y 轴方向的合力与绕质心的力矩和为

$$\left.\begin{array}{l}\sum F_Y = F_{Y1}\cos\delta + F_{Y2} \\ \sum M_Z = aF_{Y1}\cos\delta - bF_{Y2}\end{array}\right\} \tag{5-6}$$

式中　F_{Y1}、F_{Y2}——地面对前、后轮的侧向反作用力，即侧偏力；
　　　　δ——前轮转角。

考虑到 δ 角较小，F_{Y1}、F_{Y2} 为侧偏力，式（5-6）可写作

$$\left. \begin{array}{l} \sum F_Y = k_1\alpha_1 + k_2\alpha_2 \\ \sum M_Z = ak_1\alpha_1 - bk_2\alpha_2 \end{array} \right\} \tag{5-7}$$

汽车前、后轮侧偏角与其运动参数有关。如图 5-22 所示，汽车前、后轴中点的速度为 u_1、u_2，侧偏角为 α_1、α_2，质心的侧偏角为 β，$\beta = v/u$。ξ 是 u_1 与 x 轴的夹角，其值为

$$\xi = \frac{v + a\omega_r}{u} = \beta + \frac{a\omega_r}{u}$$

根据坐标系的规定，前、后轮侧偏角为

$$\left. \begin{array}{l} \alpha_1 = -(\delta - \xi) = \beta + \dfrac{a\omega_r}{u} - \delta \\ \alpha_2 = \dfrac{v - b\omega_r}{u} = \beta - \dfrac{b\omega_r}{u} \end{array} \right\}$$

由此，可列出外力、外力矩与汽车运动参数的关系式为

$$\left. \begin{array}{l} \sum F_Y = k_1\left(\beta + \dfrac{a\omega_r}{u} - \delta\right) + k_2\left(\beta - \dfrac{b\omega_r}{u}\right) \\ \sum M_Z = ak_1\left(\beta + \dfrac{a\omega_r}{u} - \delta\right) - bk_2\left(\beta - \dfrac{b\omega_r}{u}\right) \end{array} \right\} \tag{5-8}$$

因此，二自由度汽车的运动微分方程式为

$$k_1\left(\beta + \frac{a\omega_r}{u} - \delta\right) + k_2\left(\beta - \frac{b\omega_r}{u}\right) = m(\dot{v} + u\omega_r)$$

$$ak_1\left(\beta + \frac{a\omega_r}{u} - \delta\right) - bk_2\left(\beta - \frac{b\omega_r}{u}\right) = I_Z\dot{\omega}_r$$

式中　I_Z——汽车绕 Z 轴的转动惯量；
　　　　$\dot{\omega}_r$——汽车横摆角加速度。

整理后得到二自由度汽车运动微分方程式为

$$\left. \begin{array}{l} (k_1 + k_2)\beta + \dfrac{1}{u}(ak_1 - bk_2)\omega_r - k_1\delta = m(\dot{v} + u\omega_r) \\ (ak_1 - bk_2)\beta + \dfrac{1}{u}(a^2k_1 + b^2k_2)\omega_r - ak_1\delta = I_Z\dot{\omega}_r \end{array} \right\} \tag{5-9}$$

这个联立方程式虽很简单，但却包含了最重要的汽车质量与轮胎侧偏刚度两方面的参数，因此能够反映汽车曲线运动最基本的特征。

5.3.2　前轮角阶跃输入下进入的汽车稳态响应——等速圆周行驶

1. 稳态响应

汽车等速行驶时，在前轮角阶跃输入下进入的稳态响应就是等速圆周行驶。常用输出与输入的比值，如稳态的横摆角速度与前轮转角之比来评价稳态响应。这个比值称为稳态横摆角速度增益，也称为转向灵敏度，以符号 $\left.\dfrac{\omega_r}{\delta}\right)_s$ 表示。

稳态时横摆角速度 ω_r 为定值，此时 $\dot{v}=0$、$\dot{\omega}=0$，以此代入式（5-9）得

$$\left.\begin{array}{l}(k_1+k_2)\dfrac{v}{u}+\dfrac{1}{u}(ak_1-bk_2)\omega_r-k_1\delta=mu\omega_r \\ (ak_1-bk_2)\dfrac{v}{u}+\dfrac{1}{u}(a^2k_1+b^2k_2)\omega_r-ak_1\delta=0\end{array}\right\} \quad (5\text{-}10)$$

将式（5-10）中两式联立并消去 v，便可求得稳态横摆角速度增益为

$$\left.\dfrac{\omega_r}{\delta}\right)_s=\dfrac{u/L}{1+\dfrac{m}{L^2}\left(\dfrac{a}{k_2}-\dfrac{b}{k_1}\right)u^2}=\dfrac{u/L}{1+Ku^2} \quad (5\text{-}11)$$

式中 K——稳定性因数，s^2/m^2，是表征汽车稳态响应的一个重要参数，$K=\dfrac{m}{L^2}\left(\dfrac{a}{k_2}-\dfrac{b}{k_1}\right)$。

2. 稳态响应的三种类型

根据 K 的数值，汽车的稳态响应可分为三类。

（1）中性转向

$K=0$ 时，$\left.\dfrac{\omega_r}{\delta}\right)_s=u/L$，即横摆角速度增益与车速成线性关系，斜率为 $1/L$。这种稳态称为中性转向，如图 5-24 所示。

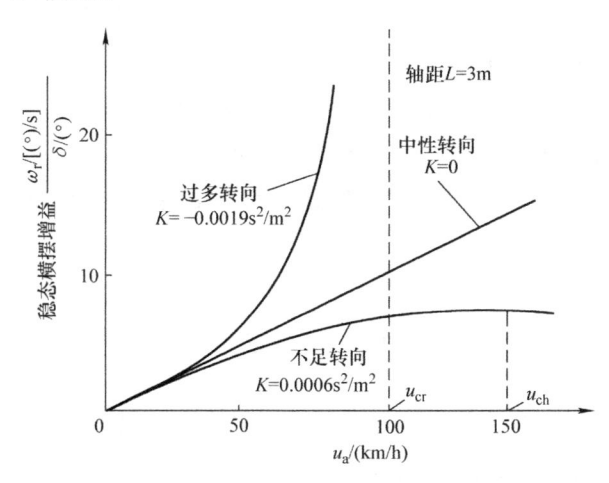

图 5-24 汽车的稳态横摆角速度增益曲线

应当指出，此关系式就是汽车以极低车速行驶而无侧偏角时的转向关系，如图 5-25 所示。在无侧偏角时，前轮转角 $\delta\approx L/R$，转向半径 $R\approx L/\delta$，横摆角速度 $\omega_r\approx(u/L)\delta$。因此，横摆角速度增益 $\left.\dfrac{\omega_r}{\delta}\right)_s=u/L$。

（2）不足转向

当 $K>0$ 时，式（5-11）分母大于 1，横摆角速度增益 $\left.\dfrac{\omega_r}{\delta}\right)_s$ 比中性转向时要小。$\left.\dfrac{\omega_r}{\delta}\right)_s$ 不再与车速成线性关系，$\left.\dfrac{\omega_r}{\delta}\right)_s-u$ 是一条低于中性转向时增益曲线的汽车稳态横摆增益曲线，其后来又变为向下弯曲的曲线，如图 5-24 所示。具有这样特性的汽车称为不足转向汽车。

前轮转角 $\delta \approx \dfrac{L}{R}$

转向半径 $R \approx \dfrac{L}{\delta}$

横摆角速度 $\omega_r \approx \dfrac{u}{L}\delta$

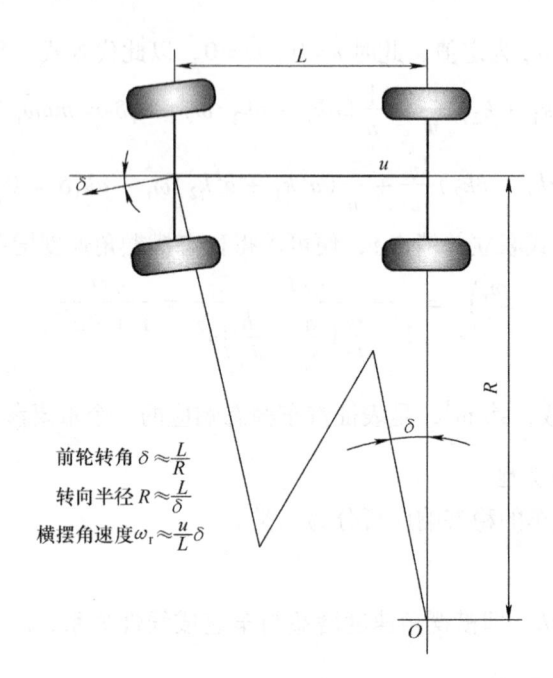

图 5-25 轮胎没有侧偏角时汽车的转向运动

K 值越大，横摆角速度增益曲线越低，不足转向量越大。

可以证明，当车速为 $u_{ch} = \sqrt{1/K}$ 时，汽车稳态横摆角速度增益达到最大值，如图 5-24 所示，而且其横摆角速度增益为与轴距 L 相等的中性转向汽车横摆角速度增益的一半。u_{ch} 称为特征车速，是表征不足转向量的一个参数。当不足转向量增加时，K 增大，特征车速 u_{ch} 降低。

（3）过多转向

当 $K<0$ 时，式 (5-11) 中的分母小于 1，横摆角速度增益 $\left.\dfrac{\omega_r}{\delta}\right)_s$ 比中性转向时大。随着车速的增加，$\left.\dfrac{\omega_r}{\delta}\right)_s - u_a$ 曲线向上弯曲（图 5-24）。具有这种特性的汽车称为过多转向汽车。K 值越小，（即 K 的绝对值越大），过多转向量越大。

显然，当车速为 $u_{cr} = \sqrt{-1/K}$ 时，稳态横摆角速度增益趋于无穷大，如图 5-24 所示。u_{cr} 称为临界车速，是表征过多转向量的一个参数。临界车速越低，过多转向量越大。

过多转向汽车达到临界车速时将失去稳定性。因为 ω_r/δ 等于无穷大时，只要极其微小的前轮转角便会产生极大的横摆角速度，这意味着汽车的转向半径极小，汽车发生激转而侧滑或翻车。由于过多转向汽车有失去稳定性的危险，故汽车都应具有适度的不足转向特性。

相关道路试验数据表明，现代轿车在侧向加速度为 $0.3g$ 时的平均 K 值为 $0.0024s^2/m^2$，在 $0.5g$ 时的平均 K 值为 $0.0026s^2/m^2$。

某小轿车试验后统计得出：轿车的稳态横摆角速度增益，即转向灵敏度 $\left.\dfrac{\omega_r}{\delta}\right)_s$ 为 $0.16 \sim 0.33s^{-1}$。其中，δ 为转向盘转角，(°)；ω_r 为汽车横摆角速度，(°)/s。相应的试验工况为：$u = 22.35m/s$，$a_y = 0.4g$。

美国对安全试验车（ESV）的要求是，稳态横摆增益曲线应落在图 5-26 所示的满意区域内。图 5-26 中还给出了日产安全试验车（ESV）的横摆角速度增益曲线。这个满意区域是通用汽车公司对 6 辆轿车进行的操纵稳定性试验提出的。被试验的轿车包括豪华轿车、旅行轿车和运动型轿车。后来，美国福特汽车公司还选择了一辆中型轿车，通过改变其悬架结构等措施，使试验轿车具有 10 种不同数值的不足转向量，然后让一批驾驶人对这 10 种不足转向量的汽车进行主观评价。试验结果与 ESV 要求是一致的。

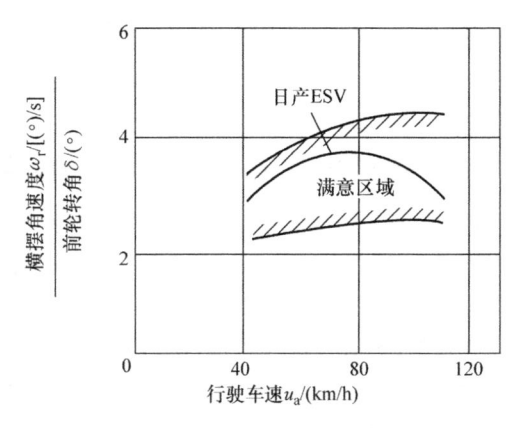

图 5-26 美国安全试验车（ESV）稳态横摆角速度增益的满意区域

在此应当指出，汽车在大侧向加速度时，轮胎侧偏特性已进入非线性区，故确定时域响应的试验常在侧向加速度为 $0.3g$ 或 $0.4g$ 时进行。

3. 几个表征稳态响应的参数

为了试验与分析的方便，研究开发部门根据自己的传统习惯，还采用一些其他参数来描述和评价汽车的稳态响应。

（1）前、后轮侧偏角绝对值之差（$\alpha_1 - \alpha_2$）

为了测定汽车的稳态响应，常输入一个固定转向盘转角，使汽车以不同等速度做圆周行驶，测出其前、后轮侧偏角的绝对值 α_1、α_2，并以（$\alpha_1 - \alpha_2$）与侧向加速度 a_y（绝对值）的关系曲线来评价汽车的稳态响应，如图 5-27 所示。

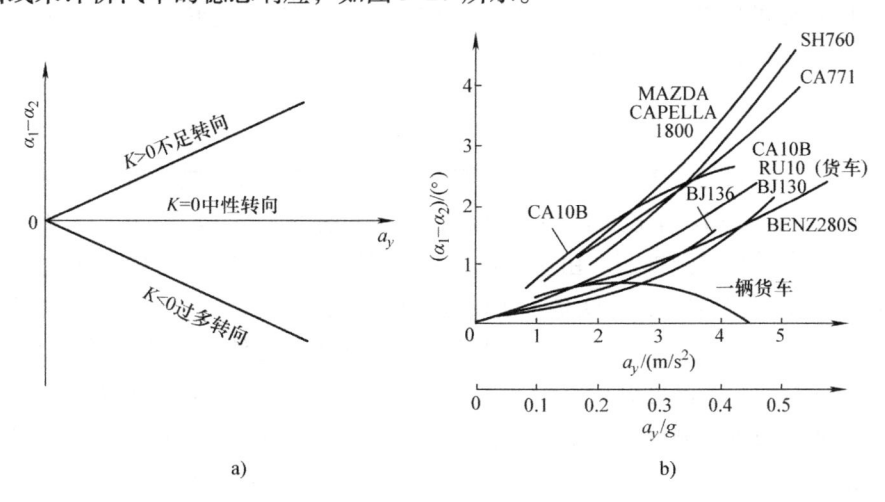

图 5-27 表示汽车稳态响应的（$\alpha_1 - \alpha_2$）-a_y 曲线

现在讨论（$\alpha_1 - \alpha_2$）值与汽车稳定性因数 K 的关系。由前述可知

$$K = \frac{m}{L^2}\left(\frac{a}{k_2} - \frac{b}{k_1}\right) \tag{5-12}$$

将式（5-12）右边上下均乘以侧向加速度 a_y，于是有

$$K = \frac{1}{a_y L}\left(\frac{F_{Y2}}{k_2} - \frac{F_{Y1}}{k_1}\right)$$

由于侧向加速度 a_y 与前、后轮的侧偏角 $\frac{F_{Y1}}{k_1}$、$\frac{F_{Y2}}{k_2}$ 符号相反，当前、后轮侧偏角 α_1、α_2 取绝对值时，侧向加速度 a_y 亦取绝对值，上式可写成

$$K = \frac{1}{a_y L}(\alpha_1 - \alpha_2) \tag{5-13}$$

由式（5-13）可知，当 $\alpha_1 - \alpha_2 > 0$ 时，$K > 0$，为不足转向；当 $\alpha_1 - \alpha_2 = 0$ 时，$K = 0$，为中性转向；当 $\alpha_1 - \alpha_2 < 0$ 时，$K < 0$，为过多转向。$(\alpha_1 - \alpha_2)$ 与 a_y 呈线性关系，其斜率为 LK，如图 5-27a 所示。

为了进一步说明 $(\alpha_1 - \alpha_2)$ 与稳态响应的内在联系，下面讨论 $(\alpha_1 - \alpha_2)$ 值与汽车转向半径 R 的关系。

前面已求得稳态横摆角速度增益为

$$\frac{\omega_r}{\delta} = \frac{u/L}{1 + Ku^2}$$

故

$$\delta = \frac{L}{R} + LKa_y$$

将式（5-13）代入上式得

$$\delta = \frac{L}{R} + (\alpha_1 - \alpha_2) \tag{5-14}$$

式（5-14）亦可从图 5-22 中的几何关系直接求出。若把前轮转角 δ 作为输入，转向半径 R 作为输出，并把式（5-14）写作

$$R = \frac{L}{\delta - (\alpha_1 - \alpha_2)} \tag{5-15}$$

则由式（5-15）可知，输入一定前轮转角 δ，若令车速极低、侧偏角可以忽略不计时的转向半径为 R_0，$R_0 = L/\delta$。车速提高后，前、后轮有侧偏角，若 $(\alpha_1 - \alpha_2)$ 为正值，则 $R > R_0$，即汽车的转向效果受到抑制。由于 $(\alpha_1 - \alpha_2)$ 随侧向加速度的提高而加大，因此这种抑制作用随 a_y 的增大而增加，这就是不足转向特性。反之，若 $(\alpha_1 - \alpha_2)$ 为负值，行驶圆的半径 $R < R_0$，汽车的转向效果加强，而且这种加强作用是随侧向加速度的增大而增加的。这就是过多转向特性。由此可见，$(\alpha_1 - \alpha_2)$ 可以作为表征汽车稳态响应的评价指标。

图 5-27b 所示为试验测得的 $(\alpha_1 - \alpha_2) - a_y$ 曲线。可以看出，当侧向加速度达到 0.3~0.4g（3~4m/s²）以后，$(\alpha_1 - \alpha_2)$ 与侧向加速度一般不再存在线性关系，这是因为轮胎侧偏特性已进入明显的非线性区域。不少汽车在大侧向加速度下，稳态响应特性发生显著变化。后轮或前轮侧偏角、汽车横摆角速度发生急剧变化，以致不能再维持圆周行驶，出现转向半径迅速增加或迅速减小的情况。

在实际的 $(\alpha_1 - \alpha_2) - a_y$ 曲线中，应以曲线的斜率来区别其转向特性。斜率大于零时，随着侧向加速度的增加，$(\alpha_1 - \alpha_2)$ 增加，转向半径增加，汽车具有不足转向特性；斜率小

于零时，随着侧向加速度的增加，$(\alpha_1 - \alpha_2)$ 减小，转向半径减小，汽车具有过多转向特性；斜率等于零时，汽车为中性转向。

(2) 转向半径的比 R/R_0

在前轮转角一定的条件下，若令车速极低、侧向加速度接近于零（轮胎侧偏角可忽略不计）时的转向半径为 R_0，而一定车速下有一定侧向加速度时的转向半径为 R，则这两个转向半径之比 R/R_0 可用以表征汽车的稳态响应。

下面确定 R/R_0 值与稳定性因素 K 的关系。由图 5-25 可知，$R_0 = L/\delta$。由式 (5-11) 可求得

$$R = \frac{u}{\omega_r} = \frac{(1+Ku^2)L}{\delta} = (1+Ku^2)R_0$$

或

$$\frac{R}{R_0} = 1 + Ku^2 \tag{5-16}$$

故当 $K=0$ 时，$R/R_0 = 1$，即中性转向汽车的转向半径不随车速发生变化，始终为 R_0。$K>0$ 时，$R/R_0 >1$，即不足转向汽车的转向半径总大于 R_0，且由式 (5-16) 可知，转向半径将随车速增加而增大；$K<0$ 时，$R/R_0 <1$，即过多转向汽车的转向半径总小于 R_0，且由式 (5-16) 可知，转向半径将随车速的增加而减小。

图 5-28 所示为转向半径比值 R/R_0 曲线与稳定性因数 K 值曲线。图 5-28a 所示为按式 (5-16) 画出的 $R/R_0 - u^2$ 曲线。图 5-28b 所示为试验求得的某轻型客车 WFR 的 $R/R_0 - a_y$ 曲线。图 5-28c 所示为某道路试验报告给出的桑塔纳（Santana）Xi5 轿车的 $R/R_0 - u^2$ 曲线，图中还给出了不同 K 值下的 $1+Ku^2$ 直线组，利用直线组可以求出桑塔纳（Santana）Xi5 在不同侧向加速度下的 K 值。图 5-28d 所示为桑塔纳（Santana）Xi5 在不同侧向加速度下的 K 值曲线，曲线表明，在 $0.5g$ 时的 K 值为 $0.003 \text{s}^2/\text{m}^2$。图 5-28e 所示为某研究给出的奔驰（Benz）E320 的 K 值曲线，可知在 $0.3g$ 时的 K 值为 $0.002 \text{s}^2/\text{m}^2$，在 $0.5g$ 时的 K 值为 $0.0019 \text{s}^2/\text{m}^2$，图中阴影区为在前些年中测得的轿车 K 值曲线范围。

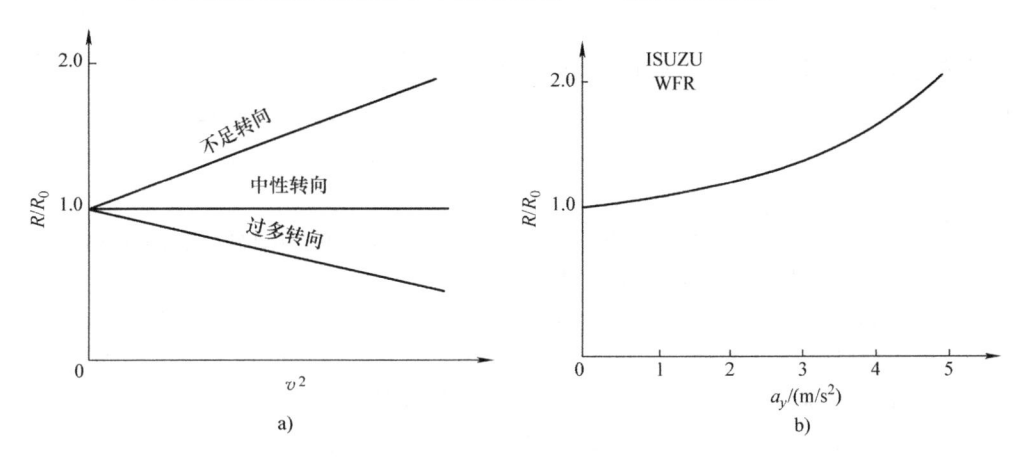

图 5-28 转向半径比值 R/R_0 曲线与稳定性因数 K 值曲线

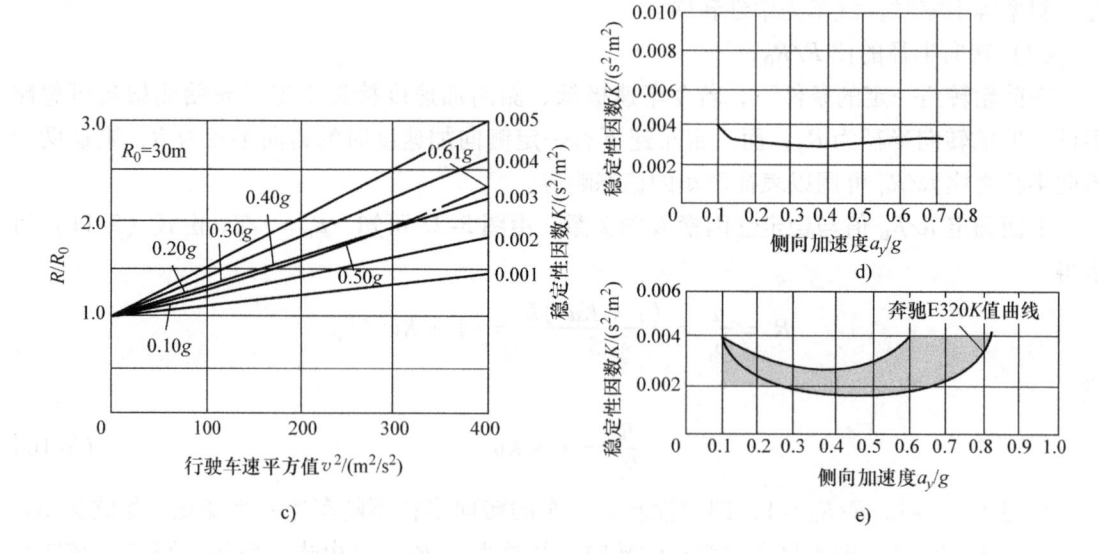

图 5-28 转向半径比值 R/R_0 曲线与稳定性因数 K 值曲线（续）

(3) 用静态储备系数 S. M.（Static Margin）来表征汽车稳态响应

静态储备系数是与处于汽车纵轴上的中性转向点这个概念相联系的。使汽车前、后轮产生同一侧偏角的侧向力作用点称为中性转向点。

可通过力矩平衡找出中性转向点的位置，如图 5-29 所示。当侧向力作用于中性转向点的位置时，前、后轮产生同一侧偏角 α，前、后轴的侧偏力为 $F_{Y1} = k_1 \alpha$，$F_{Y2} = k_2 \alpha$。因此，中性转向点 c_n 距前轴的距离为

$$a' = \frac{F_{Y2} L}{F_{Y1} + F_{Y2}} = \frac{k_2}{k_1 + k_2} L$$

静态储备系数 S. M. 就是中性转向点至前轴距离 a' 和汽车质心至前轴距离 a 之差 $(a' - a)$ 与轴距 L 之比，即

$$\text{S. M.} = \frac{a' - a}{L} = \frac{k_2}{k_1 + k_2} - \frac{\alpha}{L} \quad (5-17)$$

图 5-29 中性转向点位置的确定

当中性转向点与质心重合时，S. M. = 0，在质心位置上作用的侧向力引起的前、后轮的侧偏角相等，汽车具有中性转向特性。

当质心在中性转向点之前时，$a' > a$，S. M. 为正值。在质心位置上作用的侧向力引起的前轮侧偏角 α_1 大于后轮侧偏角 α_2，汽车具有不足转向特性。

当质心在中性转向点之后时，$a' < a$，S. M. 为负值。在质心位置上作用的侧向力引起的后轮侧偏角 α_2 大于前轮侧偏角 α_1，汽车具有过多转向特性。

5.3.3 前轮角阶跃输入下进入的瞬态响应

1. 前轮角阶跃输入下的横摆角速度瞬态响应

现在分析给汽车前轮一个角阶跃输入后，过渡过程中汽车的横摆角速度响应。

将二自由度汽车运动微分方程式（5-9）重写如下：

$$\left. \begin{array}{l} (k_1 + k_2)\beta + \dfrac{1}{u}(ak_1 - bk_2)\omega_r - k_1\delta = m(\dot{v} + u\omega_r) \\ (ak_1 - bk_2)\beta + \dfrac{1}{u}(a^2k_1 + b^2k_2)\omega_r - ak_1\delta = I_Z \dot{\omega}_r \end{array} \right\}$$

由上述第二式得：

$$\beta = \frac{I_Z \dot{\omega}_r - \dfrac{1}{u}(a^2k_1 + b^2k_2)\omega_r + ak_1\delta}{ak_1 - bk_2}$$

求导数得

$$\dot{\beta} = \frac{I_Z \ddot{\omega}_r - \dfrac{1}{u}(a^2k_1 + b^2k_2)\dot{\omega}_r + ak_1\dot{\delta}}{ak_1 - bk_2}$$

且

$$\beta = \frac{v}{u} \quad \dot{\beta} = \frac{\dot{v}}{u}$$

代入第一式得

$$mI_Z u \ddot{\omega}_r - [m(a^2k_1 + b^2k_2) + I_Z(k_1 + k_2)]\dot{\omega}_r +$$

$$\left[mu(ak_1 - bk_2) - \frac{(ak_1 - bk_2)^2}{u} + \frac{(k_1 + k_2)(a^2k_1 + b^2k_2)}{u}\right]\omega_r = -muak_1\dot{\delta} + Lk_1k_2\delta$$

(5-18)

式（5-18）写成以 ω_r 为变量的形式，即

$$m'\ddot{\omega}_r + h\dot{\omega}_r + c\omega_r = b\dot{\delta} + b_0\delta \tag{5-19}$$

式中，

$m' = muI_Z$

$h = -[m(a^2k_1 + b^2k_2) + I_Z(k_1 + k_2)]$

$c = mu(ak_1 - bk_2) - \dfrac{(ak_1 - bk_2)^2}{u} + \dfrac{(k_1 + k_2)(a^2k_1 + b^2k_2)}{u} = mu(ak_1 - bk_2) + \dfrac{L^2 k_1 k_2}{u}$

$b_1 = -muak_1$

$b_0 = L^2 k_1 k_2$

式（5-19）是单自由度一般强迫振动微分方程式，通常写作

$$\ddot{\omega}_r + 2\omega_0 \xi \dot{\omega}_r + \omega_0^2 \omega_r = B_1 \dot{\delta} + B_0 \delta \tag{5-20}$$

式中 ω_0——固有频率，$\omega_0^2 = \dfrac{c}{m}$；

ξ——阻尼比，$\xi = \dfrac{h}{2\omega_0 m'}$；

$$B_1 = \frac{b_1}{m'};$$

$$B_0 = \frac{b_0}{m'}\text{。}$$

汽车前轮角阶跃输入时,前轮转角的数学表达式为

$$\left.\begin{array}{l} t < 0, \delta = 0 \\ t \geq 0, \delta = \delta_0 \\ t > 0, \delta = 0 \end{array}\right\}$$

故当 $t > 0$ 后,式(5-20)进一步简化为

$$\ddot{\omega}_r + 2\omega_0 \xi \dot{\omega}_r + \omega_0^2 \omega_r = B_0 \delta_0 \qquad (5\text{-}21)$$

这是二阶常系数非齐次微分方程,其通解等于它的一个特解与对应的齐次微分方程的通解之和。显然其特解为

$$\omega_r = \frac{B_0 \delta_0}{\omega_0^2} = \frac{u/L}{1 + Ku^2}\delta_0 = \left(\frac{\omega_r}{\delta}\right)_s \delta_0 \qquad (5\text{-}22)$$

即为稳态横摆角速度 $\omega_{r0} = \left(\dfrac{\omega_r}{\delta}\right)_s \delta_0$

对应的齐次方程式为

$$\ddot{\omega}_r + 2\omega_0 \xi \dot{\omega}_r + \omega_0^2 \omega_r = 0 \qquad (5\text{-}23)$$

其通解可由如下的特征方程求得

$$s^2 + 2\omega_0 \xi s + \omega_0^2 = 0 \qquad (5\text{-}24)$$

根据 ξ 的数值,特征方程的根为

$$\left.\begin{array}{ll} \xi < 1, s = -\xi\omega_0 \pm \omega_0\sqrt{1-\xi^2}\,\mathrm{i} & \text{(一对共轭复根)} \\ \xi = 1, s = -\omega_0 & \text{(重根)} \\ \xi > 1, s = -\xi\omega_0 \pm \omega_0\sqrt{\xi^2-1} & \text{(两个不同实根)} \end{array}\right\} \qquad (5\text{-}25)$$

齐次方程的通解为

$$\left.\begin{array}{l} \xi < 1, \omega_r = C\mathrm{e}^{-\xi\omega_0 t}\sin(\omega_0\sqrt{1-\xi^2}\,t + \varPhi) \\ \xi = 1, \omega_r = (C_1 + C_2 t)\mathrm{e}^{\omega_0 t} \\ \xi > 1, \omega_r = C_3 \mathrm{e}^{-\xi\omega_0 + \omega_0\sqrt{\xi^2-1}\,t} + C_4 \mathrm{e}^{(-\xi\omega_0 - \omega_0\sqrt{\xi^2-1})t} \end{array}\right\} \qquad (5\text{-}26)$$

式中 C、$\varPhi$、C_1、C_2、C_3、C_4——积分常数,可以根据运动的初始条件来确定。

$\xi > 1$,称为大阻尼,横摆角速度响应 $\omega_r(t)$ 是单调上升的。随着时间的增加,ω_r 趋近于稳态横摆角速度 ω_{r0};但当车速超过临界车速 u_{cr} 后,ω_r 是发散的,趋于无穷大,此时汽车失去稳定性(在后面要做进一步论证)。

$\xi = 1$,称为临界阻尼,横摆角速度响应 $\omega_r(t)$ 也是单调上升且趋近于 ω_{r0}。

$\xi < 1$,称为小阻尼,横摆角速度响应 $\omega_r(t)$ 是一条收敛于 ω_{r0} 的减幅正弦曲线。由于正常的汽车都具有小阻尼的瞬态响应,所以下面只讨论在角阶跃输入后,$\xi < 1$ 时的横摆角速度 $\omega_r(t)$ 的变化规律,并讨论结构参数对 $\omega_r(t)$ 的影响。显然,$\xi < 1$ 时横摆角速度为

$$\omega_r(t) = \frac{B_0 \delta_0}{\omega_0^2} + C\mathrm{e}^{-\xi\omega_0 t}\sin(\omega_0\sqrt{1-\xi^2}\,t + \varPhi)$$

令 $\omega = \omega_0 \sqrt{1-\xi^2}$，上式可写为

$$\omega_r(t) = \frac{B_0 \delta_0}{\omega_0^2} + Ce^{-\xi\omega_0 t}\sin(\omega t + \Phi) \tag{5-27}$$

或

$$\omega_r(t) = \frac{B_0 \delta_0}{\omega_0^2} + A_1 e^{-\xi\omega_0 t}\cos\omega_0 t + A_2 e^{-\xi\omega_0 t}\sin\omega t \tag{5-28}$$

下面确定积分常数 C、A_1、A_2。

运动的起始条件为：$t=0$ 时，$\omega_r = 0$，$\nu = 0$，$\delta = \delta_0$。根据微分方程组（5-9）的第二式，还可以求得 $t=0$ 时，$\dot{\omega}_r = \dfrac{ak_1\delta_0}{I_Z} = B_1\delta_0$。

由 $t=0$ 时，$\omega_r = 0$，求得式（5-28）中的一个积分常数为

$$A_1 = \frac{B_0 \delta_0}{\omega_0^2} \tag{5-29}$$

由 $t=0$ 时，$\dot{\omega}_r = B_1\delta_0$，求得另一个积分常数为

$$A_2 = \frac{B_0 \delta_0}{\omega_0^2}\left(\frac{B_1}{B_0}\omega_0^2 - \xi\omega_0\right)\frac{1}{\omega} = \left.\frac{\omega_r}{\delta}\right)_s \delta_0 \left(\frac{-mua\omega_0}{Lk_2} - \xi\right)\frac{1}{\sqrt{1-\xi^2}} \tag{5-30}$$

而

$$\begin{aligned}
C &= \sqrt{A_1^2 + A_2^2} \\
&= \left.\frac{\omega_r}{\delta}\right)_s \delta_0 \sqrt{\left(\frac{-mua\omega_0}{Lk_2} - \xi\right)^2 \frac{1}{\sqrt{1-\xi^2}} + 1} \\
&= \left.\frac{\omega_r}{\delta}\right)_s \delta_0 \sqrt{\left[\left(-\frac{mua}{Lk_2}\right)^2 \omega_0^2 + \frac{2mua\xi\omega_0}{Lk_2} + 1\right]\frac{1}{(1-\xi^2)}}
\end{aligned} \tag{5-31}$$

此外还有

$$\Phi = \arctan\frac{A_1}{A_2} = \arctan\left(\frac{-\sqrt{1-\xi^2}}{-\dfrac{mua\omega_0}{Lk_2} - \xi}\right) \tag{5-32}$$

因此

$$\omega_r(t) = \left.\frac{\omega_r}{\delta}\right)_s \delta_0\left[1 + \sqrt{\left[\left(-\frac{mua}{Lk_2}\right)^2\omega_0^2 + \frac{2mua\xi\omega_0}{Lk_2} + 1\right]\frac{1}{(1-\xi^2)}}e^{-\xi\omega_0 t}\sin(\omega t + \Phi)\right] \tag{5-33}$$

这就是给汽车前轮一个角阶跃输入时，汽车的横摆角速度瞬态响应。由起始条件可知，在 $t=0$ 时，$\omega_r = 0$。由式（5-33）可知，$t=\infty$ 时，$e^{-\xi\omega_0 t} = 0$，$\omega_r(\infty) = \left.\dfrac{\omega_r}{\delta}\right)_s \delta_0 = \omega_{r0}$。即横摆角速度最后趋于稳态横摆角速度 ω_{r0}。当时间 t 在零与无穷大之间时，$\omega_r(t)$ 是衰减正弦函数，如图 5-3 所示。显然，阻尼比越大，衰减越快。

美国安全试验车（ESV）的瞬态横摆响应的满意区域如图 5-30 所示，试验时汽车以 40km/h 和 110km/h 的车速直线行驶，以不小于 500°/s 的角速度转动转向盘。转向盘转角是事先估计好的，要求汽车进入稳态时的侧向加速度为 $0.4g$。满意区域的上限是针对高速

110km/h 的阶跃而制定的，下限是针对较低车速 40km/h 的阶跃而制定的。图上还给出了日产与丰田安全试验车的瞬态横摆响应曲线。

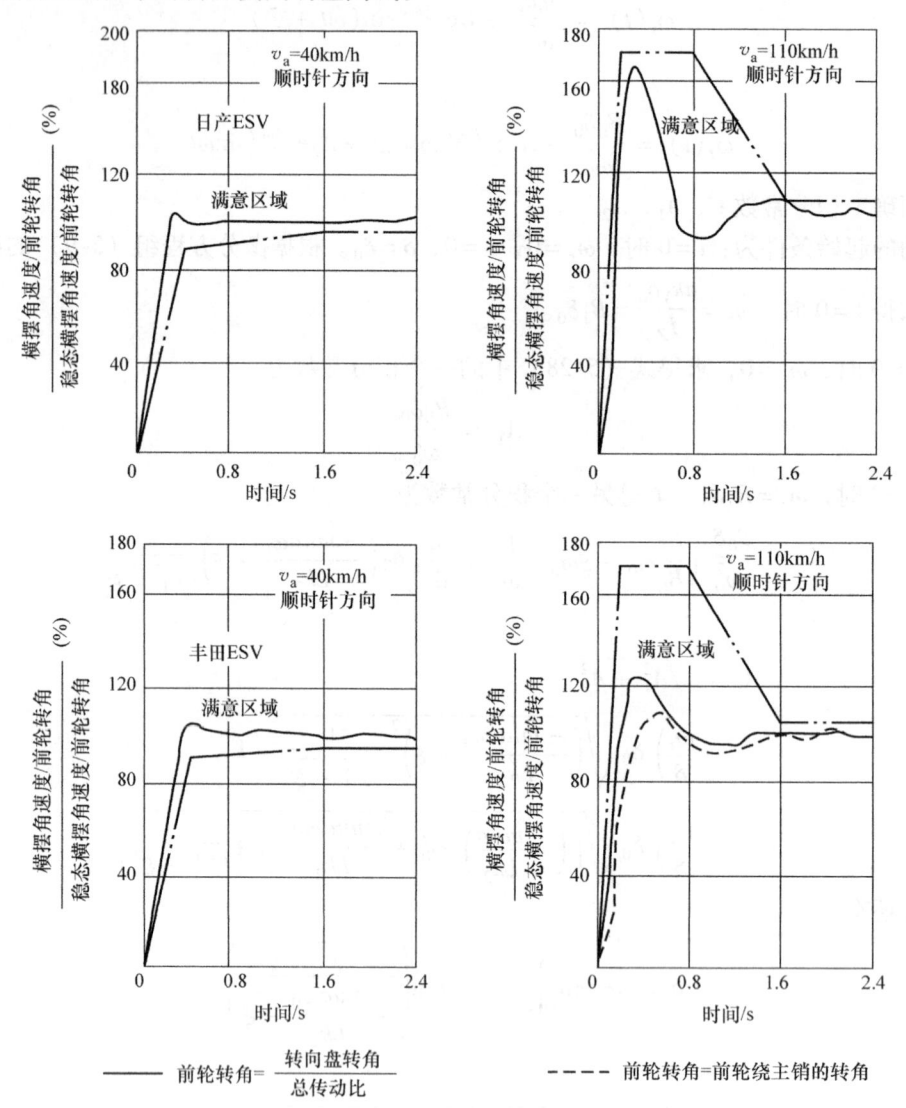

图 5-30 美国安全试验车（ESV）瞬态横摆响应的满意区域
与日产、丰田 ESV 的瞬态横摆响应曲线

通常也用瞬态响应中的几个参数来表征响应品质的好坏，这些参数如下所述。
（1）横摆角速度 ω_r 波动时的固有（圆）频率 ω_0
由式（5-20）可知

$$\omega_0 = \sqrt{\frac{c}{m'}} = \sqrt{\frac{mu(ak_1 - bk_2) + \dfrac{L^2 k_1 k_2}{u}}{mu I_Z}} = \frac{L}{u}\sqrt{\frac{k_1 k_2}{mu I_Z}(1 + Ku^2)} \tag{5-34}$$

ω_0 是评价汽车瞬态响应的一个重要参数，其数值应高些为好。图 5-31 所示为一些欧洲及日本轿车的固有频率 f_0 值与稳定性因数 K 值，固有频率 $f_0 = \omega_0/2\pi$。可以看出，f_0 值在

1Hz 左右。欧洲高速公路允许的最高车速较高，所以轿车行驶车速高，其固有频率也较高，在 0.9Hz 以上。

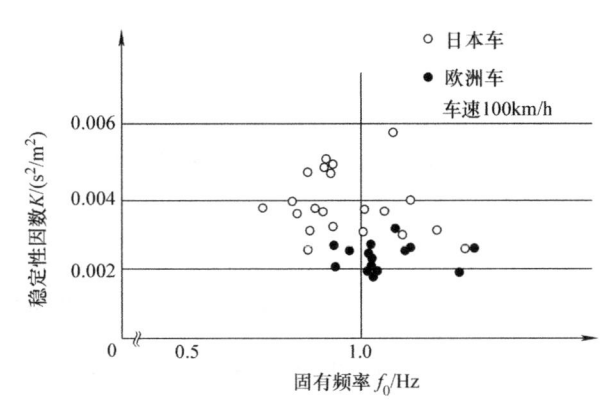

图 5-31　一些欧洲及日本轿车的固有频率 f_0 值与稳定性因数 K 值

（2）阻尼比 ξ

由式（5-20）可知

$$\xi = \frac{h}{2\omega_0 m'} = \frac{-[m(a^2k_1 + b^2k_2) + I_Z(k_1 + k_2)]}{2mI_Z L \sqrt{\frac{k_1 k_2}{mI_Z}(1 + Ku^2)}} \tag{5-35}$$

$$= \frac{-m(a^2k_1 + b^2k_2) - I_Z(k_1 + k_2)}{2L\sqrt{mI_Z k_1 k_2 (1 + Ku^2)}}$$

某汽车研究所通过大量试验，给出近代轿车的超调量为 $\omega_{rmax}/\omega_{r0} \times 100\% = 112\% \sim 165\%$，相应的试验工况为 31.3m/s（70mile/h），$a_y = 0.4g$。由此推算相应的阻尼比为 $\xi = 0.5 \sim 0.8$。

（3）反应时间 τ

反应时间是指角阶跃转向输入后，横摆角速度第一次达到稳定值 ω_{r0} 所需的时间。在有的文献中，亦有取达到 $0.9\omega_{r0}$ 或 $0.63\omega_{r0}$ 值所需的时间，但作为定性分析，并无本质差别。τ 是评价汽车瞬态响应的另一个重要参数。τ 值应小些为好。

将汽车横摆角速度响应式（5-27）重写如下：

$$\omega_r(t) = \frac{B_0 \delta_0}{\omega_0^2} + Ce^{-\xi\omega_0 t}\sin(\omega t + \Phi)$$

当 $t = \tau$ 时，$\omega_r(\tau) = \omega_{r0} = \dfrac{B_0 \delta_0}{\omega_0^2}$。

故

即

$$Ce^{-\xi\omega_0 \tau}\sin(\omega\tau + \Phi) = 0$$

$$\sin(\omega\tau + \Phi) = 0$$

故

$$\tau = \frac{\Phi}{\omega} = \frac{\arctan\left[\dfrac{\sqrt{1-\xi^2}}{\left(\dfrac{mua}{Lk_2}\omega_0 - \xi\right)}\right]}{\omega_0\sqrt{1-\xi^2}} \tag{5-36}$$

(4) 达到第一峰值 ω_{r1} 的时间 ε

通常也用到达第一峰值 ω_{r1} 的时间 ε 作为评定汽车瞬态横摆响应快慢的参数。ε 又称为峰值反应时间。

对于式（5-29），取导数有

$$\frac{d\omega_r(t)}{dt} = C[-\xi\omega_0 e^{-\xi\omega_0 t}\sin(\omega t + \Phi) + \omega e^{-\xi\omega_0 t}\cos(\omega t + \Phi)]$$

$$= Ce^{-\xi\omega_0 t}[-\xi\omega_0\sin(\omega t + \Phi) + \omega\cos(\omega t + \Phi)]$$

当 $t = \varepsilon$ 时，$\dfrac{d\omega_r}{dt} = 0$

即

$$-\xi\omega_0\sin(\omega\varepsilon + \Phi) + \omega\cos(\omega\varepsilon + \Phi) = 0$$

$$\tan(\omega\varepsilon + \Phi) = \frac{\omega}{\xi\omega_0}$$

故

$$\varepsilon = \frac{\arctan\dfrac{\omega}{\xi\omega_0} - \Phi}{\omega} = \frac{\arctan\left(\dfrac{\sqrt{1-\xi^2}}{\xi}\right)}{\omega_0\sqrt{1-\xi^2}} + \tau \tag{5-37}$$

某汽车研究所通过转向盘角阶跃试验得出如下统计数值：近代轿车的 $\varepsilon = 0.23 \sim 0.59s$；而峰值反应时间与质心侧偏角的乘积 $\varepsilon\beta$，即汽车因数 $T.B.$ 为 $0.25 \sim 1.45s$（°），相应的试验工况为 $u = 31.3m/s$（70mile/h），$a = 0.4g$。奔驰中型货车装备不同轮胎时，在 $u = 20m/s$、$a_y = 0.3g$ 的试验条件下，$\varepsilon = 0.94 \sim 1.72s$，$T.B. = 2.06 \sim 4.76s$（°），质心侧偏角 $\beta = 2.05° \sim 3.03°$。

上面推导出了 ω_0、ξ、τ、ε 等值的表达式，由于它们是从二自由度汽车模型的运动微分方程求得的，有很大的局限性，在数值上与实际有相当大的出入。

2. 瞬态响应的稳定条件

前面讨论的瞬态响应，其横摆角速度为减幅正弦函数，最后趋于一个稳定值，因此是稳定的。有的汽车也可能出现不稳定，即 $\omega_r(t)$ 趋于无穷的情况。

前轮转角阶跃输入下，二自由度汽车模型的运动微分方程式（5-21）的通解等于特解 $B_0\delta_0/\omega_0^2$ 与对应齐次微分方程通解之和。显然，汽车是否稳定取决于对应的齐次微分方程，即取决于汽车本身固有的特性。

式（5-24）、式（5-25）和式（5-26）分别是对应的齐次微分方程的特征方程、特征根及其通解。

从齐次微分方程的通解不难看出，当 $\xi \leqslant 1$ 时，只要 $\xi\omega_0$ 为正值，就收敛；否则发散而不稳定。

根据式（5-19）、式（5-20）可知

$$\xi\omega_0 = \frac{-[m(a^2k_1 + b^2k_2) + (k_1 + k_2)I_Z]}{2muI_Z}$$

其中，k_1、k_2 为负数，故 $\xi\omega_0$ 恒为正值。因此，当 $\xi \leqslant 1$ 时，齐次微分方程的解均收敛而趋于零。

当 $\xi > 1$ 时，特征根必须为负值，齐次微分方程的解才收敛趋于零，即 $[-\xi\omega_0 \pm \sqrt{(\xi\omega_0)^2 - \omega_0^2}]$ 应为负值才收敛。换言之，即 ω_0^2 应为正值，汽车的横摆角速度才收敛。由式 (5-19) 和式 (5-20) 可得

$$\omega_0^2 = \frac{(ak_1 - bk_2)}{I_Z} + \frac{k_1k_2L^2}{mu^2I_Z} \tag{5-38}$$

式 (5-38) 中第一项是正值还是负值，是由汽车稳态响应决定的。因稳定性因数为

$$K = \frac{m}{L^2}\left(\frac{a}{k_2} - \frac{b}{k_1}\right)$$

故

$$(ak_1 - bk_2) = \frac{Kk_1k_2L^2}{m} \tag{5-39}$$

即汽车具有不足转向特性时，$K > 0$，$(ak_1 - bk_2) > 0$，式 (5-38) 中第一项为正；汽车为过多转向时，$K < 0$，$(ak_1 - bk_2) < 0$，第一项为负。

式 (5-38) 中第二项恒为正。当车速很低时，它是很大的值，因此不论第一项为正还是为负，ω_0^2 均为正值，即汽车横摆角速度 $\omega_r(t)$ 收敛，汽车是稳定的。随着车速的增加，第二项越来越小。当汽车为过多转向而 $ak_1 - bk_2$ 为负值时，ω_0^2 就可能为负值，$\omega_r(t)$ 发散，汽车是不稳定的。

过多转向汽车使 $\omega_0^2 = 0$ 时的车速，称为临界车速 u_{cr}。当车速大于 u_{cr} 之后，$\omega_0^2 < 0$，汽车便是不稳定的。令式 (5-38) 等于零，可求得临界车速为

$$u_{cr} = \sqrt{-\frac{1}{K}} \tag{5-40}$$

它和稳态响应中的临界车速是一样的。

5.3.4 横摆角速度频率响应特性

一个线性系统，如输入为一正弦函数，达到稳定状态时的输出亦为具有相同频率的正弦函数，但两者的幅值不同，相位也发生变化。输出、输入的幅值比是频率 f 的函数。记为 $A(f)$，称为幅频特性。相位差也是 f 的函数，记为 $\Phi(f)$，称为相频特性。两者统称为频率特性。

在汽车操纵稳定性中，常以前轮转角 δ 或转向盘转角 δ_{sw} 为输入，汽车横摆角速度 ω_r 为输出的汽车横摆角速度频率响应特性来表征汽车的动特性。

二自由度汽车模型的横摆角速度频率特性，可由其运动微分方程的傅里叶变换求得。

将式 (5-20) 重写如下

$$\ddot{\omega}_r + 2\omega_0\xi\dot{\omega}_r + \omega_0^2\omega_r = B_1\dot{\delta} + B_0\delta$$

对上式进行傅里叶变换，得

$$-\omega^2\omega_r(\omega) + 2\omega_0\xi j\omega\omega_r(\omega) + \omega_0^2\omega_r(\omega) = B_1j\omega\delta(\omega) + B_0\delta(\omega)$$

式中 $\omega_r(\omega)$ —— ω_r 的傅里叶变换；
$\delta(\omega)$ —— δ 的傅里叶变换。

频率响应函数 $H(j\omega)_{\omega_r-\delta}$ 为

$$H(j\omega)_{\omega_r-\delta} = \frac{\omega_r(\omega)}{\delta(\omega)} = \frac{B_1 j\omega + B_0}{-\omega^2 + 2\omega_0\xi j\omega + \omega_0^2}$$

$$= \frac{(B_1 j\omega + B_0)[(\omega_0^2 - \omega^2) - 2\xi\omega_0\omega j]}{[(\omega_0^2 - \omega^2) + 2\xi\omega_0 j\omega][(\omega_0^2 - \omega^2) - 2\xi\omega_0\omega j]}$$

$$= \frac{2B_1\xi\omega_0\omega^2 + B_0(\omega_0^2 - \omega^2)}{(\omega_0^2 - \omega^2)^2 + 4\xi^2\omega_0^2\omega^2} + \frac{B_1\omega(\omega_0^2 - \omega^2) - 2B_0\xi\omega_0\omega}{(\omega_0^2 - \omega^2)^2 + 4\xi^2\omega_0^2\omega^2} j$$

$$= B(\omega) + C(\omega) j$$

幅频特性为

$$A(\omega) = \sqrt{[B(\omega)]^2 + [C(\omega)]^2}$$

相频特性为

$$\Phi(\omega) = \arctan\frac{C(\omega)}{B(\omega)}$$

实际汽车的横摆角速度频率特性是通过转向盘角脉冲输入瞬态响应试验求得的。测定转向盘角脉冲输入瞬态响应可以只在较宽的试验跑道上进行，这是角脉冲输入试验的一个优点。若以转向盘角阶跃输入瞬态响应表征汽车的动特性，则试验时需要很大的场地。因此，近年来各国汽车研究单位与工厂常以横摆角速度频率响应特性来表征汽车的动态特性。

图 5-32 所示为某杂志给出的奔驰 E320 轿车的横摆角速度频率响应特性。

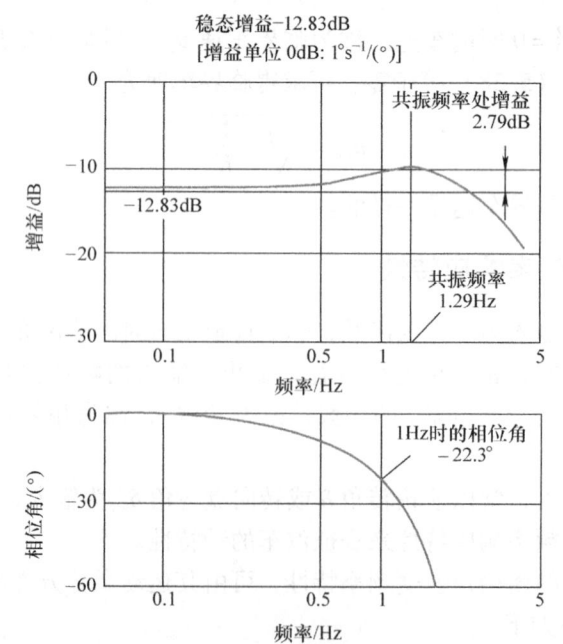

图 5-32 奔驰（Benz）E320 轿车的横摆角速度频率响应特性

幅频特性反映了驾驶人以不同频率输入指令时，汽车执行驾驶人指令失真的程度。幅频特性曲线在低频区接近于一条水平线，随着频率的增高，幅值比增加，至某一频率 f_r 时幅值比达到最大值,此时系统处于共振状态。频率再增高,幅值比逐渐减小。相频特性反映了汽车横摆角速度ω_r滞后于转向盘转角的失真程度。从操纵稳定性出发,希望幅频特性曲线能平些,共振频率高一点,通频带宽些,以保证不同工况下失真度较小,都有满意的操纵性能;同时希望相位差小些,以保证汽车有快速灵活的反应。

也有用横摆角速度频率特性上的5个参数来评定汽车操纵稳定性,如图5-33所示,它们是:

1）频率为零时的幅值比,即稳态增益（图中以a表示）。

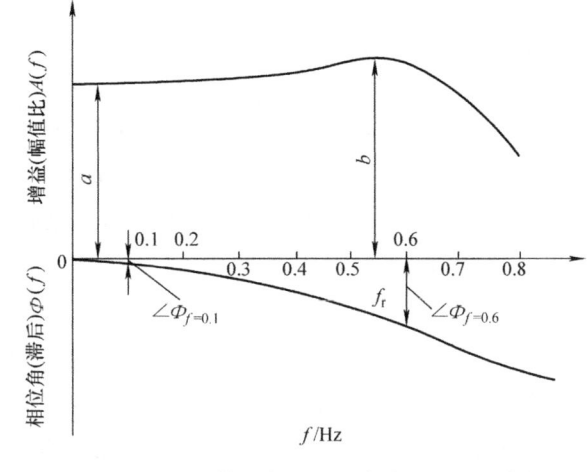

图 5-33 评价横摆角速度频率特性的5个参数

2）共振峰频率f_r,f_r值越高,操纵稳定性越好。

3）共振时的增幅比b/a,增幅比b/a应小些。

4）$f=0.1$Hz 时的相位滞后角$\angle\Phi_{f=0.1}$,它代表缓慢转动转向盘时响应的快慢,这个数值应接近于零。

5）$\angle\Phi_{f=0.6}$,$f=0.6$Hz 时的相位滞后角,它代表较快速度转动转向盘时响应的快慢,其数值应当小些。

日本汽车研究所采用的评价参数与此相似,只是它主要研究轿车,轿车的共振频率高,所以取1Hz时的相位差作为评价参数。日本汽车研究所根据多辆汽车试验结果给出的数据为:1979—1980 年汽车的共振频率平均值为 1.16Hz,1987 年汽车的共振频率平均值为 1.16Hz;共振频率处的增益由 2.51dB 降低到 2.41dB;相位滞后角大体没有变化,为 26°~29°。

5.4 操纵稳定性试验

5.4.1 试验要求

根据 GB/T 6323—2014《汽车操纵稳定性试验方法》,试验包括:汽车操纵稳定性蛇行试验方法、转向瞬态响应试验方法（转向盘转角阶跃输入、转向盘转角脉冲输入）、转向回正性能试验方法、转向轻便性试验方法、稳态回转试验方法、转向盘中心区操纵稳定性试验方法。

汽车操纵稳定性蛇行试验方法、转向瞬态响应试验方法（转向盘转角阶跃输入、转向盘转角脉冲输入）、转向回正性能试验方法、转向轻便性试验方法适用于 M 类、N 类、G 类车辆,稳态回转试验方法适用于二轴的 M 类、N 类、G 类车辆,转向盘中心区操纵稳定性试验方法适用于 M1、N1 类车辆,其他类型汽车可参照执行。

案例 3：

近些年来，智能网联汽车成为研究热点，具有巨大的发展潜力，同时对操纵稳定性的要求也会更高。我国智能网联汽车的发展与其他国家处于同一起跑线，如何在这种情况下脱颖而出，成为世界智能网联汽车发展的领路人，是每一个汽车人需要肩负起的责任和使命。在加快形成以国内大循环为主的新发展格局当中，中国所拥有的超大规模市场优势，将为智能网联汽车的健康发展提供良好的市场基础。作为汽车人的我们要具有不断探索勇于创新的智慧和精神，培养创新意识。

1. 试验汽车要求

试验前，测定车轮定位参数。对转向系、悬架系进行检查、调整和紧固，按规定进行润滑。只有认定试验汽车已符合厂方规定的技术条件，方可进行试验。测定及检查的有关参数的数值：采用新轮胎试验，试验前至少应经过 200km 正常行驶的磨合；若用旧轮胎，试验终了时残留轮胎胎冠花纹深度不小于 1.6mm，轮胎气压应符合汽车出厂技术要求。

试验前，以试验车速直线行驶 10km，或者沿半径 15m 的圆周、以侧向加速度达 $3m/s^2$ 的相应车速行驶 500m（左转与右转各进行一次）使轮胎升温。蛇行试验汽车载荷状态为汽车最大设计总质量，转向瞬态响应试验（转向盘转角阶跃输入、转向盘转角脉冲输入）、转向回正性能试验、转向轻便性试验、稳态回转试验及转向盘中心区操纵稳定性试验汽车载荷状态为最大设计总质量和轻载两种状态。轻载状态是指汽车整备质量状态除驾驶人、试验员及仪器外，没有其他加载物的状态。对于承载能力小的汽车，如果轻载质量已超过最大总质量的 70%，则不必进行轻载状态的试验。N 类车辆的装载物（推荐用砂袋）均匀分布于货厢内；M 类车辆的装载物（或假人）分布于座椅和地板上，其比例应符合汽车出厂技术要求。轴载质量必须符合厂方规定。

2. 试验场地与环境要求

试验场地应为干燥、平整且清洁的沥青路面或混凝土路面，任意方向的坡度不应大于 2%；对于转向盘中心区操纵稳定性试验，坡度应不大于 1%；风速应不大于 $5m/s^2$；大气温度在 0~40℃ 范围内。

5.4.2 蛇行试验

1. 试验设备

转向盘力矩（使汽车转向或保持汽车转向时施加在转向盘上的力矩）/转向盘转角测量仪（图 5-34）、汽车操纵稳定性测试仪、秒表、多通道数据采集系统，其连接如图 5-35 所示。

2. 测量参数

测量参数有转向盘转角（以汽车直行时转向盘的位置为基准测定的转向盘角位移）、横摆角速度（簧载质量绕 Z 轴旋转的角速度）、车身侧倾角（汽车 Y 轴与 $X-Y$ 平面间所夹的角）、通过有效标桩区时间、侧向加速度（汽车质心或簧载质心加速度矢量沿 y 轴方向的分量）。

图 5-34 转向参数测量仪

图 5-35　操纵稳定性测试设备连接

3. 试验方法

在试验场地上按图 5-36 及表 5-2 的规定，布置标桩 10 根。接通仪器电源，使之预热到正常工作温度。试验驾驶人应具有较丰富的驾驶经验。在正式试验前，按图 5-36 所示路线，练习 5 个往返。

首次试验时，试验车速为表 5-2 所规定的基准车速 1/2 并四舍五入为 10 的整数倍，以该车速稳定直线行驶，在进入试验区段之前，记录各测量变量的零线，然后按图 5-36 所示路线蛇行通过试验路段，同时记录各测量变量的时间历程曲线及通过有效标桩区的时间。逐步提高试验车速（车速间隔自行选择），重复过程，共进行 10 次（撞倒标桩的次数不计在内）。最高车速不超过 80km/h。

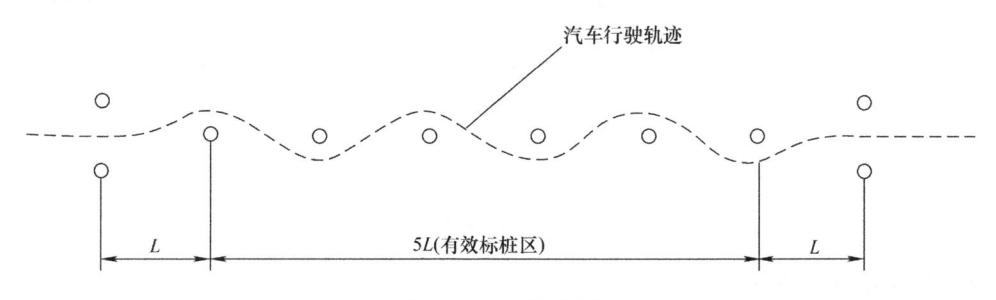

图 5-36　标桩布置

表 5-2　标桩间距及基准车速

汽车类型	标桩间距 L/m	基准车速/(km/h)
M_1 类、N_1 类和 M_1G、N_1G 类车辆	30	65
M_2 类、N_2 类和 M_2G、N_2G 类车辆		50
M_3 类及最大总质量小于或等于 15t 的 N_3 类和 M_3G、N_3G 类车辆	50	60
M_3 类（铰接客车）及最大总重量大于 15t 的 N_3 类和 M_3G、N_2G 类车辆		50

4. 试验数据处理（图 5-37）

（1）试验车速

第 i 次试验的蛇行车速按式（5-41）确定：

$$v_i = 18L/t_i \tag{5-41}$$

式中 v_i——第 i 次试验的蛇行车速（km/h）；

L——标桩间距（m）；

t_i——第 i 次试验通过有效标桩区的时间（s）。

（2）平均转向盘转角

第 i 次试验平均转向盘转角按式（5-42）确定：

$$\bar{\delta}_{swi} = \frac{1}{4}\sum_{j=1}^{4}|\delta_{swij}| \tag{5-42}$$

式中 $\bar{\delta}_{swi}$——第 i 次试验平均转向盘转角（°）；

δ_{swij}——在有效标桩区内，转向盘转角时间历程曲线峰值（°）。

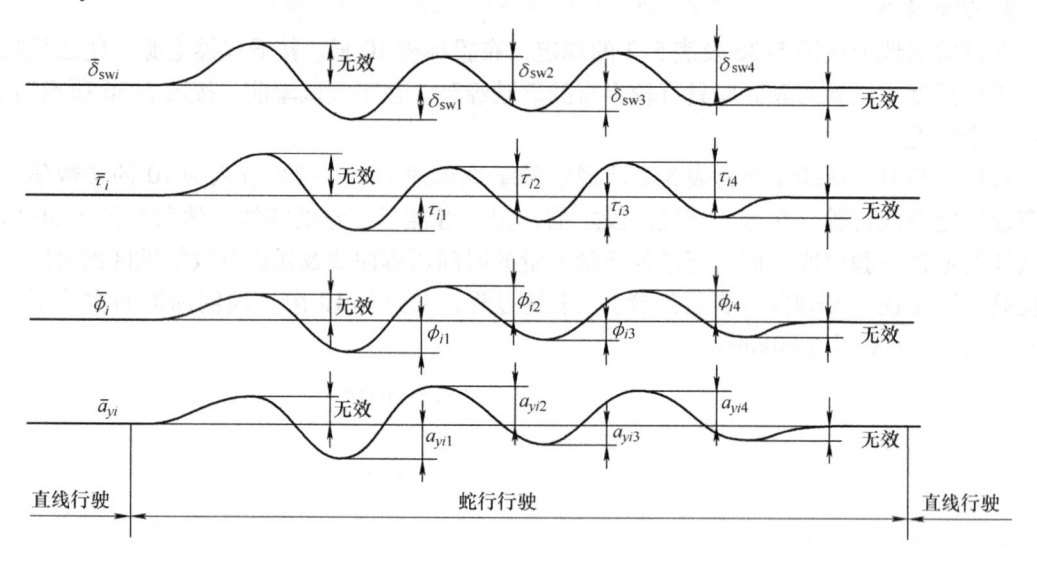

图 5-37 试验数据处理

（3）平均横摆角速度

第 i 次试验平均横摆角速度按式（5-43）确定：

$$\bar{r}_i = \frac{1}{4}\sum_{j=1}^{4}|r_{ij}| \tag{5-43}$$

式中 $\bar{r}_i$——第 i 次试验平均横摆角速度 [(°)/s]；

r_{ij}——在有效标桩区内，横摆角速度时间历程曲线峰值(°)/s。

（4）平均车身侧倾角

第 i 次试验平均车身侧倾角按式（5-44）确定：

$$\bar{\phi}_i = \frac{1}{4}\sum_{j=1}^{4}|\phi_{ij}| \tag{5-44}$$

式中 $\bar{\phi}_i$——第 i 次试验平均车身侧倾角（°）；

ϕ_{ij}——在有效标桩区内，车身侧倾角时间历程曲线峰值（°）。

（5）平均侧向加速度

按下述两种方法之一确定侧向加速度真实值：

1）侧向加速度测量，其输出轴应与 Y 轴对正或平行，如加速度传感器随车身一起侧倾时应按式（5-45）加以修正：

$$a_y = \frac{a'_y - g\sin\phi}{\cos\phi} \tag{5-45}$$

式中　a_y——真实的侧向加速度值（m/s²）；

a'_y——加速度传感器指示的侧向加速度值（m/s²）；

g——重力加速度，$g = 9.81 \text{m/s}^2$；

ϕ——车身侧倾角（°）。

2）瞬时横摆角速度（单位为 rad/s）乘以汽车前进瞬时速度（单位为 m/s）。按式（5-46）确定第 i 次试验平均侧向加速度：

$$\bar{a}_{yi} = \frac{1}{4}\sum_{j=1}^{4}|a_{yij}| \tag{5-46}$$

式中　$\bar{a}_{yi}$——第 i 次试验平均侧向加速度（m/s²）；

a_{yij}——在有效标桩区内，侧向加速度真实值时间历程曲线峰值（m/s²）。

5.4.3　转向瞬态响应试验（转向盘转角阶跃输入）

1. 试验设备

试验设备主要有车速仪、转向盘力矩/转向盘转角测量仪、汽车操纵稳定性测试仪（图 5-38）、多通道数据采集系统（图 5-39）。

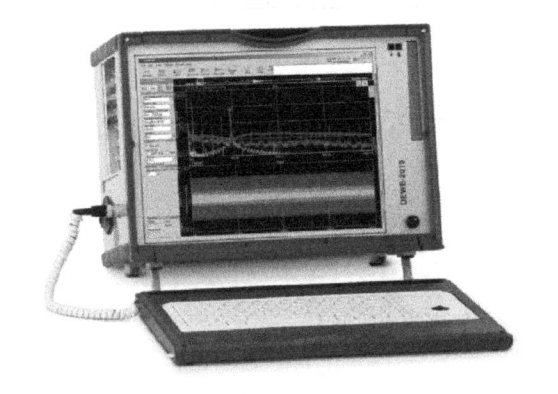

图 5-38　汽车操纵稳定性测试仪　　　图 5-39　数据采集仪

2. 测量参数

测量参数包括汽车前进速度、转向盘转角、横摆角速度、车身侧倾角、侧向加速度、汽车侧偏角（汽车 X 轴在路面上的投影与质心处车速在路面上的投影间的夹角）。

3. 试验方法

试验车速按被试汽车最高车速的 70% 并四舍五入为 10 的整数倍确定，但最高试验车速不宜超过 120km/h。试验前,以试验车速行驶 10km,使轮胎升温。接通仪器电源,使之达到正常工作温度。在停车状态进行信号零位标定。按稳态侧向加速度值为 1.0m/s²、1.5m/s²、2.0m/s²、2.5m/s² 和 3.0m/s²,预选转向盘转角的位置(输入角)。

汽车以试验车速直线行驶,先按输入方向轻轻靠紧转向盘,消除转向盘自由行程并开始记录各测量变量的零线,经过(0.2~0.5)s,以最快的速度(起跃时间不大于0.2s 或起跃速度不低于 200°/s)转动转向盘,使其达到预先选好的位置并固定数秒钟(直至测量变量过渡到新稳态值),停止记录。记录过程中保持车速不变。试验按向左转与向右转两个方向进行。可两个方向交替进行,也可连续进行一个方向试验,然后再进行另一个方向试验。

4. 试验数据处理

各测量变量的稳态值,采用进入稳态后的均值。若汽车前进速度的变化率大于5%或转向盘转角的变化超出平均值的10%,则本次试验无效。采用平均侧向加速度中规定的方法,获取侧向加速度时间历程,确定稳态加速度值。按图 5-40 所示确定横摆角速度、侧向加速度的响应时间、横摆角速度峰值响应时间。

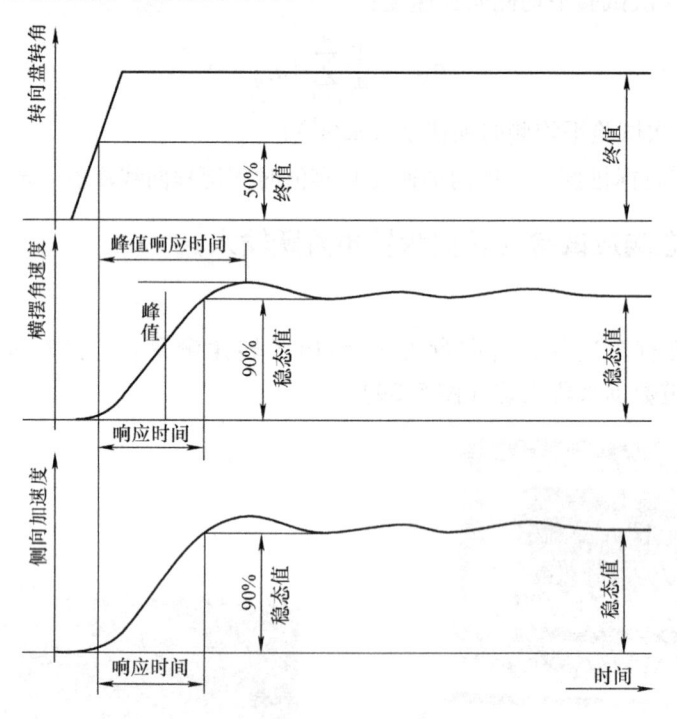

图 5-40 横摆角速度与侧向加速度响应时间

横摆角速度超调量按式(5-47)确定:

$$\sigma = \frac{r_{max} - r_0}{r_0} \times 100\% \quad (5-47)$$

式中 σ——横摆角速度超调量(%);
r_0——横摆角速度响应稳态值 [(°)/s];
r_{max}——横摆角速度响应峰值 [(°)/s]。

横摆角速度总方差按式(5-48)确定:

$$E_r = \sum_{k=0}^{n} \left(\frac{\delta_{swk}}{\delta_{sw0}} - \frac{r_k}{r_0} \right)^2 \times \Delta t \tag{5-48}$$

式中 E_r——横摆角速度总方差（s）；

δ_{swk}——转向盘转角输入的瞬时值（°）；

r_k——汽车横摆角速度输出的瞬时值 [(°)/s]；

δ_{sw0}——转向盘转角输入终值（°）；

r_0——汽车横摆角速度响应稳态值 [(°)/s]；

n——采样点数，取至汽车横摆角速度响应达新稳态值为止；

Δt——采样时间间隔（s），不应大于0.2s。

侧向加速度总方差按式（5-49）确定：

$$E_{ay} = \sum_{k=0}^{n} \left(\frac{\delta_{swk}}{\delta_{sw0}} - \frac{a_{yk}}{a_{y0}} \right)^2 \times \Delta t \tag{5-49}$$

式中 E_{ay}——侧向加速度总方差（s）；

a_{yk}——侧向加速度响应的瞬时值（m/s²）；

a_{y0}——侧向加速度响应的稳态值（m/s²）。

"汽车因素"（TB）由横摆角速度峰值响应时间乘以稳态汽车侧偏角求得。

5.4.4 转向回正性能试验

1. 试验设备

车速仪、转向盘力矩/转向盘转角测量仪、汽车操纵稳定性测试仪、多通道数据采集系统。

2. 测量参数

汽车前进速度、横摆角速度、侧向加速度。

3. 试验方法

（1）低速回正性能试验

在试验场地上用醒目的颜色画出半径不小于15m的圆周。接通仪器电源，使其达到正常工作温度。试验汽车直线行驶，记录各测量变量零线，然后调整转向盘转角，使汽车沿半径为15m的圆周行驶，调整车速，使侧向加速度达到（4±0.2）m/s²，固定转向盘转角，稳定车速并开始记录。待3s后，迅速松开转向盘并做一标记（建议用一微动开关和一个信号通道同时记录），至少记录松手后4s内的汽车运动过程。记录时间内加速踏板位置保持不变。对于侧向加速度达不到（4±0.2）m/s²的汽车，按试验汽车所能达到的最高侧向加速度进行试验，并在试验报告中加以说明。试验按向左转与向右转两个方向进行，每个方向三次。

（2）高速回正性能试验

最高车速超过100km/h的汽车应进行本项试验。试验车速应为被试汽车最高车速的70%并四舍五入为10的整数倍。接通仪器电源，使其达到正常的工作温度。试验汽车沿试验路段以试验车速直线行驶，记录各测量变量的零线。随后转动转向盘使侧向加速度达到（2±0.2）m/s²，待稳定并开始记录后，迅速松开转向盘并做一标记（建议用一个微动开关和一个信号通道同时记录），至少记录松手后 4s 内的汽车运动过程。记录时间内加速踏板位置保持不变。试验按向左转与向右转两个方向进行，每个方向三次。

4. 试验数据处理

横摆角速度时间历程曲线分两大类：收敛型（如图 5-41 中曲线 1~4 所示）与发散型（如图 5-41 曲线 5~6 所示）。对于发散型，不进行数据处理；对于收敛型，按向左转与向右转分别确定下述指标。

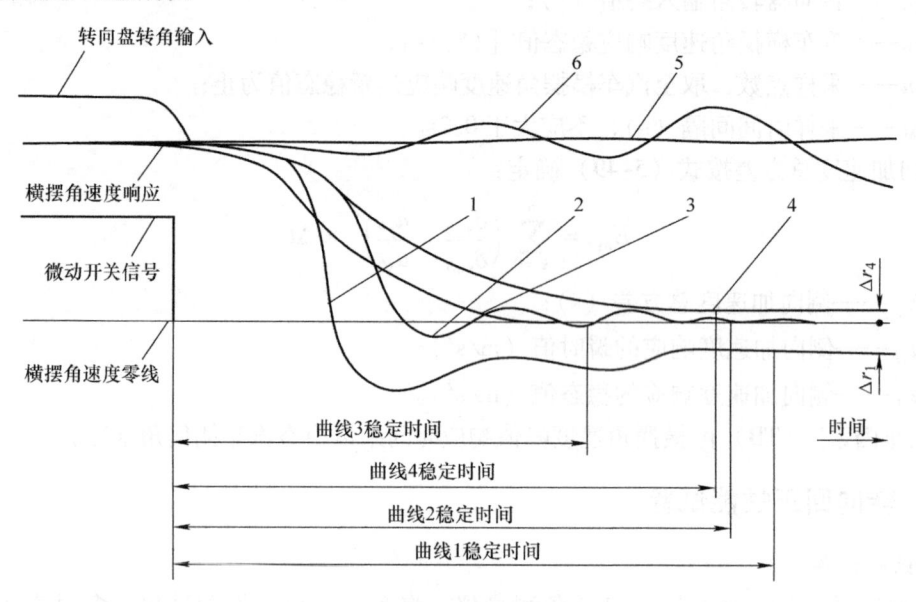

图 5-41　横摆角速度时间历程

（1）时间坐标原点

在微动开关时间历程曲线上，松开转向盘时微动开关所做的标记。

（2）稳定时间

从时间坐标原点开始，至横摆角速度达到新稳态值（包括零值）为止的一段时间间隔。其均值按式（5-50）确定：

$$\bar{t}_s = \frac{1}{3}\sum_{i=0}^{3} t_{si} \tag{5-50}$$

式中　$\bar{t}_s$——稳定时间均值（s）；

t_{si}——第 i 次试验的稳定时间（s）。

（3）残留横摆角速度

在横摆角速度时间历程曲线上，松开转向盘 3s 时的横摆角速度值（包括零值）。按式（5-51）确定：

$$\Delta\bar{r} = \frac{1}{3}\sum_{i=0}^{3}\Delta r_i \tag{5-51}$$

式中　$\Delta\bar{r}$——残留横摆角速度均值 [(°)/s]；

Δr_i——第 i 次试验的残留横摆角速度值 [(°)/s]。

(4) 横摆角速度超调量

在横摆角速度时间历程曲线上，横摆角速度响应第一个峰值超过新稳态值的部分与初始值之比（图 5-42），横摆角速度超调量均值按式（5-52）确定：

$$\bar{\sigma} = \frac{1}{3}\sum_{i=0}^{3}\sigma_i \tag{5-52}$$

式中　$\bar{\sigma}$——横摆角速度超调量均值（%）；
　　　σ_i——第 i 次试验横摆角速度超调量（%）。

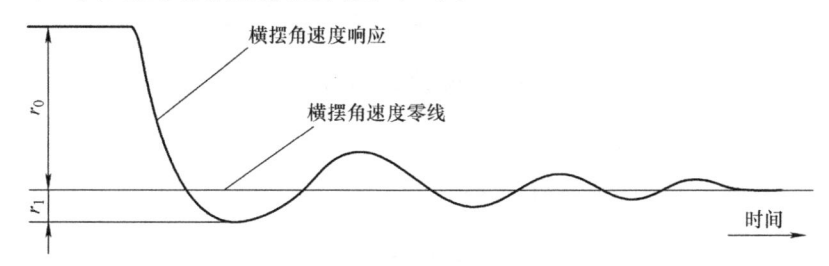

图 5-42　横摆角速度响应

(5) 横摆角速度自然频率

第 i 次试验横摆角速度自然频率 f_{oi} 按式（5-53）确定：

$$f_{oi} = \frac{\sum_{j=1}^{m}A_{ij}}{2\sum_{j=1}^{m}A_{ij}\Delta t_{ij}} \tag{5-53}$$

式中　f_{oi}——第 i 次试验横摆角速度自然频率（Hz）；
　　　A_{ij}——横摆角速度响应时间历程曲线的峰值 [(°)/s]；
　　　Δt_{ij}——横摆角速度响应时间历程曲线上，两相邻波峰的时间间隔（s）；
　　　m——横摆角速度响应时间历程曲线的波峰数。

横摆角速度自然频率均值按式（5-54）确定：

$$\bar{f}_o = \frac{1}{3}\sum_{i=0}^{3}f_{oi} \tag{5-54}$$

式中　$\bar{f}_o$——横摆角速度自然频率均值（Hz）。

(6) 相对阻尼系数与相对阻尼系数均值

由式（5-55）计算得出衰减率：

$$D'_i = \frac{A_{i1}}{\sum_{j=1}^{m}A_{ij}} \tag{5-55}$$

式中　D'_i——衰减率；
　　　A_{i1}——横摆角速度第一个波峰值（图 5-43）。

按式（5-56）计算或按图 5-44 查得相对阻尼系数：

$$\xi_i = \frac{1}{3}\sum_{i=1}^{3}\xi_i \tag{5-56}$$

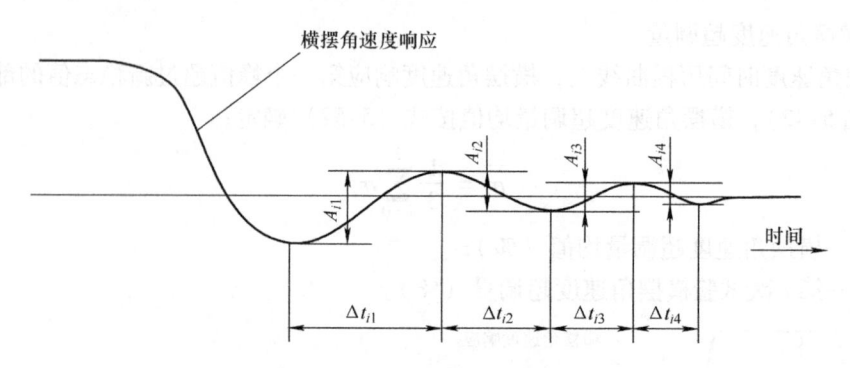

图 5-43 横摆角速度自然频率

式中 ξ_i——第 i 次试验相对阻尼系数。

按式（5-57）确定相对阻尼系数均值：

$$\bar{\xi} = \frac{1}{3}\sum_{i=1}^{3}\xi_i \tag{5-57}$$

式中 $\bar{\xi}$——相对阻尼系数均值。

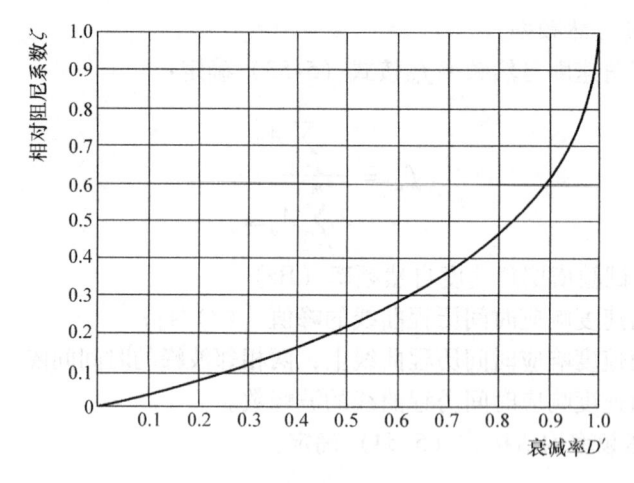

图 5-44 相对阻尼系数

（7）横摆角速度总方差

第 i 次试验横摆角速度总方差按式（5-58）确定：

$$E_{ri} = \left[\sum_{k=0}^{m}\left(\frac{r_{ik}}{r_{oi}}\right)^2 - 0.5\right] \times \Delta t \tag{5-58}$$

式中 E_{ri}——第 i 次试验横摆角速度总方差（s）；

r_{ik}——横摆角速度响应时间历程曲线瞬时值 [(°)/s]；

r_{oi}——横摆角速度响应初始值 [(°)/s]；

n——采样点数，按 $n\Delta t = 3s$ 选取；

Δt——采样时间间隔（s），一般不大于 0.2s。

横摆角速度总方差均值按式（5-59）确定：

$$\overline{E}_r = \frac{1}{3}\sum_{i=1}^{3} E_{ri} \tag{5-59}$$

式中 $\overline{E}_r$——横摆角速度总方差均值（s）。

5.4.5 转向轻便试验

1. 试验设备

车速仪、转向盘力矩/转向盘转角测量仪、钢卷尺、标桩、多通道数据采集系统。

2. 测量参数

转向盘力矩、转向盘转角、汽车前进车速、转向盘直径。

3. 试验方法

在试验场地上，以醒目的颜色画出双纽线路径（图5-45）。双纽线的最小曲率半径（单位：m）应按试验汽车前外轮的最小转弯半径（单位：m）乘以1.1倍，并据此画出双纽线，在双纽线最宽处顶点和中点（即结点）的路径两侧各放置两个标桩，共计放置16个标桩（图5-44）。标桩与试验路径中心线的距离，为车宽一半加50cm，或按转弯通道圆宽二分之一加50cm。

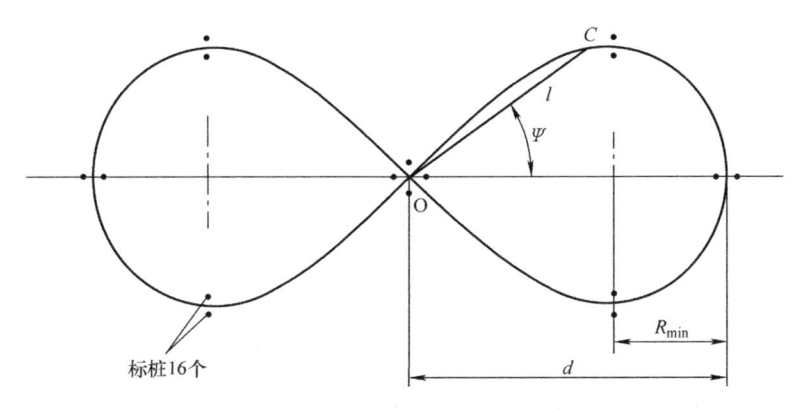

图 5-45 双纽线路径

接通仪器电源，使之预热到正常工作温度。试验开始之前可操纵汽车沿双纽线路径行驶若干周以熟悉路径和相应操作。随后，使汽车沿双纽线中点"O"处的切线方向做直线滑行，并停车于"O"点处，停车后注意观察车轮是否处于直行位置，必要时应调整转向盘使车轮处于直行位置。然后双手松开转向盘，记录转向盘中间位置和作用力矩的零线。试验时，驾驶人操纵转向盘，使汽车以 (10 ± 2) km/h 的车速沿双纽线行驶；待车速稳定后，开始记录转向盘转角和作用力矩，并记录行驶车速作为监控参数。汽车沿双纽线绕行一周至记录起始位置，即完成一次试验；全部试验应进行三次。在测量记录的过程中，应保持车速稳定，平稳地、不停顿地连续转动转向盘；不应同时松开双手或来回转动转向盘修正行驶方向，也不应撞倒标桩。

双纽线轨迹的极坐标方程按式（5-60）确定，式中符号定义如图5-42所示。

$$l = d\sqrt{\cos(2\psi)} \tag{5-60}$$

轨迹上任意点的曲率半径 R 按式（5-61）确定：

$$R = \frac{d}{3\sqrt{\cos(2\psi)}} \tag{5-61}$$

当 $\psi = 0°$ 时，双纽线顶点的曲率半径为最小值，即

$$R_{\min} = d/3 \tag{5-62}$$

4. 试验数据处理

根据记录的转向盘转角与作用力矩，按每一周双纽线路径整理成图 5-46 所示的 M_{sw} - δ_{sw} 曲线，或者直接采用计算机采样所得的上述参数，确定出汽车转向轻便性的各项参数。

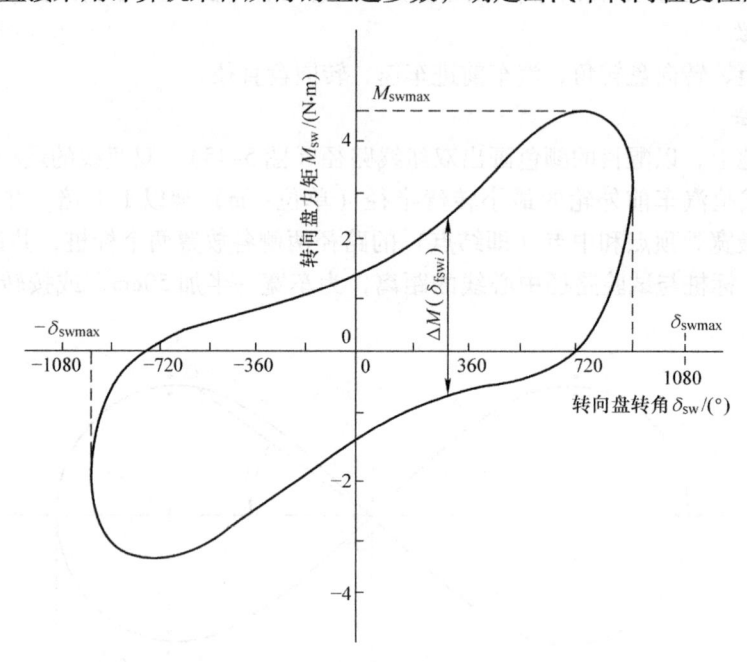

图 5-46 转向盘转角与作用力矩

转向盘最大作用力矩的均值用式（5-63）确定：

$$\overline{M}_{swmax} = \frac{\sum_{i=1}^{3} |M_{swmaxi}|}{3} \tag{5-63}$$

式中 $\overline{M}_{swmax}$——转向盘最大作用力矩的均值（N·m）；

M_{swmaxi}——绕双纽线路径第 i 周（$i = 1 \sim 3$）的转向盘最大作用力矩（N·m）。

转向盘最大作用力均值按式（5-64）确定：

$$\overline{F}_{max} = \frac{2M_{swmax}}{D} \tag{5-64}$$

式中 $\overline{F}_{max}$——转向盘最大作用力均值（N）；

D——试验汽车原有转向盘直径（m）。

绕双纽线路径每一周的作用功按式（5-65）确定：

$$W_i = \frac{1}{57.8} \sum_{j=1}^{n_i-1} M_{swij} [\delta_{swi(j+1)} - \delta_{swij}] \tag{5-65}$$

式中 W_i——绕双纽线路径第 i 周（$i=1\sim3$）的转向盘作用功（J）；
M_{swij}——绕双纽线路径第 i 周（$i=1\sim3$）的第 j（$j=1\sim n_i-1$）个采样点处转向盘作用力矩（N·m）；
n_i——绕双纽线路径第 i 周采样点数；
$\delta_{swi(j+1)}$——绕双纽线路径第 i 周（$i=1\sim3$）的第 $j+1$（$j=1\sim n_i-1$）个采样点处转向盘转角（°）；
δ_{swij}——绕双纽线路径第 i 周（$i=1\sim3$）的第 j（$j=1\sim n_i-1$）个采样点处转向盘转角（N·m）。

转向盘的作用功均值按式（5-66）确定：

$$\overline{W} = \frac{\sum_{i=1}^{3} w_i}{3} \tag{5-66}$$

式中 $\overline{W}$——转向盘作用功的均值（J）。

绕双纽线路径每一周的转向盘平均摩擦力矩可按式（5-67）确定：

$$\overline{M}_{swfi} = \frac{57.3 w_i}{2(|-\delta_{swmax}|+|+\delta_{swmax}|)} \tag{5-67}$$

式中 $\overline{M}_{swfi}$——绕双纽线路径第 i 周（$i=1\sim3$）的转向盘平均摩擦力矩（N·m）。

转向盘平均摩擦力，用式（5-68）确定：

$$\overline{F}_{swfi} = \frac{2\overline{M}_{swfi}}{D} \tag{5-68}$$

式中 $\overline{F}_{swfi}$——绕双纽线路径第 i 周（$i=1\sim3$）的转向盘平均摩擦力（N）。

转向盘平均摩擦力矩均值按式（5-69）确定：

$$\overline{M}_{swf} = \frac{\sum_{i=1}^{3} \overline{M}_{swfi}}{3} \tag{5-69}$$

转向盘平均摩擦力均值按式（5-70）确定：

$$\overline{F}_{swf} = \frac{2\overline{M}_{swf}}{D} \tag{5-70}$$

5.4.6 稳态回转试验

1. 试验设备

车速仪、转向盘力矩/转向盘转角测量仪、汽车操纵稳定性测试仪、多通道数据采集系统。

2. 测量参数

必须测量的变量包括：汽车横摆角速度、汽车前进车速、车身侧倾角。
希望测量的变量包括：汽车侧偏角、汽车纵向加速度、汽车侧向加速度。

3. 试验方法

在试验场地上，以醒目的颜色画出半径不小于 15m 的圆周。接通仪器电源，使之预热到正常工作温度。试验开始之前，汽车应以侧向加速度为 3m/s² 的相应车速沿画定的圆周行驶五圈以使轮胎升温。操纵汽车以最低稳定速度沿所画圆周行驶，待安装于汽车纵向对称面上的车速传感器在半圈内都能对准地面所画圆周时，固定转向盘不动，停车并开始记录，记录各变量的零线。然后，汽车起步，缓慢而均匀地加速（纵向加速度不超过 0.25m/s^2），直至汽车的侧向加速度达到 6.5m/s^2（或受发动机功率限制而所能达到的最大侧向加速度，或汽车出现不稳定状态）为止。记录整个过程。试验按向左转和向右转两个方向进行，每个方向试验三次。每次试验开始时，应保证车身纵向对称面处于所画圆周线正中位置。

4. 试验数据处理

各点的侧向加速度值由瞬时横摆角速度（rad/s）乘以汽车前进瞬时速度（m/s）确定。
各点的转弯半径按式（5-71）确定。

$$R_k = \frac{57.3 v_k}{r_k} \tag{5-71}$$

式中　R_k——第 k 点转弯半径（m）；
　　　v_k——第 k 点车速瞬时值（m/s）；
　　　r_k——第 k 点横摆角速度瞬时值 [(°)/s]。

进而计算出各点的转弯半径比 R_k/R_0，其中 R_0 为初始半径，即侧向加速度与转弯半径拟合曲线侧向加速度为零处的值（m）。

根据计算出的各点转弯半径 R_k，按式（5-72）计算出汽车前、后轴侧偏角差值（$\delta_1 - \delta_2$）。汽车前、后轴侧偏角差值（$\delta_1 - \delta_2$）按式（5-72）确定：

$$\delta_1 - \delta_2 = 57.3L\left(\frac{1}{R_0} - \frac{1}{R_k}\right) \tag{5-72}$$

式中　δ_1——前轴侧偏角（°）；
　　　δ_2——后轴侧偏角（°）；
　　　L——汽车轴距（m）。

同 步 训 练

一、填空题

1. 转向盘输入有＿＿＿＿＿＿和＿＿＿＿＿＿两种形式。
2. 外界侧向干扰输入主要是指＿＿＿＿＿＿。
3. 汽车的时域响应可分为＿＿＿＿＿＿和＿＿＿＿＿＿。
4. 汽车的稳态转向特性分为＿＿＿＿、＿＿＿＿和＿＿＿＿三种类型。
5. 汽车试验中的性能评价主要有＿＿＿＿和＿＿＿＿两种方法。
6. 轮胎的尺寸、＿＿＿＿和＿＿＿＿对侧偏刚度有显著影响。尺寸较大的轮胎有＿＿＿＿的侧偏刚度。
7. 常用前、后轮侧偏角绝对值之差（$\alpha_1 - \alpha_2$）来描述和评价汽车的稳态响应，$\alpha_1 - \alpha_2 > 0$ 时，K＿＿0，为＿＿＿＿转向；$\alpha_1 - \alpha_2 = 0$ 时，K＿＿0，为＿＿＿＿转向；$\alpha_1 - \alpha_2 < 0$ 时，K＿＿0，为＿＿＿＿转向。
8. 常用转向半径的比 R/R_0 来描述和评价汽车的稳态响应，$R/R_0 > 1$ 时，K＿＿0，为＿＿＿＿转向；$R/R_0 = 1$ 时，K＿＿0，为＿＿＿＿转向；$R/R_0 < 1$ 时，K＿＿0，为＿＿＿＿转向。

9. 常用用静态储备系数 S.M. 来表征汽车稳态响应，S.M. =0 时，K _____ 0，为 _____ 转向；S.M. >0 时，K _____ 0，为 _____ 转向；S.M. <0 时，K _____ 0，为 _____ 转向。

二、简答题

1. 汽车曲线行驶的时域响应是怎样的？
2. 横摆角速度频率响应特性是怎样的？
3. 简述车辆坐标系与汽车的主要运动形式。
4. 汽车转向盘角阶跃输入下的汽车瞬态响应特点是什么？
5. 绘制轮胎坐标系。
6. 绘制轮胎侧偏特性曲线。
7. 绘制三种不同稳态转向特性的车速－横摆角速度增益的关系曲线。
8. 设汽车初始时为等速圆周运动，试绘制具有不同稳态转向特性的汽车运动轨迹图。

三、名词解释

1. 汽车操纵稳定性。
2. 轮胎高宽比。
3. 稳态横摆角速度增益（转向灵敏度）。
4. 静态储备系数 S.M.。

四、计算题

1. 某汽车总重力 G = 20100N，L = 3.2m，静态时前轴荷占 55%，后轴荷占 45%，k_1 = -38920N/rad，k_2 = -38300N/rad，分析该车的稳态转向特性并求其特征车速（临界车速）。
2. 写出稳定性因数 K =0 时汽车的转向灵敏度表达式，并绘图说明。

第6章

汽车通过性

本章导学

汽车通过坎坷不平路段、障碍、松软土壤路面的能力是汽车重要的性能。本章主要讲授汽车通过性定义及评价指标；分析汽车倾覆失效的条件以及影响汽车通过性的因素；最后介绍汽车通过性试验。

学习目标

1. 掌握汽车通过性定义及评价指标。
2. 掌握汽车轮廓通过性参数。
3. 掌握汽车牵引支承通过性参数。
4. 理解汽车倾覆失效分析。
5. 理解影响汽车通过性的因素。
6. 了解汽车通过性试验的内容。

汽车通过性（越野性）是指它能以足够高的平均车速通过各种坏路、无路地带（如松软地面、凹凸不平地面等）及各种障碍（如陡坡、侧坡、台阶、壕沟等）的能力。

汽车通过性可分为轮廓通过性和牵引支承通过性。前者是表征车辆通过坎坷不平路段和障碍（如陡坡、侧坡、台阶、壕沟等）的能力；后者是指车辆能顺利通过松软土壤、沙漠、雪地、冰面、沼泽等地面的能力。

汽车的通过性主要取决于地面的物理性质及汽车的结构参数和几何参数。同时，它还与汽车的其他性能，如动力性、平顺性、机动性、稳定性等密切相关。

严格地说，在我国履带车辆不属于汽车的范畴，所以本章不包含履带车辆通过性。

6.1 汽车通过性评价指标

汽车在松软地面上行驶时，驱动轮对地面施加向后的水平力，使地面发生剪切变形，相应的剪切变形所构成的地面水平反作用力，被称为土壤推力。它常比在一般硬路面上的附着力要小得多。汽车在松软地面上行驶时也受到土壤阻力的作用，土壤阻力由压实阻力、推土阻力和弹滞损耗阻力所组成。轮胎对土壤的压实作用产生压实阻力，轮胎对土壤的推移作用形成推土阻力，充气轮胎变形引起弹滞损耗阻力。土壤阻力要比在硬路面上的滚动阻力大得多。因此，土壤阻力经常不能满足汽车行驶附着条件的要求，这是松软地面限制汽车行驶的主要原因。

牵引车的挂钩牵引力等于土壤最大推力与土壤阻力之差。它表征了土壤强度的储备能力，也反映了汽车通过无路地带的能力。它可用于车辆加速、上坡，克服道路不平的阻力与挂钩连接的挂车等装备的阻力。

农林区、矿区、建设工地等使用的工程车辆和军用车辆经常在坏路和无路地面上行驶，因此要求这些汽车应具有良好的通过性。

6.1.1 轮廓通过性

在越野行驶时，由于汽车与不规则地面的间隙不足，可能出现汽车被托住而无法通过的现象，称为间隙失效。间隙失效主要有"顶起失效""触头失效"（或"托尾失效"）两种形式。顶起失效是车辆中间底部的零件碰到地面而被顶住的间隙失效。触头失效（或托尾失效）是汽车前端（或车尾）触及地面的间隙失效。

汽车通过性的几何参数是与防止间隙失效有关的汽车本身的几何参数，主要包括最小离地间隙、接近角、离去角、纵向通过角等，如图6-1所示。各类汽车通过性几何参数的数值范围见表6-1。另外，汽车的最小转弯直径和内轮差、转弯通道圆及车轮半径也是汽车通过性的重要轮廓参数。

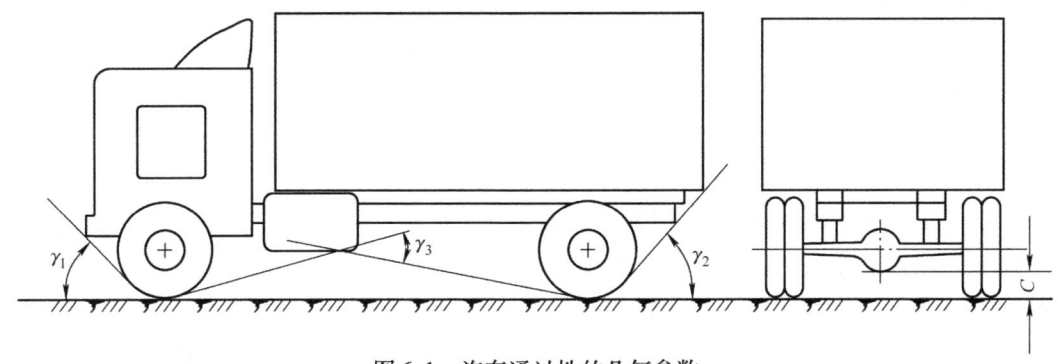

图6-1 汽车通过性的几何参数

γ_1—接近角　γ_2—离去角　γ_3—纵向通过角　C—最小离地间隙

案例1：

你是否看过央视"墙来了"这个节目？如果动作与形状不一样就会失败。这个节目告诉我们，要遵守规则，标准达标，提高我们的竞争力，建设社会主义现代化。中国式现代化追求的是可持续发展、共赢。

表6-1 汽车通过性的几何参数

汽车类型	驱动类型	最小离地间隙 C /mm	接近角 γ_1 /(°)	离去角 γ_2 /(°)	最小转弯直径 /mm
轿车	4×2	120~200	20~30	15~22	14~26
轿车	4×4	210~270	45~50	35~40	20~30
货车	4×2	250~300	25~60	25~45	16~28
货车	4×4 6×6	260~350	45~60	35~45	22~42

（续）

汽车类型	驱动类型	最小离地间隙 C /mm	接近角 γ_1 /(°)	离去角 γ_2 /(°)	最小转弯直径 /mm
越野车（乘用）	4×4	210~370	45~50	35~40	20~30
客车	6×4 4×2	220~370	10~40	6~20	28~44

1. 最小离地间隙

最小离地间隙 C 是汽车除车轮之外的最低点与路面之间的距离。它表征汽车无碰撞地越过石块、树桩、小丘等障碍物的能力。传统燃油汽车的前桥、飞轮壳、油底壳、变速器壳、消声器和驱动桥壳等通常有较小的离地间隙。汽车前桥的离地间隙一般比飞轮壳的还要小，以利用前桥保护较弱的飞轮壳免受冲碰。后桥内装有直径较大的主减速器，一般离地间隙最小。越野汽车应保证有较大的最小离地间隙。

2. 接近角与离去角

接近角 γ_1 和离去角 γ_2，是指在汽车满载静止时，自车身前（后）凸出点向前（后）车轮所引切线与路面之间的夹角。它表征汽车接近或离开障碍物（如小丘、沟、凹地等）时，不发生碰撞的能力。接近角 γ_1 和离去角 γ_2 越大，越不易发生触头（或托尾）失效，汽车通过性越好。

3. 纵向通过角

纵向通过角 γ_3，是指在汽车空载、静止时，在汽车侧视图上通过前、后车轮外缘做切线交于车体下部较低部位所形成的最小锐角 γ_3，它表征汽车可无碰撞地通过丘状障碍物的轮廓尺寸。纵向通过角 γ_3 越大，汽车抗顶起失效的通过性就越好。

4. 最小转弯直径和内轮差

车辆在转向过程中，转向盘向左或向右转到极限位置时，车辆外转向轮印迹中心在其支承面上的轨迹圆直径中的较大者，称为车辆的最小转弯直径 d_H。它表征车辆在最小面积内的回转能力和通过狭窄弯曲地带或绕过障碍物的能力。第一轴（转向轴）和末轴的内轮印迹中心在车辆支承平面上的轨迹圆之差，被称为内轮差 d，如图 6-2 所示。

国家标准 GB 7258—2017《机动车运行安全技术条件》规定：机动车辆的最小转弯直径，以前轮轨迹中心为基线进行测量，其值不得大于 24m。当转弯直径为 24m 时，内轮差不得大

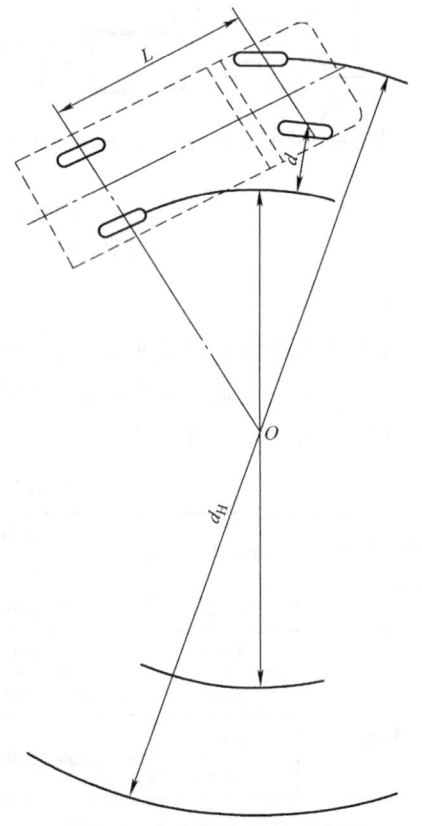

图 6-2 车辆转弯直径示意图

于 3.5m。

5. 转弯通道圆

转向盘转至极限位置、汽车以最低稳定车速转向行驶时,车体上所有点在支承平面上的投影均位于圆周以外的最大内圆,称为转弯通道内圆;车体上所有点在支承平面上的投影均位于圆周以内的最小外圆,称为转弯通道外圆。转弯通道内、外圆半径的差值为汽车极限转弯时所占空间的宽度,此值决定了汽车转弯时所需的最小空间。

图 6-3 中两圆为车辆转弯通道圆。

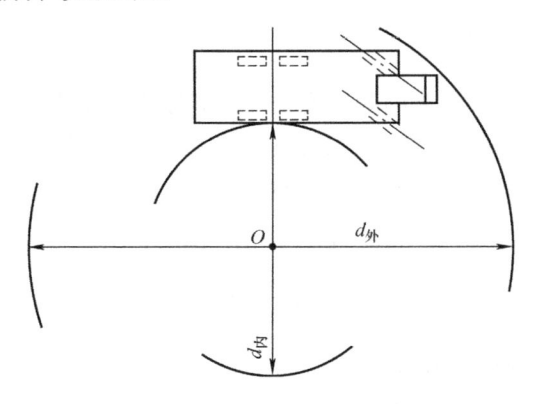

图 6-3 车辆转弯通道圆示意图

转弯通道圆的最大内圆直径越大,最小外圆直径越小,车辆所需的通道宽度越窄,通过性越好。

车辆有左、右转弯通道圆。

6.1.2 牵引支承通过性

车辆支承通过性的主要评价指标包括附着质量、附着质量系数及车轮接地比压。

1. 附着质量和附着质量系数

附着质量,是指轮式车辆驱动轴载质量 m_μ。

车辆附着质量与总质量 m_a 之比,称为附着质量系数 K_μ。

为了满足车辆行驶的附着条件的要求,应有

$$m_\mu g \mu_g \geqslant m_a g \psi \tag{6-1}$$

式中,$\psi = f_r + i$,它和 μ_g 同第 2 章中的定义相同。由上式得知:

$$K_\mu = \frac{m_\mu}{m_a} \geqslant \frac{\psi}{\mu_g} \tag{6-2}$$

显然,附着质量系数 K_μ 值大,有利于车辆在坏路面上行驶,丧失通过性的可能性就小。为了保证车辆的支承通过性,应对车辆附着质量有明确的要求,例如意大利对 4×2 牵引车组成的汽车列车的附着质量系数规定为 0.27,英国规定为 0.263。

2. 车轮接地比压

车轮接地比压,是指车轮对地面的单位压力。车辆在松软地面上行驶的滚动阻力系数和附着系数都与车轮接地比压直接有关。车轮接地比压小,轮辙深度小,车轮的行驶阻力和车轮沉陷失效的概率就小。同样,当汽车行驶在黏性土壤和松软雪地上时,车轮接地面积的增加能降低车轮接地比压,提高地面承受的剪切力,使车轮不易打滑。

车轮接地比压 p 与轮胎气压 p_w 有关。车轮在硬路面上承受额定载荷时,其关系式为

$$p = k_w p_w \tag{6-3}$$

式中,$k_w = 1.05 \sim 1.20$,其大小取决于轮胎刚度的大小。轮胎帘布层越多,k_w 值越大。

6.2 汽车倾覆失效

6.2.1 汽车侧向倾覆失效

越野汽车在通过障碍时,过大的侧坡或纵坡可能导致汽车的倾覆失效,如图 6-4 所示。

汽车在侧坡上直线行驶时,当坡度大到使重力通过一侧车轮接地中心,而另一侧车轮的地面法向反作用力等于零时,汽车将发生侧翻。此时有:

$$Gh_g\sin\beta = G\frac{B}{2}\cos\beta \tag{6-4}$$

$$\tan\beta = \frac{B}{2h_g} \tag{6-5}$$

式中 β——汽车不发生侧翻的极限角。

为了防止侧翻,汽车质心高度 h_g 应低,轮距 B 应宽。

在良好道路上汽车高速曲线行驶时,侧向作用的离心惯性力也会导致车辆侧翻。设汽车作等速圆周运动,汽车的受力图如图 6-5 所示。侧向惯性力 F_j 为

$$F_j = \frac{G}{12.96g} \frac{v_a^2}{R} \tag{6-6}$$

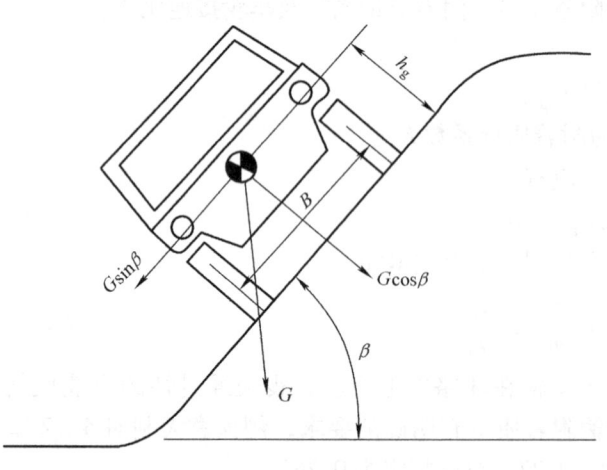

式中 v_a——车速 (m/s);

R——圆周半径 (m)。

图 6-4 汽车倾覆

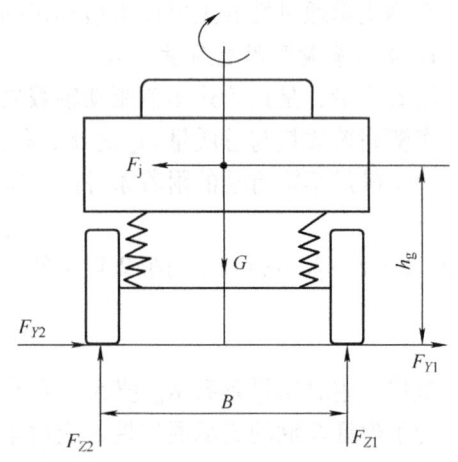

图 6-5 汽车圆周行驶受力情况

作用在汽车左、右车轮上的法向反力为

$$F_{Z1} = \frac{G}{2} + \frac{F_j h_g}{B} \tag{6-7}$$

$$F_{Z2} = \frac{G}{2} - \frac{F_j h_g}{B} \tag{6-8}$$

在即将侧翻的临界状态下，$F_{Z2}=0$，则

$$\frac{GB}{2} = F_j h_g \tag{6-9}$$

显然，汽车不侧翻的最大允许车速为

$$v_{\max} = \sqrt{\frac{6.48gBR}{h_g}} \tag{6-10}$$

因此，为了保证汽车高速行驶的横向稳定性，轿车都力求保持一定轮距 B，并尽量降低重心高度 h_g。表 6-2 给出了典型汽车侧翻阈值。

表 6-2 典型汽车侧翻阈值

车辆类型	质心高度/cm	轮距/cm	侧翻阈值/g
跑车	46~51	127~154	1.2~1.7
微型轿车	51~58	127~154	1.1~1.5
豪华轿车	51~61	154~165	1.2~1.6
轻型客货车	76~89	165~178	0.9~1.1
客货两用	76~102	165~178	0.8~1.1
中型载货汽车	114~140	165~190	0.6~0.8
重型载货汽车	154~216	178~183	0.4~0.6

在侧坡角度 β' 的坡道上也可能发生侧滑，此时

$$\beta' \mu_g = G\sin\beta' \tag{6-11}$$
$$\tan\beta' = \mu_1 \tag{6-12}$$

式中 μ_1——侧向附着系数。

当侧坡角 β' 的正切值等于侧向附着系数时，汽车发生整车侧滑。一般认为，与其发生侧翻，不如发生汽车侧滑。所以应满足 $\tan\beta > \tan\beta'$，即

$$\frac{B}{2h_g} > \mu_g \tag{6-13}$$

案例 2：
在汽车发生侧翻前，会发生整体侧滑。与其发生侧翻不如发生侧滑。我们要分清主次，同学们在学习中也要懂得取舍，分清轻重。引导学生注意"度"，坚持适度原则，防止过犹不及。

6.2.2 汽车纵向倾覆失效

根据图 2-38 所示汽车行驶一般情形，可以分析汽车前轮和汽车后轮的地面法向反作用力，进而推导出汽车纵向倾覆的条件，即汽车下坡减速行驶前翻条件和汽车上坡加速行驶后翻条件。

1. 汽车前翻临界条件

汽车下坡时制动强度较大，汽车容易发生前翻现象。

由图 2-38 的受力分析，可推导出：

$$F_{Z2} = \frac{1}{l}\left[G(l_1-f)\cos\alpha + Gh_g\sin\alpha + F_w h_g + \delta m h_g \frac{dv}{dt}\right] \quad (6\text{-}14)$$

如果要保证汽车不前翻，则有 $F_{Z2} \geq 0$。由式（6-14）得到：

$$-\frac{1}{h_g}(l_1-f)\cos\alpha - \sin\alpha - \frac{F_w}{G} \leq \frac{\delta}{g}\frac{dv}{dt} \quad (6\text{-}15)$$

由于 $l_1 \gg f$，$\frac{F_w}{G} \approx 0$，$\delta \approx 1$，则由式（6-15）可得出：

$$-\frac{1}{h_g}l_1\cos\alpha - \sin\alpha \leq \frac{1}{g}\frac{dv}{dt} \quad (6\text{-}16)$$

对于小坡度角，$i \approx \sin\alpha$，则有：

$$-\frac{1}{h_g}l_1 - i \leq \frac{1}{g}\frac{dv}{dt} \quad (6\text{-}17)$$

这是汽车下坡制动时不向前翻车的极限条件。汽车质心高度越高，质心距离前轴越近，坡度绝对值越大，汽车制动时越容易前翻。

2. 汽车后翻临界条件

如汽车动力性很好，汽车上坡行驶也可能发生后翻现象。

同样由图 2-38 汽车行驶的受力分析，可导出：

$$F_{Z1} = \frac{1}{l}\left[G(l_2-f)\cos\alpha - Gh_g\sin\alpha - F_w h_g - \delta m h_g \frac{dv}{dt}\right] \quad (6\text{-}18)$$

要保证汽车不后翻，则有 $F_{Z1} \geq 0$。由式（6-18）可得：

$$\frac{(l_2-f)}{h_g}\cos\alpha - \sin\alpha - \frac{F_w}{G} \geq \frac{\delta}{g}\frac{dv}{dt} \quad (6\text{-}19)$$

由于 $l_2 \gg f$，$\frac{F_w}{G} \approx 0$，$\delta \approx 1$，则由式（6-19）可得出：

$$\frac{l_2}{h_g}\cos\alpha - \sin\alpha \geq \frac{1}{g}\frac{dv}{dt} \quad (6\text{-}20)$$

对于小坡度角，$i \approx \sin\alpha$，则有：

$$\frac{1}{h_g}l_2 - i \leq \frac{1}{g}\frac{dv}{dt} \quad (6\text{-}21)$$

这就是汽车上坡加速行驶时不向后翻车的极限条件。汽车质心高度越高，质心距离后轴越近，坡度绝对值越大，汽车制动时越容易后翻。

3. 汽车纵向倾覆临界条件

由式（6-17）和式（6-21）联立可知，汽车既不发生前翻也不发生后翻的条件为

$$-\frac{l_1}{h_g}\cos\alpha - \sin\alpha \leq \frac{1}{g}\frac{dv}{dt} \leq \frac{l_2}{h_g}\cos\alpha - \sin\alpha \quad (6\text{-}22)$$

整理得：

$$-\frac{l_1}{h_g}\cos\alpha \leq \frac{1}{g}\frac{dv}{dt} + \sin\alpha \leq \frac{l_2}{h_g}\cos\alpha \quad (6\text{-}23)$$

对于平直路面，$\alpha = 0°$，汽车既不发生前翻也不发生后翻的条件为

$$-\frac{l_1}{h_g} \leq \frac{1}{g}\frac{dv}{dt} \leq \frac{l_2}{h_g} \tag{6-24}$$

显然，质心高度位置严重影响汽车行驶的纵向稳定性。

4. 汽车纵向稳定性的坡度约束条件

当汽车等速行驶时，坡度就成为汽车行驶的纵向主要约束条件。汽车近似等速时，$\frac{dv}{dt} \approx 0$。此时，式（6-23）变化为

$$-\frac{l_1}{h_g}\cos\alpha \leq \sin\alpha \leq \frac{l_2}{h_g}\cos\alpha \tag{6-25}$$

整理得：

$$-\frac{l_1}{h_g} \leq \tan\alpha \leq \frac{l_2}{h_g} \tag{6-26}$$

这就说明，汽车等速行驶时坡度约束条件仅与汽车的质心位置有关。

6.3 影响汽车通过性的因素

1. 最大单位驱动力

由于汽车越野行驶的阻力很大，为了充分利用地面提供的挂钩牵引力，保证较高的汽车通过性，除了减少行驶阻力外，还应增加汽车的最大单位驱动力。汽车的最大单位驱动力为

$$\frac{F_{X\max}}{G} = \left(\frac{M_e i_g i'_r \eta_t}{Gr}\right)_{\max} \tag{6-27}$$

式中　i'_r——分动器传动比。

实际上，在汽车低速行驶时，若忽略空气阻力，最大单位驱动力等于汽车的最大动力因数。为了获得足够大的单位驱动力，要求越野汽车具有较大的比功率以及较大的传动比。这些要求可通过提高动力系统（燃油车的发动机或纯电动汽车的电机）的功率，在传动系统中增加副变速器或使分动器具有低速档，以增加传动系统的总传动比来实现。在困难的行驶条件下，限制越野汽车的额定载质量能提高单位驱动力，同时也能降低在松软地面上的滚动阻力。

2. 行驶速度

当汽车低速行驶时，土壤被剪切破坏和车轮滑转的倾向减少。因此，用低速行驶克服困难地段，可改善汽车的通过性。为此，越野汽车传动系统的最大总传动比一般较大。越野汽车最低稳定车速可按表6-3选取，其值随汽车总质量而定，也可由动力系统最低稳定转速求得汽车最低稳定行驶速度 $v_{a\min}$，即：

$$v_{a\min} = 0.377 \frac{n_{e\min} r}{i_g i'_r i_0} \tag{6-28}$$

式中　$n_{e\min}$——燃油车发动机的最低稳定转速（r/min）。

表 6-3 越野汽车的最低稳定车速

汽车总质量/kN	<19.6	<63.7	<78.4	>78.4
最低稳定车速/(km/h)	≤5	≤(2~3)	≤(1.5~2.5)	≤(0.5~1)

3. 汽车轮胎

汽车轮胎对汽车通过性有着决定性的影响，为了提高汽车的通过性，须正确选择轮胎的花纹尺寸、结构参数和气压等，使汽车行驶滚动阻力较小，附着能力较大。

（1）轮胎花纹

轮胎花纹对附着系数有很大影响。正确地选择轮胎花纹，对提高汽车在一定类型地面上的通过性有很大作用。越野汽车的轮胎具有宽而深的花纹。当汽车在湿路面上行驶时，由于只有花纹的凸起部分与地面接触，使轮胎对地面有较高的单位压力，足以挤出水层。而汽车在松软地面上行驶时，因轮胎下陷而嵌入土壤的花纹凸起的数目增加，与地面接触面积及土壤剪切面积都迅速增加，所以能保证有较好的附着性能。越野轮胎花纹的形状应具有脱掉自身泥泞的性能。

在表面滑溜泥泞而底层坚实的道路上，提高通过性的最简单办法是在轮胎上套防滑链（或使用带防滑钉的轮胎），它相当于在轮胎上增加了一层高而稀的花纹。防滑链能挤出表面的水层，直接与地面坚硬部分接触，有的还会增加土壤剪切面积，从而提高附着能力。

（2）轮胎直径与宽度

增大轮胎直径和宽度都能降低轮胎的接地比压。越野汽车用增加车轮直径的方法来减小接地比压，增加接触面积以减少土壤阻力和减少滑转，要比增加车轮宽度更为有效。但增大轮胎直径会使惯性增大，汽车质心升高，轮胎成本增加，并需要采用大传动比的传动系统。因此，大直径轮胎的推广使用受到了限制。

加大轮胎宽度不仅直接降低了轮胎的接地比压，而且因轮胎较宽，允许胎体有较大的变形，而不降低其使用寿命，因而轮胎气压可取低些。若将后轮的双胎换为一个断面比普通轮胎大2~2.5倍、气压很低（29.4~83.3kPa）、断面具有拱形的拱形轮胎时，接地面积将增大1.5~3倍甚至更多，这可大幅度减小接地比压，使汽车在沙漠、雪地、沼泽地面上行驶时表现出特别良好的通过性。但这种专用于松软地面的特种轮胎，花纹较大，气压过低，不应在硬路面上工作，否则将过早损坏和迅速磨损。

（3）轮胎的气压

汽车在松软地面上行驶时，应相应降低轮胎的气压，以增大轮胎与地面的接触面积，降低接地比压，从而减少轮胎在松软地面的沉陷量和减小滚动阻力，提高土壤推力。轮胎气压降低时，虽然土壤的压实阻力和推土阻力减小，但却使轮胎本身的迟滞损失增加。所以，在一定的地面上有一个最小地面阻力的轮胎气压，如图6-6所

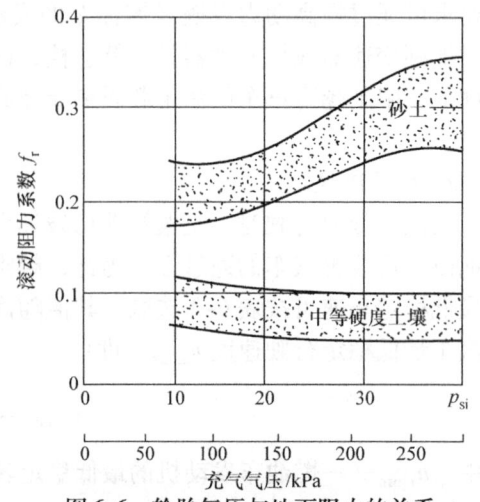

图6-6 轮胎气压与地面阻力的关系
（1psi = 6894.757Pa）

示。实际上,轮胎气压应比该气压略高 19.2~29.4kPa。此时,地面阻力虽稍有增加,但由于在潮湿地面上的附着系数将有较大的提高,因此可改善汽车在低附着路面上行驶的通过性。

为了提高越野汽车通过松软地面的能力,且在硬路面上行驶时又不致引起大的滚动阻力和影响轮胎寿命,可装用轮胎的中央充气系统,使驾驶人能根据道路情况,随时调节轮胎气压。通常,越野汽车的超低压轮胎气压可以在 49~343kPa 范围内变化。

在低压条件下工作的超低压越野轮胎,其帘布层数较少,具有薄而坚固又富有弹性的胎体,以减少由于轮胎变形引起的迟滞损失,并保证其使用寿命。

(4) 前轮距与后轮距

当汽车在松软地面上行驶时,各车轮都需克服形成的轮辙阻力(滚动阻力)。如果汽车前轮距与后轮距相等,并有相同的轮胎宽度,则前后轮辙重合,后轮就可沿被前轮压实的轮辙行驶,使汽车总滚动阻力减小,提高汽车通过性。所以,多数越野汽车的前轮距与后轮距相等。

(5) 前轮与后轮的接地比压

试验结果证明,前轮距与后轮距相等的汽车行驶于松软地面时,当前轮对地面的单位压力比后轮的比压小 20%~30% 时,汽车滚动阻力最小。为此,除在设计汽车时,可将轴荷按此要求分配于前、后轴,也可以使前、后轮的轮胎气压不同,以产生不同的接地比压。

(6) 从动车轮和驱动车轮

在越野行驶中,常以很低的车速去克服某些障碍物,如台阶、壕沟等。这时,用静力学平衡方程式求得障碍物与汽车参数间的关系。

图 6-7 为硬地面上后轮驱动的四轮汽车越过台阶时的受力情况。由图 6-7a 可知,前轮(从动轮)碰到台阶时的平衡方程式为

$$\begin{cases} F'_{Z1}\cos\alpha + f_r F'_{Z1}\sin\alpha - \mu_g F_{Z2} = 0 \\ F'_{Z1}\sin\alpha + F_{Z2} - f_r F'_{Z1}\cos\alpha - G = 0 \\ f_r F'_{Z1} r + F_{Z2} L - GL_1 - r\mu_g F_{Z2} = 0 \end{cases} \quad (6-29)$$

式中 F'_{Z1}——台阶作用于前轮(从动轮)的反作用力。

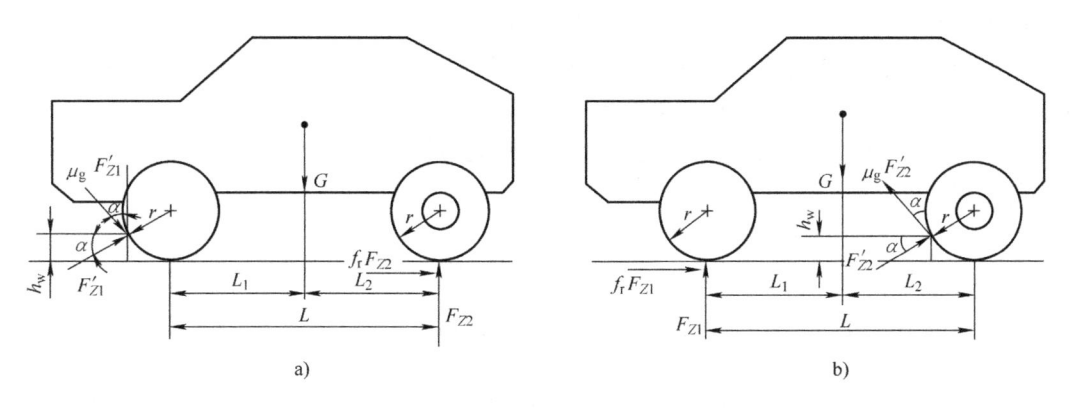

图 6-7 4×2 汽车通过台阶受力情况

将方程式（6-29）的 G、F'_{Z1}、F'_{Z2} 消除，可得到无因次方程式为

$$\left(\frac{\mu_g+f_r}{\mu_g}\frac{L_1}{L}-\frac{f_r}{\mu_g}+\frac{f_r r}{L}\right)\sin\alpha-\left(\frac{1}{\mu_g}-\frac{1-f_r\mu_g}{\mu_g}\frac{L_1}{L}-\frac{r}{L}\right)\cos\alpha=\frac{f_r r}{L} \quad (6\text{-}30)$$

由图 6-7 中的几何关系，可知

$$\sin\alpha=\frac{r-h_w}{r}=1-\frac{h_w}{r} \quad (6\text{-}31)$$

将式（6-31）代入式（6-30），并设硬路面上的滚动阻力系数 $f_r\approx 0$，则式（6-30）成为

$$\left(\frac{h_w}{r}\right)_f=1-\frac{1}{\sqrt{1+\mu_g^2\left(\dfrac{\frac{L_1}{L}}{1-\frac{L_1}{L}-\frac{\mu_g r}{L}}\right)}} \quad (6\text{-}32)$$

式中　$\left(\dfrac{h_w}{r}\right)_f$——前轮单位车轮半径可克服的台阶高度，它表示前轮越过台阶的能力。

由式（6-32）可知，L/r 越小，L_1/L 越大，$\left(\dfrac{h_w}{r}\right)_f$ 就越大，即汽车前轮越容易越过较高的台阶。

当后轮（驱动轮）碰到台阶时（图6-7b），其平衡方程式为

$$\begin{cases} F'_{Z2}\cos\alpha+f_r F'_{Z1}-\mu_g F'_{Z2}\sin\alpha=0 \\ F_{Z1}+F'_{Z2}\sin\alpha+\mu_g F'_{Z2}\cos\alpha-G=0 \\ F_{Z1}L+\mu_g F'_{Z2}r-GL_2+rf_r F_{Z1}=0 \end{cases} \quad (6\text{-}33)$$

式中　F'_{Z2}——台阶作用于后轮（驱动轮）的反作用力。

将 $\sin\alpha=1-h_w/r$ 及 $f_r\approx 0$ 代入，可解得：

$$\left(\frac{h_w}{r}\right)_r=1-\frac{1}{\sqrt{1+\mu_g^2}} \quad (6\text{-}34)$$

式中　$\left(\dfrac{h_w}{r}\right)_r$——后轮单位车轮半径可克服的台阶高度，它表示后轮越过台阶的能力。

由式（6-34）可知，后轮越过台阶的能力与汽车的结构参数无关。

将不同的附着系数代入式（6-32）和式（6-34）可发现，后轮是限制汽车越过台阶的因素。式（6-34）计算所得的曲线如图 6-8 下部所示。

图 6-9 是 4×4 汽车在硬地面上越过台阶时的受力情况。按上述同样方法，当前轮与台阶相遇时有

$$\left(\frac{1}{\mu_g}-\frac{1-f_r\mu_g}{\mu_g}\frac{L_1}{L}-\frac{r}{L}\right)\cos\alpha-\left(1-\mu_g\frac{r}{L}\right)\sin\alpha-\mu_g\frac{r}{L}=0 \quad (6\text{-}35)$$

同样，以 $\sin\alpha=1-h_w/r$ 代入式（6-35），可求出 $\left(\dfrac{h_w}{r}\right)_r$。经分析计算后可知，$\left(\dfrac{h_w}{r}\right)_f$ 随 L/r 的增加而降低；另外，增加 L_1/r 的比值时，可以使 4×4 汽车前轮越过台阶的能力显著提高，甚至可使车轮爬上高度大于半径的台阶。

当后轮遇到台阶时，有

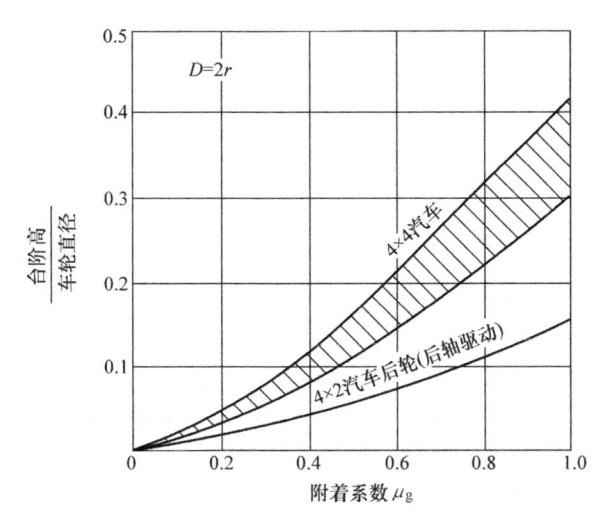

图 6-8 汽车越障能力与附着系数的关系

$$\left[(\cos\beta - \mu_g\sin\beta) - \mu_g\frac{r}{L}\right]\sin\alpha - \left[(\frac{1+\mu_g^2}{L}\frac{L_1}{L} + \mu_g) - (\frac{1+\mu_g^2}{L}\frac{h_0}{L} + 1)\sin\beta - \frac{r}{L}\right]\cos\alpha -$$

$$\mu_g\frac{r}{L}\left[(L-L_1)\cos\beta + h_0\sin\beta\right] = 0$$

(6-36)

式中 h_0——汽车质心至前后轴心连线的距离；

$\sin\alpha = 1 - h_w/r$。

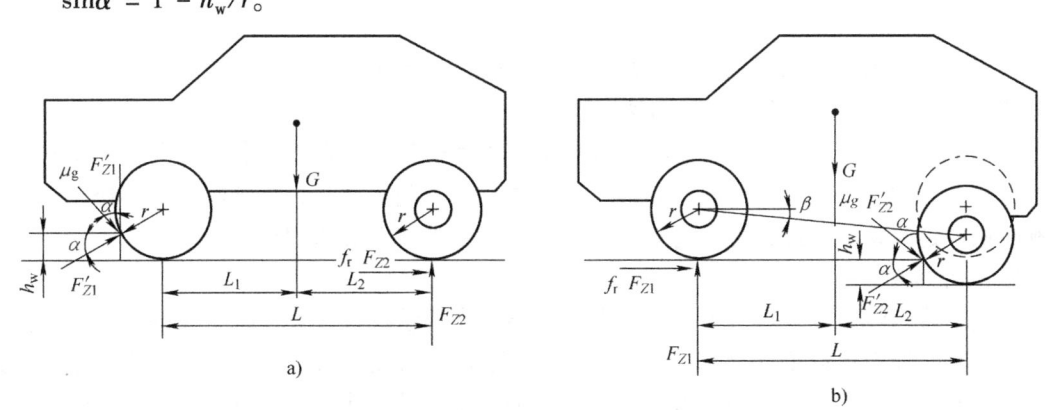

图 6-9 4×4 汽车通过台阶时的受力情况

对式（6-35）进行分析可以看到，L_1/L 比值的影响正好与 4×4 汽车前轮越过台阶的情况相同。长轴距、前轴负荷大的汽车（即 L_1/L 较小），其后轮越过台阶的能力要比前轮大。不论汽车的总质量如何在轴间分配，较大的 L/r 比值总会改善后轮越过台阶的能力。

图 6-8 也给出了 4×4 汽车的越障能力，由图可见，4×2 汽车的越障能力要比 4×4 汽车差得多。4×4 汽车的越障能力与 L_1/L 的比值有关，有关的数据均已包含在曲线的阴影区内。该区域的上、下限取决于被试验汽车的几何参数。由图可知，当 $\mu_g = 0.7$ 时，根据 L_1/L 的参数不同，4×4 汽车的 $h_w/r = 0.8 \sim 0.26$，但是后轮驱动的 4×2 汽车的越障能力

比 4×4 汽车约降低 50%。

用同样方法求解汽车越过壕沟的问题时可见，沟宽与车轮直径之比 L_d/r，同上面求得的 h_w/r 值间只有一个换算系数的差别，它们之间的关系为

$$\frac{L_d}{r} = \sqrt{\frac{h_w}{r} - \left(\frac{h_w}{r}\right)^2} \tag{6-37}$$

将式（6-37）绘成曲线，如图 6-10 所示。只要知道车轮越过垂直障碍的能力 h_w/r，就可通过此图查得可越过的壕沟宽度。

如上所述，就 4×4 汽车的 r/L 与 L_1/L 比值的变化而言，前后轮在越障能力方面反映出不同。因此，在设计时就应当考虑这两方面的折中。可将前后轮对不同 L_1/L 值绘制 $h_w/r = F(\psi)$ 曲线，找出它们理想交点来求得。初步设计时，若结果不够理想，可适当地改变 L_1/r 值，以得出较好的性能。

驱动轮在汽车上的部位及其数目对通过性的影响还可从克服坡度能力方面加以论述。汽车上坡行驶时，其行驶所能克服的坡度大小与此有密切关系。

当汽车在坏路上行驶时，其行驶速度较低，故可略去空气阻力和加速

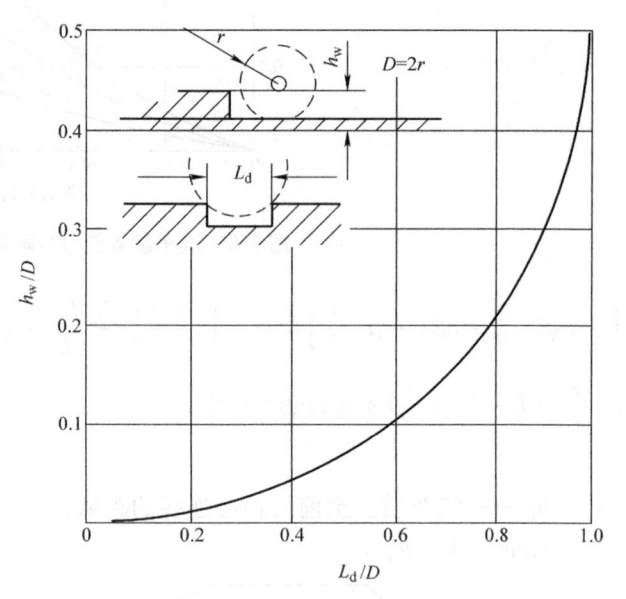

图 6-10 车轮可越台阶或壕沟尺寸换算图

阻力，则由式（2-21）和式（2-22）可知，前驱动汽车上坡的通过性最差，全轮驱动车辆爬坡能力最大。此外，增加汽车驱动轮数，还可提高汽车附着质量，增加驱动轮与松软地面的接触面积，是改善汽车通过性的有效方法。因此，越野汽车都采用后轮驱动。

4. 液力传动

当汽车装有液力变矩器或液力偶合器时，能提高传统燃油车发动机工作的稳定性，使汽车可以长时间稳定地以低速（0.5～1.5km/h）行驶，从而可减小滚动阻力并提高附着力，改善汽车的通过性。装有普通机械式传动系统的汽车在突然起动时，驱动轮转矩急剧上升，产生对土壤起破坏作用的振动（图 6-11 中虚线 1b）。即使在缓慢起步时（图 6-11 中虚线 1a），驱动转矩也比滚动阻力矩 M_f 大得多。在松软地面上起步时，这种过大的驱动转矩并不能使汽车得到较大的加速度，相反地却使土壤被破坏，轮辙加深，起步困难；而液力传动能保证驱动轮转矩逐渐而平顺地增长（图 6-11 中实线 2a、2b），从而防止土壤被破坏和车轮滑移。

液力传动还能消除机械式传动系统经常发生的扭振现象。这种扭振现象会引起驱动力产生周期性冲击，减少土壤颗粒间的摩擦，增加了轮辙深度，并会减少轮胎与土壤间的附着力，从而使车轮滑转的可能性大为增加。转矩脉动所引起的土壤内摩擦力的减小，还会使汽车前轮所造成的轮辙立即展平，使后轮滚动阻力增加。

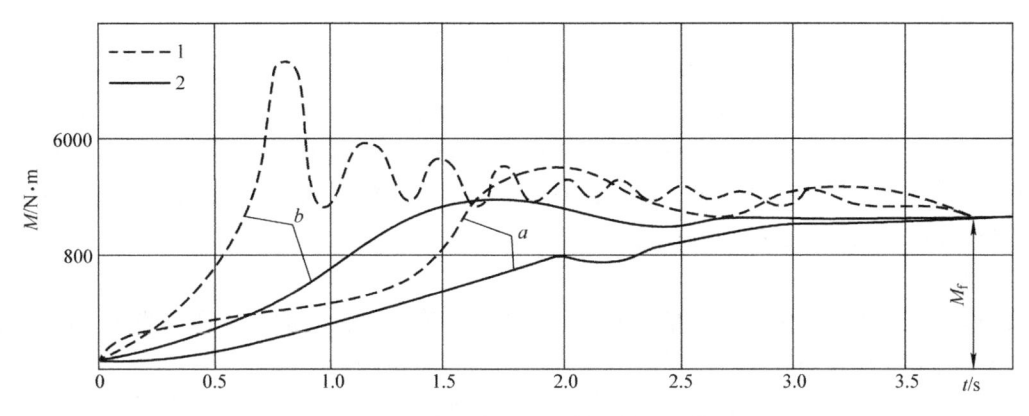

图 6-11 汽车起步时驱动轮上转矩变化图

装有普通机械传动系统的汽车,在松软地面行驶时,由于车速低,汽车惯性不足以克服较大的行驶阻力,致使换档时车辆因动力中断而停车。采用液力传动能消除换档所引起的动力传递间断现象,从而使汽车通过性有显著提高。

5. 差速器

纯电动汽车通过轮毂电机可实现各驱动轮能以不同的角度旋转,对中央驱动型式纯电动汽车和传统燃油汽车则通过在传动系统装差速器来保证各驱动车轮能以不同的角度旋转。但普通的齿轮差速器,由于它有使驱动车轮之间转矩平均分配的特性,当某一侧驱动车轮陷入泥泞或在冰雪路面上时,得到较小的附着力 $(F_\mu)_{min}$,则与之对应的另一侧驱动车轮也只能有同样小的附着力 $(F_\mu)_{min}$,从而限制其驱动力。为了避免这种情况的发生,某些越野汽车上装有差速锁,以在必要时能锁止差速器。此时汽车可能得到的驱动力为

$$F_X = (F_Z\mu_g)_{min} + (F_Z\mu_g)_{max} \tag{6-38}$$

在实际道路条件下,各个驱动车轮上的附着力差别很小,汽车总驱动力的增加一般不超过 20% ~ 25%。长时间使用差速锁会使半轴过载引起功率损失。当驱动车轮滑转导致停车后,再挂差速锁起步,有时会因为滑转处的土壤表面已被破坏或因全部转矩突然传至另一驱动车轮引起土壤破坏而失去效果。

差速器的内摩擦能使左右车轮传递的转矩不等。设传给差速器的转矩为 M,差速器的内摩擦力矩为 M_r,则旋转较慢和较快的驱动车轮上的转矩分别为

$$\begin{cases} M_1 = (M + M_r)/2 \\ M_2 = (M - M_r)/2 \end{cases} \tag{6-39}$$

这样,如果一个驱动车轮由于附着力不足而开始滑转,因其转速加快,传给它的转矩就会减小到 M_2,因而可能停止滑转,而另一车轮的转矩增大到 M_1。结果在两个驱动车轮上的总驱动力可能达到最大数值,即

$$(F_X)_{max} = 2(F_Z\mu_g)_{min} + M_r/r \tag{6-40}$$

由此可见,差速器的内摩擦使汽车的总驱动力增加了 M_r/r。由于普通齿轮差速器的内摩擦不大,实际驱动力仅提高 4% ~ 6%。为了增加差速器的内摩擦,越野汽车常采用高摩擦式差速器,如凸轮式或蜗杆式差速器等。这时,总驱动力可增加 10% ~ 15%,因而能提高汽车通过性。

6. 悬架

6×6 型和 8×8 型多轴驱动的越野汽车在异常坎坷不平的地面上行驶时，常会因独立悬架的结构引起某驱动车轮的垂直载荷大幅度减小，乃至离开地面而悬空，使驱动车轮失去与地面的附着从而影响通过性。独立悬架和平衡式悬架允许车轮与车架间有较大的相对位移，使驱动车轮与地面保持经常接触，以保证有较好的附着性能。同时独立悬架可显著地提高汽车的最小离地间隙，从而提高汽车的通过性。

7. 拖带挂车

汽车拖带挂车后，由于总质量增加，其动力性将有所降低，即汽车列车的最大动力因数将比单车的最大动力因数小。因而，汽车列车的通过性也随之变得差一些。

为了保证汽车列车有足够高的通过性，对经常拖挂车工作的汽车，应该有较大的动力因数。增大传动系统的总传动比可以加大动力因数，但与此同时，汽车的最大行驶速度将会降低；加大动力系统功率也会增大动力因数，但汽车在一般道路上行驶时，由于功率利用率低，将使汽车经济性变差。

汽车拖带挂车后的相对附着重力 G_{cu}/G'_a 随之减少。在汽车列车总重力 G'_a 相同的条件下，因为半挂车的部分质量作用于牵引车上，则拖带半挂车时的相对附着质量比拖带全挂车时的大，因而半挂车汽车列车的通过性较好。

将汽车列车做成全轮驱动是提高相对附着质量的有效方法。这可以通过在挂车上装上动力装置（动力挂车），或将牵引车的动力通过传动轴或液压管路传输到挂车的车轮上（驱动力挂车）实现。

全轮驱动汽车列车的通过性较高，这不仅因其相对附着质量最大，同时由于道路上各点的附着系数一般是不同的（如道路上有部分积水、小坑等），驱动车轮数目增多后，各驱动车轮均遇到附着系数小的支承面的可能性大为减小，因而对汽车列车的通过性有利。此外，与相同质量的重型载货汽车相比，全轮驱动汽车列车的车轮数一般较多，因而车轮对地面的接地比压较小。另外，还可以把各轴轮距做成相等，以减少滚动阻力，提高汽车列车的通过性。

设计汽车列车时，应使挂车车轮轨迹在转弯时与牵引车后轮轨迹重合。这不仅可减小汽车列车的转弯通道宽度，提高机动性，同时也可降低汽车列车在松软地面上转弯时的滚动阻力，从而提高其通过性。

汽车列车克服障碍的能力也与挂钩和牵引架的结构参数也有关，如牵引架在垂直平面内的许可摆角（$\alpha_\beta + \alpha_H$），对汽车列车所能通过的凸起高度有很大影响（图 6-12）。

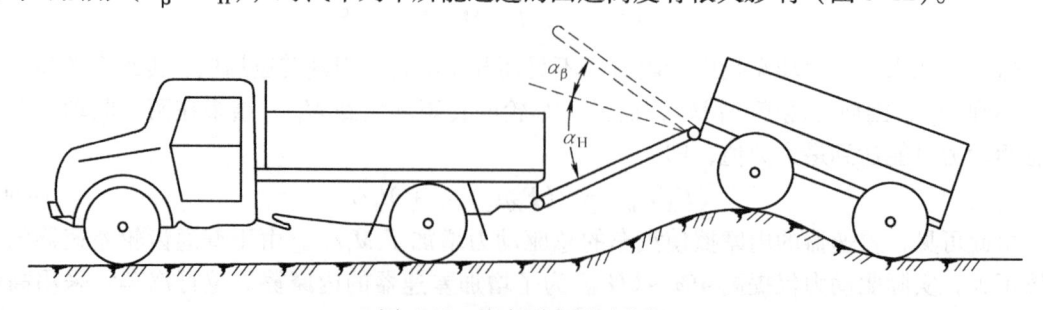

图 6-12 汽车列车通过凸起

8. 驱动防滑系统（ASR）

汽车在泥泞道路或冰雪路面行驶时，因路面的附着系数小，常会出现驱动轮滑转现象。当驱动轮滑转时，产生的驱动力很小。特别是驱动轮原地空转时，驱动力接近零。例如，当汽车驱动轮陷入泥坑时，汽车不能前进，即汽车的驱动轮一侧或两侧滑转后，汽车总驱动力不足以克服行驶阻力，使汽车通过坏路的行驶能力受到限制。汽车驱动轮胎滑转，限制了汽车动力性的发挥；增加了轮胎的磨损，降低了轮胎的使用寿命；使汽车抗侧向力的能力下降，当遇到侧风或横向斜坡时，容易发生侧滑，影响汽车行驶的横向稳定性。

如图6-13所示，驱动防滑系统（ASR）可自动调节动力系统转矩到驱动轮的驱动力，使驾驶人的工作强度得以减小，汽车稳定性和操纵性得到调节，驱动力的发挥得以改善。ASR保持驱动轮处于最佳滑转范围内的控制方式，包括调节动力系统输出转矩、制动驱动轮以及锁止差速器。这些控制方式的目的都是调节驱动轮上的驱动力矩。

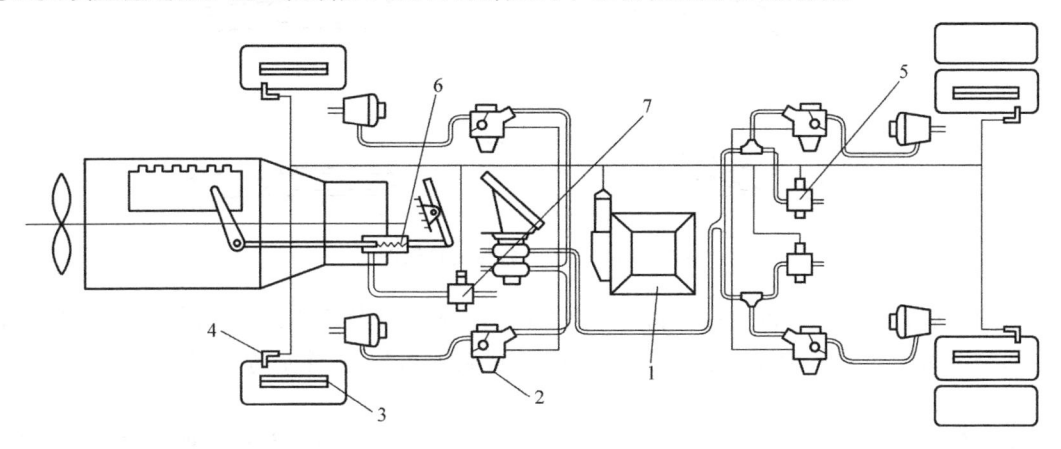

图 6-13　ASR 示意图
1—控制器（ECU）　2—制动压力调节器　3—车轮速度传感器脉冲盘　4—车轮速度传感器
5—差速制动阀　6—发动机制动阀　7—发动机控制阀

动力系统输出转矩控制。如果驱动过程中左、右驱动轮滑转，ASR的控制器可从前、后车轮速度传感器传来的转速差极大的信息中，判断出左和（或）右车轮在空转，对于传统燃油车，通过对发动机控制阀（节气门）发出指令，发动机控制阀直接操纵发动机供油量控制杆；对于纯电动汽车，通过电机控制器直接控制转矩输出。相应降低其输出转矩，使得驱动轮的转速降低，直到驱动轮停止滑转。

驱动轮制动控制。汽车行驶中若出现一侧车轮滑转超过规定值，则控制系统向差速器制动阀和制动压力调节器发出控制指令，对滑转的车轮施加制动，使得滑转的车轮减速，当其减速至规定值后，停止对其控制。若又开始滑转，则重复上述循环过程。整个过程中，一方面对滑转的车轮施加制动，另一方面又对另一侧无滑转车轮施加正常驱动力，其效果相当于差速锁的作用，车辆在滑路上的方向稳定性和起步能力均可得到改善。

动力系统输出转矩调节和驱动轮制动控制综合进行。当汽车在滑路转弯行驶时，如果驱动力过大，则会引起驱动轮空转，使车辆在离心力的作用下侧滑，甚至甩尾。遇到这类情况，控制系统会自动控制驱动轮制动和调节动力系统输出转矩，使二者同时或单独工作，保证汽车稳定行驶。

另外，在驱动轮滑转时，ASR 自动向驾驶人发出警报（警告灯），提示不要猛踏加速踏板，注意转向盘操作。

随着汽车电子技术的发展，汽车制动防抱系统（ABS）已在汽车上得到普及，ASR 是 ABS 的延伸。ABS 和 ASR 分别保证汽车在制动和驱动过程中的稳定性和转向性。ASR 是保证驱动附着条件、充分发挥驱动力、保证汽车驱动稳定性的装置。一般在汽车的 ABS 中设有与 ASR 的接口电路。ASR 也可以独立装车使用。

9. 驾驶方法

驾驶方法对提高汽车通过性有很大影响。在通过沙地、泥泞、雪地等松软地面时，应该用低速档，以保证车辆有较大的驱动力和较低的行驶速度。在行驶中应避免换档和加速，并保持直线行驶，因为转弯时将引起前、后轮辙不重合，从而增加滚动阻力，如图 6-14 所示。

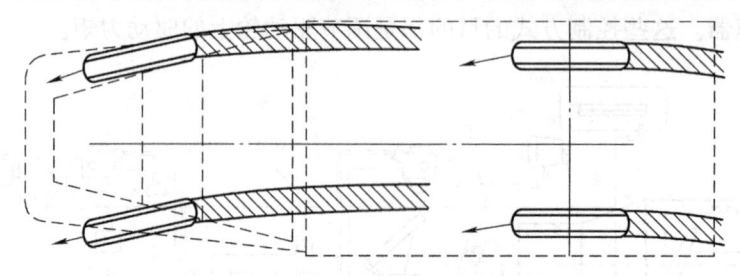

图 6-14 汽车转弯时的轮辙图

后轮是双胎的汽车，常会在两胎之间夹杂泥石，或使车轮表面黏附一层厚泥，使附着系数降低，增大车轮滑转趋势。遇到这种情况，驾驶人可以适当提高车速，将车轮上的泥甩掉。

当汽车传动系统装有差速锁时，驾驶人应该在估计有可能使车轮滑转的地区前就将差速器锁住。因为车轮一旦滑移，土壤表面就会被破坏，附着系数下降，这时再锁住差速锁也不会起显著作用。当汽车离开坏路地段后，驾驶人应将差速锁脱开，避免由于功率循环现象使发动机（驱动电机）、传动系统和轮胎磨损增加，经济性和动力性变坏，以及通过性降低等。

此外，为了提高越野汽车的涉水能力，应注意燃油车发动机的火花塞、曲轴箱通气口等的密封问题，并提高空气滤清器的位置，不得浸入水中。普通汽车一般能通过深度为 0.5～0.6m 的硬底浅水滩。

6.4 汽车通过性试验

以 GB/T 12673—2019《汽车主要尺寸测量方法》和 GB/T 12540—2009《汽车最小转弯直径、最小转弯通道圆直径和外摆值测量方法》为例，介绍汽车通过性几何参数测量试验的具体要求和试验方法。

车辆坐标系由相互关联的三个垂直正交平面组成，用于确定平面、轴、点的位置关系，如图 6-15 所示。

(1) 接近角

测量方法：测量切于静载荷前轮轮胎外缘且垂直于 Y 平面的平面与 Z 平面之间所夹的最大锐角。前轴前方任何固定在车辆上的刚性部件均在此平面的上方，如图 6-16 所示。

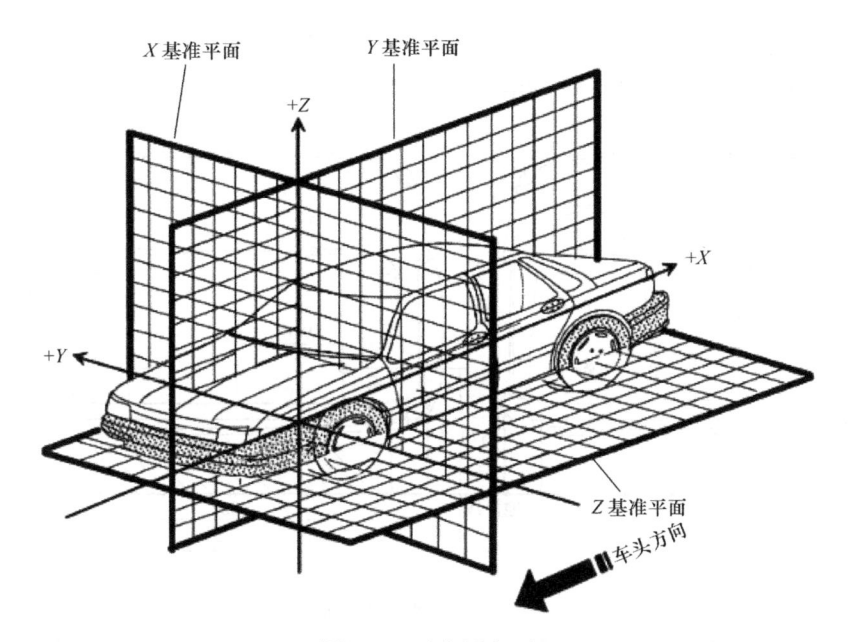

图 6-15　车辆坐标系

（2）离去角

测量方法：测量切于静载荷车辆最后车轮轮胎外缘且垂直于 Y 平面的平面与 Z 平面之间所夹的最大锐角。位于最后车轴后方的任何固定在车辆上的刚性部件均在此平面的上方，如图 6-16 所示。

（3）纵向通过角

测量方法：当分别切于静载车轮前后轮胎外缘且垂直于 Y 平面的两平面交于车体下部较低部位时，测量车轮外缘两切平面之间所夹的最小锐角。该角为车辆可以超越的最大角度，如图 6-16 所示。

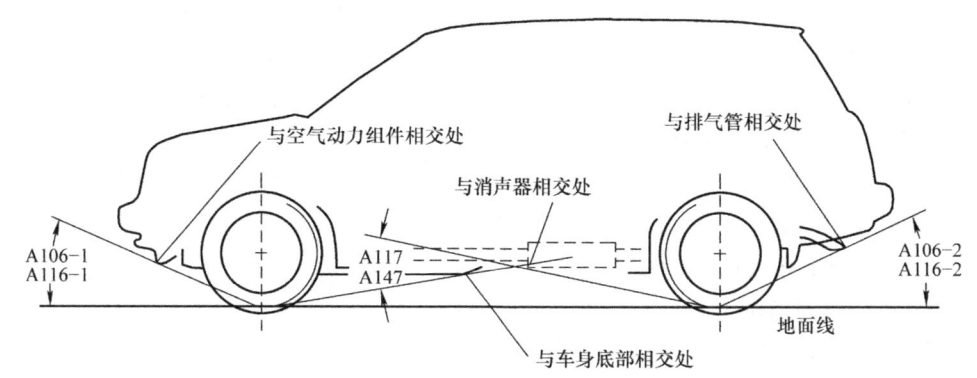

图 6-16　接近角、离去角、纵向通过角

A106-1—载荷状况为整备质量的接近角　　A116-1—载荷状况为最大质量的接近角
A106-2—载荷状况为整备质量的离去角　　A116-2—载荷状况为最大质量的离去角
A117—载荷状况为整备质量的纵向通过角　A147—载荷状况为最大质量的纵向通过角

（4）最小离地间隙

测量方法：测量地面与车辆中间部分最低点的距离且指明最低点部件（车辆中间部分

指与车辆 Y 基准平面等距离且平行的两个平面之间的部分，两平面间的距离为同一轴上两端车轮内缘间最小距离 b 的 80%），如图 6-17 所示。

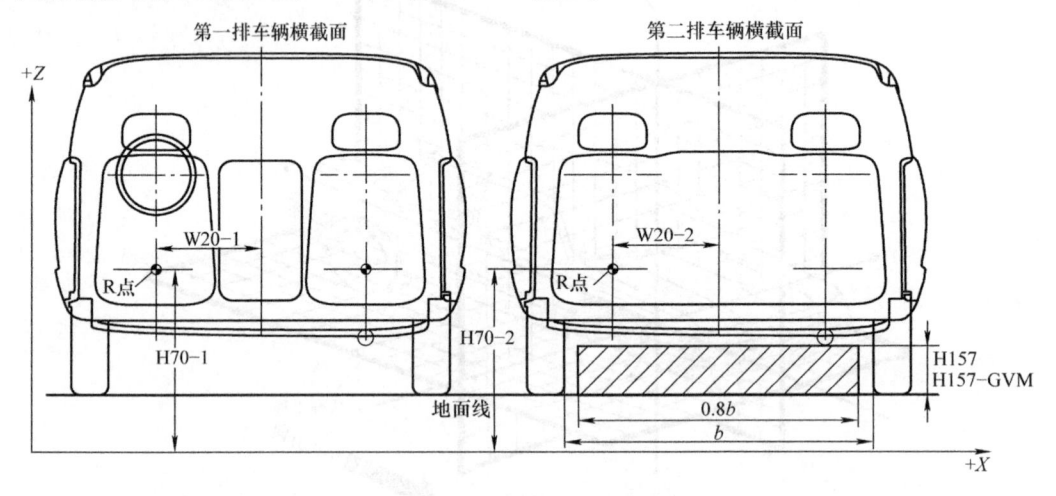

图 6-17 最小离地间隙
H157—载荷状况为整备质量的最小离地间隙　H157-GVM—载荷状况为最大质量的最小离地间隙

（5）最小转弯直径

测量方法：

1）根据需要，选择车身上离转向中心最远点、最近点和车轮胎面中心上方安装行驶轨迹显示装置。

2）汽车处于最低前进档并以较低的车速行驶，转向盘转到极限位置并保持不变，稳定后起动轨迹显示装置，车辆行驶一周，使各测点分别在地面上显示出封闭的运动轨迹，然后将车开出测量区域。

3）用钢卷尺测量各测点在地面上形成的轨迹圆直径，应在相互垂直的两个方向测量，测量时应向左向右移动，读取最大值；取两个方向的测量值的算术平均值作为试验结果。

4）汽车向左转和向右转各测量一次，记录试验结果。

5）如果左、右转方向测得的试验结果之差在 0.1m 以内，则取左、右转试验结果的平均值作为该车的最终结果，否则以左、右转方向测得的试验结果的较大值作为最终结果。

（6）最小转弯通道圆直径

最小转弯通道圆直径是转向盘转到极限位置时的转弯通道圆的直径。车辆转弯行驶时，下述两圆为车辆转弯通道圆（图 6-18）：

1）车辆所有点（后视镜、下视镜和天线除外，下同）在平整地面上的投影均位于圆周内的最小外圆——转弯通道圆外圆（直径 D_1）。

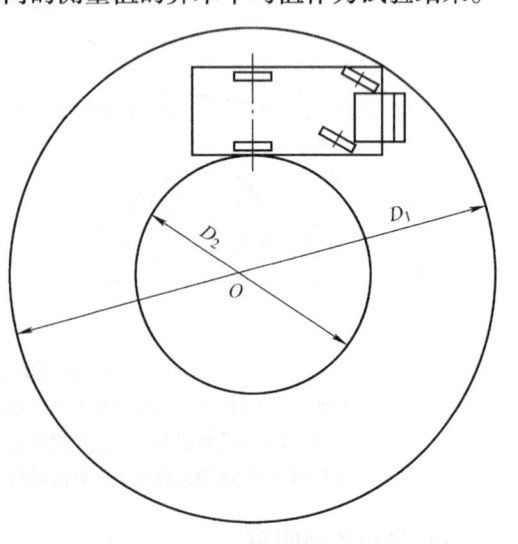

图 6-18 转弯通道圆示意图

2) 车辆所有点在平整地面上的投影均位于圆周外的最大内圆——转弯通道圆内圆（直径 D_2）。

转弯通道宽度 B 是车辆转弯通道圆外圆直径 D_1 与转弯通道圆内圆直径 D_2 之差的 1/2，即 $B = (D_1 - D_2)/2$。

测量方法与最小转弯直径测量方法相同。

同 步 训 练

一、填空题

1. 汽车通过性可分为_____和_____。
2. 间隙失效主要有_____、_____（或_____）两种形式。
3. 车辆支承通过性的主要评价指标包括_____、_____和_____。
4. 牵引车的挂钩牵引力等于_____与_____之差。它表征了_____的储备能力，也反映了汽车通过无路地带的能力。
5. 为提高汽车的通过性，须正确选择轮胎的_____、_____和_____等，使汽车行驶滚动阻力较小，附着能力较大。

二、简答题

1. 汽车通过性几何参数有哪些？
2. 车辆支承通过性主要评价指标是什么？
3. 什么是汽车在侧坡上不发生侧翻的极限角？
4. 汽车下坡制动时不向前翻车的极限条件是什么？
5. 汽车上坡加速行驶时不向后翻车的极限条件是什么？
6. 影响汽车通过性的因素有哪些？

三、名词解释

1. 汽车通过性。
2. 轮廓通过性。
3. 牵引支承通过性。
4. 间隙失效。
5. 顶起失效。
6. 触头失效。
7. 附着质量。
8. 附着质量系数。
9. 车辆接地比压。
10. 接近角。
11. 离去角。
12. 最小离地间隙。

第7章

汽车平顺性

本章导学

汽车平顺性主要指避免汽车在行驶过程中所产生的振动和冲击使人感到不舒服、疲劳甚至损害健康，或使货物损坏的性能，它是现代高速汽车的主要性能之一。本章主要讲授汽车平顺性定义及评价指标；分析影响汽车平顺性的结构因素；重点分析汽车平顺性评价方法；最后介绍汽车平顺性试验。

学习目标

1. 掌握汽车平顺性定义及评价指标。
2. 掌握汽车平顺性评价方法。
3. 掌握影响汽车行驶平顺性的结构因素。
4. 了解汽车平顺性试验的内容。

汽车平顺性，是指汽车在一般行驶速度范围内行驶时，能保证乘员不会因车身振动而引起不舒服和疲劳的感觉，以及保证所载运货物完整无损的性能。由于汽车平顺性主要是根据乘员的舒适程度来评价，因此又称为乘坐舒适性。

汽车是一个复杂的多质量振动系统，其车身通过悬架的弹性元件与车桥连接，而车桥又通过弹性轮胎与道路接触，其他如发动机（驱动电机）、驾驶室等也是以橡胶垫固定于车架上。在激振力作用（如道路不平而引起的冲击和加速、减速时的惯性力等）以及动力装置和传动轴等振动时，系统将发生复杂的振动。这种振动对乘员的生理反应和所载运货物的完整性均会产生不利的影响；乘员也会因为必须调整身体的姿势而加剧产生疲劳的趋势。

车身的振动频率较低，共振区通常在低频范围内。为了保证汽车具有良好的平顺性，应使引起车身共振的行驶速度尽可能远离汽车常用的行驶速度。在坏路上，汽车的允许行驶速度受动力性的影响不大，主要取决于汽车行驶平顺性，而被迫降低汽车行车速度。其次，振动产生的动载荷，会加速零部件的磨损乃至引起损坏。此外，振动还会消耗能量，使经济性变坏。因此，减少汽车本身的振动，不仅关系到乘坐的舒适性和所载运货物的完整无损，而且关系到汽车的运输生产率、经济性、使用寿命和工作可靠性等。

案例1：
中国高铁速度高，平顺性好体现了中国制造的品质。我们应了解目前我国的技术实力及基础，增强我们的自信心。

7.1 汽车平顺性的评价指标

汽车平顺性的评价方法，通常是根据人体对振动的生理反应及对保持货物完整性的影响来制订的，并用振动的物理量，如频率、振幅、加速度、加速度变化率等作为行驶平顺性的评价指标。

目前，常用汽车车身振动的固有频率和均方根加速度评价汽车平顺性。试验结果表明，为了保持汽车具有良好的行驶平顺性，车身振动的固有频率应为人体所习惯的步行时，身体上、下运动的频率，为 60～85 次/min（1～1.6Hz），振动加速度的极限值为 $0.2g$～$0.3g$。为了保证运输货物的完整性，车身振动加速度也不宜过大。如果车身加速度达到 $1g$，未经固定的载运货物就有可能离开车厢底板。所以，车身振动加速度的极限值应为 $0.6g$～$0.7g$。

1. 平顺性评价指标

在综合大量资料的基础上，国际标准化组织（ISO）提出了 ISO 2631《人体承受全身振动的评价指南》，该标准用加速度的均方根值（rms）给出了在中心频率 1～80Hz 振动频率范围内人体对振动反应的三种不同的感觉界限。我国参照 ISO 2631 制定了 GB/T 4970—2009《汽车平顺性试验方法》和 QC/T 474—2011《客车平顺性评价指标及限值》。

ISO 2631 用加速度的均方根值，给出了在 1～80Hz 振动频率范围内，人体对振动反应的三个不同的感觉界限。它们分别是舒适-降低界限 T_{CD}、疲劳-工效降低界限 T_{FD} 和暴露极限。

1）舒适-降低界限 T_{CD} 与保持舒适有关。在此极限内，人体对所暴露的振动环境主观感觉良好，并能顺利完成吃、读、写等动作。

2）疲劳-工效降低界限 T_{FD} 与保持工作效率有关。当驾驶人承受的振动在此极限内时，能正常地进行驾驶。

3）暴露极限通常作为人体可以承受的振动量的上限。当人体承受的振动强度在这个极限之内，将保持健康或安全。

上述三个界限只是均方根振动加速度容许值不同。"暴露极限"值为"疲劳-工效降低界限"值的 2 倍（约增加 6dB）；"舒适-降低界限"值为"疲劳-工效降低界限"值的 1/3.15（约降低 10dB）；而各个界限容许加速度值与频率的变化趋势完全相同。

图 7-1a 和图 7-1b 分别为，在双对数坐标下垂直和水平方向振动对人体影响的"疲劳-工效降低界限"。由图可知，在一定的频率下，随着暴露（承受振动）时间加长，感觉界限容许的加速度值下降。所以，可用达到某一界限允许暴露的时间来衡量人体感觉到的振动强度的大小。

由图 7-1 的曲线族可知，人体最敏感的频率范围，对于垂直振动是 4～8Hz，对于水平振动是 0.5～2Hz 以下。在 2.8Hz 以下，同样的暴露时间内，水平振动加速度容许值低于垂直振动；频率在 2.8Hz 以上时则相反。

为了用"疲劳-工效降低界限"评价汽车行驶平顺性，首先要对经过汽车座椅传至人体的振动进行频谱分析，得到 1/3 倍频带的加速度均方根值谱。

ISO 2631 推荐的两种评价方法为 1/3 倍频带分别评价法和总加速度加权均方根值评价法。

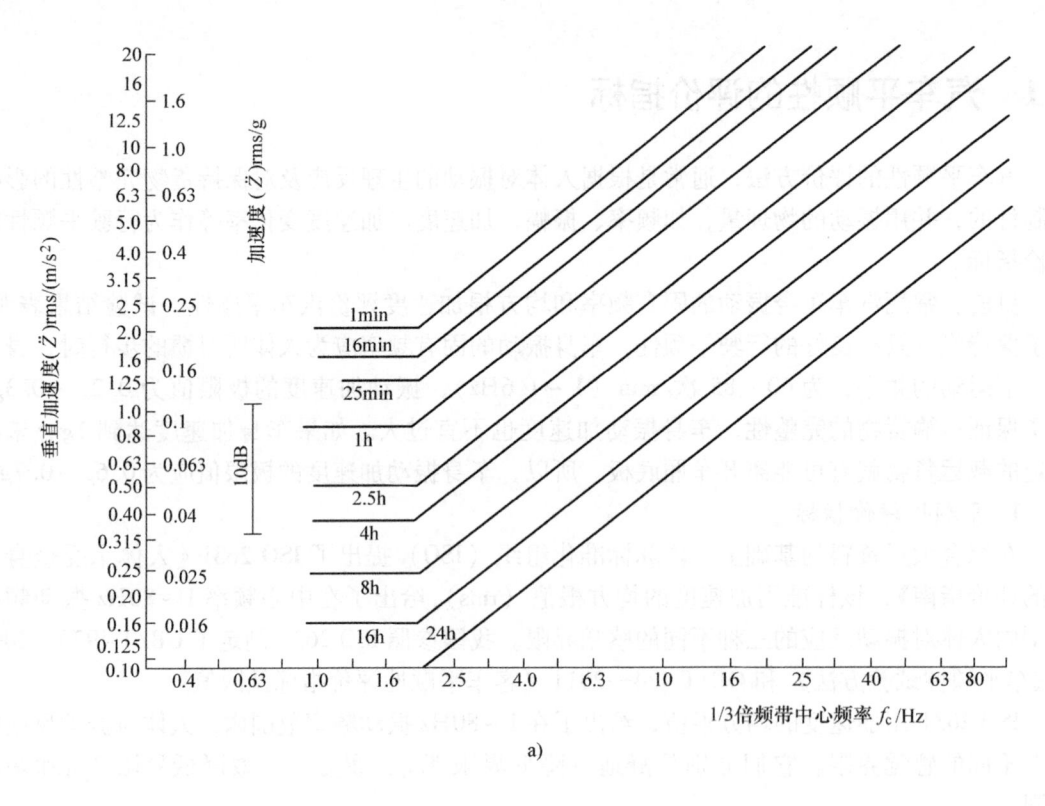

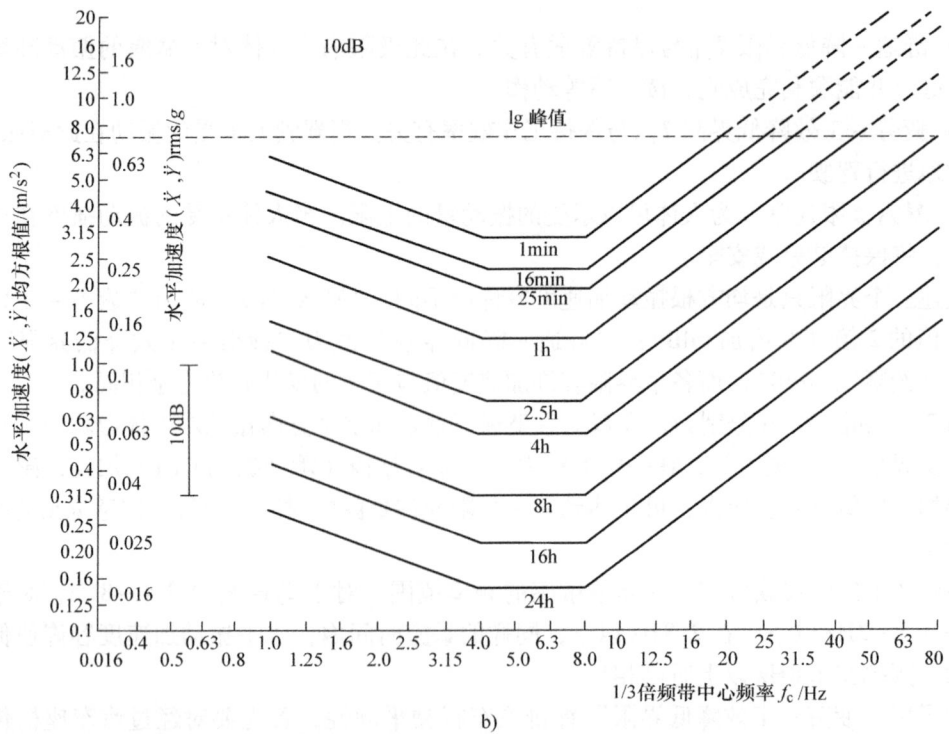

图 7-1　ISO 2631 人体对振动反应的"疲劳-工效降低界限"

a) 垂直方向（Z）　b) 水平方向（X-纵向，Y-纵向）

案例2：

面对振动极限，训练航天员的设备上有个红色按钮，只要按下这个按钮就可以停止训练，但至今没有一个航天员使用过。为了中国航天事业，他们不断挑战，克服各种困难或障碍。我们也要学习航天员的精神，为了中国的汽车事业，不断挑战自我。

2. 1/3 倍频带分别评价法

1/3 倍频带分别评价法，是把"疲劳-工效降低界限"及由计算或频谱分析仪处理得到的 1/3 倍频带的加速度均方根值画在同一张频谱图上，然后检查各频带的加速度均方差是否都保持在界限值之下。

1/3 倍频带上限频率 f_u 与下限频率 f_b 的比值：

$$f_u/f_b = 2^{\frac{1}{3}} = 1.26 \tag{7-1}$$

中心频率为

$$f_c = \sqrt{f_u f_b} = 2^{\frac{1}{6}} f_b \tag{7-2}$$

上限频率、下限频率与中心频率的关系为

$$\begin{cases} f_u = 1.12 f_c \\ f_b = 0.89 f_c \end{cases} \tag{7-3}$$

分析带宽为

$$\Delta f = f_u - f_b \tag{7-4}$$

将振动传至人体加速度 $p(f)$ 的功率谱密度 $G_p(f)$，对所对应的 1/3 倍频带中心频率 f_{ci} 在带宽 Δf_i 区间积分，得到各个 1/3 倍频带的加速度均方根值分量 σ_{pi}，即

$$\sigma_{pi} = \sqrt{\int_{0.89 f_{ci}}^{1.12 f_{ci}} G_p(f) df} \tag{7-5}$$

带宽加速度均方根值分量 σ_{pi} 的大小不能真正反映人体感觉振动强度的大小。为此，引入人体对不同频率振动敏感程度的频率加权函数，将人体最敏感频率范围以外的各 1/3 倍频带加速度均方根值分量 σ_{pi} 进行频率加权，等效于 4~8Hz（垂直）、0.5~2Hz（水平）的分量数值 σ'_{pi}，即按人体感觉的振动强度相等的原则，折算为最敏感的频率范围。用 σ_{pi} 和最敏感频率范围的允许加速度均方根值比较，确定按疲劳-工效降低界限或舒适-降低界限允许的暴露时间 T_{CD} 和 T_{FD}。加权加速度均方根值分量 σ_{pwi} 的计算公式为

$$\sigma'_{pwi} = W(f_{ci}) \sigma_{pi} \tag{7-6}$$

式中 f_{ci}——第 i 频带的中心频率（Hz）；

$W(f_{ci})$——频率加权函数。

垂直方向振动的频率加权函数 $W_N(f_{ci})$ 为

$$W_N(f_{ci}) = \begin{cases} 0.5\sqrt{f_{ci}}, & 1\text{Hz} < f_{ci} \leq 4\text{Hz} \\ 1, & 4\text{Hz} < f_{ci} \leq 8\text{Hz} \\ 8/f_{ci}, & 8\text{Hz} < f_{ci} \end{cases} \tag{7-7}$$

水平方向振动的频率加权函数 $W_L(f_{ci})$ 为

$$W_L(f_{ci}) = \begin{cases} 1, & 0.5\text{Hz} < f_{ci} \leq 2\text{Hz} \\ 2/f_{ci}, & 2\text{Hz} < f_{ci} \end{cases} \tag{7-8}$$

加权加速度均方根值分量 $\sigma_{\text{pw}i}$ 反映了人体对各 1/3 倍频带振动强度的感觉。1/3 倍频带分别评价法的评价指标就是 $\sigma_{\text{pw}i}$ 中的最大值 $(\sigma_{\text{pw}i})_{\max}$。

此法认为，当有多个 1/3 倍频带的振动能量作用于人体时，各频带的作用无明显联系，对人体的影响主要是由单个影响最突出的 1/3 倍频带所造成。因此，要改善汽车行驶平顺性，主要避免振动能量过于集中，尤其是在人体最敏感的频率范围内，不应该有凸出的尖峰。

3. 总加权值评价法

在处理汽车平顺性试验结果或计算设计参数对振动的影响时，通常还采用传至人体振动的加速度均方根值 σ_p 或车身振动的加速度均方根值 σ_z 作为评价平顺性的指标。这种方法比较简单，适用于振动频率分布相似的条件下进行对比。σ_p 和 σ_z 值等于 1~80Hz 中 20 个 1/3 倍频带加速度均方根值分量 $\sigma_{\text{p}i}$ 或 $\sigma_{\text{z}i}$ 平方和的平方根，即

$$\sigma_{\text{p,z}} = \sqrt{\sum_{i=1}^{N}(\sigma_{\text{pw}i,\text{z}i})^2} \tag{7-9}$$

式中　N——频带数。

总加权值反映了全部振动能量的大小，而且振动加速度均值为零，所以 σ_p 和 σ_z 代表加速度幅值波动的范围。

总加权值 σ_p 还可利用计权滤波网络，由均方根值检波器读出。在《汽车平顺性试验方法》（GB/T 4970—2009）和《客车平顺性评价指标及限值》（QC/T 474—2011）中，总加速度加权均方根值 σ_p 均列为平顺性评价指标之一。

当各 1/3 倍频带加速度加权均方根值分量 $\sigma_{\text{pw}i}$ 彼此相等时，1/3 倍频带分别评价指标 $\sigma_{\text{pw}i}$ 和总加速度加权均方根值 σ_p 的关系为

$$\sigma_{\text{p,z}} = \sqrt{n}(\sigma_{\text{pw}i})_{\max} \tag{7-10}$$

式中　n——总的频带数。

在只有一个 1/3 倍频带有值的窄带振动条件下（$n=1$），能量分布都集中在该 1/3 倍频带内。总加速度加权均方根值 σ_p 显然就是前面 1/3 倍频带分别评价方法所考虑的，对人体影响最突出的那个频带的加速度均方根值。

$$\sigma_\text{p} = (\sigma_{\text{pw}i})_{\max} \tag{7-11}$$

因为该值已折算到人体最敏感的频率范围，所以，可将 $\sigma_{\text{pw}i}$ 值与"疲劳-工效降低界限"上人体最敏感频率范围的容许值比较来进行评价。

汽车座椅传递给人体的振动主要是 10Hz 以下的宽带随机振动，总频带数 n 约为 10，若各 $\sigma_{\text{pw}i}$ 都相等，则

$$\sigma_\text{p} = \sqrt{10}(\sigma_{\text{pw}i})_{\max} = 3.16(\sigma_{\text{pw}i})_{\max} \tag{7-12}$$

实际上，各 1/3 倍频带的 $\sigma_{\text{p}i}$ 不相等，实际测算为

$$\sigma_\text{p} = 2(\sigma_{\text{pw}i})_{\max} \tag{7-13}$$

因为 ISO 2631 中给出的界限值是基于 1/3 倍频带分别评价法的，所以当用总加速度加权均方根值 σ_p 进行评价时，允许的界限值要比 ISO 2631 给的允许值增加 1 倍，否则会偏于保守。

7.2 影响汽车平顺性的结构因素

为了便于分析,需要对由多质量组成的汽车振动系统进行简化。图 7-2 为经过简化的振动系统模型。在研究振动时,常将汽车由当量系统代替,即把汽车视为由彼此相联系的悬架质量与非悬架质量所组成。

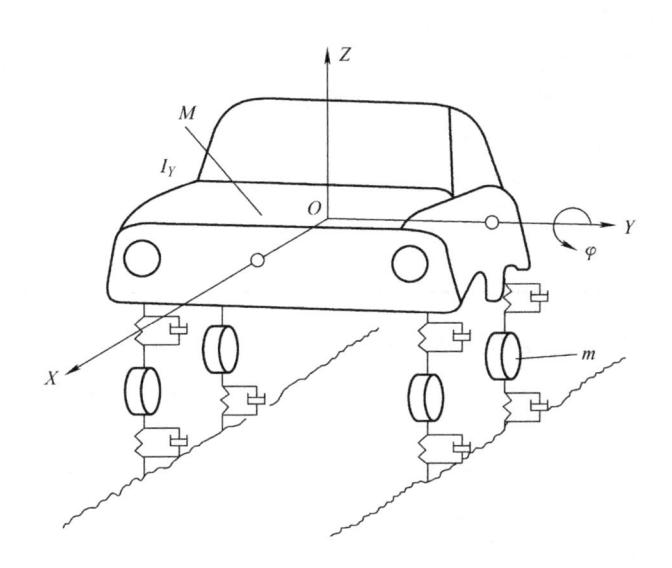

图 7-2 四轮汽车的简化模型

> **案例 3:**
> 作为未来的汽车设计人员,如何利用好专业知识去提高平顺性能,进而提高汽车产品的质量,是我们应该主动担负起的重要责任。如考虑如何改进平顺性的评价方法;如何更合理地简化汽车的振动系统,以便更好地分析振动系统对路面随机输入的响应等。我们是未来的汽车设计师,应该扎实学好理论知识,培养创新意识,研究更多的新技术,以提高汽车的行驶平顺性。

汽车的悬架质量 M 由车身、车架及其上的总成所构成。该质量通过质量中心的横轴 Y 的转动惯量为 I_Y,悬架质量由减振器和悬架弹簧与车轴、车轮相连,车轮、车轴构成的非悬架质量为 m,车轮再经过具有一定弹性和阻尼的轮胎支承在路面上。

悬架结构、轮胎、悬架质量和非悬架质量是影响汽车平顺性的重要因素。

1. 悬架结构

悬架结构主要指弹性元件、导向装置与减振装置,其中弹性元件与悬架系统中阻尼的影响较大。

(1) 弹性元件

将汽车车身看成一个在弹性悬架上作单自由度振动的质量时,其固有频率 f_0 为

$$f_0 = \frac{1}{2\pi}\sqrt{\frac{gC}{G}} \tag{7-14}$$

式中　C——悬架刚度（N/mm）；
　　　G——悬架（簧上）重力（N）；
　　　g——重力加速度，$g = 9800 \text{ mm/s}^2$。

悬架重力 G 作用下的悬架的静挠度 f_s 为

$$f_s = G/C \tag{7-15}$$

由式（7-15）可见，减少悬架刚度 C，可降低车身的固有频率 f_0。当汽车其他结构的参数不变时，要使悬架系统有低的固有频率，悬架就必须具备很大的静挠度 f_s。静挠度是指汽车满载时，刚度不变的悬架在静载荷下的变形量。对变刚度悬架，静挠度是由汽车满载时悬架上的静载荷和与之相对应的瞬时刚度来确定。

目前，汽车悬架静挠度 f_s 的变化范围见表 7-1。

表 7-1　汽车悬架静挠度的变化范围　（单位：mm）

车型	轿车	载货汽车	大客车	越野车
悬架静挠度	100~300	50~110	70~150	60~130

汽车前、后悬架静挠度的匹配对平顺性也有很大影响。若前、后悬架的静挠度以及振动频率都比较接近，共振的机会减少。为了减少车身纵向角振动，通常后悬架的静挠度 f_{s2} 要比前悬架的静挠度 f_{s1} 小些。据统计，一般取 $f_{s2} = (0.7 \sim 0.9) f_{s1}$。对于短轴距的微型汽车，为改善其乘坐舒适性，一般把后悬架设计得软一些，也就是使 $f_{s2} > f_{s1}$。

为了防止汽车在不平路面上行驶时经常冲击缓冲块，悬架还应有足够的动挠度 f_m（悬架平衡位置到悬架与车架相碰时的变形）。

前、后悬架的动挠度常根据其相应的静挠度选取，其数值主要取决于车型和经常使用的路面状况，动挠度值与静挠度之间的关系可按下列范围选取：

$$f_m = \begin{cases} (0.5 \sim 0.7) f_s & \text{（轿车）} \\ (0.7 \sim 1.0) f_s & \text{（载货汽车、大客车）} \end{cases} \tag{7-16}$$

越野车的动挠度 f_m 可按载货汽车范围取上限，以减少车轮悬空和悬架击穿现象。

减少悬架刚度，即增大静挠度，可提高汽车行驶平顺性。但刚度降低会增加非悬架质量的高频振动位移。大幅度的车轮振动有时会使车轮离开地面，前轮定位角也将发生显著变化，在紧急制动时会产生严重的汽车"点头"现象。转弯时因悬架侧倾刚度的降低，会使车身产生较大的侧倾角，增加驾驶人的不安全感。

为了防止路面对车轮的冲击而使悬架与车架相撞，要相应地增加动挠度，即要有较大的缓冲间隙，对于纵置钢板弹簧，就需要增加弹簧长度等，从而使悬架布置发生困难。

为了使悬架既有大的静挠度又不影响其他性能指标，可采取一些相应措施，如采用可变刚度的非线性悬架。由于非线性悬架的刚度随动行程增大，就可以在同样的动行程中得到比线性悬架更多的动容量（指悬架从静载荷时的位置起，变形到与车架部分接触时的最大变形）。悬架的动容量越大，对缓冲块撞击的可能性就越小。现代载货汽车在后悬架上采用钢板弹簧加副弹簧，这是一种简易的办法。为使载荷增减时静挠度保持不变，较为理想的是在悬架系统中设置自动调节车身高度的装置。这样，悬架弹性曲线就如图 7-3 所示。图 7-3 画出了有代表性的三条弹性曲线 3、2 和 1，它们分别表示静载荷值为满载、半载和空载时的情况。其中点 a、a'' 和 a' 的纵坐标 P_C、P_K 和 P_0 分别是满载、半载及空载平衡时的载荷。b、

d 的纵坐标分别表示压缩到极限位置时的载荷是其平衡位置载荷的 3～4 倍。而有一组曲线，虽然载荷发生了变化，但静挠度 f_s 可以保持不变（静挠度 f_s 指图 7-3 上 $a-a'$ 点在横坐标上的投影到 O 点的距离，O 点为曲线上 a、a''、a' 诸点所作切线的交点）。

这组曲线的另一特点是，在悬架行程中曲线各点的斜率也是不同的，即悬架刚度还随行程而变化。一般是在静载时（行程中间位置）刚度小，而在离静载荷较远的两端，如在压缩行程 b、c、d 处和伸张行程的 A 点处的刚度就较大，做到了在有限的动行程范围内有足够的动容量。

对于载荷变化较大的载货汽车而言，变刚度悬架会明显地改善行驶平顺性。例如，某载货汽车在满载时，后悬架的载荷约为空车的 4 倍多，假定悬架刚度不变，当满载时的静挠度等于 100mm 时，空车时的静挠度将不到 25mm。满载时的振动频率为 1.6Hz，而空车时的振动频率为 3.2Hz。显然，空车时的振动频率过高，汽车行驶平顺性较差。如果采用变刚度悬架，使空车时的刚度比满载时的低，就会降低空车的振动频率，从而改善汽车的行驶平顺性。

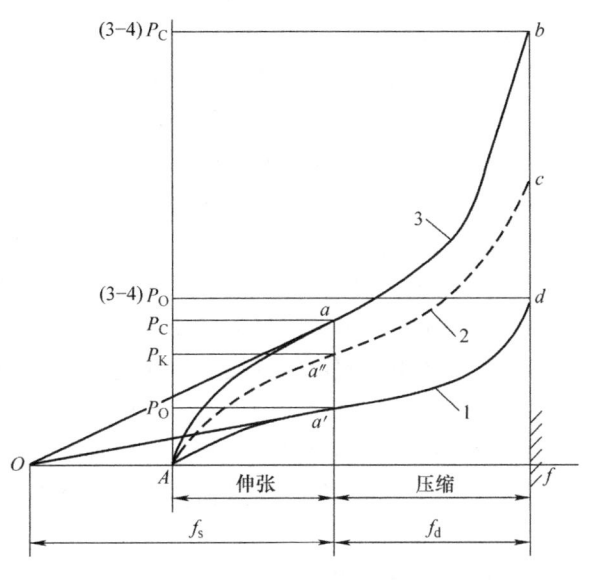

图 7-3 可变的悬架弹性曲线

（2）阻尼系统的阻尼

为了衰减车身自由振动和抑制车身、车轮的共振，以减小车身的垂直振动加速度和车轮的振幅（减小车轮对地面压力的变化，防止车轮跳离地面），悬架系统中应具有适当的阻尼。

悬架系统中引起振动衰减的阻尼来源很多。例如，在有相对运动的摩擦副中，轮胎变形时橡胶分子间产生摩擦，或在系统中设减振器等。对于各种悬架结构，以钢板弹簧悬架系统的干摩擦最大，钢板弹簧叶片数目越多，摩擦越大。所以，有的汽车采用钢板弹簧悬架时，可以不装减振器，但阻尼力的数值很不稳定，钢板弹簧生锈后阻力过大、不易控制。而采用其他内摩擦很小的弹性元件（如单片钢板弹簧、螺旋弹簧、扭杆弹簧等）的悬架，必须使用减振器以吸收振动能量，使振动迅速衰减。

减振器的阻力常用相对阻尼系数 ψ 来评价，即

$$\psi = \frac{r}{2\sqrt{CM}} \tag{7-17}$$

式中　r——减振器阻尼系数；

M——悬架质量（kg）。

为了使减振器阻尼效果好，又不传递大的冲击力，常把压缩行程的阻尼和伸张行程的阻尼取不同值。在弹性元件的压缩行程，为减少减振器传递的路面冲击力，选择较小的相对阻尼系数 ψ_c；而在伸张行程，为使振动迅速衰减，选择较大的相对阻尼系数 ψ_e。一般减振器

ψ_c 与 ψ_e 之间的关系为

$$\psi_c = (0.25 \sim 0.5)\psi_e \tag{7-18}$$

单向作用减振器时，$\psi_c = 0$，即减振器压缩行程无阻尼，只在伸张行程有阻尼作用。

对于不同的悬架结构类型及不同的使用条件，满足平顺性要求的相对阻尼系数的大小应有所不同。在设计时，通常先取压缩行程和伸张行程相对阻尼系数的平均值。

对于无内摩擦的钢板弹性元件（如螺旋弹簧）悬架，$\psi_c = 0.25 \sim 0.35$。对于有内摩擦的钢板弹簧悬架，相对阻尼系数较小，如解放牌载货汽车前悬架的相对阻尼系数 $\psi = 0.13$，其中 $\psi_e = 0.174$，$\psi_c = 0.086$，后悬架 ψ 可取稍大值。对于越野汽车或行驶路面条件较差的汽车取值较大，一般 $\psi_e > 0.3$。为避免悬架碰到车架，ψ_c 也应加大，可取 0.54。

减振器可提高汽车行驶平顺性，还可增加悬架的角刚度，改善车轮与道路的接触条件，防止车轮离开路面，因而可改善汽车的稳定性，提高汽车的行驶安全性。改进减振器的性能，对提高汽车在不平道路上的行驶速度有很大的作用。

悬架系统的干摩擦可使悬架的弹性元件部分被锁住，使汽车只在轮胎上发生振动，因而增加振动频率，且使路面冲击容易传给车身。因此，为了减少钢板弹簧叶片间的摩擦，应减少片数；恰当地计算各片在自由状态时的曲率半径，将各片端部切成梯形或半圆形，以保证各片间接触压力分布均匀；通过在各片间加润滑脂或减摩衬垫等方法减少干摩擦。

2. 轮胎

轮胎对行驶平顺性的影响取决于轮胎的径向刚度、轮胎的展平能力以及轮胎内摩擦所引起的阻尼作用。减少轮胎径向刚度，可使悬架换算刚度减小 10%~15%。当汽车行驶在不平道路时，由于轮胎的弹性作用，轮胎位移曲线较道路断面轮廓要圆滑平整，其长度较道路坎坷不平处的实际长度大，而曲线的高度则较道路坎坷不平处的实际高度要小，即所谓的轮胎展平能力。它可使汽车在高频的共振振动减小。由于轮胎内摩擦所引起的阻尼作用，轿车轮胎的相对阻尼系数 ψ 可达 $0.05 \sim 0.106$。

为了提高汽车行驶平顺性，轮胎径向刚度应尽可能减小。在采用足够软悬架的情况下，在相当大的行驶速度范围内，低频共振的可能性可完全消除。但轮胎刚度过低，会增加车轮的侧向偏离，影响汽车操纵稳定性，同时，还会使滚动阻力增加，轮胎寿命降低。

3. 悬架质量

车身振动主要是以自振频率进行的振动，即由于车身偏离平衡位置时所积蓄的能量所产生的振动。为了研究汽车在纵向垂直平面内的自由振动，将汽车的悬架质量 M 分解为由无质量刚性杆互相连接的前轴上的质量 M_1、后轴上的质量 M_2 以及质心 C 上的质量 M_3 三个集中质量（图 7-4）。
它们的大小由下述三个条件决定。

总质量保持不变，即

$$M = M_1 + M_2 + M_3 \tag{7-19}$$

质心位置不变，即

$$M_1 L_1 - M_2 L_2 = 0 \tag{7-20}$$

转动惯性 I_Y 的值保持不变，即

$$I_Y = M_{\rho Y}^2 = M_1 L_1^2 + M_2 L_2^2 \tag{7-21}$$

解式（7-19）、式（7-20）和式（7-21），可得出三个集中质量的值分别为

$$M_1 = M\frac{\rho_Y^2}{L_1 L} \tag{7-22}$$

$$M_2 = M\frac{\rho_Y^2}{L_2 L} \tag{7-23}$$

$$M_3 = M\left(1 - \frac{\rho_Y^2}{L_1 L_2}\right) \tag{7-24}$$

式中　ρ_Y——绕横轴 Y 的回转半径（m）；

　　　L_1、L_2——车身质心至前、后轴的距离（m）；

　　　L——轴距（m）。

由式（7-22）~式（7-24）可见，当悬架质量分配系数等于 1 时，质心上的质量 $M_3 = 0$。此时，前、后轴上集中质量 M_1、M_2 垂直方向的运动相互独立，即当前轮遇到路面不平而引起振动时，质量 M_1 运动，而质量 M_2 不运动，反之亦然。

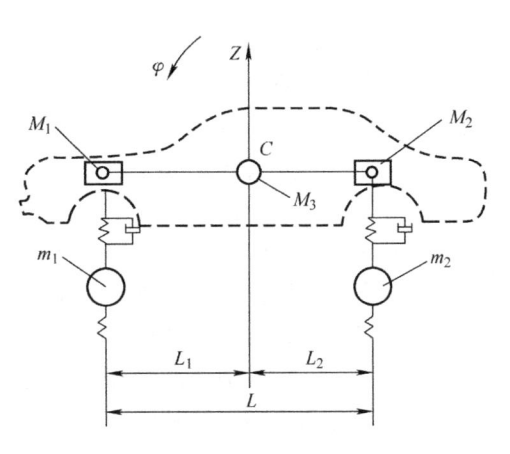

图 7-4　双轴汽车简化的平面模型

为了维持这个条件，应保证 ρ_Y 相应数值，例如把质量分配到汽车的两端（动力装置前移，行李舱后移等）；或者改变汽车质心的位置，但这有时难以实现。

减少公共汽车和载货汽车的悬架质量。由于车身振动的低频和加速度增加会降低汽车行驶平顺性，在此情况下，为了保持汽车良好的行驶平顺性，应采用等挠度悬架，使悬架刚度随悬架质量的减小而减小。

座位的布置对行驶平顺性也有很大影响。实际感受和试验表明：座位越接近车身的中部，其振动越小。座位位置常由它与汽车质心间的距离来确定，用座位到汽车质心距离与汽车质心到前（后）轴的距离之比评价座位的舒适性。该比值越小，车身振动对乘客的影响越小。

对于载货汽车和公共汽车，座位在高度上的布置也是重要的。为了减小水平纵向振动的振幅，座位在高度方面与汽车质心间的距离应尽量小。

弹簧座椅刚度的选择要适当，防止因乘员在座位上的振动频率与车身的振动频率重合而发生共振。对于具有较硬悬架的汽车，可采用较软的座垫。对于具有较软悬架的汽车，可采用较硬的座垫。

4. 非悬架质量

减小非悬架质量可降低车身的振动频率，提高车轮的振动频率。这样就使低频共振与高频共振区域的振动减小，而将高频共振移向更高的行驶速度，对行驶平顺性有利。

减小非悬架质量，还将使高频振动的相对阻尼系数增加（$\psi = 0.5r\sqrt{CM}$），从而使减振器所吸收的能量减少，工作条件可以获得改善。非悬架质量可因悬架导向装置形式而改变，采用独立悬架，可使非悬架质量减小。

常用非悬架质量（m）与悬架质量（M）之比评价非悬架质量对行驶平顺性的影响。m/M 比值越小，汽车的行驶平顺性越好。对于现代轿车，$m/M = 10.5\% \sim 14.5\%$，可保证汽车良好的行驶平顺性。

总之，影响汽车行驶平顺性的结构参数很多，且其关系错综复杂，须对这些参数进行综合分析，以便正确选择参数，提高汽车的行驶平顺性。

乘坐舒适性在很大程度上还取决于座位的结构、尺寸、布置方式和车身（或载货汽车的驾驶室）的密封性（防尘、防雨、防止废气进入车身）、通风保暖、照明、隔声等效能，以及是否设有其他提高乘客舒适性的设备（钟表、音响、烟灰盒、点烟器等）。

大客车尤其是旅行客车的座位都充分考虑舒适性，如旅游客车因乘客乘坐时间长，要求有更好的舒适性，一般都设有半躺座椅或可调的活动座椅。座椅的布置尽可能使乘客面朝前方，并设有阅读专用灯、洗漱室和广播设备，以适应长途旅行的需要。

大客车多采用后置式发动机（驱动电机），以利于隔绝噪声和方便维修。车身采用承载式结构、空气悬架，以减轻振动和噪声。市内公共汽车因需经常起步、加速和换档，传动系统多采用液力-机械自动变速器和自动变速器，以实现自动换档和无级变速，减轻驾驶人的疲劳，改善动力系统功率的利用。

7.3 汽车平顺性试验

汽车平顺性试验一般分为评价性试验和研究性试验两种。汽车平顺性评价性试验又可分为主观感觉评价性试验和客观物理量评价性试验两种。本节主要讨论客观物理量评价性试验。其试验方法参照国家标准 GB/T 4970—2009《汽车平顺性试验方法》。

案例4：
现在国产车的乘坐舒适性都很高，反映了中国由制造大国向制造强国的转变。我们作为新时代人，要顺应时代要求，有时代担当，为实现强国梦贡献力量。

7.3.1 试验设备

平顺性试验仪器系统主要包括加速度传感器、放大器、数据采集仪、车速仪、滤波器等。由试验仪器构成的测试系统应适宜于冲击测量，其性能应稳定、可靠。脉冲输入应采用图 7-5 所示脉冲试验用凸块。根据试验条件不同，脉冲输入也可用其他高度的凸块或减速带。平顺性测试设备连接图如图 7-6 所示。

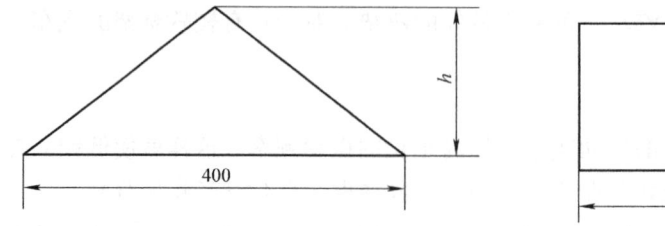

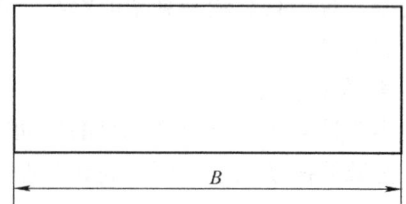

图 7-5 三角形凸块

注：$h=40\text{mm}$；B 按需要而定，但必须大于轮宽。

7.3.2 试验条件

（1）道路

试验道路应平直，纵坡不大于1%，路面干燥，不平度应均匀无突变，累计的试验路面总长度不应小于试验样本个数要求的最短路面长度，并且两端应有 30~50m 的稳速段。

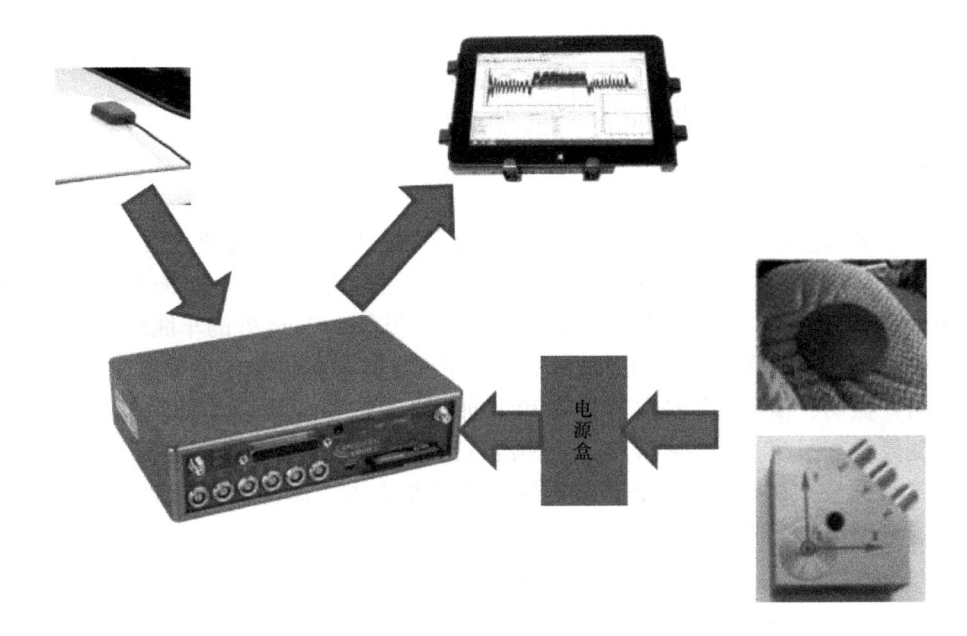

图 7-6　平顺性测试设备连接图

脉冲输入行驶的试验道路为沥青路面或水泥路面，路面等级按照 GB/T 7031—2005 规定的 A 级路面。随机输入行驶的试验道路为沥青路面或水泥路面，具体试验路面等级根据需要确定。

（2）风速

风速不大于 5m/s。

（3）受检车辆

汽车各总成、部件、附件及附属装置（包括随车工具与备胎）应按规定装备齐全，并装在规定的位置上。调整状况应符合该车设计技术条件的规定。轮胎充气压力应符合汽车设计技术条件的规定，误差不超过规定充气压力的 ±3%。

汽车的载荷为额定最大装载质量，根据需要可增做其他载荷工况的试验。载荷物均匀分布且固定牢靠，试验过程中不应晃动和颠离，亦不应因潮湿、散失等情况而改变质量。

（4）测试乘员

测试部位的载荷应为身高 1.70 m±0.05m、体重为 65kg±5kg 的测试乘员。非测试部位的载荷应符合 GB/T 12534—1990 中的有关规定。测试部位的乘员应全身放松，佩戴安全带，双手自然地放在大腿上，其中驾驶人的双手自然地置于转向盘上，在试验过程中应保持坐姿不变。一般情况下，乘员应自然地靠在靠背上，否则应注明。

（5）试验车速

试验车速应由车速仪监控，试验时，应根据车速选用适当的档位，车速偏差为试验车速的 ±4%。

脉冲输入行驶：试验车速为 10km/h、20km/h、30km/h、40km/h、50km/h、60km/h。

随机输入行驶：针对特定车的设计原则确定试验用良好路面或一般路面。

良好路面试验车速：40km/h～最高设计车速（不应超过试验路面要求的最高车速），每隔 10km/h 或 20km/h 选取一种车速为试验车速。

一般路面试验车速：
1) M 类车辆：40km/h、50km/h、60km/h、70km/h。
2) N 类车辆：30km/h、40km/h、50km/h、60km/h。

7.3.3 试验方法

M 类车辆的加速度传感器应安装在驾驶人及同侧最后排座椅椅垫上方、座椅靠背、脚部地板上；N 类车辆的加速度传感器应安装在驾驶人座椅椅垫上方、座椅靠背、脚部地板、车厢地板中心以及与驾驶人同侧距车厢边板、车厢后板各 300mm 处的车厢地板上。

座椅椅垫上方、座椅靠背、脚部地板上需测量三个方向的振动，加速度时间历程包括垂直（Z 轴向）振动、横向（Y 轴向）振动和纵向（X 轴向）振动。车厢地板处的加速度传感器只需测量垂直振动。座椅靠背上的传感器布置如图 7-7 所示；脚部地板上的传感器布置在驾驶人（或乘员）两脚中间位置；安装在座椅座垫上方、座椅靠背上的传感器应与人体紧密接触。可根据需要适当增加测点。

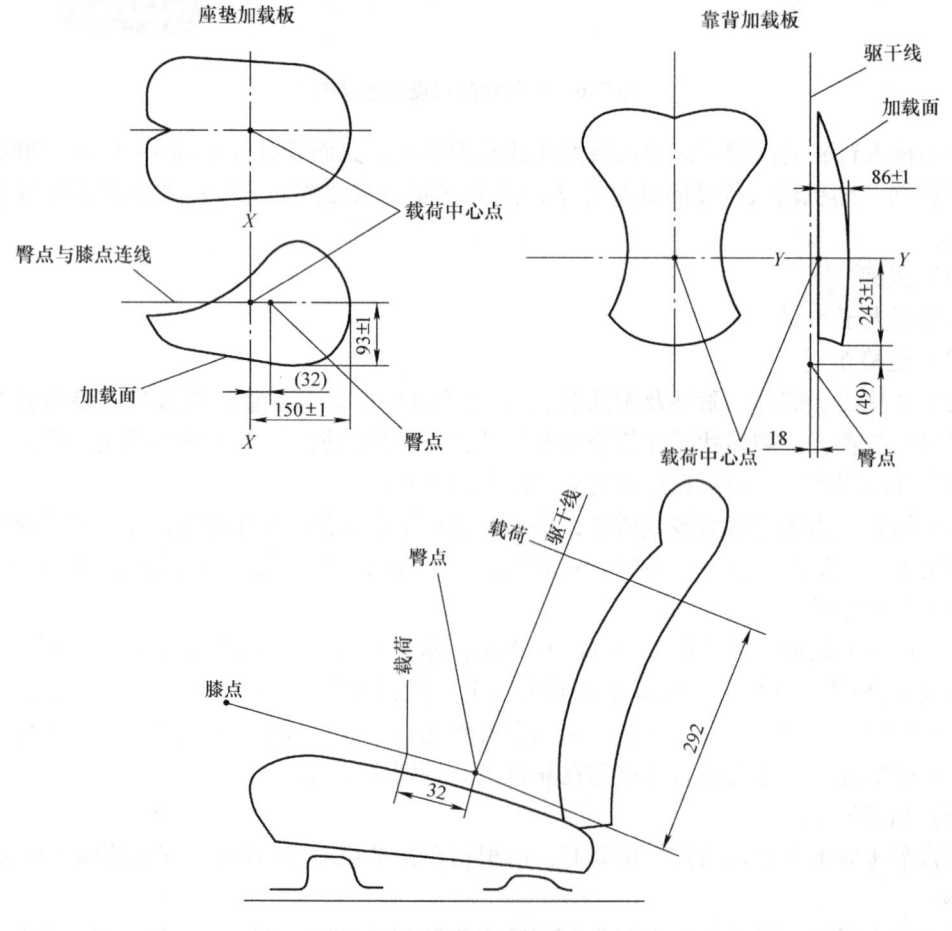

图 7-7 座椅靠背上传感器布置

（1）汽车驶过凸块脉冲输入平顺性试验

将凸块放置在试验道路中间，并按汽车轮距调整好两个凸块间的距离。为保证汽车左右车轮同时驶过凸块，应将两个凸块放在与汽车行驶方向垂直的一条直线上。试验时，汽车以规定的车速匀速驶过凸块。在汽车通过凸块前50m应稳住车速。当汽车前轮接近凸块时开始记录，待汽车驶过凸块且冲击响应消失后，停止记录。每种车速的有效试验次数应不少于5次。

某样车试验处理结果如图7-8所示。

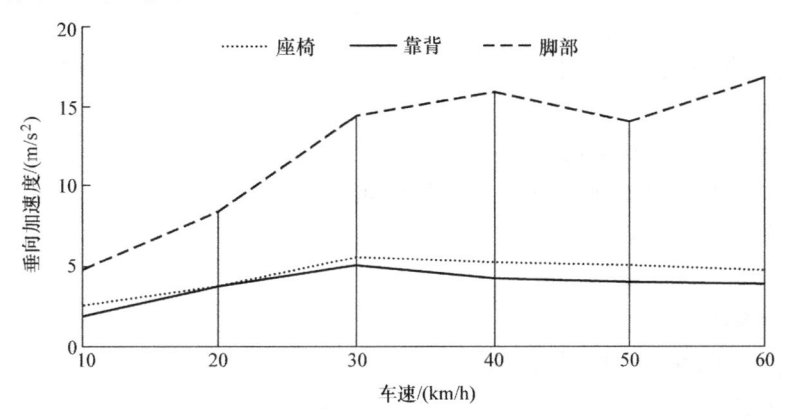

图 7-8　驾驶人处垂向加速度

从图7-8可以看出，低速行驶时，随着车速增加，各个测点的垂向加速度增大，在车速达到40km/h后，垂向加速度出现波动，并有一定程度的下降。由于没有座椅的缓冲作用，地板处振动最大，达到16.9m/s²。在脉冲输入下，样车舒适性符合要求，不会损害人体健康。

（2）在实际随机输入路面上的平顺性试验

试验时，汽车应在稳速段内稳住车速，然后以规定的车速匀速驶过试验路段，测量各测试部位的加速度时间历程。样本记录长度应满足数据处理的最少数据量要求。

样车分别以标准规定的各车速通过长直水泥路面，得到各测点振动加速度，经过后处理软件计算得到加权加速度均方根值，见表7-2。

表 7-2　随机输入路面上的试验结果

车速/(km/h)		角速度 a_w/(m/s²)	线速度 a_v/(m/s²)	车速/(km/h)		角速度 a_w/(m/s²)	线速度 a_v/(m/s²)
40	地板	0.183	0.411	60	地板	0.205	0.441
	座垫	0.302			座垫	0.325	
	靠背	0.209			靠背	0.215	
50	地板	0.185	0.393	70	地板	0.201	0.396
	座垫	0.286			座垫	0.272	
	靠背	0.194			靠背	0.206	

样车的加权加速度均方根值均落在0.315~0.63之间，人体主观感觉为有些不舒适。

同 步 训 练

一、填空题

1. 汽车平顺性的评价方法，通常是根据_____及_____影响制订。

2. 行驶平顺性的评价指标主要包括频率、_____、_____、_____等。

3. ISO 2631 规定人体对振动的反应，分别是_____、_____和_____三个不同的感觉界限。

4. "暴露极限"值为"疲劳-工效降低界限"值的_____；"舒适-降低界限"值为"疲劳-工效降低界限"值的_____。

5. 影响汽车平顺性的重要因素包括_____、_____、_____和_____。

二、简答题

1. 汽车平顺性评价指标有哪些？
2. ISO 2631 规定人体对振动反应的三个不同的感觉界限是什么？
3. 什么是舒适-降低界限？
4. 什么是疲劳-工效降低界限？
5. 什么是暴露极限？
6. 影响汽车平顺性的结构因素有哪些？

三、名词解释

1. 汽车平顺性。
2. 相对阻尼系数。
3. 静挠度。
4. 动挠度。
5. 悬架动容量。

第8章

汽车安全性

本章导学

汽车行驶安全性是汽车重要的性能。本章通过介绍安全性分类，主要讲授汽车被动安全性和生态安全性；分析车内被动安全性和车外被动安全性；分别介绍汽车排气污染物、汽车噪声、汽车电磁干扰及试验。

学习目标

1. 掌握车辆事故分析和汽车被动安全性评价方法。
2. 掌握汽车排气污染物成分。
3. 理解汽车噪声试验内容。
4. 了解汽车排放试验内容。
5. 了解汽车电磁干扰试验内容。

道路交通安全主要是和"驾驶人–汽车–道路"系统有关（图8-1），而汽车本身则是这个系统最主要的因素和环节。

案例1：

汽车安全性，关系到每一个人的人身安全、信息安全。我们无论是生活还是工作，无论将来是否设计汽车，都要把安全放在第一位，珍惜生命。

汽车安全性一般分为主动安全性、被动安全性、生态安全性。

1）主动安全性是指汽车本身防止或减少道路交通事故发生的性能，主要取决于汽车的尺寸和整备质量参数、制动性、行驶稳定性、操纵性、信息性以及驾驶人工作位置的状况（座椅舒适性、噪声、温度和通风、操纵轻便性等）。此外，汽车动力性（特别是超车的时间和距离）也是影响主动安全性的重要因素。

2）被动安全性是指发生汽车事故后，汽车本身减轻人员受伤和货物受损

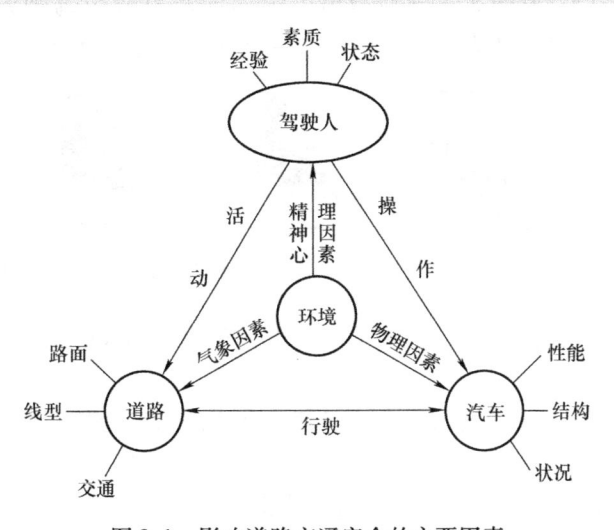

图 8-1 影响道路交通安全的主要因素

的性能。可分为车内被动安全性（减轻车内乘员伤害和货物受损）以及车外被动安全性（减轻对事故所涉及的其他人员和车辆的损害）。

3）生态安全性主要是指发动机排气污染、汽车行驶噪声和电波对环境的影响。

主动安全性主要取决于汽车性能，所以本章主要学习被动安全性和生态安全性。

8.1 汽车被动安全性

8.1.1 车辆事故分析和被动安全性的评价方法

道路交通事故的统计和分析是研究汽车被动安全性的基础。根据交通事故统计分析，了解交通事故与气候、道路、时间以及驾驶人和车外人员的年龄等的关系，找出发生频数最多的事故（即所谓"典型事故"），以便于进行深入研究，提出交通事故防范对策。

图8-2为轿车碰撞事故分布情况。正面碰撞占64%以上，而其中一半是车前左侧（右侧通行时）。侧面碰撞是第二种常见事故类型。

大客车追尾碰撞比例高于轿车，大客车右后角更容易被碰撞。

从撞车速度来看，正面撞车速度高于侧向撞车和追尾碰撞。有一半以上的正面碰撞事故的速度高于60km/h，而90%的追尾碰撞事故的速度低于30km/h。

交通事故中伤员的头、胸、下腹和脊椎等部位伤害是主要致死原因。

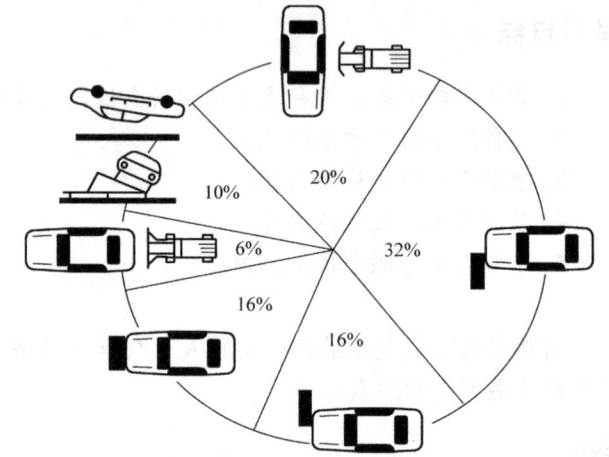

图8-2 右侧通行的轿车碰撞事故类型分布

图8-3和图8-4分别给出了纵向撞车事故中驾驶人和轿车前排乘客伤害的形成过程。而图8-5具体表明了某轿车的乘员身体伤害部位分布情况。

图8-3 撞车中轿车驾驶人受伤过程

汽车和自行车碰撞时速度多在40~50km/h，而与摩托车碰撞时速度则高得多，往往超过65km/h。

大多数行人是在交叉路口和道路入口处从侧面被汽车前部所撞。轿车平均碰撞速度往往不超过35km/h。如果汽车速度超过40km/h，则常会导致行人死亡。而对于载货汽车，20km/h的速度已能使行人头部受到致命伤害。

评价被动安全性最简单的指标就是事故严重程度因素 F，即

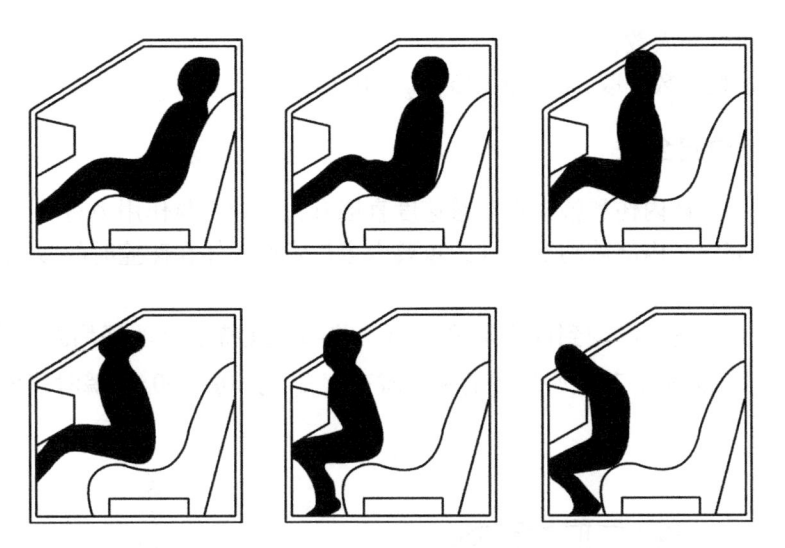

图 8-4 撞车中轿车前排乘客受伤过程

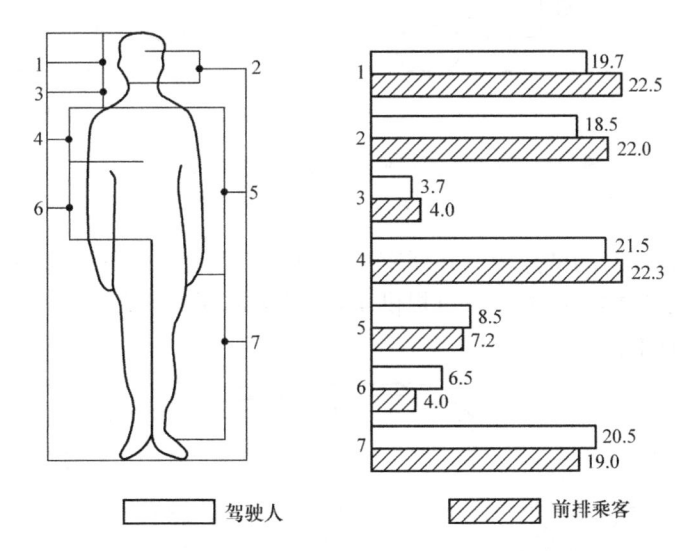

图 8-5 交通事故中轿车乘员身体各部分受伤分布
1—头 2—面部 3—颈 4—胸部 5—上肢 6—腹部 7—下肢

$$F = N_s/N_{sh}$$

式中 N_s——事故中死亡人数（当场死亡或事故后存活不超过 7 昼夜的伤员）；

N_{sh}——事故中受伤人数。

据各国统计数据表明，F 一般在 1/40～1/5 范围内。

衡量道路交通事故严重程度的指标还有每 10 万居民、每百万公里行程、每万辆车的交通事故死伤人数。

考虑到事故中伤亡情况的差异，苏联学者提出了"危险系数 k"的概念：

$$k = (k_1 N_q + k_2 N_z + k_3 N_s)/(N_q + N_z + N_s + N_0)$$

式中 N_q——轻伤人数；

N_z——重伤人数；

N_0——未受伤人数；

$k_1 \, , \, k_2 \, , \, k_3$——加权系数，取：$k_1 = 0.015$，$k_2 = 0.36$，$k_3 = 1$。

8.1.2 车内被动安全性

交通事故中，人体内伤和脑损伤与减速度直接有关，骨折与作用力有关，组织损伤与剪切应力相关。研究汽车内部被动安全性的重要内容是降低人体在碰撞时的减速度。

1. 安全车身

在轿车发生正面碰撞或碰到固定障碍物时，前部出现特别大的平均减速度 j_{cp}（$300g \sim 400g$），而向后逐渐降低。其质心位置的平均减速度 j_{cp} 为 $40g \sim 60g$，瞬时值可达 $80g \sim 100g$（图 8-6）。

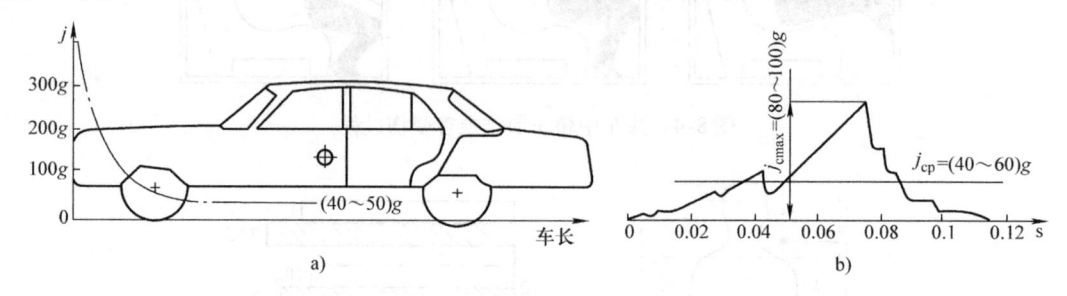

图 8-6 汽车与固定障碍物碰撞时减速度 j 的变化
a) 平均减速度沿车长方向分布　b) 质心处减速度随时间变化过程

为了降低正面碰撞时的减速度，在轿车前部设置折叠区（图 8-7）。乘员区刚度大，保证乘员的生存空间。这样，在撞车时可提供 $400 \sim 700$mm 的变形行程，通过前部折叠区的变形来吸收撞车时的动能。

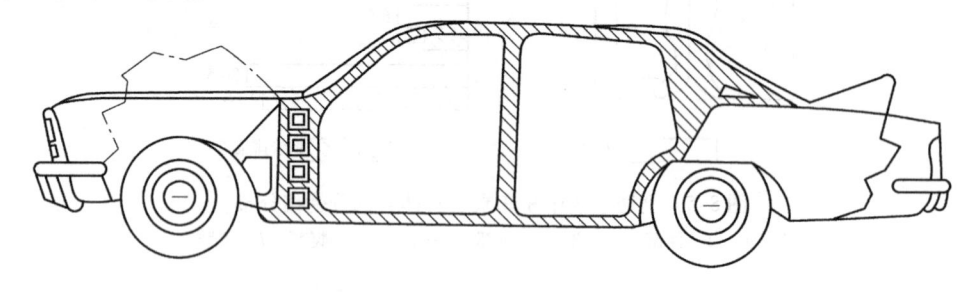

图 8-7 轿车各部位不同的刚度

折叠区的变形力应满足梯度特性，如图 8-8 所示，即可分为五个区段：行人保护、低车速保护、小撞击力共存保护、自身保护（针对本车乘员）以及生存空间。变形力从前向后逐渐增加，使得撞车力较小时变形仅限于前部零件。

后部撞车的速度较低，轿车后部折叠区的变形过程为 $300 \sim 500$mm（图 8-7）。备胎后置有助于减小碰撞加速度，而油箱位置必须避开折叠区。行李舱盖边缘不能穿过后窗而撞入车内。

侧向碰撞时，由于碰撞部位的装饰件和结构件允许的变形行程很小，吸收能量的能力远小于前部和后部，因此易造成车内的严重变形，对乘客伤害的危险性很高。伤害危险性很大

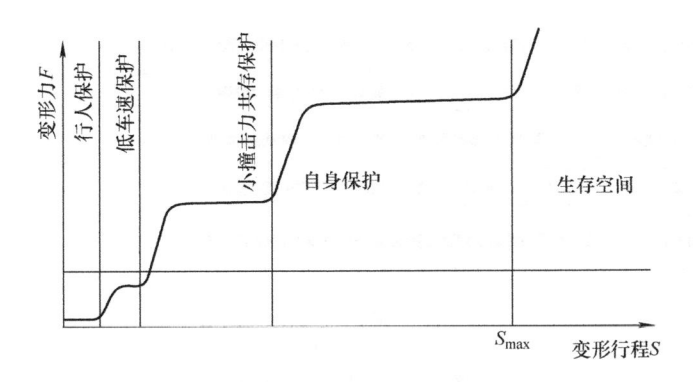

图 8-8　轿车前部变形力梯度特性

程度上取决于轿车侧部结构强度（立柱和车门的连接、顶部及底部与立柱的连接）、底板横梁和座椅的承载能力以及门内板的设计。应保证主撞车不致侵入被撞车的乘员空间。

翻车时，车门应保证不能自开。在活顶式轿车上，可装设展开式翻车保护杆，并约束乘员头部，如图8-9所示。

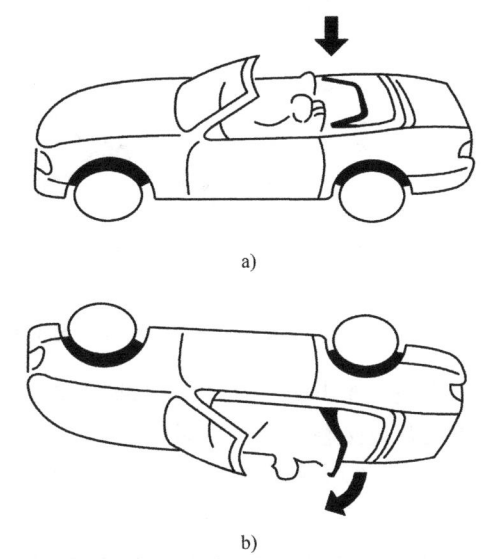

2. 限制乘员位移

安全带（座椅带）是最简单有效的乘员限位装置（图8-10）。轿车驾驶人和前排乘员多用三点式安全带，后排乘客或载货汽车、大客车乘员也有用腰部安全带的。赛车乘员则用四点式安全带。只要拉伸速度超过设计速度，安全带的惯性锁紧装置就会把安全带紧固。腰部固定点承载能力不低于22.7kN，肩部固定点则应高于22.9kN。在正常行驶时，安全带可以任意伸长而不妨碍驾驶人的操作和乘员的基本活动。

图8-11表明，无安全带的死亡事故在使用了安全带以后可转化为重伤或轻伤。车辆以50km/h速度进行撞墙试验时，乘员头部的减速度如图8-12所示，三点式安全带可使驾驶人头部减速度降低一半。

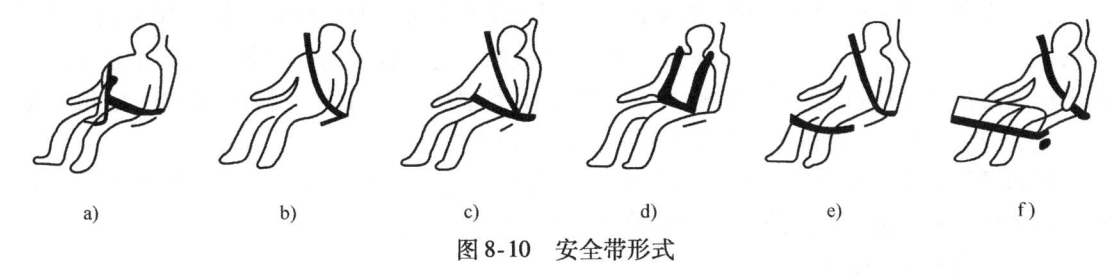

图 8-9　活顶式轿车的翻车保护
a）正常位置　b）翻车

图 8-10　安全带形式

为了避免在严重事故时乘员过分前移，在安全带上增设了收紧器。在碰撞时，收紧器被触发，收紧作用时间约5ms，乘员最大前移距离约1cm，因而减少了汽车和乘员间的速度差。

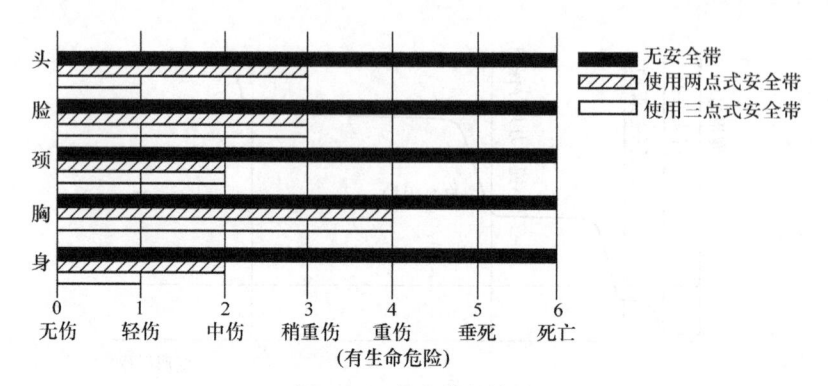

图 8-11 安全带的效果

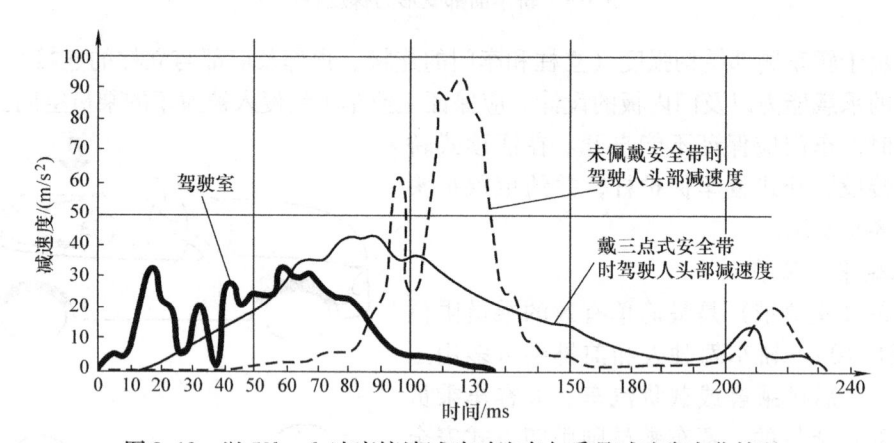

图 8-12 以 50km/h 速度撞墙试验时汽车与乘员减速度变化情况

气囊（Airbag）在发生碰撞时，被以突然爆炸的方式充气，在乘员与气囊接触前充满。气囊与乘员接触时，立即部分泄气，并以生理上可承受的表面压力和减速力柔和地吸收能量，这可在很大程度上减小乘员头部和胸部的碰撞损伤。

驾驶人前部气囊容积为 50~60L，应在 30~35ms 时间内充满氮气；前排乘员前部气囊容积为 100~140L，要求在 50ms 内充满。驾驶人的最大前移空间通常为 12.5cm，气囊放气时间约 100ms，碰撞和能量吸收全过程约在 150ms 内完成，如图 8-13 所示。

侧面气囊装在车门或座椅靠背骨架上，由于乘员与向内移动的汽车部件之间距离很小，所以容积为 12L 的侧面气囊响应时间不得超过 3ms，充满时间应小于 10ms。

影响安全带收紧器和气囊保护效果的决定因素是在准确的时间触发。就气囊来说，要使乘员在气囊仍然处于充满状态并开始放气时与其接触。电子控制的触发装置通过加速度传感器来检测碰撞过程中减速力的大小，在识别碰撞类型后（如正面、横向或成一定角度碰撞），迅速准确触发气囊和安全带收紧器，引爆气体发生器。

侧面气囊利用压力传感器检测侧向碰撞造成车门变形引发的压力上升，触发气体发生器。两侧使用相互独立的传感器，分别检测各自的压力，决定是否触发。

3. 消除部件致伤因素

在乘坐区设计时，必须保证在乘员生存空间内没有致伤部件。图 8-14 画出了在撞车前和撞车后的零件变形界限。界限 1-1 将引起轻伤，界限 2-2 导致重伤，而界限 3-3 将是致命的。由于人体尺寸的差异，乘员乘坐姿势的不同，生存空间的形式也各不相同，

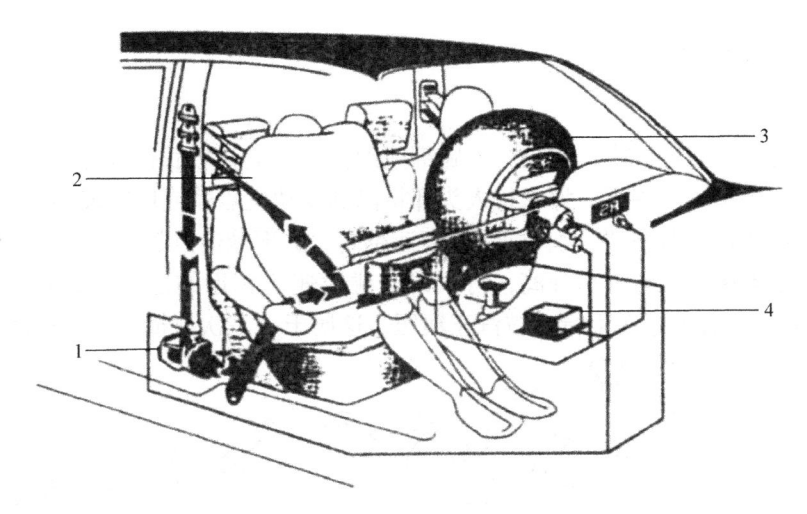

图 8-13　乘员前部保护

1—安全带收紧器　2—前排乘员气囊　3—驾驶人气囊　4—传感器和备用电源

图 8-14 表示的是美国和意大利轿车生产厂家确定的生存空间形式。

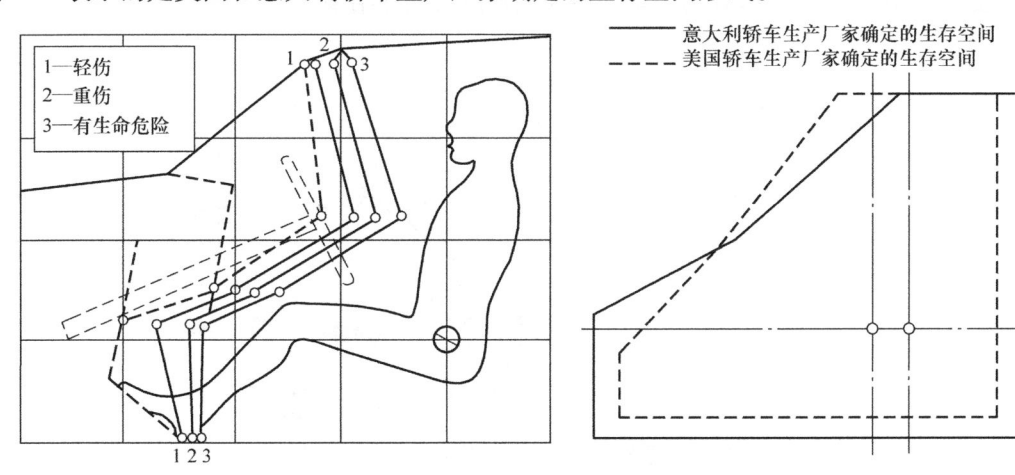

图 8-14　生存空间

仪表板下部、转向盘和风窗玻璃引起伤害的事故频数较高。

仪表板下部应安装膝部缓冲垫。风窗玻璃应采用钢化玻璃或夹层玻璃。转向盘可采用弹件有波纹的结构，并且盘缘可变形，转向柱能弯曲或伸缩。乘员室内各种部件应软化，材料的燃烧速度要小。

案例 2：

在设计乘坐区时，必须保证在乘员生存空间内没有致伤部件。我们将来在进行汽车试验设计或相关产品设计时，都要从尊重生命开始，以所设计的试验或产品不违背公序良俗和工程伦理为基本原则，人性向善，给科技赋予人性，将正确的价值观融入技术之中，并融入家国情怀，融入人民至上理念，精益求精。社会因我而进步，中华民族伟大复兴的"中国梦"因为人人共筑、合力共筑、团结共筑定可早日实现！

8.1.3 外部被动安全性

1. 轿车与行人的碰撞

在轿车与行人碰撞过程中，首先行人腿部撞到保险杠上，然后行人骨盆与汽车发动机舱盖前端接触。如果车速足够高，那么行人头部将撞到发动机舱盖或风窗玻璃上，这时行人被加速到车速，这就是所谓的"一次碰撞"。车速越高，头部撞击点越靠近风窗玻璃。

由于汽车制动使行人与汽车分离，行人以与碰撞速度相近的速度撞到路上，这是"二次碰撞"。在有的事故中还发生行人被汽车辗压，这属于"三次碰撞"（图8-15）。

图8-15 撞人事故中行人动态示意图

决定行人伤害严重程度的主要因素是"一次碰撞"的部位和汽车与人体碰撞的部件形状、刚度。图8-16所示为行人与轿车的各部位碰撞的统计结果。

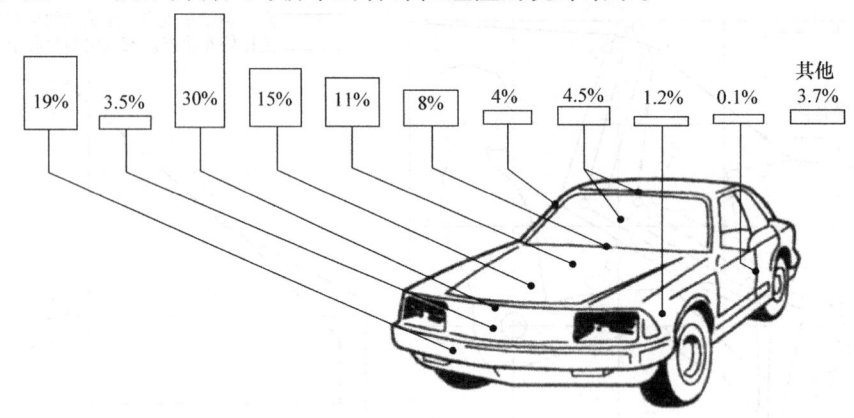

图8-16 行人与轿车的各部位碰撞的统计结果

合理设计的保险杠应该不仅考虑到内部被动安全性，而且要顾及外部被动安全性。为此，要求所有在公路上行驶的车辆的前后均应装有保险杠。从减轻交通事故受伤程度看，行人与保险杠的碰撞部位在膝盖以下为好，因此应降低保险杠的高度。但保险杠过低，会加大头部在前舱盖或风窗玻璃上的撞击速度。所以汽车保险杠高度值取为330～350mm是合适的，可以保证大部分行人的碰撞部位发生在膝盖以下。保险杠应该无尖角和凸出部，并且适当软化。

从安全角度看，前舱盖前端圆角半径应大些，前舱盖高度低，风窗玻璃倾角小。在头部撞击区要求妥善软化，并且取消凸出部，如刮水器在停止状态时应位于发动机舱盖下，不设导雨槽等。

2. 载货汽车的外部被动安全性

与轿车相比，载货汽车的质量、刚度和尺寸都要大得多，在与轿车正面相撞时，轿车损坏程度比载货汽车严重得多。特别是两者尺寸相差悬殊时，轿车往往"楔入"载货汽车下部，轿车的前部折叠区不能发挥作用，从而导致乘坐区受到破坏。

一般载货汽车后部不装保险杠，跟随行驶的轿车在碰撞事故中楔入的可能性大大增加。因此对于尾部离地高度不小于0.7m的车辆应装后保险杠（防护栏），其离地高度为0.38~0.56m。目前也有装于载货汽车尾部的缓冲装置，以减小追尾轿车相撞时的损坏程度。

载货汽车与行人相撞时造成的伤亡也远比轿车严重。这是因为在一次碰撞中，无论载货汽车的驾驶室是长头还是平头，都不可能存在轿车事故中的行人身体在前舱盖上翻转的过程，而是在很短时间内行人被加速到货车速度，易于造成人的伤亡。驾驶室上凸出的后视镜、驾驶人上下车踏板以及保险杠也容易使行人头部、骨盆和大腿受伤。

8.1.4 被动安全性试验

汽车被动安全性试验应尽量再现典型的公路撞车事故的现象。试验中需要测量车辆的变形、减速度及负荷。必要时在车内设置试验用假人，测定有关部位的负荷及变形情况。

实车正面碰撞试验时采用固定障碍壁，障碍壁布置有全宽和40%重叠偏置两种，如图8-17和图8-18所示。

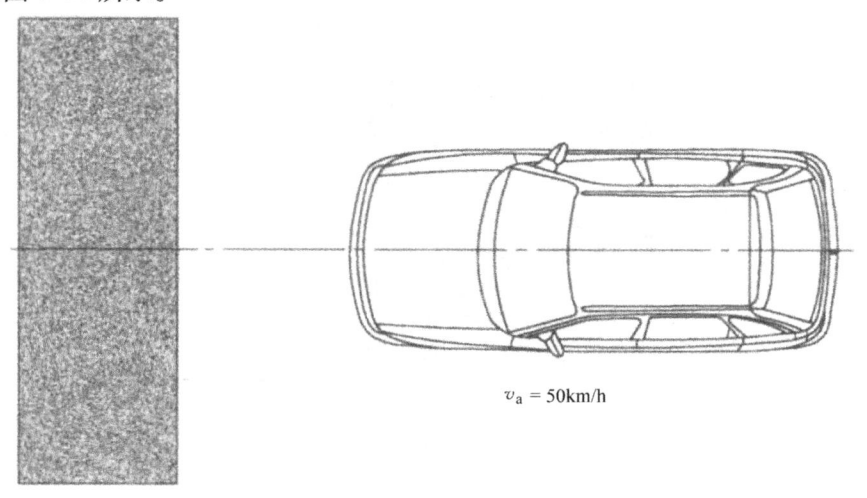

$v_a = 50$km/h

图8-17 正面全宽碰撞试验
（水泥混凝土障碍壁，碰撞车速50km/h）

40%

$v_a = 56$km/h

变形障碍壁

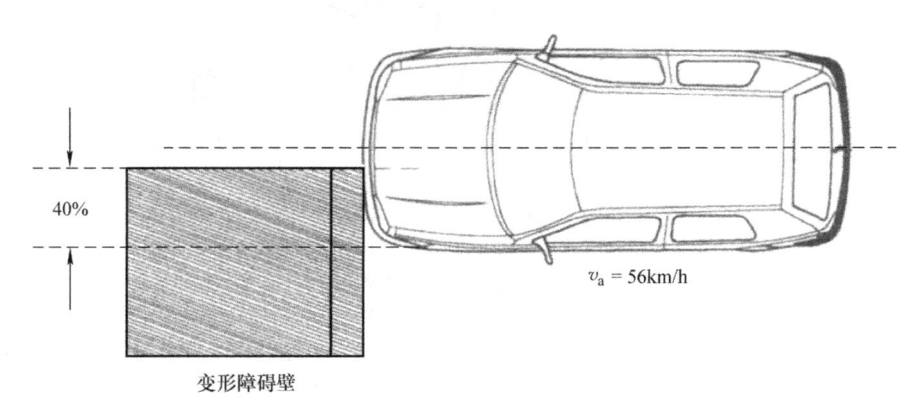

图8-18 正面40%重叠偏置碰撞试验
（蜂窝状铝合金变形障碍壁，碰撞车速56km/h）

侧向碰撞试验采用移动变形障碍壁，如图8-19所示。试验车A静止，移动障碍壁B向前运动，运动方向与试验车中轴线夹角成63°，碰撞速度为53km/h。图示为碰撞左侧的情况，碰撞右侧与此类似，移动障碍壁的碰撞材料为铝制蜂窝状材料。

正面碰撞中的试验车以及侧向碰撞中的移动障碍壁可用电动机牵引加速，也可以用牵引车牵引加速。

为了确定碰撞试验中车内乘员所受伤害的严重程度，要在试验车内放置假人。试验用假人的各种肢体在形状、运动学和动力学性能方面都和真人严格相似，并能模拟人体的若干动作。假人头部还附有软化材料模拟肌肉和皮肤。在其头、胸、背和大腿部位装有传感器以测定减速度和负荷。用于侧向碰撞试验的假人是专门设计的，与正面碰撞试验用的假人有很大区别，价格也更高。

一个完整的试验用"假人"系列也包括5%妇女、95%男子以及3岁、6岁、10岁儿童。

在试验时，要布置足够的传感器和摄像机。图8-19上绘出了侧向碰撞试验时的摄像机布置状况。

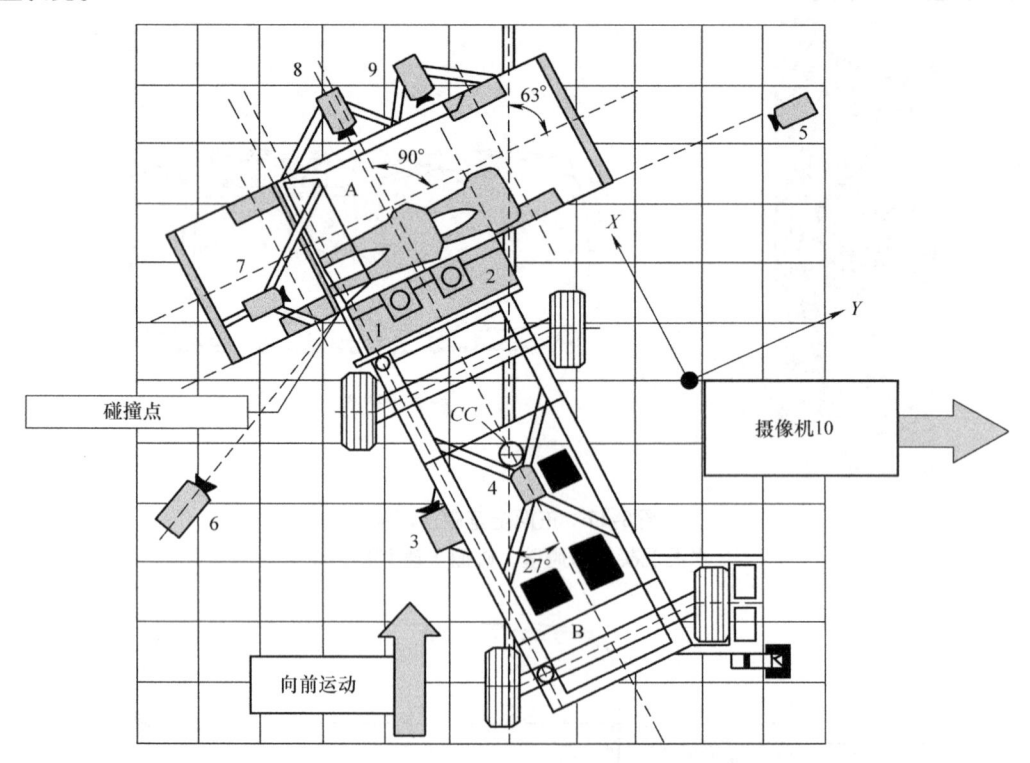

图8-19 侧向碰撞试验
1—上方摄像机摄录试验车A动态性能 2—上方摄像机摄录碰撞平面
3—移动障碍壁B上的摄像机摄录碰撞点 4—移动障碍壁B上的摄像机摄录碰撞边
5—摄像机从右侧摄录试验车A和移动障碍壁 6—摄像机从左侧摄录试验车A移动情况
7—试验车A发动机舱盖上方摄像机观察前座假人 8—试验车A侧面摄像机观察前座假人移位
9—试验车A侧面摄像机观察后面假人移位 10—实时摄像机

除了整车碰撞试验外，还包括若干部件试验，如安全带、座椅和头枕、保险杠、车门、车顶、驾驶室后围等的试验。转向柱上端向驾驶人方向的最大位移和冲击力、风窗玻璃安全性等也要严格测试。

8.2 汽车生态安全性

汽车生态安全性包括三个方面：汽车排气对大气的污染；噪声对环境的危害；汽车电气设备对无线电通信及电视广播等的电波干扰。在三者之中，排气污染对人们的生活环境影响最大（被认为是第一公害），其次是噪声公害，而电波公害由于不直接影响人体健康，并且是局部性问题，所以没有前两者重要。

除此之外，制动蹄片、离合器片和轮胎的磨损物，以及车轮扬起的粉尘也会引起环境污染，但这种影响只是在交通密度大的车流附近较为突出。

8.2.1 汽车公害

1. 排气公害

随着社会经济的发展，汽车保有量的增加，传统燃油汽车排放为城市大气污染的主要污染源。燃油汽车排气中的 CO、HC 化合物越多，燃料燃烧越不充分，燃料消耗也越大。因此，降低汽车排放污染对减轻大气污染和节约能源都有重要意义。

传统燃油汽车发动机主要是内燃机，其中以汽油、柴油为燃料的发动机应用最为广泛。研究汽车的排气公害问题，实质上是研究发动机的排气污染问题。

（1）汽车排气污染物

汽车发动机排出的废气不都是有害的，如 N_2、CO_2、O_2、H_2 和水蒸气等即属于不会对人体和生物造成直接危害的物质。有害成分是指 CO、HC、NO_x、SO_2、铅化合物、碳烟和油雾等。

这些有害物主要是燃油发动机的燃烧产物（排气污染占汽油机总污染量的 65%~85%）。此外，还有发动机曲轴箱通风污染（主要是 HC），以及燃料箱的汽油蒸气等。这些有害物质散发到空气中达到一定浓度后，将对人和生物造成危害。表 8-1 给出了发动机在额定负荷下，单位功排出有害成分的数量（以百分数表示）。

表 8-1 排气中有害物质的比含量

有害物质	g/(kW·h)			容积百分数（%）	
	汽油发动机	四冲程柴油机	二冲程柴油机	汽油发动机	柴油发动机
一氧化碳 CO	70~80	4.5~5.5	11	≤6	≤0.2
氮氧化合物（按 NO_2）	14	5~8	8	0.5	0.25
碳氢化合物（按 C_6H_4）	100~1000	14~29	5.0	0.05	≤0.01
醛（按丙烯醛）	3.4	0.14~0.2	0.34	0.03	0.002
硫化氢	0.28	0.95	1.0	0.008	0.03
菲（俗称苯嵌二萘）	0.02	0.0014~0.002	0.0014	—	—
碳烟	0.4	1.4~2.0	1.22	0.05	0.25

发动机直接排出的有害物称为一次有害排放物，主要有 CO、HC、NO_x、微粒。微粒包

括可溶性成分（主要由润滑油产生）和非可溶性成分（主要是碳烟）。从表8-1可以看出：汽油机排放的主要有害物是CO、HC、NO_x，柴油机的CO和HC要比汽油机少得多，而碳烟排放量高，同时NO_x的排放量较多。

发动机排出的CO_2虽不会对环境造成直接污染，但CO_2的大量积聚会对地球环境造成所谓"温室效应"的不良影响。即大气中的CO_2气体达到一定浓度后，太阳光照射在地表面的能量由于受到CO_2层的阻隔，很难再散发到大气层外而引起热量积累。"温室效应"导致全球气候变暖、极地冰层融化、海平面上升，以及土地盐碱化、沙漠化等现象。

在一定环境条件下，发动机排放的HC和NO_x会发生复杂的化学反应，诱发新的有害物，称为二次有害排放物。光化学烟雾是HC和NO_x在太阳光紫外线作用下产生光化学反应生成的，其主要成分是臭氧、醛等烟雾状物质。

案例3：
面对中国在积极采取各种措施保护环境，"绿水青山就是金山银山。我们每个人都要树立环保意识，减少碳排放。"

（2）汽车排气污染物的危害

汽车排放的有害物质通过呼吸进入人体后，将使人的神经系统、消化系统和呼吸系统受到损害。CO进入人体后，人会因缺氧而出现各种中毒症状，如头晕、恶心、四肢无力，严重时甚至昏迷不醒，直至死亡。

发动机排出的NO_x主要由NO和NO_2组成，NO毒性不大，但浓度过高时会导致中枢神经障碍。NO_2有刺激性气味，吸入肺部后与肺部的水可形成可溶性硝酸，严重时会引起肺气肿。

高浓度的HC对人体有一定的麻醉作用。HC对大气的严重污染，主要在于HC和NO_x在阳光下形成的光化学烟雾。光化学烟雾滞留在大气中时，会使人感到呼吸困难、头昏目眩、眼红咽痛，甚至引起中枢神经的瘫痪、痉挛。光化学烟雾对人和环境的影响见表8-2。

表8-2 光化学烟雾对人和环境的影响

浓度/($\times 10^{-6}$)	影响程度
0.02	在5min内，10人中有9人能察觉到
0.03	在8h内，灵敏度高的作物、树木受到损害
0.2~0.3	人的肺功能减弱，胸部有闷感，眼睛红痛
0.2~0.5	3~6h内，人的视力减弱
0.1~1.0	1h内，呼吸紧张，气喘病恶化
1~2	2h内，头痛，胸痛，肺活量减少，人慢性中毒
5~10	全身疼痛，麻痹，肺气肿
15~20	小动物2h内死亡
50以上	人在1h内死亡

案例4：
环境污染问题，曾给很多国家带来灾难，例如美国历史上的光化学烟雾事件，曾造成2000多人死亡。随着双碳目标的提出，在党的领导、人民配合、依法治理下，中国正积极发挥能动性，降低机动车污染带来的影响。

2. 噪声公害

在人们生活的环境里，有各种各样的声音（指人耳可听范围内的声波，频率为 20 ~ 20000Hz），有的使人愉快，有的使人烦恼。一切对人们生活和工作有妨碍的声音都属于噪声的范围。因此，噪声是指人们不需要并希望用一定措施加以控制和消除掉的声音总称。

城市中的环境噪声通常包括交通运输噪声、工厂生产噪声、建筑施工噪声和生活噪声。其中，交通运输噪声是城市环境噪声的主要部分，可高达城市噪声的 75% 左右。交通运输噪声的主要声源是机动车辆（汽车、电车、摩托车等），其中以汽车噪声影响最大，因此控制汽车噪声为汽车主要研究方向之一。汽车噪声主要来自发动机（或电机）噪声和轮胎噪声；此外，还有车体振动、传动系噪声、车身干扰空气噪声及喇叭声等。

噪声通常不会对人的身体健康立即产生直接的影响，但声压级高于 70dB 的噪声会使人心情不安、烦躁、疲倦、工作效率下降以及语言交流、通信困难等，从而影响人们正常学习、工作、生活和休息。长时间处于高噪声环境的人，还会诱发心脏病、胃病以及神经官能症，出现听力下降或听力损伤。

汽车噪声一般都是 60 ~ 90dB 的中强度噪声，其影响面广，时间又长，危害很大。声压级 80dB 以下的环境噪声一般认为不至于造成明显的永久性听力损伤，仅使人的听力产生暂时性下降；在声压级 85dB 的环境中，会有 10% 的人可能产生耳聋；而在声压级 90dB 的条件下，则高达 20% 的人可能会产生耳聋。

一些试验表明，声压级 88dB 时，驾驶人的注意力下降 10%；90dB 时，则下降 20%。因此，汽车的高噪声不仅会影响周围环境，还会导致驾驶人工作效率下降，反应时间加长，使道路交通事故增加。

3. 电波公害

汽车电气设备中有很多导线、线圈等电气元件，它们具有不同的电容和电感。而任何一个具有电感和电容的闭合回路都会形成振荡。因此，在汽车的电气设备中有很多的振荡回路。当传统燃油汽车发动机点火系统点火时，因火花放电产生高频振荡以电磁波的形式放射到空中，切割无线电、电视广播等通信设备的天线，从而引起干扰。在汽车的电气设备中，点火系的干扰最为严重。此外还有电动机、发电机、调节器、刮水器以及灯开关在工作中也会产生电波干扰。

控制电波公害的措施主要是限制汽车点火系产生的电波强度。为此，很多国家对汽车点火系的电波强度制定了标准。另外，标准还规定了测量仪器和测量方法。

电波公害虽然不像排气公害和噪声对人们生活环境影响那么严重，但因涉及广泛，同样引起了人们的普遍重视。

8.2.2 汽车排放试验

针对汽车排放污染物检测，我国制定了 GB 18352.6—2016《轻型汽车污染物排放限值及测量方法（中国第六阶段）》，自 2020 年 7 月 1 日起实施。主要测定排气污染物中的一氧化碳（CO）、氮氧化合物（NO_x）、碳氢化合物（THC 和 NMHC）、氧化亚氮（N_2O）。

其中，THC（Total Hydrocarbons，总碳氢化合物），指火焰离子化检测器能够测得的所有挥发性化合物。NMHC（Non - Methane Hydrocarbons 非甲烷碳氢化合物），指除甲烷（CH_4）外的总碳氢化合物。

汽车排放性能测试系统如图 8-20 所示。

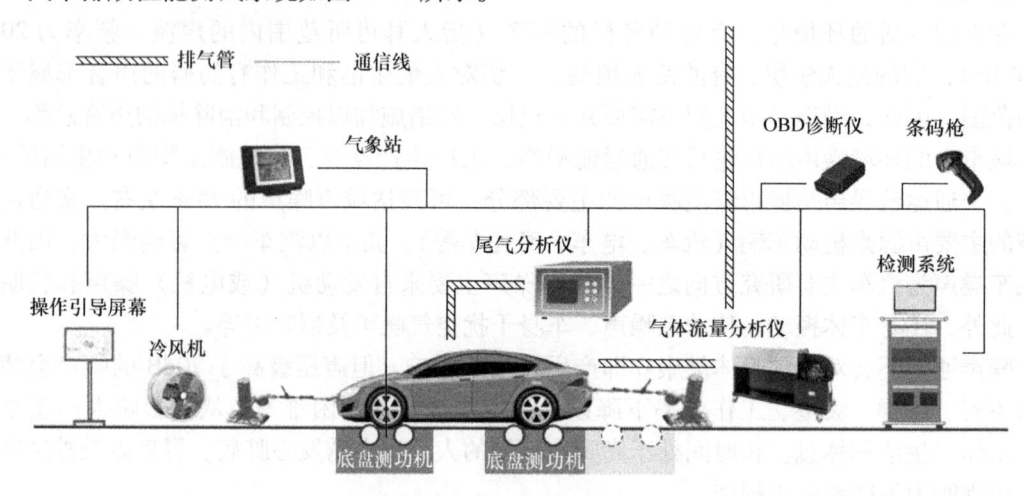

图 8-20　汽车排放性能测试系统

不同类型汽车在型式检验时具有不同的试验项目，见表 8-3。

表 8-3　型式检验试验项目

型式检验试验类型	装用点燃式发动机的轻型汽车（包括 HEV）			装用压燃式发动机的轻型汽车（包括 HEV）
	汽油车	两用燃料车	单一气体燃料车	
Ⅰ型-气体污染物	进行	进行	进行	进行
Ⅰ型-颗粒物质量	进行	不进行	不进行	进行
Ⅰ型-粒子质量	进行	不进行	不进行	进行
Ⅱ型	进行	进行	进行	进行
Ⅲ型	进行	进行	进行	进行
Ⅳ型	进行	不进行	不进行	不进行
Ⅴ型	进行	进行	进行	进行
Ⅵ型	进行	进行	进行	不进行
Ⅶ型	进行	不进行	不进行	不进行
OBD 系统	进行	进行	进行	进行

注：Ⅰ型试验：常温下冷起动后排气污染物排放试验
　　Ⅱ型试验：实际行驶污染物排放试验
　　Ⅲ型试验：曲轴箱污染物排放试验
　　Ⅳ型试验：蒸发污染物排放试验
　　Ⅴ型试验：污染控制装置耐久性试验
　　Ⅵ型试验：低温下冷起动后排气中 CO、THC 和 NO_x 排放试验
　　Ⅶ型试验：加油过程蒸发污染物排放试验
　　OBD 系统：车载自动诊断系统（On Board Diagnostics）

案例 5：
"十四五"期间是我国深入推进生态文明建设的关键时期，国家提出在"十四五"期间要打好污染防治攻坚战。汽车作为高能耗、高排放的交通工具，其能源消耗和尾气排放直接影响能源问题和环境问题。面对能源危机和环保问题的巨大挑战，我们新一代汽车人应该勇挑重担，积极朝着低碳环保方向努力，降低机动车的能源消耗和环境污染，要具有专业使命感和社会责任感。

1. Ⅰ型试验

所有汽车均应进行此项试验。汽车放置在带有负荷和惯量模拟的底盘测功机上,按规定的测试循环、排气取样和分析方法、颗粒物取样和称量方法进行试验,记录表 8-4 和表 8-5 所要求的污染物排放结果和各速度段的 CO_2 排放结果。试验次数和结果判定应根据相应的规定确定。每一项试验结果应采用Ⅰ型试验劣化系数进行校正,对装有周期性再生系统的汽车,还应乘以根据试验测得的 K_i 系数。每次试验测得的排气污染物排放量,应不大于规定的限值。

表 8-4 Ⅰ型试验排放限值(6a)

		测试质量 (TM) /kg	限值						
			CO/ (mg/km)	THC/ (mg/km)	NMHC/ (mg/km)	NO_x/ (mg/km)	N_2O/ (mg/km)	PM/ (mg/km)	PN/ (个/km)
第一类汽车		全部	700	100	68	60	20	4.5	6.0×10^{11}
第二类汽车	Ⅰ	TM≤1305	700	100	68	60	20	4.5	6.0×10^{11}
	Ⅱ	1305<TM≤1760	880	130	90	75	25	4.5	6.0×10^{11}
	Ⅲ	1760<TM	1000	160	108	82	30	4.5	6.0×10^{11}

表 8-5 Ⅰ型试验排放限值(6b)

		测试质量 (TM) /kg	限值						
			CO/ (mg/km)	THC/ (mg/km)	NMHC/ (mg/km)	NO_x/ (mg/km)	N_2O/ (mg/km)	PM/ (mg/km)	PN/ (个/km)
第一类汽车	—	全部	500	50	35	35	20	3.0	6.0×10^{11}
第二类汽车	Ⅰ	TM≤1305	500	50	35	35	20	3.0	6.0×10^{11}
	Ⅱ	1305<TM≤1760	630	65	45	45	25	3.0	6.0×10^{11}
	Ⅲ	1760<TM	740	80	55	50	30	3.0	6.0×10^{11}

2. Ⅱ型试验

所有汽车均应进行此项试验。根据要求进行的实际行驶污染物排放试验(Real Drive Emission,RDE)试验结果,市区行程和总行程污染物排放均不得超过表 8-5 中规定的Ⅰ型试验排放限值与表 8-6 中规定的符合性因子的乘积,计算过程中不得采用四舍五入。

表 8-6 符合性因子

	NO_x	PN	CO[①]
点燃式	2.1	2.1	—
压燃式	2.1	2.1	—

① 在 RDE 测试中,应测量并记录 CO 试验结果。

3. Ⅲ型试验

所有汽车均应进行此项试验。对两用燃料车,仅对燃用汽油进行此项试验。对混合动力电动汽车，使用纯发动机模式进行试验。试验应按Ⅰ型试验规定的运转工况进行。进行试验时，发动机曲轴箱通风系统不允许有任何曲轴箱污染物排入大气，对没有曲轴箱强制通风的汽车，Ⅰ型排放试验过程中，应将曲轴箱污染物引入 CVS（Constant Volume Sampler）系统，计入排气污染物总量。

4. Ⅳ型试验

除单一气体燃料车外，所有装用点燃式发动机的汽车均应进行此项试验。两用燃料车仅对汽油燃料进行此项试验。本试验同样适用于使用汽油机的混合动力电动汽车。试验前，生产企业还应单独提供两套相同的炭罐，选择一套进行Ⅳ型试验，另一套检测其有效容积和初始工作能力，测量结果应在生产企业信息公开值的 0.9~1.1 倍之间。进行试验时，蒸发排放试验结果应采用Ⅳ型试验劣化修正值进行相加校正，校正后的蒸发污染物排放量不得超过表 8-7 限值要求。

表 8-7 Ⅳ型试验排放限值

		测试质量（TM）/kg	排放限值/g
第一类车		全部	0.70
第二类车	Ⅰ	TM≤1305	0.70
	Ⅱ	1305＜TM≤1760	0.90
	Ⅲ	1760＜TM	1.20

5. Ⅴ型试验

生产企业应按以下方法确定劣化系数。两用燃料车仅对气体燃料进行此项试验。

Ⅰ型试验劣化系数（修正值）：生产企业应确定Ⅰ型试验劣化系数（修正值）。生产企业可以按规定的程序在底盘测功机上或试验场进行耐久性试验，其中 6a 阶段耐久性里程 10000km，6b 阶段耐久性里程 200000km；生产企业也可按发动机台架老化试验方法进行耐久试验。生产企业也可以使用替代的老化试验方法进行耐久性试验，但应提供详细的书面说明，证明与前述实际耐久性试验的等效性。如有必要，试验前，生产企业应选择两套相同的催化转化器：一套进行耐久性试验；另一套按 HJ 509 的规定检测其载体体积及各种贵金属含量，测量结果与信息公开值的差异应不超过±10%。生产企业可以使用表 8-8 或表 8-9 中规定的劣化系数（修正值）。

Ⅳ型和Ⅶ型试验劣化修正值：生产企业应确定Ⅳ型和Ⅶ型试验劣化修正值。生产企业可以在试验场进行耐久性试验，确定Ⅳ型和Ⅶ型试验劣化修正值。生产企业可以使用表 8-10 规定的Ⅳ型和Ⅶ型试验劣化修正值。

表 8-8 Ⅰ型试验劣化系数

发动机类别	劣化系数						
	CO	THC	NMHC	NO_x	N_2O	PM	PN
点燃式	1.8	1.5	1.5	1.8	1.0	1.0	1.0
压燃式	1.5	—	—	1.5	1.0	1.0	1.0

表 8-9　Ⅰ型试验劣化修正值

发动机类别		劣化修正值/（mg/km）						
		CO	THC	NMHC	NO_x	N_2O	PM	PN
点燃式	6a	150	30	20	25	0	0	0
	6b	110	16	10	15	0	0	0
压燃式	6a	150	—	—	25	0	0	0
	6b	110	—	—	15	0	0	0

表 8-10　Ⅳ型和Ⅵ型试验劣化修正值

类别	劣化修正值
Ⅳ型试验（热浸＋昼夜换气排放）	每次试验 0.06g
Ⅵ型试验（加油排放）	0.01g/L

6. Ⅵ型试验

所有汽车均应进行此项试验。两用燃料车仅对汽油进行此项试验。将汽车放置在带有负荷和惯量模拟的底盘测功机上。按规定的测试循环（低速段和中速段）、排气取样和分析方法进行试验。试验由Ⅰ型试验的低速段和中速段两部分组成。试验期间不得中止，并在发动机起动时开始取样。试验应在（-7±3）℃的环境温度下进行。试验前，试验汽车应按规定进行预处理，以保证试验结果的重复性。试验汽车的排气按照规定的规程进行稀释、取样和分析，并测量稀释排气的总容积。分析稀释排气的 CO、THC 和 NO_x 含量，计算得到各种污染物的排放量。记录表 8-11 所要求的污染物排放结果。试验次数和结果判定应根据规定确定。对装有周期性再生系统的汽车，应在非再生条件下进行测试。每次试验测得的排气污染物排放量，应不大于表 8-11 限值。

表 8-11　Ⅵ型试验的排放限值

		测试质量（TM）/kg	CO/（g/km）	THC/（g/km）	NO_x/（g/km）
第一类车		全部	10.0	1.20	0.25
第二类车	Ⅰ	TM≤1305	10.0	1.20	0.25
	Ⅱ	1305＜TM≤1760	16.0	1.80	0.50
	Ⅲ	1760＜TM	20.0	2.10	0.80

7. Ⅶ型试验

除单一气体燃料车外，所有装用点燃式发动机的汽车均应进行此项试验。两用燃料车仅对汽油燃料进行此项试验。本试验同样适用于使用汽油机的混合动力电动汽车。按标准进行试验，加油过程蒸发排放试验结果应采用Ⅵ型试验劣化系数进行加和校正，校正后的加油过程蒸发污染物排放量不得超过 0.05g/L。

8.2.3　汽车噪声试验

汽车噪声排放性能是汽车的重要环保性能。汽车噪声排放检测指标包括驾驶人耳旁噪声、客车车内噪声、汽车加速行驶车外噪声、汽车定置噪声等。其噪声强弱用声强评价，单位是 dB（A）。

1. 汽车噪声检测标准

（1）驾驶人耳旁噪声

根据 GB 7258—2017《机动车运行安全技术条件》，汽车（低速汽车除外）驾驶人耳旁噪声声级应小于等于 90dB（A）。

（2）客车车内噪声

根据 GB/T 18697—2002《声学 汽车车内噪声测量方法》，客车以 50km/h 的速度匀速行驶时，车内噪声应小于等于 79dB（A）。

（3）汽车加速行驶车外噪声

GB 1495—2002《汽车加速行驶车外噪声限值及测量方法》是机动车辆产品的噪声标准，同时也是城市机动车噪声检查的依据。各类机动车（包括汽车、摩托车、轮式拖拉机）行驶时，车外最大允许噪声级应符合表 8-12 的规定。对于各类变型车或改装车（消防车除外）加速行驶的车外最大允许噪声级，应符合基本车型噪声的规定。

表 8-12　汽车加速行驶车外噪声型式检验限值

汽车分类		噪声限值/dB（A）	
		第三阶段	第四阶段
M_1	GVM≤2500kg①②	72	71
	GVM>2500kg③④	73	72
$M_2$⑤	GVM≤3500kg	74	73
	GVM>3500kg	76	75
$M_3$⑤	GVM≤7500kg	78	77
	7500kg<GVM≤12000kg	80	79
	GVM>12000kg	81	80
$N_1$⑥	GVM≤2500kg	73	72
	GVM>2500kg	74	73
$N_2$⑤	GVM≤7500kg	78	77
	GVM>7500kg	79	78
$N_3$⑤	GVM≤17000kg	81	80
	GVM>17000kg⑦	82	81

注：对特殊车型的限值宽松说明，详见以下①~⑦附加条款（可叠加）：

① GVM≤2500kg 的 M_1 类车型：如属于越野车（G 类），或采用中置（后置）发动机且后轴参与驱动时，其限值增加 1dB（A）；其中，采用中置发动机仅后轴驱动的车型如果其驾驶员座椅"R"点离地高度≥800mm，其限值再增加 1dB（A）。

② GVM≤2500kg 的 M_1 类车型：如 PMR>120kW/t，其限值增加 1dB（A）；其中，如 PMR>160kW/t，其限值再增加 2dB（A）。

③ GVM>2500kg 的 M_1 类车型：如属于越野车（G 类），或其驾驶员座椅"R"点离地高度≥850mm，其限值增加 1dB（A）。

④ GVM>2500kg 的 M_1 类车型：如 PMR>160kW/t，其限值增加 2dB（A）。

⑤ M_2、M_3、N_2、N_3 类车型：如试验时采用多于两轴行驶，其限值增加 1dB（A）；如试验时采用多轴驱动，其限值再增加 1dB（A）。

⑥ N_1 类车型：如属于越野车（G 类），或试验时后轴参与驱动，其限值增加 1dB（A）。

⑦ GVM>17000kg 的 N_3 类车型：如属于越野车（G 类），其限值增加 1dB（A）。

(4) 汽车定置噪声

汽车定置噪声是指车辆不行驶时，发动机处于空载运转状态下的汽车噪声。GB 38900—2020《机动车安全检验项目和方法》，汽车定置噪声限值见表 8-13。

表 8-13 汽车定置噪声限值

车辆类型	燃料种类		噪声限值/dB（A）
轿车	汽油		85
微型客车、载货汽车	汽油		88
轻型客车、载货汽车、越野车	汽油	$n_r \leq 4300 \text{r/min}$	92
		$n_r > 4300 \text{r/min}$	95
	柴油		98
中型客车、载货汽车、大型客车	汽油		95
	柴油		101
重型载货汽车	$N \leq 147 \text{kW}$		99
	$N > 147 \text{kW}$		103

注：N——按生产厂家规定的额定功率。

2. 汽车噪声测量仪器

噪声测量中常用的仪器有声级计、频谱分析仪、电平记录仪、磁带记录仪等。

（1）声级计

噪声的测量主要是噪声声压的测量。测量声级的仪器称为声级计，主要由传声器、放大器、衰减器、计权网络、检波和显示等部分组成。

传声器是一种实现声电转换的传感器，有电动式、压电式和电容式等几种。电动式传声器在声压的作用下，磁场中的动圈随声压变化而产生振动并感应电动势，其特点是输出阻抗低、受温度影响小，但灵敏度低、易受磁场干扰。压电式传声器基于某些材料的压电效应，把声压变化转换成电荷或电压信号输出，其结构简单、价格便宜、动态范围宽，但灵敏度较低、受温度影响较大。以上两种类型常用于普通声级计。电容式传声器是应用最为广泛的一种传声器，其结构原理图如图 8-21 所示。膜片和电极构成平板电容器的两个极板。当膜片随声压波动而改变平衡位置时，两个极板间的距离也发生变化，于是改变了电容量，将声压转换成电信号输出。电容式传声器具有灵敏度高（50mV/Pa）、测量范围宽（10 ~ 170dB）、性能稳定等优点，但价格较贵，常用于精密型声级计。

通常噪声都是由若干不同频率的纯音复合而成，而纯音的响度级可在等响度曲线上查得，因此对于频率连续的噪声需要用其响度曲线对频率计权。计权网络是声级计的一个关键部件，它是一种带通滤波器，能近似模拟人耳的听觉特性。声级计中的频率计权网络有 A、B、C 三种，其频率响应特性如图 8-22 所示。

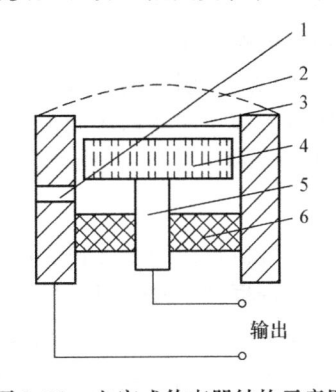

图 8-21 电容式传声器结构示意图
1—空气平衡孔 2—护罩 3—膜片
4—电极 5—导体 6—绝缘体

A计权网络模拟人耳对40phon（phon为响度级的单位）纯音的响应，对1kHz以下的中低频段声音有较大衰减，对高频段声音较为敏感，此种特性比较接近人耳的听觉特性，因此在噪声测量时应用最为广泛。在我国规定的标准中，噪声限值全部以A计权定义，用A计权网络测量的声级称为A声级，记作L_A或dB（A）。B计权网络模拟人耳对70phon纯音的响应，应用较少。C计权网络模拟人耳对100phon纯音的响应，由于频响特性平直，主要用于测量总声压级。

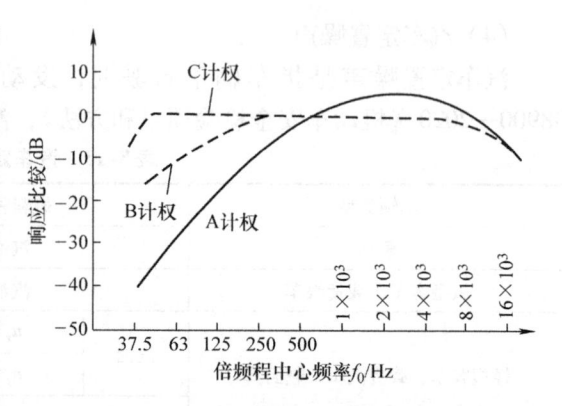

图8-22 A、B、C计权网络的频率响应特性

图8-23示出了一种单片机精密声级计的原理框图。前置放大器用作阻抗变换，衰减器用作量程切换，具有A/B/C三种计权网络，可配用频谱分析仪、电平显示器和记录仪等。

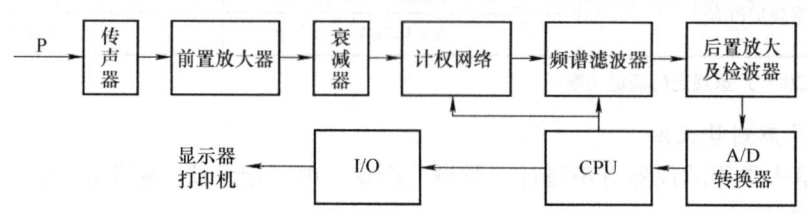

图8-23 单片机精密声级计原理框图

该声级计在电复位并初始化后，CPU首先置衰减系数于最小档，然后选择计权网络。计权网络确定后，首先使频率最低的噪声通过频谱滤波器，然后检查衰减系数是否正确。若正确则测取这一频率噪声的声压数值，接着测量另一频率噪声的声压值，直到每一个中心频率的噪声测量完毕并计算出各声压级，最后计算平均声压级。

（2）频谱分析仪

电机的噪声主要来源于以下三种因素：电磁力波引起的电磁噪声、空气动力引起的通风噪声、机械运动引起的机械噪声。各种不同性质的噪声都有着不同的响度和频率。研究噪声时，不仅需要了解噪声级的大小，还需要了解组成噪声的主要成分分布在哪些频段上（例如电动汽车驱动电机电磁噪声频率大多分布在100~4000Hz），以便采取相应的措施予以削弱。

频谱分析仪是用来分析噪声频谱的主要仪器。图8-24示出一种典型的低频数字频谱分析仪的原理框图。5Hz~50kHz的被测信号在前置放大器中经过衰减/放大到一定电平，在混频器中与100Hz~150kHz的扫描信号混频。50kHz的差频信号经窄带滤波器滤去谐波后送入中频放大器。可选线性中频放大器或对数中频放大器以满足不同需要。中频放大后进行平均值检波、滤波和直流放大，然后分两路输出：一路送到X-Y记录仪或存储示波器描绘相应的频谱图；另一路送到数字处理器进行数据处理。

数字处理器的作用是进行数据的采样、A/D转换、D/A转换以及控制显示器。数字控制器还可以同时控制调谐斜坡发生器和频率控制器，从而控制振荡器，构成频率负反馈稳频系统，以便产生频率稳定性很高的扫频信号。

频谱分析仪具有灵敏度高、动态范围大、频率范围宽和分析时间短等一系列优点。

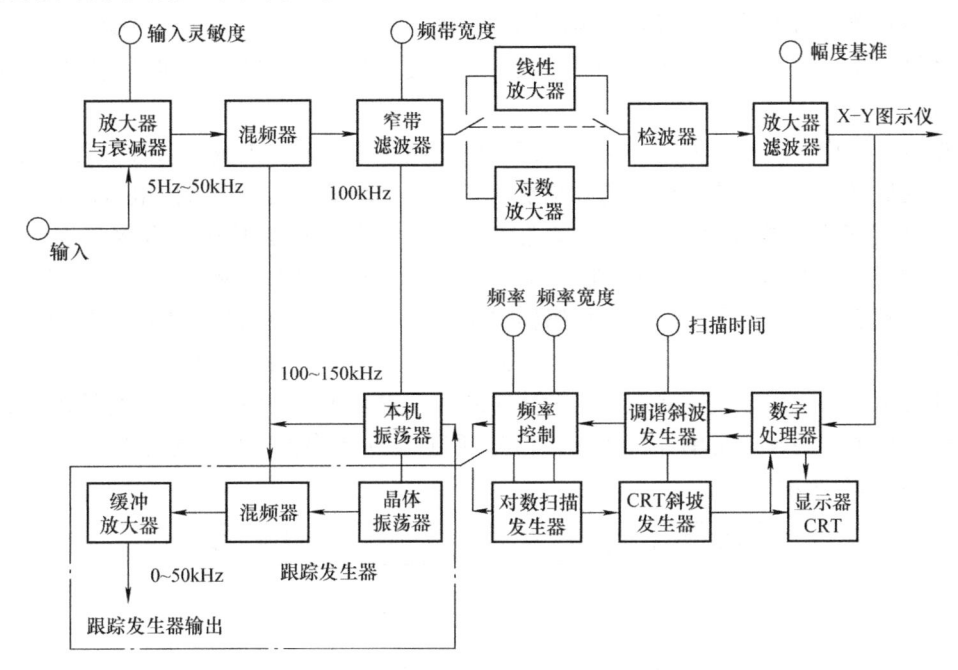

图 8-24 低频数字频谱分析仪原理框图

(3) 电平记录仪

在噪声频谱分析中应用最普遍的记录仪是电平记录仪。电平记录仪是一种自动记录仪，能准确地记录一定频率范围内交流信号的有效值、平均值和峰值以及直流信号。

电平记录仪的原理框图如图 8-25 所示。输入信号经电位计的滑动触点送至交流放大器，整流后与系统内的直流参考电压相减，其差值信号送至直流放大器放大，馈送给驱动线圈。驱动线圈处于均匀磁场中，结构上通过连接杆与记录笔、电位计的滑动触点连接在一起。当送到差值电路的被测信号电压等于比较电压时，驱动线圈中的电流为零，记录笔和滑动触点停留在某一确定位置上。若被测信号在此基础上有所变化，则差值信号不再为零，驱动线圈中便有电流，这时记录笔和滑动触点也随之运动，运动的方向要使差值信号趋于零而达到新的平衡位置。原来位置与新位置间的差别和输入信号的变化成正比，记录笔绘制了输入信号的变化。

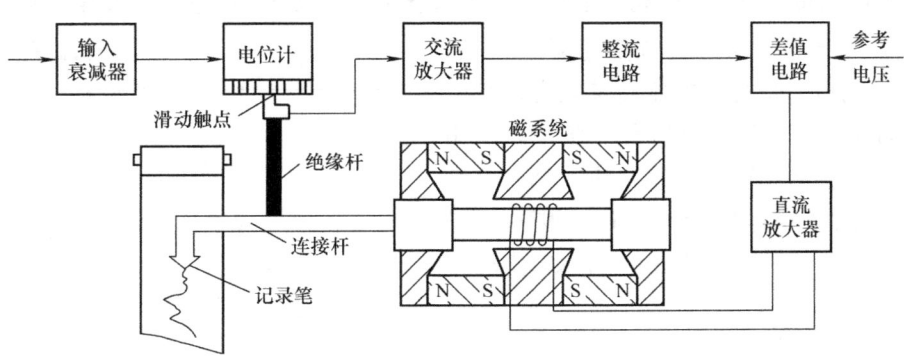

图 8-25 电平记录仪的原理框图

（4）振动噪声综合测量仪

该仪器在测量时不受周围背景噪声的影响，也不必建造消声室。在外界噪声很大、反射很强、环境不稳定或被测体声音很小等声级计无法使用的恶劣环境下，均可使用振动噪声综合测量仪。

根据声学理论，声音是振动的结果，当物体出现声频范围的机械振动时，会使周围介质发生相应的振动，并以声波的形式向外辐射声音。大量的试验结果反映出电机产品的振动声辐射特性具有很强的规律性。根据这些规律，可以确定实际辐射效率指数曲线（以 δ 表示），然后将这些曲线以计权网络的形式加入原振动测量仪之中，从而实现了用"振动法"测定噪声。其工作过程如下：由压电传感器输出的电荷信号，经电荷放大器转换成电压信号再经积分后得到振动速度，然后分两路：一路经线性滤波器、表头放大器等直接由表头显示出振动速度值；另一路经线性滤波器、A计权网络、滤波器、表头放大器等直接由表头显示出噪声级分贝值。另外，由单片机控制，信号通过 A/D 转换器转换成数字信号显示。其原理框图如图 8-26 所示。

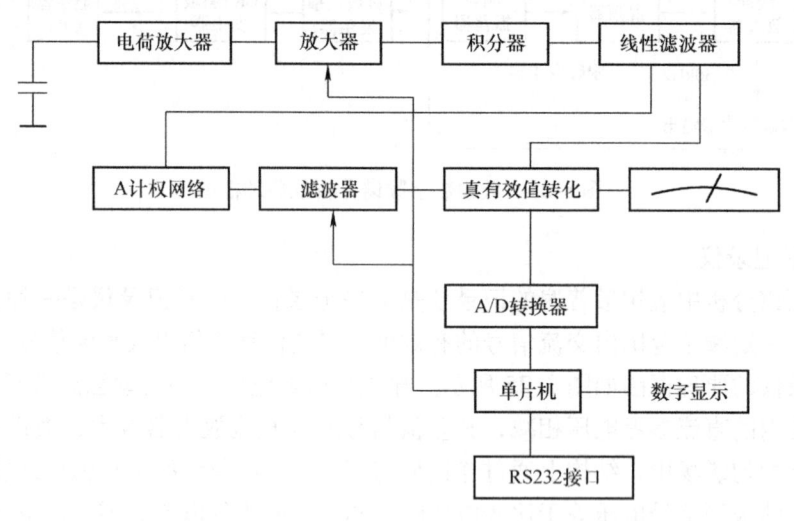

图 8-26 振动噪声综合测量仪工作原理框图

3. 汽车噪声试验方法

（1）驾驶人耳旁噪声试验

根据 GB 7258—2017《机动车运行安全技术条件》附录 A，测量驾驶人耳旁噪声时，汽车应空载，处于静止状态且置变速器于空档，发动机（或电机）应处于额定转速状态，车门窗紧闭；环境噪声应低于被测噪声值至少 10dB（A）；声级计置于"A"计权、"快"档；驾驶人耳旁噪声测量点应符合 GB/T 18697—2002《声学 汽车车内噪声测量方法》，如图 8-27 所示。

（2）客车车内噪声试验

客车车内噪声的测量应满足如下要求。

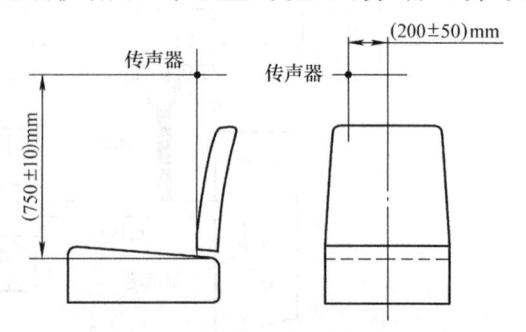

图 8-27 车内噪声测量点位置

1) 测量条件。测量跑道应有足够长度,应是平直、干燥的沥青路面或混凝土路面;测量时的风速(指相对于地面)应不大于3m/s;测量时车辆门窗应关闭,车内其他辅助设备若是噪声源,测量时是否开动,应按正常使用情况而定;车内本底噪声比所测车内噪声至少低10dB,并保证测量不被偶然的其他声源所干扰;车内除驾驶人和测量人员外,不应有其他人员。

2) 测量位置。客车室内噪声测点可选择在车厢中部及最后一排座位的中间位置,通常在人耳附近布置测点,传声器朝向车辆前进方向,如图8-19所示。

3) 检测方法。检测车内噪声时,车辆以常用档位、50km/h车速匀速行驶;用声级计"慢"档测量A计权声级;若需做车内噪声频谱分析,可用频谱分析仪进行检测,应包括中心频率为31.5Hz、63Hz、125Hz、250Hz、500Hz、1000Hz、2000Hz、4000Hz、8000Hz的倍频带。

(3) 汽车加速行驶车外噪声试验

测量场地应平坦空旷,在测量中心半径为50m范围内不应有大的反射物。

测量场地如图8-28所示。话筒置于20m跑道中心点的两侧,各距中心线7.5m、距地面高度1.2m,话筒平行于地面,其轴线垂直于车辆行驶方向。

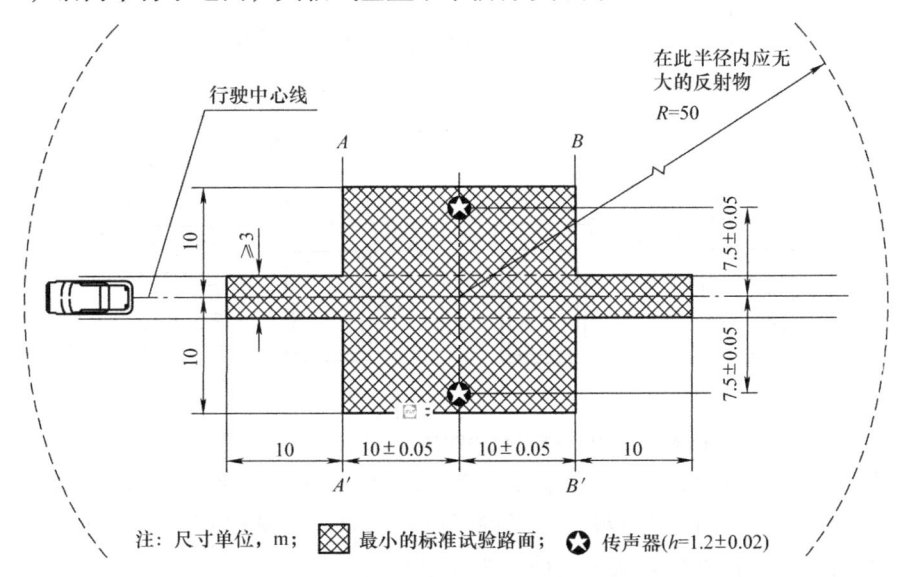

图8-28 汽车车外噪声检测场地

被测汽车应空载;装用规定轮胎,轮胎气压达到厂定空载状态气压;技术状况应符合该车型的技术条件;有两个或更多驱动轴时,测量时应为常用的驱动方式;如果装有带自动驱动机构的风扇,应保持其自动工作状态。

按规定选择汽车档位和接近速度。对于装用手动变速器的M_1和N_1类汽车,不多于4个前进档时,应用第二档进行测量;多于4个前进档时,应分别用第二档和第三档进行测量。其接近AA'线时的稳定速度一般取50km/h。

汽车以规定档位和稳定速度接近AA'线,速度变化应控制在±1km/h之内。

当汽车前端到达AA'线时,必须尽可能地迅速将加速踏板踩到底加速行驶,汽车沿测量区中心线直线加速行驶,并保持不变,直到汽车尾端通过BB'线时再尽快地松开踏板。

(4) 汽车定置噪声试验

车辆位于测量场地中央，变速器挂空档，拉紧驻车制动器，离合器接合。汽车发动机舱盖、车窗与车门应关上，车辆的空调器及其他辅助装置应关闭。测量时，冷却液温度、油温应符合生产厂的规定。

排气噪声的测量位置如图8-29所示。检测时，传声器与排气口端等高，但距地面不得小于0.2m。传声器参考轴应与地面平行，并和通过排气口气流方向且垂直于地面的平面成45°±10°的夹角。传声器朝向排气口，距排气口端0.5m，放在车辆外侧。发动机测量转速取$3/4n_0±50r/min$（n_0为发动机额定转速）。

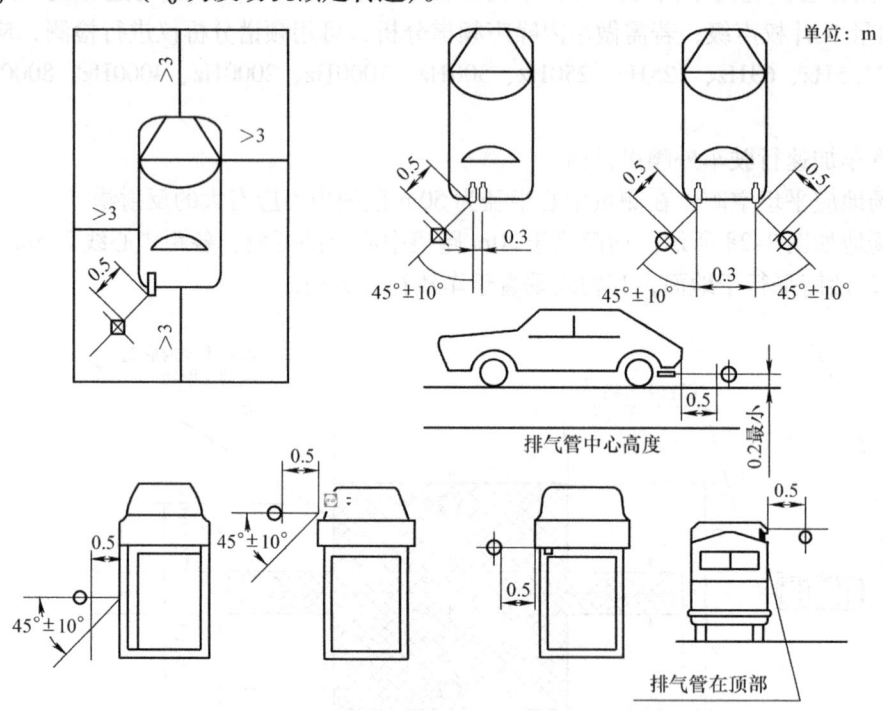

图8-29 排气噪声检测的测量场地和传声器位置

测量时，发动机（电机）稳定在上述转速后，测量由稳定转速尽快减速到怠速（基速）过程的噪声，然后记录下最高声级。重复进行试验，直到连续出现三个读数的变化范围在2dB（A）之内为止，并取其算术平均值作为测量结果。

8.2.4 汽车电磁干扰试验

1. 试验设备

测量仪器应符合GB/T 6113.101—2021《无线电骚扰和抗扰度测量设备和测量方法规范 第1-1部分：无线电骚扰和抗扰度测量设备 测量设备》的要求，手动或自动频率扫描方式均可使用，并应专门考虑过载、线性度、选择性和对脉冲的正常响应等特性。

频谱分析仪和扫频接收机适用于辐射干扰场强的测量。对于相同的带宽，频谱分析仪和扫频接收机的峰值检波器所显示的峰值均大于准峰值。由于峰值检波比准峰值检波扫描速度快，所以发射测量采用峰值检波更方便。在采用准峰值限值时，为了提高效率也可使用峰值检波器测量。任何测量的峰值等于或超过相应单个采样型式试验限值时，则使用准峰值检波器重新测量。测量仪器的最小扫描时间/频率（即最快扫描速率）见表 8-14。

表 8-14 最小扫描时间

频段	频率范围	峰值检波器	准峰值检波器
A	9~150kHz	不采用	不采用
B	0.15~30MHz	100ms/MHz	200s/MHz
C、D	30~1000MHz	1ms/MHz	20s/MHz

注：频段定义根据 GB/T 6113.101—2021，此试验不使用 A 频段和 B 频段。

测量仪器的带宽是一个重要的技术参数，选择带宽时，应使仪器的本底噪声值至少比限值低 6dB。推荐的测量仪器带宽见表 8-15。

表 8-15 推荐的测量仪器带宽（6dB）

频率范围/MHz	宽带/kHz 峰值	宽带/kHz 准峰值	窄带/kHz 峰值	窄带/kHz 平均值
0.15~30（此试验不使用该频段）	9	9	9	9
30~1000	120	120	120	120

当测量仪器的带宽大于窄带信号带宽时，测得的信号幅值不受影响；当测量仪器带宽减小时，宽带脉冲噪声的指示值将减小。若用频谱分析仪进行峰值测量，其视频带宽至少为分辨率带宽的 3 倍。

10m 法电磁兼容试验室（图 8-30）用于进行整车电磁兼容性检测，主要测试项目有整车辐射发射、整车辐射抗扰等，同时配备转鼓系统和 TLS 传输线系统，可进行道路负荷模拟及实现低频段辐射抗扰测试；具备传统汽车及新能源汽车的电磁兼容测试能力，能够满足目前 ISO、ECE、GB 最新的 EMC 法规标准要求，常见的测量仪器如图 8-31~图 8-34 所示。

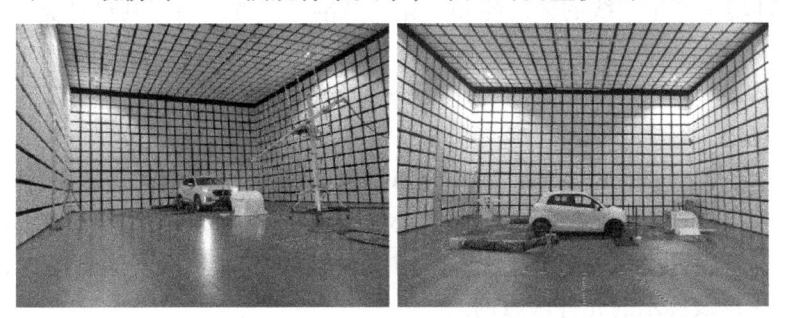

图 8-30 10m 法电磁兼容试验室

基准天线（150kHz~30MHz 频率范围）为 GB/T 6113.101—2021 所述的 1m 长垂直极化鞭天线。鞭天线的端电压与接地板（或地网）有关，接地板（或地网）的尺寸和形状要与天线设计相称，其尺寸和形状则由天线制造商来确定。鞭天线应通过一个有源或无源耦合单元（或耦合器）与测量仪器连接。耦合单元提供高阻抗到低阻抗的阻抗变换，它可安装在接地板（或地网）之下（优先）或之上，以便使用 50Ω 同轴馈线将天线输出传送至测量仪器输入端；基准天线（30~1000MHz 频率范围）为平衡偶极子天线（见 GB/T 6113.101—2021），采用自由空间天线系数。当频率等于或大于 80MHz 时，天线长度应为谐振长度；当频率低于80MHz时，天线长度应等于80MHz的谐振长度，并使用一个适当的变换装置，使天线与馈线匹配。还应配备一个平衡-不平衡变换器与测量仪器输入端连接。

图8-31 频谱分析仪　　图8-32 扫频接收机

图8-33 抗扰喇叭天线　　图8-34 低频段抗扰天线

宽带天线（30~1000MHz频率范围）只要能归一化到基准天线，任何线性极化的接收天线均可采用。使用扫描测量仪自动接收系统进行测量时，须采用宽带天线。如果在测量场地的实际测试环境中宽带天线的输出能归一化到基准天线的输出，则这种宽带天线可用于辐射电平的测量。

2. 试验准备

（1）测量场地

1）开阔试验场（Open Area Test Site，OATS）的要求。试验场应是一个没有电磁波反射物，以车辆或装置与天线之间的中点为圆心、最小半径为30m的圆形平面空旷场地，如图8-35所示。其测量设备、测量棚或装有测量设备的车辆可置于试验场内，但只能处在图8-35中交叉阴影线标示的允许区域内。

为了保证没有足以影响测量值的外界噪声或信号，要在测试前后，车辆或装置没有运转的状态下测量环境噪声。这两次测量到的环境噪声电平（已知的无线电发射除外）应比规定的骚扰限值至少低6dB。

2）装有吸波材料的屏蔽室（Absorber Lined Shielded Enclosure，ALSE）的要求。如果在电波暗室中的测量结果与开阔试验场（OATS）所测量的结果具有相关性，则可以使用电波暗室。这样的试验室，因有稳定的电性能，可全天候试验，有环境可控和测量重复性好的优点。环境噪声电平应比规定的骚扰限值至少低6dB，环境噪声电平必须定期验证或者在试验结果显示出有不合格的可能性时进行验证。

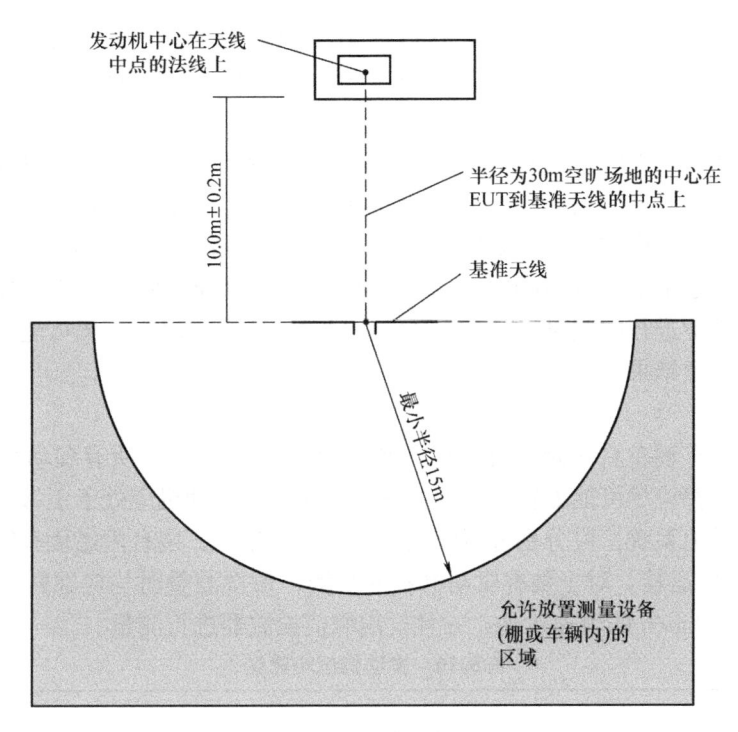

图 8-35 测量场地

（2）天线位置

1）极化方向。在 30～1000MHz 频率范围内的每一个测量频率点上，应分别进行水平极化和垂直极化的测量，如图 8-36 和图 8-37 所示；在 150kHz～30MHz 频率范围内的每一个测量频率点上，仅进行垂直极化的测量。天线安装应避免在天线单元与天线支架或升降系统之间、馈线与天线单元之间存在电耦合。耦极子天线高度为 3m 时，馈线下降至地平面，馈线形状应水平地向后延伸 6m（或测量距离为 3m 时，向后延伸 1.8m）。

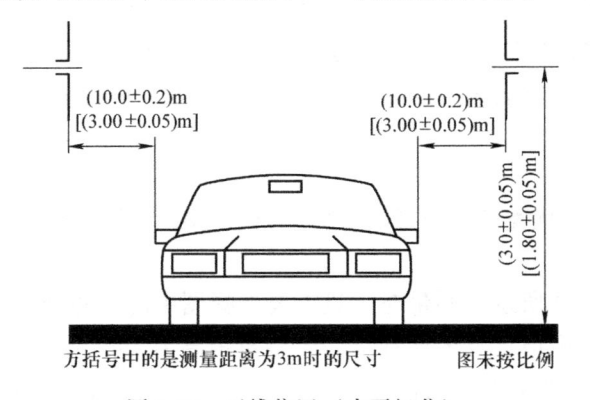

图 8-36 天线位置（水平极化）

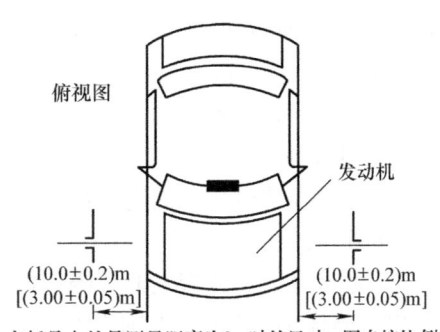

图 8-37 天线位置（垂直极化）

2）天线的高度。在 30～1000MHz 频率范围内，测量距离为 10m 时，天线中心离地面或地板（或水平面）的高度为（3.00±0.05）m；测量距离为 3m 时，高度为（1.80±0.05）m。在 150kHz～30MHz 频率范围内，天线的平衡网络应尽可能地接近地面或地板，用最大长宽比为 7∶1 的导线搭接到地面或地板上。

3）天线的距离。天线到车辆或装置边缘的金属部分的水平距离优先选用（10.0±0.2）m。只要符合天线位置要求，也可选用（3.00±0.05）m距离进行测量。

（3）气候

试验分为干燥条件下测量和潮湿条件下测量。干燥条件下测量是指车辆或装置处于干燥状态或雨停10min之后进行的测量。外置的发动机或装置，除通常与水接触的那些表面以外，其他表面都应是干燥的。潮湿条件下测量是指在下雨或雨停后10min之内进行的测量，若所测得的电平低于限值至少10dB，则认为车辆符合本标准的要求。如果对测量有任何异议，应以干燥条件下进行的测量为准。需要注意的是，露水或轻度受潮可能严重影响具有塑料外壳的装置的测量结果。

（4）受检车辆

测量时，应在车辆左右两侧进行测量（图8-36和图8-37），所有和动力系统一起自动接通的电气设备，都应尽可能处在典型的正常工作状态，发动机应处于正常工作温度。混合动力车中的不同动力系统，应分别进行测试。在每次测量时，装有内燃机车辆的发动机应按表8-16规定的速度运转。对于装有驱动电机的车辆，每次测量时均应在转鼓试验台上，车辆空载时，应以20km/h的恒速运动，并且仅用峰值检波器进行测量。

表8-16　发动机运转速度

缸数	测量方法	
	准峰值	峰值
	发动机转速	
单缸	2500r/min	大于急速
多缸	1500r/min	大于急速

（5）受试装置

受试装置应在正常工作位置和高度，在急速空载的状态下，测量其最大骚扰辐射值。场地允许时，应在三个正交平面进行测量。若装置的工作位置和高度可变动，受试装置火花塞的位置应高出地面（1.0±0.2）m。测量时，操作人员不应在测量场地内，必要时，可用非金属装置在尽可能远的地方操作，并且受试装置应保持正常的位置和规定的发动机转速。

3. 检测结果评价

（1）骚扰限值

1）适用限值电平的确定。如果不知道骚扰类型，则可以用图8-38所示的流程图来确定应采用哪种限值。

2）宽带发射。宽带发射的限值如图8-39所示。测量时，只需要选择图中的一种带宽。为了更准确地确定限值，应使用图中给出的限值计算公式计算。若测量距离为3m，则限值应增加10dB。采用不同的检波器模式和测量距离时，若测量结果发生矛盾，本标准规定采用准峰值检波器及10m测量距离为准。

3）窄带发射。窄带发射的限值如图8-40所示。若测量距离为3m，则限值应增加10dB。采用不同的测量距离时，若测量结果发生矛盾，本标准规定采用10m测量距离为准。

标准规定的测量限值适用于宽带发射和窄带发射，在30～1000MHz频率范围内评定骚扰特性。

第8章 汽车安全性

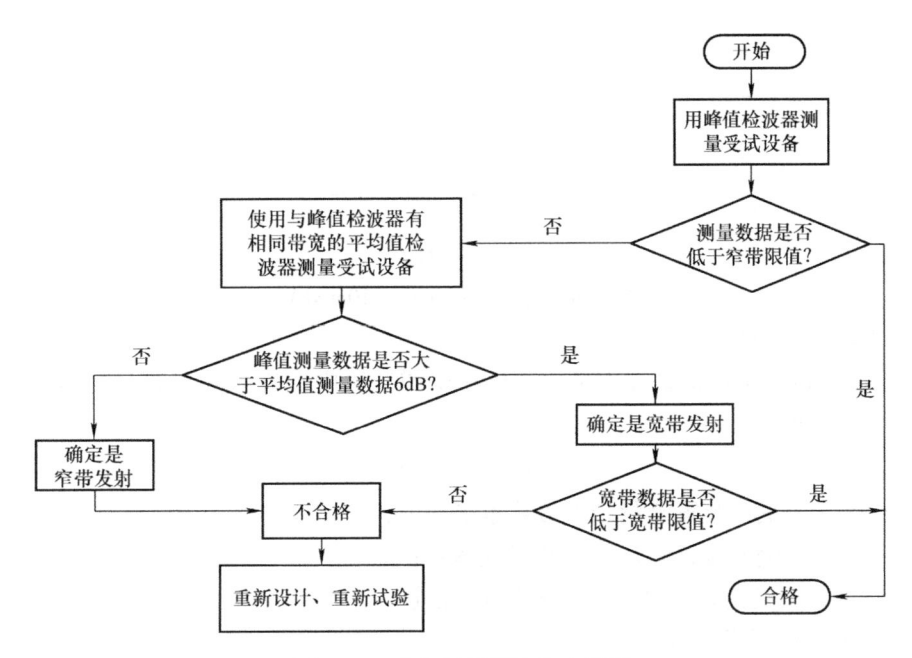

图 8-38 确定辐射骚扰的流程图

对应带宽、检波器和频率函数的限值 $L[dB(\mu V/m)]/(MHz)$

宽带	30～75 MHz	75～400 MHz	400～1000 MHz	测量仪类型
120kHz	$L=34$	$L=34+15.13\lg(f/75)$	$L=45$	准峰值
120kHz	$L=54$	$L=54+15.13\lg(f/75)$	$L=65$	峰值
1MHz	$L=72$	$L=72+15.13\lg(f/75)$	$L=83$	峰值

图 8-39 宽带骚扰限值（10m 处）

（2）数据采集

应在整个频率范围内进行扫描测量，为了统计评定，宽带准峰值的测量结果表示为 dB（$\mu V/m$）。根据图 8-30 所示的带宽之一，将宽带峰值的测量结果表示为 dB（$\mu V/m$/带宽）。对于用峰值检波器进行宽带测量时，图 8-30 所示限值加上修正系数 20lg（带宽（kHz）/120kHz）或 20lg（带宽（MHz）/1MHz）就可作为非 120kHz 或非 1MHz 的带宽时的限值。对于窄带的测量结果应表示为 dB（$\mu V/m$）。

253

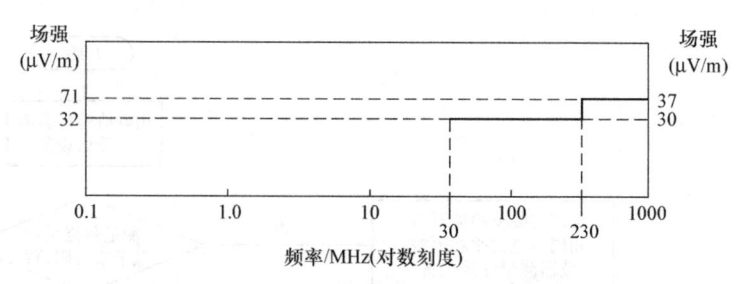

图 8-40 窄带骚扰限值（10m 处）

（3）测量结果统计分析

为了以 80% 的置信度保证在大量生产的车辆或装置中，有 80% 的产品符合规定的限值 L，应满足下式，即：

$$\overline{X} + kS_n \leq L$$

式中 $\overline{X}$——n 个车辆或装置测量结果的算术平均值；

S_n——n 个车辆或装置测量结果的标准偏差；

k——随 n 而定的统计系数，由表 8-17 给定；

L——规定的骚扰限值。

$$\overline{X} = \frac{1}{n}\left(\sum_{i=1}^{n} X_i\right)$$

式中 X_i——单个车辆或装置的测量结果。

表 8-17 统计系数表

n	6	7	8	9	10	11	12
k	1.42	1.35	1.30	1.27	1.24	1.21	1.20

n 个车辆或装置测量结果的标准偏差，按下式计算：

$$S_n^2 = \frac{1}{n-1}\sum_{i=1}^{n}(X_i - \overline{X})^2$$

S_n、X_i、X、L 都以相同的对数单位表示，例如 dB（μV/m）或 dB（μV）等。

如果第一次的 n 个车辆或装置样品不能满足规定值，则应对第二次的 N 个车辆或装置样品进行测量，并将所有结果作为由 $n+N$ 个样品产生的结果加以评定。

（4）测量结果评定

1）评定总则。单个车辆或装置的评定，采用扫描测量的全部数据；多个车辆或装置的评定，采用上述的特性电平与对应的自频段内的典型频的限值进行比较。

2）型式试验结果的评定。单个样品的试验，对于新产品系列的样车或装置，测量结果应比规定的限值至少低 2dB。

多个样品的试验，应随机抽取 5 个或 5 个以上的样品进行测量，其测量结果要与单个样品的测量结果相结合，在每一个子频段的测量数据要按照上述统计方法统计评定，其结果应低于在该子频段典型频率上的限值。

3）成批生产的监督检验结果评定。单个样品的试验，测量结果应比规定的限值最多高 2dB。

多个样品的试验，应随机抽取 5 个或 5 个以上的样品进行测量，其测量结果要与单个样品的测量结果相结合，在每一个子频段的测量数据要按照上述统计方法统计评定，其结果都应比在该子频段典型频率上的限值最多高 2dB。

4）研制试验用的快速样机检验（仅适用宽带发射）。可以任选一种测量方法来确定车辆或装置的发射电平，从而确定该骚扰电平是否有可能满足规定的限值。

案例6：
　　绿色是永续发展的必要条件。绿色发展，就是要解决好人与自然和谐共生问题，坚定走生产发展、生活富裕、生态良好的文明发展道路，加快建设资源节约型、环境友好型社会，形成人与自然和谐发展现代化建设新格局，推进美丽中国建设。环境就是民生，青山就是美丽，蓝天也是幸福，绿水青山就是金山银山；保护环境就是保护生产力，改善环境就是发展生产力。我们要坚持节约资源和保护环境的基本国策，像保护眼睛一样保护生态环境，像对待生命一样对待生态环境，推动形成绿色发展方式和生活方式，协同推进人民富裕、国家强盛、中国美丽。要把节约资源放在首位。

同 步 训 练

一、填空题
1. 道路交通安全主要和_____、_____和_____系统有关。
2. 汽车安全性一般分为_____、_____和_____。
3. 汽车生态安全性包括_____、_____和_____三个方面。
4. 在轿车与行人碰撞过程中，行人被加速到车速，是_____次碰撞。
5. 由于汽车制动使行人与汽车分离，行人以与碰撞速度相近的速度撞到路上，这是_____次碰撞。
6. 在轿车与行人碰撞过程中，发生行人被汽车辗压，这属于_____次碰撞。
7. 城市中的环境噪声通常包括_____噪声、_____噪声、_____噪声和_____噪声。

二、简答题
1. 简述影响道路交通安全的主要因素。
2. 评价被动安全性的指标有哪些？
3. 影响车内被动安全性的因素有哪些？
4. 什么是一次有害排放物？
5. 汽车噪声排放检测指标有哪些？

三、名词解释
1. 主动安全性。
2. 被动安全性。
3. 事故严重程度因素。
4. 危险系数。
5. 光化学烟雾。
6. 汽车定置噪声。

第9章

汽车在特殊条件下的使用

本章导学

汽车在不同条件下使用时，其工作状况和使用性能不同，需要采取相应的技术措施。本章主要讲授汽车在走合期阶段的使用，尤其是在不同气候、不同海拔的高原和山区条件下的使用特点及采取的主要措施。

学习目标

1. 掌握汽车走合期的概念。
2. 掌握汽车走合期不同阶段的使用特点与应采取的技术措施。
3. 掌握低温条件对汽车使用性能的影响及应采取的技术措施。
4. 掌握高原和山区条件对汽车使用的影响与应采取的主要措施。
5. 理解汽车在坏路和无路条件下的使用特点及应采取的主要措施。

汽车在不同气候、不同海拔的高原和山区复杂道路条件下，以及在走合期阶段使用时，其工作状况和使用性能会发生显著变化。因而，必须根据这些特殊使用条件或阶段的特点，采取相应的技术措施。

案例1：

在特殊条件下使用时，汽车要适应不同的条件。汽车在不同条件下使用，有相应的特点和应采取的措施。在人生道路上，我们要学会适应各种环境。我们在成长过程中会遇到各种不同的困难，要保持正确的价值观，不断提高自己解决问题的能力，采取不同的方法从容应对。

9.1 汽车在走合期的使用

9.1.1 汽车走合期及其作用

新车或大修竣工的汽车在投入使用的初期称为汽车走合期。汽车的使用寿命、行驶可靠性、动力性和经济性与汽车工作初期的使用情况有很大关系。

新车或大修竣工的汽车，尽管经过了生产磨合，但一些零件的加工表面仍存在着微观和宏观的几何形状误差（粗糙度、圆度、圆柱度、直线度等）。此外，总成及零部件装配也有一定的允许误差。这些误差使新配合件表面的实际接触面积比理论面积小得多，新配合件表面的实际单位压力要比理论计算值大得多。此时，汽车若以全负荷运行，零件摩擦表面的单位压力会很大，将导致润滑油膜破坏和局部温度升高，使零件迅速磨损和破坏。

汽车走合期实际上是为了使汽车向正常使用的阶段过渡，在使用中对相互配合的摩擦表面进行磨合加工，改善零件摩擦表面的几何形状和表面层物理机械性能的工艺过程。汽车经过走合期的使用后，零件表面的不平部分被磨去，逐渐形成了光滑、耐磨且可靠的工作表面，以承受正常工作负荷。同时，由于走合期内暴露出的生产或修理中的缺陷得以排除，降低了汽车正常使用阶段的故障率。

9.1.2 汽车在走合期不同阶段的使用特点

1. 汽车在走合期的使用特点

（1）零件表面摩擦剧烈，磨损速度快

在使用过程中，磨损使配合零件的配合间隙 Δab 随着汽车工作时间或行驶里程的增加而增大。其磨损过程分为初期磨损阶段 A、正常磨损阶段 B 和逐渐加剧磨损阶段 C 三个阶段，如图 9-1 所示。

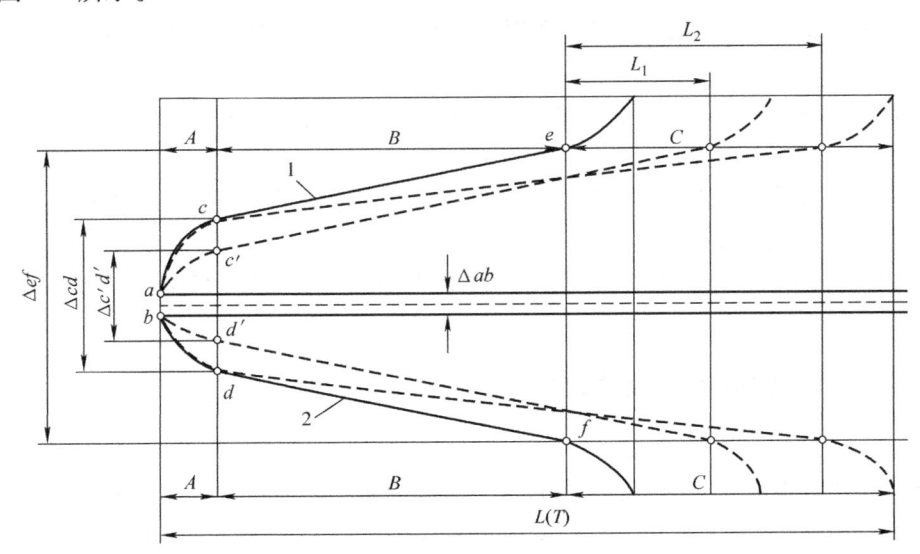

图 9-1 配合零件的磨损规律

L —里程（km）　　T —汽车工作时间（h）

初期磨损阶段的磨损特点是磨损较快。其原因是：新配合件配合间隙小，表面较粗糙且单位压力大，因此在相对运动中产生了很大的摩擦力；同时，零部件之间配合间隙小、摩擦发热多，使润滑条件变差；金属磨屑进入或残留于摩擦表面之间，易形成磨料磨损。当摩擦副配合良好后，磨损量增长速度开始减慢。磨合终了的间隙为 Δcd。

正常工作阶段的磨损量随着汽车行驶里程的增加而缓慢地增长。因为配合零件通常以不同的强度进行磨损，所以在 B 阶段磨损曲线 1、2 的斜率是不一样的。

逐渐加剧磨损阶段是超过配合零件极限间隙 Δef 后的零件磨损期。在这个阶段，磨损加剧，故障增加（出现异常响声、漏气、漏油等现象），工作能力急剧下降，并迅速损坏。

从配合零件的磨损规律可见，减小磨合终了的间隙 Δcd 可延长正常磨损阶段 B，如把磨

合终了的间隙 Δcd 减小到 $\Delta c'd'$，则正常磨损阶段可以延长 a 里程，这样就提高了配合零件的使用寿命。

（2）润滑油变质快

由于零件表面磨损快，金属磨屑产生的量大，同时零件表面和润滑油温度很高，因此润滑油易被污染或氧化而变质。

（3）行驶故障多

零件表面的几何形状偏差、装配误差、紧固件松动、润滑条件差、使用不当等均会使汽车在走合期的故障增多。例如，汽车走合时，工作表面摩擦剧烈，润滑条件差，燃油车的发动机易过热，常发生拉缸、烧瓦等故障。

2. 汽车走合期不同阶段的使用特点

配合副零件磨合阶段的磨损量与零件表面加工质量及磨合规范有关。在这个阶段如果使用不当，未正确地执行磨合规范（包括清洁作业、合理选用加有添加剂的专门润滑油等），将影响配合零件的工作期限。汽车走合期分为以下三个阶段：

第一阶段，即在走合期的前 2~3h 内，因为零件加工表面粗糙，形状和装配位置都存在一定偏差，配合间隙较小，因此零件磨损和机械损失很大，零件表面和润滑油的温度也很高。

第二阶段，即走合 5~8h 时，零件开始形成较为光滑的工作表面，消耗在摩擦上的机械损失和产生的热量逐渐减少。

第三阶段，零件工作表面的磨合过程逐渐结束，并形成了一层防止配合表面金属直接接触的氧化膜，进入氧化磨耗过程。

制定汽车的走合规范和汽车在走合期的技术措施时，应考虑汽车在走合期及其不同阶段的使用特点。

9.1.3 汽车走合期应采取的技术措施

1. 执行规定走合里程

汽车走合里程取决于零件表面加工精度、装配质量、润滑油的品质、运行条件和驾驶技术等，通常为 1000~1500km，有的车型为 2000~3000km，相当于 40~60 个工作小时。汽车的走合里程应符合生产厂家的规定，几种常见车型的走合里程见表 9-1。

表 9-1 几种常见车型的走合里程

车型	CA1091	EQ1090	奥迪 100	桑塔纳	切诺基	依维柯
走合里程/km	1000	1500~2500	1500	1500	2000	1500

2. 减载

在走合期内，应选择较好的道路并减载运行。走合期第一阶段应空载；整个走合期内，载货汽车应减载 20%~25%，并禁止拖带挂车；半挂车应减载 25%~50%。

3. 限速

在载质量一定的情况下，车速越高，发动机（电机）和传动机件承受的负荷越大。因此，在走合期内发动机（电机）转速不应过高，重型载货汽车的最高行驶速度一般不超过 40~50km/h。限速行驶指各档都要限速，通常各档位的最大车速应下降 25%~30%。不同类型的汽车，可根据其使用说明书的要求，确定最高走合速度。

4. 正确驾驶

在走合期内，驾驶人必须严格执行驾驶操作规程。起动时，预热温度应升至 50～60℃以上；行驶中，冷却系冷却液温度不应低于 80℃；起步、加速应平稳；换档应平稳、及时；行驶中要注意选择路面，不在凹凸不平的路面上行驶，以减轻振动和冲击；注意变速器、驱动桥、轮毂及制动鼓（盘）的温度；避免急促、长时间使用行车制动。

5. 选择优质燃料和润滑油

传统燃油汽车在走合期使用时，应选择抗爆性好的优质燃油，以防汽油机爆燃；选择黏度较低的优质润滑油或加有添加剂的专用润滑油。润滑油的加注量应略多于规定量，并应按走合期维护的规定及时更换。

6. 加强维护

走合期维护的重点是检查、紧固、调整和润滑。

在日常维护中，要经常检查、紧固各部外露螺栓、螺母，注意各总成在运行中的声响和温度变化，及时调整。

汽车走合前，应检查汽车外部各种螺栓、螺母和锁销的紧固情况，检查润滑油、制动液的加注情况和轮胎气压，检查蓄电池放电情况和汽车的制动效能，以防止汽车在走合期出现事故和损坏；汽车走合至 150km 时，应检查有关机件的紧固程度和汽车传动系、行驶系的温度状况，并消除漏水、漏油、漏气现象；汽车约走合至 500km 时，清洗发动机润滑系和底盘传动系壳体，更换润滑油，对车上技术状况开始变化的总成、部件进行维护；走合期满后，应进行一次走合维护，对汽车进行全面的检查、紧固、调整和润滑作业。

新型轿车走合期较长，一般长达 5000～10000km。

案例 2：

通过了解汽车在走合期的特点及应采取的技术措施，做好走合期的磨合，汽车的使用状态会更好，寿命也会延长。这个道理告诉我们，系好人生第一粒"扣子"，才能更好、更长久地学习和工作。

9.2 汽车在低温条件下的使用

低温条件即指气温在 -15～-10℃ 的车辆使用条件。在寒冷季节，我国大多数地区的最低气温在零度以下，北方地区的最低气温一般可达 -25～-15℃，而西北、东北及其北部边疆严寒地区最低气温可降至 -40～-35℃。汽车在低温条件下使用时，汽车性能显著变坏，必须采取相应措施保证汽车的技术状况，保障车辆的正常工作。

9.2.1 低温条件对汽车使用性能的影响

汽车在低温条件下使用时，其主要问题是：起动困难；总成磨损严重；燃料（电能）、润滑油消耗增大；机件易损坏、腐蚀；冷起动排气污染严重等。

1. 低温起动困难

对于纯电动汽车，低温环境下，驱动电机与变速器几乎不受影响，动力电池成为影响整车性能的关键因素。在低温天气条件下，特别是在 0 ℃ 以下时，电池内阻增加较为明显，电池活力的降低，使动力电池化学反应效率受到很大影响，存电量和放电量降低。在高寒环境下，电池的低温放电性能大幅下降，电池管理系统（Battery Manage System，BMS）控制的电池允许最大放电电流也大幅减小，电池功率输出减小，导致整车的动力性严重削弱。更有甚者，在极寒环境下，禁止动力电池输出，从而导致整车完全失去动力。纯电动汽车受到的直接影响是起动困难或无法起动。

对于传统燃油汽车，发动机的起动性能与发动机的类型、燃烧室形状和设计制造水平有关。一般来说，当气温在 -15 ~ -10℃ 及其以下时，发动机冷车起动就会有一定的困难，尤其是一些配用蓄电池容量较小的汽车；而当外界气温在 -30℃ 以下时，没有冷起动装置的汽车，不经预热则无法起动。

在汽车使用过程中，发动机低温起动困难的主要原因有：曲轴旋转阻力矩大、燃料蒸发性差、压缩终了气缸内压力和温度低、蓄电池工作能力降低。

（1）曲轴旋转阻力矩大

发动机的起动性能通常用发动机在低温下的最低起动转速表示，并用发动机的最低起动温度表示其低温起动性能。随着环境温度的降低，发动机的最低起动转速升高，而起动机驱动发动机曲轴旋转的起动转速却大幅度下降。最低起动转速曲线与起动转速曲线的交点所对应的温度即为发动机的最低起动温度，如图 9-2 所示。

发动机起动转速主要受起动阻力矩的影响。发动机起动时，曲轴的旋转阻力包括气缸内被压缩的可燃性混合气（或空气）的反作用力、运动部位的惯性力、各摩擦副的摩擦阻力等。起动转矩 M_C（N·m）可表示为

$$M_C = M_K + M_J + M_R$$

式中 M_K——压缩气体阻力矩（N·m）；

M_J——运动部件惯性阻力矩（N·m）；

M_R——摩擦阻力矩（N·m）。

图 9-2 某汽油发动机的起动特性
1—最低起动转速 2—发动机起动转速

对于结构一定的发动机，压缩气体阻力矩 M_K 和运动部件惯性阻力矩 M_J 在温度降低时变化不大；而在低温条件下，摩擦阻力矩 M_R 主要取决于润滑油的黏度，即发动机曲轴旋转阻力矩和起动转速在低温条件下主要受润滑油黏度的影响。在摩擦阻力中，活塞与气缸、曲轴各轴承的摩擦力是主要的，约占起动摩擦力的 60% 以上。

发动机起动的基本前提是曲轴必须达到一定的转速。随着发动机机体温度的降低，润滑油黏度增大，内摩擦力增加，曲轴旋转阻力矩增大，发动机起动所需功率增大，从而使发动机起动转速下降而难以起动。润滑油黏度、起动温度与发动机起动功率之间的关系如图 9-3 所示，使用低黏度润滑油时所需要的起动功率相对增幅较小。例如，在 -23.3℃ 温度下，使用牌号为 SAE10W 的润滑油只需 3.7kW 的起动功率，使用牌号为 SAE20W 的润滑油则需 7.4kW，而使用 SAE30 竟增加到 11.8kW。其原因是 SAE10W 比其他两种润滑油的低温黏度小。在 -18℃ 时，SAE10W 润滑油的动力黏度为 2500mPa·s，SAE20W 润滑油的动力黏度

却高达10000mPa·s。

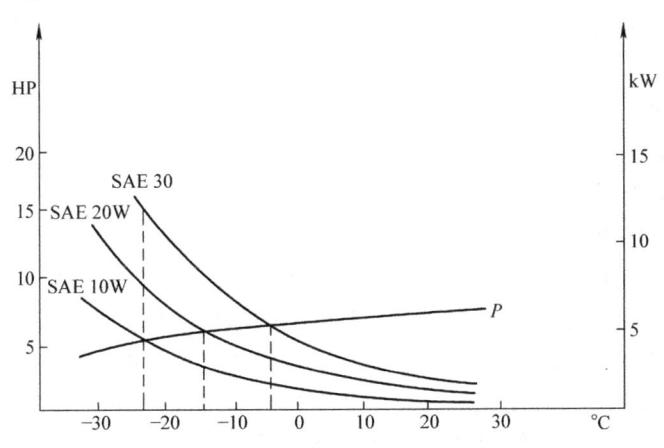

图 9-3　发动机润滑油黏度、温度与起动功率的关系

（2）燃料蒸发性降低

温度降低会使燃油的黏度和密度增大，流动性变差，表面张力增大，从而难以雾化；同时，低温时燃油难以吸热蒸发，部分燃油以液态进入气缸，实际混合气过稀而不易起动。试验表明：发动机起动时流速一般不超过 3 ~ 4m/s，气温在 0 ~ 12℃时，只有 4% ~ 10% 的燃油汽化。

燃油的蒸发性影响发动机起动性能。汽油的蒸发性用馏分温度表示，其中 10% 的馏分温度影响发动机的起动性。10% 馏分温度越低，起动性能越好。随着温度的降低，汽油的黏度和相对密度增大，汽油流动性变坏，雾化和蒸发困难。如图 9-4 所示，从 +40℃ 到 -10℃，汽油的黏度提高 76%，相对密度提高 6%。92、95、98 号车用汽油的 10% 馏分温度均不高于 70℃，在气温不低于 -13℃、-20℃时，可满足发动机直接起动的要求。

低温条件下使用的柴油机，要求柴油具有良好的流动性和较低的黏度。然而，夏季牌号的柴油在温度降低到 -18 ~ -20℃时，黏度开始明显增大。由于黏度增大，柴油雾化不良，使燃烧过程变坏。当温度进一步降低，则因燃料中的含蜡沉淀物析出，使燃料的流动性逐渐丧失。

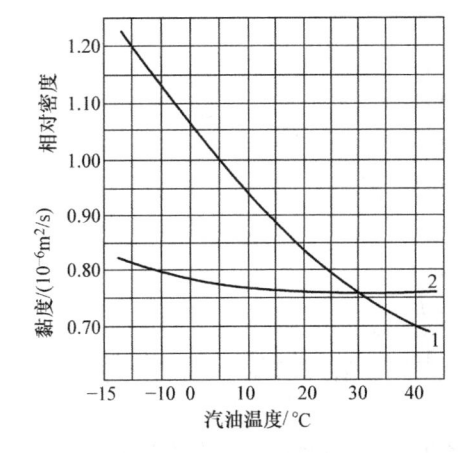

图 9-4　汽油的黏度、相对密度与温度的关系
1—黏度曲线　2—相对密度曲线

（3）气缸压缩终了的压力和温度下降

低温条件下，发动机起动转速下降，不仅使流经发动机进气道的气流速度下降，影响了汽油的雾化和蒸发，而且使压缩终了的气缸压力和温度下降，混合气更难以点火燃烧。图 9-5 为气缸压缩压力与发动机曲轴转速的关系曲线。由图可见，当起动机带动发动机在较低转速范围内运转时，即使有一个较小的转速差 Δn，也能使气缸压缩压力发生较大的变化 Δp。只有当发动机曲轴转速超过某一值时，压缩压力受转速的影响才会较小。

（4）蓄电池工作能力下降

在起动过程中，蓄电池主要影响起动机的起动转矩和火花塞的跳火能量。蓄电池电压为

$$U = E - IR$$

式中　U——蓄电池电压（V）；

　　　E——蓄电池电动势（V）；

　　　R——蓄电池内阻（Ω）；

　　　I——蓄电池输出电流（A）。

在低温条件下，蓄电池电动势 E 变化不大，即环境温度有较大变化时，蓄电池的单格电压下降并不多。但是，随着温度的降低，蓄电池的电解液黏度增大，向极板的渗透能力下降，内电阻增加；同时，起动时的电流增大，从而使蓄电池的端电压明显下降。

蓄电池端电压的降低对发动机低温起动性能的影响表现在两个方面。首先，低温起动时需要的起动功率大，而蓄电池输出功率反而下降，导致起动机无力拖动发动机曲轴旋转或不能达到最低起动转速，如图 9-6 所示；其次，蓄电池端电压降低时火花塞的点火能量小，发动机起动困难。此外，在低温条件下点火能量降低的原因还有：可燃混合气密度增大使电极间电阻增大，火花塞电极间有油、水及氧化物等。

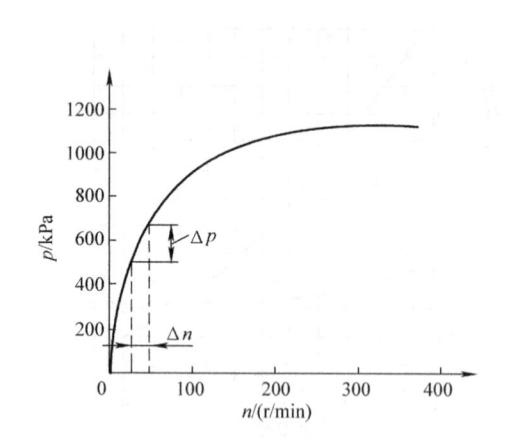

图 9-5　气缸压缩压力与发动机曲轴转速的关系曲线

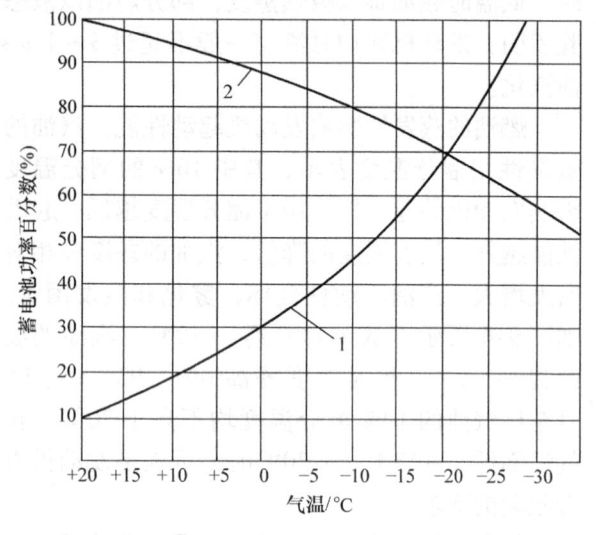

图 9-6　气温对起动功率及蓄电池输出功率的影响
1—起动功率（蓄电池功率百分数）　2—蓄电池输出功率

2. 汽车总成磨损强度增大

汽车在低温条件下使用时，各主要总成的磨损强度都较大。由于工作条件不同，汽车发动机和底盘传动系磨损强度增加的原因有所不同。

（1）发动机磨损强度大的主要原因

在发动机的使用周期中，50% 的气缸磨损发生在起动过程。其中冬季起动磨损占总起动磨损的 60%~70%。某发动机的试验表明：在气温为 -18℃ 时，发动机起动一次的磨损量相当于汽车正常行驶 210km 的磨损量。其主要磨损部位是气缸壁和活塞环、轴和轴瓦、传动系各总成。

1）气缸壁磨损的原因。东风 E01090 型汽车发动机的气缸壁温度对缸壁和活塞环磨损

的影响的关系曲线如图9-7所示。

低温起动时,发动机缸壁磨损严重的主要原因为:

① 起动过程中,润滑油黏度大,流动性差,不能及时到达缸壁表面,缸壁润滑条件差。

② 未蒸发的液态燃油进入气缸,冲刷掉缸壁上的润滑油膜,甚至沿缸壁流入曲轴箱,稀释润滑油使其油性减退。

③ 在低温条件下,燃烧过程形成的水蒸气部分凝结在缸壁上;同时,汽油中的硫在燃烧过程中产生硫氧化物(SO_x)。二者化合成酸性物引起腐蚀磨损,使缸壁的磨损加剧。为此,在低温条件下使用的汽油含硫量不应大于0.1%,汽油含硫量与缸壁磨损的关系如图9-8所示。

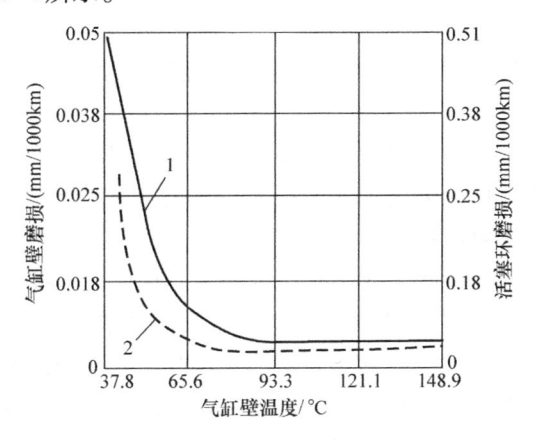

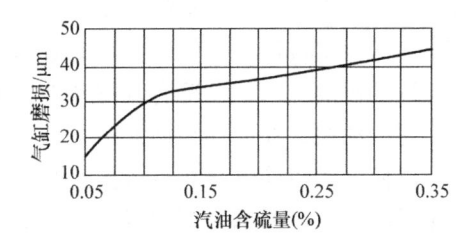

图9-7 发动机气缸壁活塞环磨损与气缸壁温度的关系
1—气缸壁 2—第一道活塞环

图9-8 汽油含硫量与缸壁磨损的关系

2) 曲轴和曲轴轴承磨损严重的原因。

① 低温起动时,润滑油黏度低、流动性差,机油泵不能及时将润滑油输送到曲轴颈的工作表面,使润滑条件恶化。

② 未燃燃料及燃料不完全燃烧形成的燃烧产物窜入曲轴箱稀释和污染润滑油。

③ 曲轴轴承用巴氏合金材料制成,轴承的基体材料与曲轴轴颈材料的膨胀系数不同,在低温条件下的配合间隙变小且不均匀,加速了轴颈与轴瓦的磨损。

(2) 传动系总成磨损强度大的原因

1) 低温润滑条件差。传动系总成(变速器、主减速器和差速器等)的正常工作温度由零件摩擦和搅油产生的热量维持,温升速度较慢。例如,解放CA1090型汽车传动系总成中的油温为 -10℃时,行驶6km后油温才能升到10～15℃。低温时,齿轮和轴承得不到充分的润滑,零件磨损大。研究表明,与润滑油温35℃时的磨损强度相比,润滑油温 -5℃时,汽车主减速器齿轮和轴承的磨损强度增大10～12倍。

2) 低温运动阻力大。低温时,汽车传动系润滑油黏度增大,运动阻力也相应增大;在起步后的一段时间内,各总成的负荷较大,加剧了传动零件的磨损。

3. 燃料消耗增大

汽车在低温条件下使用时,油耗增大的主要原因是:

1) 发动机暖车时间长。

2) 发动机工作温度低,燃料蒸发、气化不良,燃烧不完全。

3）润滑油黏度大，摩擦损失大，发动机输出功率下降，传动系的机械传动效率下降，汽车行驶阻力增加。

据试验，当汽油发动机的冷却液温度由80℃降至60℃时，油耗增加3%；降至40℃时，油耗增加12%。

4. 零部件易损坏

在低温条件下，材料的物理机械性能将变差。在-30℃以下时，碳钢的冲击韧性急剧下降，铸件变脆，塑料、橡胶变硬变脆，从而使由这些材料制成的零部件在载荷作用下易于发生损坏。另外，在低温条件下，蓄电池电解液易冰冻而不能正常工作；甚至冷却液结冰，导致散热器和缸体冻裂。

5. 冷起动排气污染严重

发动机在冷起动阶段HC和CO排气污染严重，在低温条件下更为突出。其原因是：空气温度低，燃油雾化不好。

冷起动一般指发动机从冷态起动到暖车前的这一段过程。据测算，汽油机HC排放量的80%是在冷起动阶段排出的。现代汽车发动机采用闭环电子喷射技术并装配三元催化反应器（Three Way Catalyst，TWC），可有效地降低有害物的排放。

汽油机的冷起动工况有其特殊性：起动过程时间短，不确定性因素多。现代电子控制燃油喷射汽油机，在起动初期的一、二个循环，喷入的燃油量往往是实际燃烧需求量的5~6倍，以使发动机能够尽快点火。这时，进气道空气流速较慢，管壁温度较低，燃油的蒸发条件相对较差，因而部分燃油以油膜的形式停留在进气道壁面上、进气门处或进入气缸。这些油膜在后续的暖机工况，以至正常工况将随着周围温度的升高而蒸发出来，从而对这段时间内气缸的实际空燃比产生很大的影响。

另一方面，在这一段时间里氧传感器不起作用，无法提供反馈信号以对燃油量进行有效控制。这是电控喷射汽油机冷起动排放污染大的另一个重要原因。典型的三元催化剂的起燃温度一般在250~300℃，所以在冷起动期间燃烧所产生的废气不能被催化转化器所转化而直接排到大气中。在起动后的前60s期间，绝大多数的HC都未被转化；而60s之后，只有少量HC从排气管中排出，绝大多数均被转化。这说明催化转化器在冷起动期间，需要一定的起燃时间才能工作，如图9-9所示。

在低温条件下，柴油机冷起动和怠速工况时通常会排出白烟。白烟是直径1μm以上的微粒。在冷起动过程中，因气缸中温度较低，发火不良，燃油不能完全燃烧，以液滴微粒状态排出而形成白烟，主要是有机可溶成分。待暖车过程结束，发动机正常工作后，白烟即刻消失。

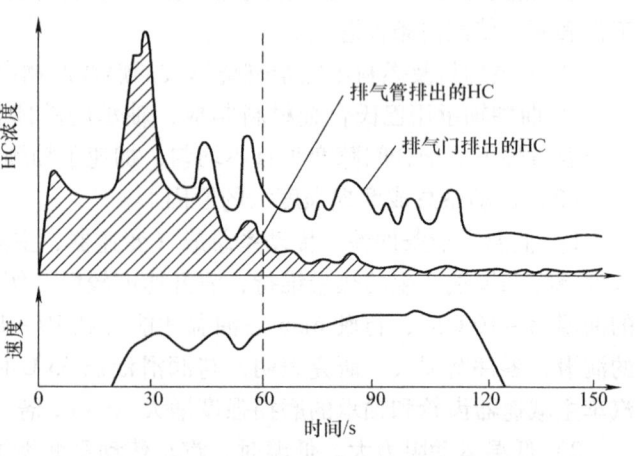

图9-9 冷起动时催化转化器的工作状况

6. 行车条件差

在低温条件下,道路常被冰雪覆盖,致使轮胎与地面间的附着系数显著下降,在行车中使制动距离延长且车辆极易发生侧滑。同等条件下,冰雪路面的制动距离比干燥路面的制动距离长 2~4 倍。汽车加速上坡时,驱动轮也易于滑转。

在特别严寒的情况下橡胶轮胎逐渐变硬、变脆,受到冲击载荷时容易发生破裂。因此,在冬季行车时,在汽车起步后应先以低速行驶,并要平稳起步和越过障碍物。

9.2.2　汽车在低温条件下使用时应采取的主要技术措施

根据汽车在低温条件下的使用特点,采取以下措施可提高汽车的低温使用性能。

1. 加强技术维护

在季节转换之际,应结合汽车定期维护作业,进行附加作业项目,以提高汽车在低温、寒冷条件下的适应能力,避免发生交通意外事故。

冬季维护的主要附加作业项目有:

1) 安装或维护发动机保温及起动预热装置。
2) 检查、调整冷却散热装置(节温器、风扇离合器、风扇传动带等)。
3) 更换冬季润滑油(脂)及防冻液。
4) 检查调整供油系、点火系。
5) 采取防滑保护措施等。

2. 预热

发动机起动前预热的目的是:提高燃油的雾化性和蒸发性,改善混合气的形成条件,降低发动机的起动阻力,以利于发动机在低温条件下顺利起动。常用的预热方法有热水预热、蒸汽预热、电热器及红外辐射加热等。

热水预热和蒸汽预热是过去应用最广泛的预热方式。

热水预热时,将热水加热至 90~95℃,从散热器加水口注入冷却系,注满后把防水阀打开,使之边注边流,待流出的水温达到 30~40℃后,关闭放水阀;若把热水直接注入气缸体水套,使其完全充满后再流入散热器,可充分利用热水的热能,迅速提高发动机的温度。

蒸汽预热是预热发动机的有效方法。预热时,蒸汽通过蒸汽管导入散热器的下水管,进入发动机冷却系,或直接引入发动机的冷却水套。蒸汽直接引入冷却水套时加热迅速,蒸汽浪费小,但需在缸体和缸盖上加装蒸汽阀。预热开始时,因发动机温度低,蒸汽进入冷却系后会被冷凝,需打开放水开关排出积水;当缸体温度升高到一定程度时,放水阀处便排出蒸汽;预热温度升高到 50~60℃时,可起动发动机并往发动机冷却系加入热水。若在曲轴箱内加装蒸汽管或散热容器,可预热润滑油,降低润滑油的黏度,使发动机更易于起动。

电加热方法是把加热器插入冷却系或机油内的一种加热方式,可方便地对发动机进行加热。管式冷却液电极加热器利用内、外电极间冷却液的电阻进行加热,如图 9-10 所示。

3. 保温

汽车在严寒地区使用时,应适当对发动机和蓄电池采取保温措施。其目的是使汽车在一定热工况下工作,并随时可以出车。气温很低时,或对于承担某种特殊任务的车辆,还应对燃油箱和驾驶室进行保温。

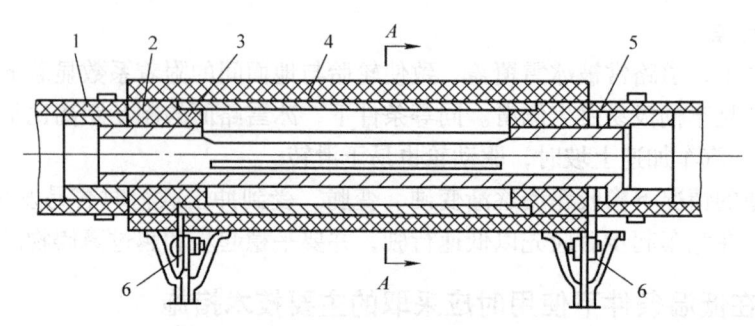

图 9-10　管式电极加热器
1—接头　2—绝缘体　3—内电极　4—外电极　5—软管　6—接线柱

采用百叶窗或改变风扇参数（叶片数目或角度）的方法可以对发动机保温，也可以用降低风扇转速或断开风扇离合器的方法保温。后一种方法不但减少了热量耗散，而且还能减少发动机的功率损失；关闭百叶窗可减小流经散热器的空气流，但由于气流阻力大，风扇消耗的功率略大。

采用发动机舱盖保温套是保持发动机温度状况的重要措施。采用该措施的发动机在-30℃的气温下工作时，发动机舱盖内的温度可保持在20~35℃；停车后，汽车发动机主要部位的冷却速度也比无保温套时降低近6倍。保温材料可是棉质或毡质的，前者保温性能较好。用薄乙烯基带密封发动机舱盖有良好的保温效果。

采用双层油底壳对油底壳及润滑油有良好的保温效果，也可在油底壳的内表面用一层玻璃纤维密封。

提高蓄电池在低温条件下输出功率的方法有两种：一是使用低温型蓄电池；二是蓄电池保温。低温蓄电池使用薄极板，并加入活性添加剂。由于蓄电池的极板片数增加，与电解液的接触面积增大，因此使蓄电池容量增加，降低了内电阻，提高了蓄电池的输出功率。

蓄电池保温的目的是保持蓄电池的温度或减缓蓄电池温度下降速率，以使其容量、内电阻变化不大。蓄电池在低温下工作时，电解液温度每降低1℃，蓄电池容量便减少1%~1.5%。温度过低时，电解液有冻结以致冻坏蓄电池的危险。常用的蓄电池保温方法是将其放在具有夹层的木质或玻璃钢制保温箱内，夹层中充有导热系数很低的保温材料。目前，广泛采用的保温材料是聚氨酯硬质泡沫塑料。在特别严寒的地区，可采用蓄电池加热保温装置。蓄电池加热保温箱的箱体夹层内设有电加热器。电加热器有加热板和加热筒两种：前者放在蓄电池底部；后者安装在保温箱四周的内壁上。为了对加热温度进行控制，蓄电池加热保温箱还必须具备自动恒温控制与自动断流两项功能。

4. 合理选用燃料和润滑油

为便于发动机低温起动并减轻磨损，低温条件下使用的燃料应具有良好的蒸发性、流动性、低硫量。

低温条件下使用的柴油机，要求柴油具有很好的流动性和较低的黏度。然而，温度降低时，柴油黏度增大，柴油雾化不良，使燃烧过程变坏。当温度进一步降低，则因燃料中的含蜡沉淀物析出，使燃料的流动性逐渐丧失。柴油的牌号是以凝点划分的，在低温条件下，所选用柴油牌号的冷凝点应至少比环境温度低5℃。

汽车在低温条件下使用时，应选用黏温特性好的低黏度润滑油，以降低起动阻力并改善零部件的润滑条件。进入冬季前，发动机变速器、主传动器等总成应换用冬季润滑油。因其具有良好的黏温特性，黏度随温度下降不显著，可使零件的润滑条件得以改善，并降低起动阻力。

5. 起动液的使用

在低温条件下，为了保证发动机直接起动（冷起动），需要采用专门的起动燃料——起动液。起动液应具备下列条件：

1）易点燃（或压燃），以保证发动机可靠起动。

2）发动机起动后，运转应稳定柔和。

3）在起动过程中，发动机磨损要小。

乙醚（$C_2H_5OC_2H_5$）是起动液中的主要成分，其沸点仅为34.5℃，因此具有很好的挥发性。

加注起动液时，应根据发动机进气系统的结构，尽可能地将起动液呈雾状均匀地分配到各气缸中。另设有起动装置的发动机，其起动装置以起动液为燃料，起动时可以将其呈雾状喷入进气管，与从空气滤清器进来的空气（柴油机）或可燃混合气（汽油机）混合后进入各个气缸。由于起动液易燃，保证了起动可靠性，并促进了基本燃料的燃烧。没有起动装置的汽车，可以采用起动液压力喷射罐直接把起动液喷入进气管内，但应注意控制喷入量。喷入量过大时，会引起发动机起动粗暴。

采用起动液进行冷起动时，可使发动机在-40℃或更低的气温下可靠起动。应说明的是，这种起动方法应与稠化机油和低温蓄电池相配合，以便使起动机能把发动机驱动到起动转速。

6. 正确使用防冻液

在冬季，汽车发动机冷却系可使用防冻液，防止冻裂机件，并可避免每天加水、放水，以减轻劳动强度并缩短起动前的准备时间。

防冻液的使用性能用凝固点、沸点、传热性和热容量表示。为了保证防冻液在冷却系中的流动性，要求其黏度要低。防冻液还不应引起金属腐蚀、橡胶溶胀，并应具有一定的化学稳定性。常用的防冻液是乙二醇-水型防冻液，其牌号以防冻液的冰点划分。乙二醇-水型防冻液的温度、密度、冻结温度及浓度（成分比例）见表9-2。

表9-2 乙二醇-水型防冻液温度、密度、冻结温度及浓度的关系

| 防冻液不同温度下的密度/(g/m³) ||||| 冻结温度 | 安全使用温度 | 防冻液浓度 |
10℃	20℃	30℃	40℃	50℃	/℃	/℃	（%）
1.054	1.050	1.046	1.042	1.036	-16	-11	30
1.063	1.058	1.054	1.049	1.044	-20	-15	35
1.071	1.067	1.062	1.057	1.052	-25	-20	40
1.079	1.074	1.069	1.064	1.058	-30	-25	45
1.087	1.083	1.076	1.070	1.064	-36	-31	50
1.095	1.090	1.084	1.077	1.070	-42	-37	55
1.103	1.098	1.092	1.076	1.076	-50	-45	60

防冻液在使用过程中要注意以下几点：

1) 防冻液的冰点应比使用地区的最低温度低 5~10℃。
2) 防冻液的表面张力小，因而容易泄漏，加注前应检查冷却系的密封性。
3) 防冻液膨胀系数大，一般只应加到冷却系总容量的 95%，以免升温膨胀后溢出。
4) 常用密度计检查防冻液成分，掌握防冻液的冰点。当防冻液冰点不满足要求时，应更换或重新配制。

7. 其他应注意的问题

在低温条件下，制动液、减振液的黏度增大，甚至出现结晶，影响汽车行驶的安全性与平顺性。因此，在严寒地区应选用适于在低温条件下使用的制动液和减振液。减振器在必要时应拆下避振杆。

在特别寒冷的情况下，轮胎橡胶硬化、变脆，受冲击载荷的作用时易破裂。因此，在冬季行驶时，为了减轻冲击，汽车起步后几公里内应低速行驶，要缓慢起步及越过障碍物。

驾驶室和车厢的温度过低，会影响驾驶人的劳动条件和乘客的舒适感。风窗玻璃结霜会影响驾驶人的视野。为此，可将经过散热器的热空气引入驾驶室及风窗玻璃上，以便采暖和除霜。轿车和舒适性要求较高的客车上都装备采暖设备。

9.3 汽车在高原和山区条件下的使用

高原和山区条件指高海拔地区和山区复杂道路条件。高原山区条件对汽车的使用性能有不利影响，应采取相应措施，保证汽车的技术状况和正常运行。

9.3.1 高原和山区条件对汽车使用的影响

汽车在高原和山区条件下行驶时，由于海拔高、气压低、空气稀薄，导致燃油车发动机的动力性和燃料经济性下降；汽车低速档上长（或大）坡时，发动机易过热；同时，在山区复杂道路条件下行驶时，换档、制动和转弯的次数多，底盘特别是行驶系的载荷大，轮胎磨损大，其制动系的负荷也增大。

1. 海拔对发动机动力性的影响

随着海拔升高，气压逐渐降低，空气密度减小（表 9-3）。海拔每升高 1000m，大气压力下降约 11.5%，空气密度约减小 9%。海拔升高致使发动机的进气量减少，平均指示压力下降。

表 9-3 海拔、大气压力、密度及温度的关系

海拔/m	大气压力/kPa	气压比例	空气温度/℃	空气密度/(kg/m³)	相对密度
0	101.3	1	15	1.2225	1
1000	89.9	0.887	8.5	1.1120	0.9074
2000	79.5	0.7845	2	1.006	0.8315
3000	70.1	0.6918	-4.5	0.9094	0.7421
4000	61.3	0.6042	-11	0.8193	0.6685
5000	54	0.533	-17.5	0.7063	0.6008

对于四冲程发动机而言，平均指示压力与发动机功率成正比，即

$$P_i = \frac{p_i V_h n}{120} \times 10^{-3}$$

式中 P_i——发动机指示功率（kW）；
V_h——发动机总工作容积（L）；
p_i——平均指示压力（kPa）；
n——曲轴转速（r/min）。

平均指示压力随海拔升高而下降，同样燃油车发动机的功率也随着海拔升高而下降。海拔每升高1000m，发动机功率和转矩分别下降12%和11%左右，如图9-11所示。

其主要原因为：

1）由于气压降低，外界与缸内的压差减小；又因空气密度小，使发动机充气量下降。

2）大气压力降低，使进气管真空度相应减小，点火推迟。

3）压缩终了的压力和温度降低，混合气的燃烧速度缓慢。充气量下降和燃烧速率降低均会使发动机动力性降低。

海拔对柴油机性能的影响与之相似。实际使用情况表明：海拔每升高1000m，自然吸气柴油机功率下降约10%，柴油机性能随海拔的增加迅速恶化。图9-12是某型直喷式自然吸气柴油机在三种大气压力下的外特性曲线。从图中可见，大气压力为100kPa时的最大转矩为199.4N·m，转矩储备系数为12.7%；大气压力为90kPa时的最大转矩为174N·m，转矩储备系数为12.3%；而大气压力为80kPa时的最大转矩为155N·m，转矩储备系数为12.3%。因此，大气压力降低时，柴油机的外特性指标都相应下降。

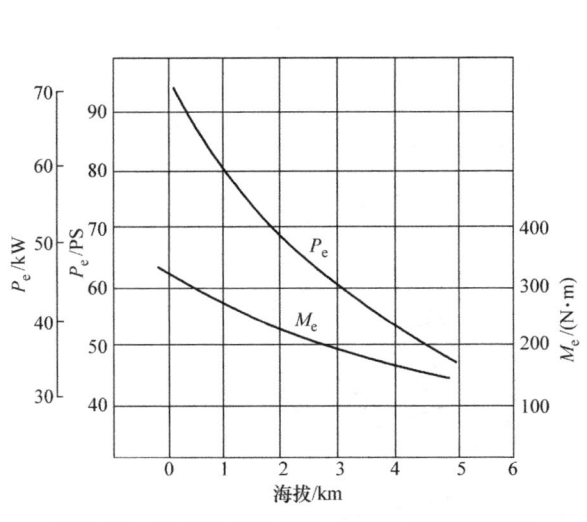

图9-11 汽车发动机功率、转矩与海拔的关系

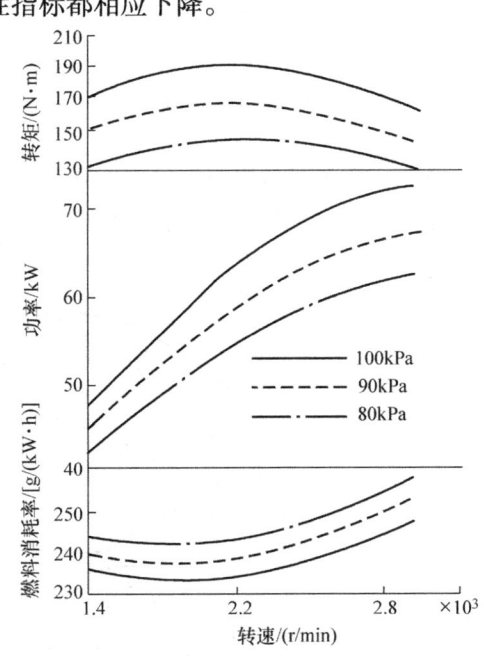

图9-12 三种大气压力下柴油机的外特性曲线

2. 海拔对发动机运转稳定性的影响

随着海拔的升高，大气压力降低，空气稀薄，混合气变浓，严重时会由于混合气过浓而不能稳定运转或产生喘振现象；进气管真空度下降，在原怠速节气门开度下则进气量不足，使发动机的怠速转速下降。从图9-13可见，海拔每升高1000m，怠速转速降低50r/min；同

时，由于混合气过浓，发动机怠速稳定性差。

3. 海拔对燃料经济性的影响

随着海拔升高，汽车燃料的消耗量增大，如图9-14所示。其主要原因是：

1) 空气密度下降，充气量降低；若供油系统未经调整或校正，则空燃比变小，混合气变浓。

2) 在高原山区道路上，汽车行驶阻力大。

3) 发动机动力不足，且高原山区坡度陡而大，道路复杂，经常低速档大负荷行驶，油耗增大。

4) 发动机大负荷工作时间增多，易过热并引起不正常燃烧，油耗增大。

5) 气压降低，燃料挥发性提高，易产生气阻和渗漏，油耗增大。大气压力从101kPa降至80kPa（海拔约2000m）对燃料蒸气压力、蒸馏特性的影响，与外界气温上升8～10℃所造成的影响相当。

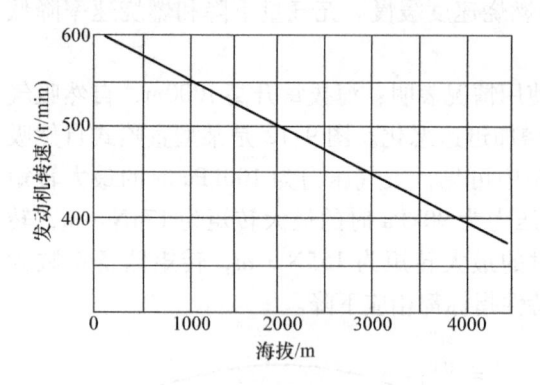

图9-13 海拔与发动机怠速转速的关系

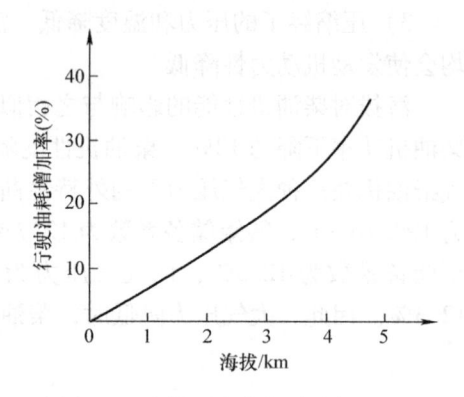

图9-14 海拔对汽车行驶油耗的影响

另外，汽车在高原地区运行，发动机与传动系的匹配情况发生改变，其综合性能指标必然下降。图9-15为两种大气压力下发动机万有特性的对比图。可见大气压力降低时，其最经济有效燃油消耗区以及相适应的经济功率区明显向下偏移，等有效燃油消耗区明显变窄。

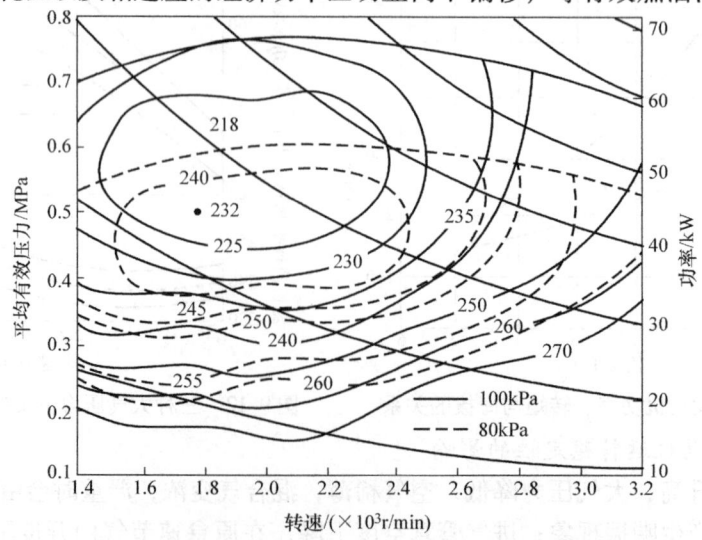

图9-15 两种大气压力下发动机万有特性对比图

大气压力为 80kPa 时，万有特性封闭区域的经济燃油消耗率比大气压力为 100kPa 时的高。在中小负荷转速范围内，大气压力较低时，达到较低燃油消耗率的功率范围缩小。因此大气压力变化后，由于发动机的最佳工作范围发生变化，汽车传动系与发动机的匹配情况发生了不利变化。

4. 汽车制动系在高原山区条件下负荷增加

汽车在山区行驶时，常需要制动减速，制动系使用频繁，致使摩擦副（摩擦蹄片和制动鼓，或者制动衬块和制动盘）经常处于发热状态。特别是下长（或大）坡时，制动蹄的摩擦衬片温度高达 400℃。在这种情况下，摩擦衬片的摩擦系数急剧下降，严重时可能出现制动失效。此外，由于持续高温，摩擦衬片磨损加剧并容易碎裂。

此外，汽车在山区行驶的制动安全性还存在两个问题：前轮失去转向能力、后轴侧滑。前者容易发生在坡道、湿路面和超载的情况下；后者容易发生在平路、干路面和空载的情况下。这两个问题造成了汽车前后轴制动力分配比例上的突出矛盾：第一种情况需防止前轮制动抱死；而第二种情况需防止后轮抱死或提前抱死。此外，路面附着特性的变化（山区公路常见现象）、道路曲率的变化等也会对汽车制动稳定性产生较大的影响。

气压制动的汽车在高原山区使用时，因空气稀薄，空气压缩机的生产率下降，供气压力不足；同时由于制动次数多，耗气量大，常不能保证汽车，特别是汽车列车制动的可靠性。

液压制动的汽车在山区行驶时，使用制动频繁，制动器摩擦副摩擦生热，易使液压制动系温度升高。若使用的制动液沸点低，制动液易于蒸发而产生气阻，引发紧急制动失灵。

5. 汽车在高原、山区条件下使用的其他问题

海拔对排气污染物的形成也有影响。海拔影响发动机的空燃比，空燃比的变化又导致排气成分浓度的改变，从而影响有害物质的排放量。图 9-16 所示为海拔与发动机排气中的 CO、HC 和 NO_x 的关系。可见 CO、HC 的排放浓度随海拔增高而增大，而 NO_x 的浓度则有所下降。

在高原行车时，由于发动机功率下降，且高原山区道路复杂，行驶阻力大，因此发动机大负荷工作的时间比例增大，发动机易过热。发动机工作温度升高，使润滑油黏度变小，氧化速度加快；同时，过浓的混合气不能完全燃烧，液体燃油窜入曲轴箱后，会稀释润滑油而加快润滑油变质。润滑油品质变差使发动机润滑不良，磨损加剧。

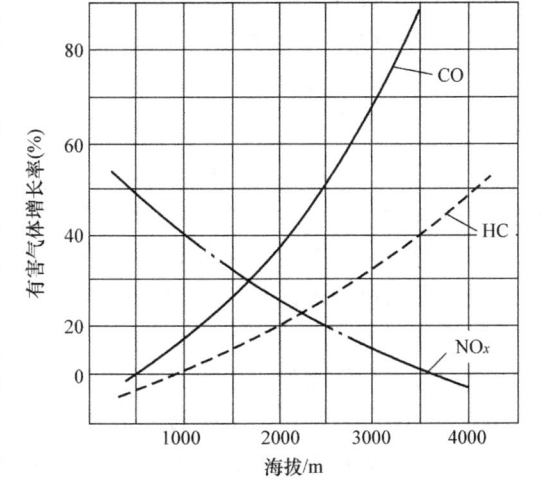

图 9-16 海拔与发动机排气中有害气体浓度的关系

在山区复杂道路条件下行驶时，换档、制动、转弯次数多，汽车行驶系及轮胎所受动载荷和摩擦增大，行驶系的零部件和轮胎受力变形大，轮胎磨损剧烈。

9.3.2 汽车在高原和山区使用时改善发动机性能的主要措施

在高原和山区使用时，发动机功率下降，油耗增多，磨损加剧。改善发动机性能的主要

措施有提高压缩比、调整油电路、采用增压设备、采用含氧燃料、改善润滑条件以及加强维护等。

1. 汽车选购

若汽车需经常在高原地区使用时,应购买汽车制造厂为高原地区专门设计、制造的,适合在高原和山区条件下使用的汽车。

2. 提高发动机的压缩比

随着海拔升高,发动机的实际充气量下降,压缩行程终了时气缸内压力及温度相应降低。提高压缩比不仅可提高压缩终了的温度与压力,增大膨胀比,加快燃烧速率,改善燃烧过程,减少热损失,而且可采用较稀的混合气,从而提高了发动机的动力性和燃料经济性。同时,压缩终了时气缸内的压力及温度降低后,爆燃倾向减小,具有提高压缩比的有利条件。

压缩比的选定与汽油的辛烷值有直接关系。汽油的辛烷值越高,爆燃倾向越小,压缩比就可以相应地选大一些。图9-17所示为燃料辛烷值与许用压缩比的关系。

不同海拔时,发动机压缩比的经验计算式为

$$\varepsilon_z = \frac{\varepsilon}{(1-0.00002257z)^{3.8}}$$

或

$$\varepsilon_z = \varepsilon + \varepsilon(1-\frac{\gamma_z}{\gamma_0})$$

式中　ε——设计压缩比;

ε_z——海拔为z时的使用压缩比;

z——海拔(m);

γ_0——零海拔、气压101.3kPa、气温15℃时的空气密度(kg/m³);

γ_z——海拔z(m)时的空气密度(kg/m³)。

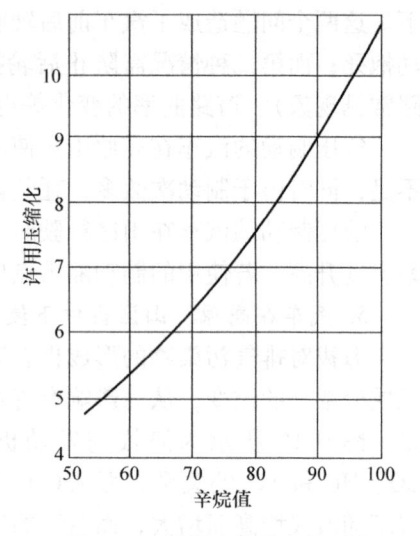

图9-17　燃料辛烷值与许用压缩比的关系

除这些使用因素外,压缩比还与大气温度、汽车负荷、发动机热状态等因素有关。因此,提高发动机压缩比时,应根据具体使用条件合理选择压缩比。

3. 合理选择配气相位

合理选择配气相位可以提高发动机的充气系数,改善发动机的动力性和经济性。配气相位的确定,应与发动机的实际转速范围相适应。发动机的转速不同,进、排气门开、闭角对气流惯性的影响也不同,因而进、排气门开闭的最有利的角度应随之变化。在进、排气门开、闭的四个时期中,进气迟闭角和排气提前角影响最大。

合理的进气迟闭角可利用气流惯性提高充气系数,在一定的气流惯性下,对应着一个最佳迟闭角。减小进气迟闭角能提高低转速下的充气系数,改善发动机低速范围的动力性与经济性。反之,增大进气迟闭角,对经常处于高速运转的发动机有利。

排气提前角主要影响做功行程中的膨胀功损失P_w和排气行程中的排气功损失P_x。排气提前角增大,则P_w增加,P_x减小;排气提前角减小,则P_w减小,而P_x增加。最佳的排气提前角($P_w + P_x$)值最小。试验表明,随着发动机转速的提高,排气提前角亦增大。

4. 调整油、电路

随着海拔升高，充气量减小，若供油系不进行调整，则混合气变浓，燃烧不完全。为此，应按海拔调整燃料供给量，并适当增大空气量，以改善混合气的形成，提高发动机的动力性和经济性。图 9-18 所示为某型汽车发动机供油系调整前后的功率、油耗与海拔的关系。

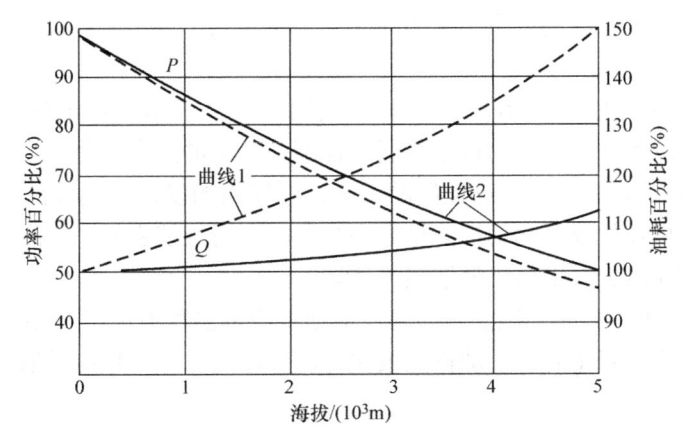

图 9-18 某型汽车发动机供油系调整前后的功率、油耗与海拔的关系
曲线 1—调整前　曲线 2—调整后
P—功率　Q—油耗

随着海拔升高，空气压力降低，使真空提前装置的工作受到影响，在相同工况下真空提前装置的提前量减小；同时，压缩终了时缸内压力低，火焰传播速度减慢。因此，可将点火提前角略为提前 1°~2°；也可适当调整火花塞触点间隙，以使火花塞产生较强的火花。

在柴油机外特性的试验过程中，以标准大气压力确定的高压油泵的供油特性不能适应不同大气压力下的外特性要求。因此，应根据不同大气压力下对外特性的要求调整油泵的供油特性。除对柴油机供油量进行调整以减少循环供油量外，还因柴油喷入气缸后着火落后期延长，燃烧速率慢，需适当使喷油提前。

5. 采用增压设备

增压设备的作用是提高进气压力，增加进入气缸的充气量。常采用的增压设备为废气涡轮增压器。增压器涡轮室内的涡轮一般利用发动机排出的废气能量推动涡轮，涡轮又带动同轴的叶轮旋转，压缩来自空气滤清器的空气使之增压后进入气缸。发动机加快运转时，废气排出速度与涡轮转速也同步加快，叶轮使更多的空气压缩后进入气缸，空气的压力和密度因此增大。

柴油机的工作过程无爆燃限制，使用涡轮增压器可增大充气量，压缩终点时的压力和温度也相应地得以提高，从而改善了发动机的动力性和燃料经济性。由于发动机的工况复杂，以及发动机舱盖下空间的限制，要求增压器结构紧凑，涡轮等旋转零件的转动惯量小，反应敏感。在使用中还应适当调整柴油机的供油量及喷油提前角。此外，由于增压系统的工作能力受增压器涡轮入口温度和增压器涡轮转速的制约，因此在任何海拔下增压器都不应发生超温、超速现象。

汽油机采用废气涡轮增压的困难较大，其主要困难是爆燃问题和涡轮热负荷过高的问题。因此，废气涡轮增压技术在汽油机上的应用受到一定限制。但对在高原地区使用的汽车而言，废气涡轮增压技术仍是保持发动机功率行之有效的方法。

6. 其他技术措施

1）使用含氧燃料。含氧燃料就是在汽油中掺入乙醇、丙酮及其他含氧化合物的燃料。由于掺入的这些含氧燃料的分子中都含有氧，在燃烧过程中，理论上所需的空气量减少。从而补偿了因气压低而产生的充气量不足的问题。试验表明，采用含氧较高的燃料时，其相对效能随海拔的升高而提高。

2）加强蓄电池维护。汽车在高原山区使用时，应经常检查蓄电池电解液，补充蒸馏水，调整其密度，以保证蓄电池的技术状况，提高点火系的点火能量。

3）改善润滑条件。在高原山区使用的汽车，所使用的发动机润滑油应具有良好的黏温特性，以保证发动机在低温时起动性能良好和高温时润滑性能良好。为防止润滑油变质，应保持良好的曲轴箱通风，并采用机油散热器散热。

4）加强维护。由于高原山区空气稀薄，发动机冷却强度有时显得不相适应；低速档爬坡时，发动机易过热；停车时，发动机又很快冷却；因此，发动机应采取良好的冷却和保温措施。

9.3.3 汽车在高原和山区使用时改善安全性能的主要措施

高原和山区地形复杂，坡大、路窄、弯多，必须采取相应技术措施以改善汽车行驶安全性，特别是改善其制动性能。主要措施有采用防抱制动系统（ABS）、耐高温制动摩擦衬片、辅助制动器、制动系防气阻、制动鼓降温、防爆轮胎等。

1. 采用防抱制动系统（ABS）

防抱制动系统（ABS）可防止汽车在制动过程中车轮抱死，既能保证制动稳定性，又能获得相对大的制动效能。采用 ABS 是提高汽车在山区复杂道路上行驶安全性的重要途径。

2. 采用辅助制动器

辅助制动器有电涡流、液体涡流和发动机排气式三种。前两种由于体积较大，结构复杂，多用于山区或矿用重型汽车上，又被称为电力或液力下坡缓行器。发动机排气制动是一种有效而简便的措施。排气制动是在一般发动机制动的基础上，在发动机排气管内设置排气节流阀而形成的。当使用排气制动时，切断发动机的燃料供给，关闭排气节流阀，达到降低汽车车速的目的。排气制动属于缓行制动装置，多用在重型汽车上，排气制动可保证各车轮制动均匀，制动功率可达发动机有效功率的 80%～90%。但重型汽车在冬季冰雪道路上行车时，为防止汽车发生侧滑甚至甩尾的问题，一般不宜使用辅助制动器制动。

3. 采用大范围可调制动比例阀

前后轴制动力固定比值的比例阀，一般用于防止后轴制动抱死，不能解决前轮制动抱死问题。而一些矿用车的前轮制动减压阀，又只能用于防止前轮抱死。因而都不适用于制动工况变化很大的山区情况。汽车在山区复杂道路上行驶时，应采用从前轮制动减压到后轮制动减压的大范围可调比例阀。

4. 采用耐高温制动摩擦衬片

汽车下长坡连续制动或高速制动时，制动器温度会很快上升，产生制动热衰退现象，制动力矩会显著下降。汽车制动器的抗热衰退性能与其摩擦副材料及结构有关。因此，采用耐高温制动摩擦衬片是改善汽车高原山区条件下制动性能的主要方法。耐高温摩擦衬片采用环氧树脂、三聚氰胺树脂等改性酚醛树脂作为黏合剂或采用无机黏合剂，把摩擦材料黏结、固化成形而制成。摩擦材料中常加有金属添加剂，即使摩擦片温度高达400℃以上，也可产生足够的制动力矩，可适应高原山区条件下行车制动的需要。

5. 防止液压制动系气阻

防止制动系气阻的有效方法是采用不易挥发的合成型制动液。评价制动液高温抗气阻性能的指标是平衡回流沸点。平衡回流沸点是指制动液在测定条件下开始沸腾的温度。平衡回流沸点越高，越不易产生气阻。合成型汽车制动液一般是由溶剂（二乙二醇醚、三乙二醇醚等）、润滑剂（蓖麻油、聚乙二醇等）和一些添加剂组成。根据 GB 12981—2012《机动车辆制动液》，JG3级合成制动液平衡回流沸点不低于205℃，JC4级不低于230℃，JC5级则不低于260℃。

6. 其他技术措施

为了满足气压制动的供气压力要求，可采用供气量大的双缸空气压缩机。

制动鼓降温。为防止制动器过热，在汽车下长（或大）坡前，可开始对制动鼓外圆淋水冷却降温；一般在制动过程中，不断地对制动鼓淋水降温，以防制动器温度过高使摩擦副烧蚀。

防止轮胎爆胎。海拔升高时，轮胎相对气压也会升高。在海拔为4000m时，轮胎相对气压比在海平面时增加约50kPa；同时，轮胎传递动力较大或速度过高时，轮胎表面温度较高，橡胶强度变差。因此，在高原山区行车时易爆胎而引发事故，需注意保持轮胎压力不超过规定值，同时注意轮胎的工作温度。

注意检查和维护汽车转向机构，使之转向灵活、可靠。

由于山区弯多、路窄，前照灯应保持良好的技术状况。

9.4 汽车在高温条件下的使用

高温条件指气温在35~40℃的车辆使用条件。高温条件对汽车使用性能有不利影响，应采取相应措施，保证汽车的技术状况和正常运行。

9.4.1 高温条件对汽车使用的影响

汽车发动机散热器的散热量 Q 可表示为：

$$Q = kS\Delta T$$

式中 k——传热系数；

S——散热器的散热面积；

ΔT——散热器内外温差。

当散热器的结构和冷却液一定时，k 和 S 的数值为常数，散热量 Q 主要取决于温差 ΔT。因此，汽车在高温条件下使用时，冷却系的散热温差 ΔT 降低，使冷却系散热量减小，发动机易过热。由此容易导致发动机充气能力下降、燃烧不正常、润滑性能变差、供油系气阻等现象，使发动机的动力性、燃料经济性和可靠性变坏。

此外，汽车在行驶过程中，由于散热能力差，驱动桥齿轮温度可达120℃，轮毂轴承最高温度、轮胎温度和制动液最高工作温度可超过130℃，对汽车传动系、行驶系的使用性能有不利影响。由于工作温度高，汽车电子电气设备故障也会增多。

1. 发动机充气能力下降

每循环进入气缸容积的新鲜工质量多，则发动机功率和转矩增大、动力性能好。充气系数 η_V 和每循环充气量 Δm 是评价发动机进气过程完善程度的重要指标，其关系为

$$\Delta m = \eta_V \Delta m_0 = \eta_V V_h \rho_0$$

式中　Δm——实际进入气缸新鲜充气量的质量（kg）

Δm_0——进气状态下充满气缸工作容积的新鲜充气量的质量（kg）；

V_h——气缸工作容积（m³）；

ρ_0——进气状态下空气密度（kg/m³）。

进气温度提高后，其与缸壁的温差减小。尽管充气系数变化不大，但由于高温条件下发动机舱盖内温度高，空气密度下降而使发动机的实际充气量 Δm 减小，从而导致发动机输出功率和转矩降低。气温越高，发动机舱盖内温度越高，空气密度越小，充气能力越低，发动机的动力性下降越显著。试验表明，当气温从15℃升高到40℃时，发动机功率下降5%～8%；气温25℃时，由发动机舱盖外吸气可使发动机最大功率提高10%。

2. 燃烧不正常

汽车在高温条件下使用时，易产生发动机爆燃和早燃等不正常燃烧情况。

发动机爆燃与很多因素有关。大气温度高，进入气缸的混合气温度也高，发动机整个工作循环的温度上升；同时由于冷却系统散热能力下降，导致发动机过热。发动机气缸壁、燃烧室壁温度升高，燃烧室内末端混合气吸收热量多，加剧了燃前反应，使其在爆燃敏感的条件下运转，容易产生爆燃。另外，过热的发动机使积存于活塞顶部、燃烧室壁、气门顶部及火花塞上的积炭增多并在此形成了炽热点，易造成可燃混合气的早燃。

不正常燃烧使发动机零件的热负荷和机械负荷上升，容易导致零件热变形甚至裂纹，并加剧磨损。

3. 燃料消耗量增大

随着进气温度上升，空气密度减小，混合气变浓（图9-19）；同时，在高温条件下，易发生不正常燃烧现象；另外，由于动力不足，汽车经常以低速档大负荷行驶。这都会使汽车的燃料经济性降低。试验表明：当气温高于28℃时，汽车运行燃料消耗量将增大2%以上。

4. 润滑油易变质

发动机过热使燃烧室、活塞、活塞环和油底壳等易引起润滑油变质的主要区域温度升高。发动机润滑油在高温、高压下工作时，其抗氧化安定性变差，加剧了热分解、氧化和聚合的过程。

图9-19　进气温度与空燃比（A/F）的关系

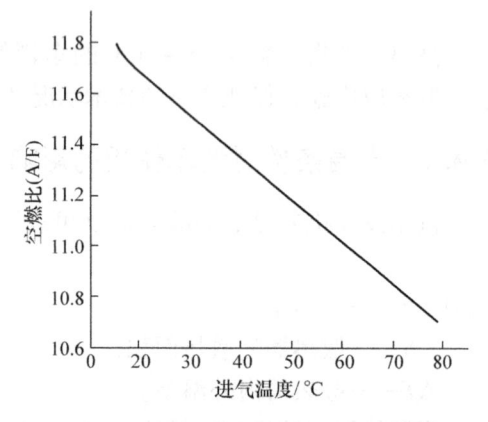

不正常燃烧所形成的不完全燃烧产物窜入曲轴箱，既污染了润滑油，又使其温度升高。润滑油温度高易导致其黏度下降，油性变差。因此，发动机温度越高，润滑油变质越快。

在我国西北高原，夏季炎热而干燥，空气中的灰尘很多。而湿热带的南方地区，空气中的水蒸气浓度大。这些灰尘和水蒸气通对进气系统或曲轴箱通风口等处进入发动机污染润

滑油。

5. 零件磨损加剧

高温条件下使用的汽车，发动机起动后在达到正常工作温度前，发动机和传动系各总成的磨损逐渐减少。但由于温度高，润滑油黏度下降，油性变差，润滑油污染后品质变差，使汽车在长时间行驶过程中，特别是在超载爬坡或高速行驶的大负荷使用过程中，或在不正常燃烧而形成的高温高压条件下，其零件磨损加剧。

6. 燃油供给系气阻

燃油供给系受热后，部分汽油蒸发成气体状态，形成气泡存于油管及汽油泵中；由于气体的可压缩性，使之随着汽油泵供油所产生的脉动压力不断地被压缩和膨胀，从而破坏了汽油泵吸油行程所产生的真空度，使发动机供油不足甚至中断。这种现象称为供油系气阻。在炎热地区，特别是当汽车满载上坡或长时间低速行驶时，供油系气阻时常发生。

影响气阻现象发生的因素如下：

1）汽油的品质（挥发性）。汽油的挥发性越好，液体汽油的挥发量越大，越易于产生气阻。

2）供油系在发动机上的布置。汽油管路和汽油泵越靠近热源，越易产生气阻。

3）汽油泵的使用性能。结构不同的汽油泵，尽管泵油量相同，但抗气阻的能力差别很大。泵油压力高时，其抗气阻的能力也强。

4）发动机舱盖内温度。气温越高或通风不良时，舱盖内温度越高，越"容易"产生气阻。

5）大气压力。大气压力对供油系统气阻的影响很大。气压越低，汽油越容易挥发，产生气阻的趋势增大。

7. 制动效能下降

汽车在高温条件下工作时，制动器制动产生的热量不能及时扩散，使制动摩擦副（制动鼓和摩擦蹄片、制动盘和制动摩擦衬块）的工作温度上升，二者间的摩擦系数下降，使汽车的制动效能下降。液压制动的汽车，制动液在高温时可能发生气阻现象，同时可能导致制动皮碗膨胀，从而使制动效能下降，影响行车安全。

8. 排放污染加剧

大气温度通过空气密度、空燃比和燃料蒸发等因素，对发动机排气污染物产生复杂的影响。当环境温度变化时，排气中 CO 体积分数的变化情况如图 9-20 所示。

HC、NO_x 的体积分数也受气温升高引起的混合气浓度变化所支配。气温升高，混合气变浓，HC 体积分数增大；而 NO_x 的体积分数则在某一空燃比时达到最大值。

9. 其他

在高温行车条件下，蓄电池电解液

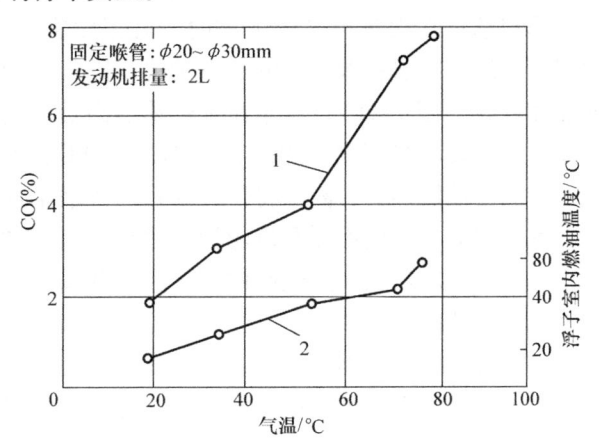

图 9-20 CO 体积分数与气温变化的关系
1—CO 体积分数　2—燃料温度

蒸发快，蓄电池电化学反应加快，极板易损坏。同时易产生过充电现象，影响蓄电池的使用。

汽车在高温环境中行驶时，因点火线圈过热而使高压火花减弱，容易产生发动机高速断火现象。

外界温度高时，轮胎散热慢，胎内温度升高而使胎压增大；同时，橡胶老化速度加快，强度降低，因而容易引起轮胎爆裂。

9.4.2 改善高温条件下汽车使用性能的主要措施

1. 提高冷却系的冷却强度

高温条件下，在结构方面增大冷却系冷却强度的主要措施是：增加风扇叶片数、直径或叶片角度；提高风扇转速；采用形状过渡圆滑的护风圈等；尽量使气流畅流、分布均匀、阻力小，消除热风回流现象，并避免散热器正面无风区；增大风扇对散热器的覆盖面积；采用通风良好的发动机舱盖、舱盖外吸气、供油系冷却等办法减小吸入空气及燃料的温度变化。

2. 加强发动机技术维护

在夏季日常维护中，要特别注意冷却系的检查。例如，冷却系的密封情况；散热器盖上的通气孔是否畅通；冷却液温度表及温度传感器是否正常；风扇的技术状况；冷却液是否充足等。

为适应发动机正常运行的需要，结合二级维护，在夏季到来前对汽车进行一次全面的检查和调整，应对汽车冷却系、供油系、点火系进行检查和调整，并更换润滑油（脂）。

（1）冷却系维护

为保证冷却系的散热能力，维护过程中应检查和调整冷却风扇传动带的松紧程度；检查节温器的工作状况；清除散热器和缸体水套内的水垢。水垢对冷却系散热能力的影响很大。试验表明：水垢的导热率比铸铁小十几倍，比铝小 10~20 倍。

（2）润滑系维护

为了保证汽车各总成在高温条件下润滑可靠，在技术维护过程中，要检查润滑油是否充足，适当缩短换油周期。应选用优质润滑油作为发动机夏季用油；在大负荷连续上坡时，大型载货汽车、大型客车的变速器和差速器的润滑油温度随行驶距离增加而升高（图 9-21）；汽车在炎热季节高负荷连续行驶时，其发动机润滑油温度最高超过 120℃，因此应加装润滑油散热器；高温将使传动系润滑油早期变质，黏度降低，应换用夏季齿轮油并适当缩短换油周期；轮毂轴承应换用滴点较高的润滑脂，并按规定周期进行检查和维护。

（3）燃油供给系维护

对于在灰尘大的地区使用的车辆，应加强空气滤清器的维护。

对采用电子控制汽油喷射系统的发动机，可适当调整发动机的匹配参数，用以提高发动机的充气效

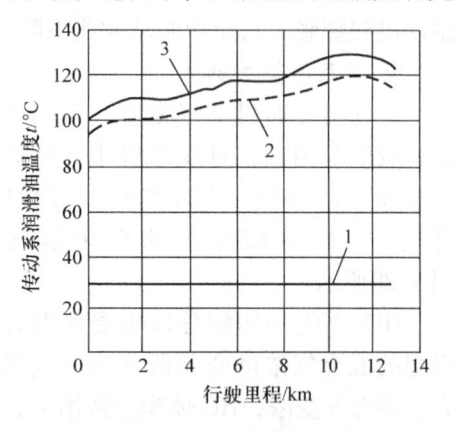

图 9-21 连续上坡时传动系润滑油的温度变化
1—大气温度 2—差速器齿轮油温度
3—变速器齿轮油温度

率，保证混合气的质量和正常燃烧。由于高温条件下空气密度低，应调整发动机供油系，减小供油量，以防混合气过浓。

(4) 电源及点火系维护

高温时，混合气燃烧速率快，可适当减小点火提前角；夏季蓄电池电解液蒸发快，电解液的密度应稍小，应经常检查蓄电池技术条件；夏季汽车用电量小，应调小发电机调节器充电电流，以避免蓄电池过充电，极板损坏。

3. 防止气阻

防止供油系气阻的措施是改善发动机的散热和通风，以及隔开供油系的受热部位。具体措施如下：

1) 行车中注意冷却汽油泵。

2) 装用电动汽油泵。电动汽油泵具有结构简单、工作可靠、不受安装位置限制的优点。

3) 改变汽油泵的安装位置。现代汽车汽油泵安装在燃油箱内，增大了供油并增设了回油管路，可有效防止供油系气阻。

4) 制动系管路中的制动液在高温下可能产生气阻。为了保证汽车在高温条件下的行车安全，应采用沸点高的合成型制动液。

4. 防止爆燃

发动机爆燃与进气温度有很大关系，可通过改进进气方式和降低进气温度来防止爆燃。

例如：在夏季高温条件下，东风 EQ1040 型汽车满载拖挂行驶时，发动机舱盖下温度可达 60℃。如果把空气滤清器改成前吸式空气滤清器，使进气不受发动机热辐射的影响，则在汽车满载拖挂（汽车列车总质量为 14t）上坡行驶（坡度 8%）时进气温度下降近 10℃，从而减少了爆燃倾向。

防止爆燃的措施还有：选用辛烷值较高的高牌号优质汽油；适当推迟点火时间，并调整点火系使火花塞产生较强点火能量的火花；及时清除燃烧室内的积炭。

5. 防止爆胎

环境温度高时，轮胎散热差，特别是在高速公路行驶的汽车，由于车速高，轮胎发热后温度升高，轮胎承载能力下降，容易爆胎。

轮胎的工作速度见表 9-4。子午线轮胎胎侧注有速度符号，使用中不应超速行驶。

表 9-4 轮胎速度符号表 （单位：km/h）

符号	C	D	E	F	G	J	K	L	M	N	P	Q	R	S	T	U	H	V
行驶速度	60	65	70	80	90	100	110	120	130	140	150	160	170	180	190	200	210	240

汽车超载也是爆胎的重要原因。在炎热的夏季，地面温度高，轮胎因此升温；如果超载行驶，轮胎变形增大，行驶时产生的热量多，又因此时轮胎散热差，致使轮胎温度进一步升高。轮胎的橡胶材料和帘线在升温后承载能力下降，同时大载荷下产生的轮胎变形容易产生胎面脱胶，从而使轮胎承载能力进一步下降。因此，汽车超载使轮胎承受的载荷增大时，极易导致胎体爆破。轮胎的负荷能力是以速度为基础的，行驶速度提高，负荷能力应相应减少。轮胎负荷也用胎侧的相应标记标明。例如，某轿车的轮胎型号为 195/60R14 85H。其中：H 为速度符号，表示最高工作速度为 210km/h；负荷指数为 85，表示承载能力

为515kg。

轮胎的规定气压是常温下的轮胎气压，也用胎侧符号注明。轮胎气压与环境温度有关，在汽车行驶过程中，轮胎气压随轮胎温度升高而相应增加。检查轮胎气压时应在停驶后胎内空气温度与环境温度达到平衡时进行。显然，轮胎气压过高，容易爆胎。

轮胎气压严重不足也容易引起爆胎。特别是在炎热条件下高速行车，轮胎胎体不断受到弯折变形，使得轮胎胎体迅速升温过热，造成橡胶从帘线层上脱落，严重时引起胎冠脱落式爆胎。

6. 注意车身维护

在湿、热带地区进行的汽车漆涂层和电镀层试验的结果表明：漆涂层的主要损坏是老化、褪色、失光、粉化、开裂和起泡等；电镀层的主要损坏是锈斑、脱皮、锈蚀等。高温条件大大加快了漆涂层和电镀层的损坏过程。因此，汽车在夏季使用和维修过程中，应加强外表养护作业，注意喷漆前的除锈并采用耐腐蚀、耐磨性高的涂层。

高温、强烈的阳光、多尘和多雨均影响驾驶人的劳动强度、行车安全和乘坐舒适性，应加装空调设备、遮阳板；或加强驾驶室、车厢的通风，并密封防雨。

9.5 汽车在坏路和无路条件下的使用

坏路或恶劣道路是指泥泞的土路、冬季的冰雪道路和覆盖砂土的道路等；无路是指松软土路、耕地、草地和沼泽地等。在坏路和无路条件下行驶时，汽车难以通过，其平均技术速度和载质量明显下降。

9.5.1 汽车在坏路和无路条件下的使用特点

汽车在坏路和无路条件下的使用特点：驱动轮与路面的附着力减小，车轮的滚动阻力增大，凸出的障碍物也会影响汽车的通过。这些问题都会使汽车的驱动-附着条件恶化。

汽车在松软土路上行驶时，支承路面出现残余变形，形成车辙，滚动阻力增大。汽车在泥泞而松软的土路上行驶时，因附着系数低，易引起驱动轮打滑，使汽车无法通过。

土路的滚动阻力系数与土壤强度有关。土壤强度可以通过贯入仪（图9-22）测定。测试时，贯入仪垂直放在测点上，一只手握住手柄，另一只手提起落锤至手柄下部，让落锤自由落下，锤打击垫，贯入杆钻入土层。反复锤打直到击垫底部与土层接触。锤击次数不同，土壤的密实度或强度也不同，路面对车轮的滚动阻力也不同。锤击次数越多，土壤强度越大，滚动阻力系数越小（图9-23）。

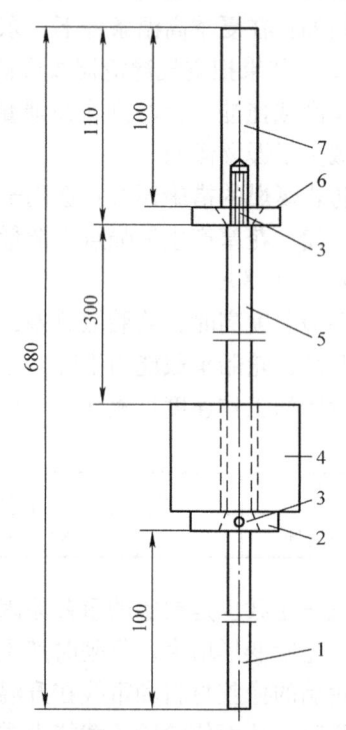

图9-22 贯入仪简图
1—贯入杆 2—击垫 3—销钉 4—落锤
5—导杆 6—圆盘 7—手柄

例如，对于 9.00-20 型汽车轮胎而言，在锤击次数大于 5 的土路上，土壤处于硬的或硬塑性状态，车辙不深，滚动阻力系数不超过 0.10~0.12；如果锤击次数为 3~5 次，表明土壤是硬塑性状态，车辙较深，滚动阻力系数在 0.12~0.22 范围内，某些越野性能好的汽车可以通过；当锤击次数小于 3 时，土壤呈塑形状态，车辙很深，滚动阻力系数高于 0.22，这种路面不适宜汽车通过。

汽车在土路上的附着系数与土壤的性能和状况、轮胎花纹和气压、汽车驱动轴上的负荷及汽车的行驶速度有关。

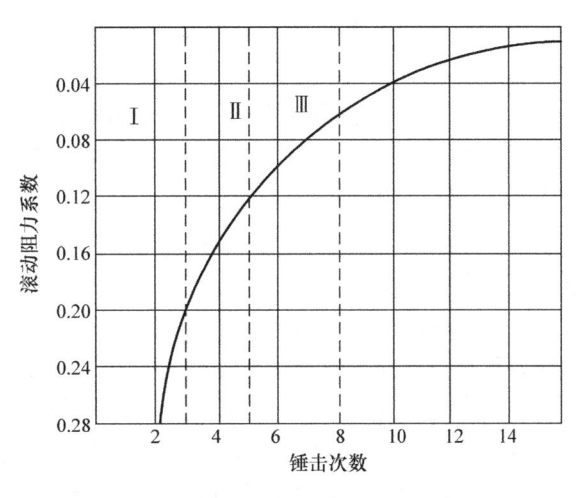

图 9-23 滚动阻力系数与土壤强度的关系
Ⅰ—不适宜通过　Ⅱ—可以通过　Ⅲ—通过性好

附着程度主要取决于轮胎与路面的接触处在变形后的相互摩擦情况。在干燥平坦的土路上，附着系数约为 0.5~0.6；在不平整道路上，由于轮胎与路面的接触面积减少，附着系数下降；而当路面潮湿或泥泞时，其表面坑洼都被泥浆填满，阻碍了轮胎与路面间的接触，致使附着系数降低到 0.3~0.4 或更低。

轮胎花纹和轮胎气压对附着系数的影响较大，在坏路和无路条件下行驶的车辆，适宜采用越野花纹轮胎，以提高轮胎与路面间的附着系数。采用低压、超低压轮胎或降低轮胎气压后，轮胎与路面的接触面积增大，单位压力减小，相应地增大了轮胎与路面的附着能力。

试验结果表明，在坏路和无路地带行驶时，轮胎花纹和气压对汽车最大牵引力有极大的影响，见表 9-5。

表 9-5 不同花纹的 9.00-20 轮胎最大牵引力对比实验结果

路面	硬质泥土路		草地		砂地	
气压/kPa	350	350	350	550	350	550
越野花纹轮胎最大牵引力/N	25000	23000	17000	15000	8000	6000
普通花纹轮胎最大牵引力/N	21500	20000	14000	11000	6000	5000
两者相差值/N	3500	3000	3000	4000	2000	1000
越野轮胎最大牵引力的提高（%）	16.3	15.0	21.4	36.1	33.3	20.0

轮胎对路面的单位压力下降，在软土路上行驶的滚动阻力也下降。低压胎在软土路上的附着系数、滚动阻力随轮胎气压不同的变化情况如图 9-24 所示。降低轮胎气压时，附着系数上升，滚动阻力系数下降；但当气压过低时，由于轮胎变形显著增大，滚动阻力会略有增加。

砂路的特点是表面松散，受压后变形大。轮胎花纹嵌入砂土后，因砂土的抗剪切能力差，抓着力小，附着系数降低；同时，车轮的滚动阻力增大。干砂路和流砂地容易使汽车打滑。在流砂地上，汽车的滚动阻力系数可达 0.15~0.30 或更大，而驱动轮因附着系数小而空转，影响汽车的通过性能。

雪路对汽车通过性的影响主要取决于雪的特性，即雪层的密度和硬度。雪层的密度越大，所能承受的压力也越大。雪层的密度与气温和雪的压实程度有关，气温越低，雪层密度越小。雪层的硬度也与气温有关：气温低，雪层干而硬；气温高，雪层软而松。气温在 -15 ~ -10℃ 时，雪路的特性见表9-6。可见，随着雪的密度下降，车轮的滚动阻力增加，车轮的附着系数显著下降。因此，雪层的密度越小，汽车的行驶条件越差。

雪层的厚度对汽车行驶也有一定影响。在公路上，厚度为 7~10cm 的经车轮压实的平坦且密实雪层，对汽车的正常通过影响不大；当雪层、特别是松软雪层加厚时，汽车的通过性将明显下降。使用经验表明：雪层的厚度大于汽车最小离地间隙的 1.5 倍、雪的密度低于 0.45g/cm 时，汽车便不能通过。

冰路上行驶的汽车，车轮与冰面间的附着系数非常低。在冬季有冰的道路上，附着系数可降低到 0.1 以下。与刚性路面相比，其滚动阻力的差别不大或略有增大。为了保证行车安全，汽车在冰路上行驶时的车速要低，行车间隔要大。特别是通过河流或湖泊的冰面时，还要检查冰层厚度和坚实情况（裂缝、气泡或雪的夹层等）。

图 9-24 轮胎气压不同时附着系数、滚动阻力系数及二者差值的变化

μ—附着系数　f—滚动阻力系数

表 9-6　-15 ~ -10℃时雪路的特性

雪的状态	密度/(g/cm³)	车轮滚动阻力系数	车轮附着系数
中等密度	0.25 ~ 0.35	0.1	0.1
密实	0.35 ~ 0.45	0.05	0.2
非常密实	0.5 ~ 0.6	0.03	0.3

冰层除了表面有一层冰雪外，主要由混浊的上层和透明的下层两部分组成。在检查冰层厚度时，每隔 15~25m 测量一次这两部分冰层的厚度，并观察冰层的状况。在气温低于 0℃ 的情况下，汽车通过冰封的渡口时，冰层的最小厚度参见表 9-7。

表 9-7　冰层的承载能力

汽车（汽车列车）总质量/t	冰层厚度/cm（气温 -20 ~ -1℃）	从渡口到对岸的最大距离/m 海冰	河冰
≤3.5	25 ~ 34	16	19
≥10	42 ~ 46	24	26
≥40	80 ~ 100	38	38

9.5.2　汽车在坏路和无路条件下使用时应采取的主要措施

汽车在坏路和无路条件下使用时，改善驱动轮与路面之间的附着条件，提高附着系数，减小滚动阻力，可提高汽车的通过性。下面介绍具体措施。

1. 合理使用轮胎

轮胎花纹和轮胎气压对附着系数的影响较大。

（1）轮胎胎面花纹

轮胎胎面花纹可分为普通花纹、越野花纹和混合花纹。越野花纹轮胎的特点是花纹横向排列、花纹沟槽深、凸出面积小、地面附着力大、抗扎和耐磨性好。在坏路和无路条件下行驶的车辆，适宜采用越野花纹轮胎，以提高轮胎与路面间的附着系数。

（2）轮胎类型和气压

采用低压、超低压轮胎或降低轮胎气压后，轮胎与路面的接触面积增大，单位压力减小，可增大轮胎与路面的附着能力。同时，轮胎对路面的单位压力下降后，在软土路上行驶时的滚动阻力也下降。但轮胎气压降低后，轮胎变形加大，使用寿命降低，因此不能使轮胎长期低气压工作。

采用外径与普通轮胎大致相同而断面宽的特种轮胎，如拱形轮胎和宽断面轮胎，可提高汽车通过性。特种轮胎断面宽度显著增大、气压低，因此在地面上的接触面积大，压强小，形成的车辙浅，在松软路面上有很高的附着能力，同时滚动阻力小，可以大大提高汽车在松软路面上的通过性。

汽车装用调压轮胎时，驾驶人可以根据路面状况调节轮胎气压，使之在松软路面上行驶时，附着能力增大，滚动阻力降低；同时，在良好路面上行驶时，滚动阻力不至过大。

（3）轮胎磨损情况

在使用中，要注意轮胎的磨损情况，轮胎花纹的剩余深度应符合标准要求，不应低于轮胎生产厂标在胎侧的磨损限度标志。磨损大的轮胎，附着力小而且容易爆胎，不适合在坏路上使用。

2. 使用防滑链

在汽车驱动轮上装防滑链是提高车轮与路面间附着系数的有效措施，防滑链的形式主要取决于路面状况和汽车行驶系的结构。常用的防滑链有普通防滑链和履带式防滑链两类。

普通防滑链是带齿的（圆形、V形或刀形）链条，由专门的锁环装在轮胎上，在冰雪路面和松软层不厚的土路上有良好的通过性，而在松软层厚的土路上效果明显下降。

履带链能保证汽车在坏路上行驶时，甚至驱动轮陷入土壤或雪内时仍可以通过，菱形履带还具有防侧滑能力。

防滑链的缺点是链条较重，拆装不方便；装有防滑链的汽车，其动力性和经济性均下降；在硬路面上行驶的冲击大，使轮胎和后桥磨损增大，因此仅在克服困难道路时才应该装用防滑链。克服难以通过但较短的道路时，宜使用容易拆装的防滑块或防滑带。

3. 采用他救和自救措施

汽车克服局部障碍或陷住时，可根据具体情况采用他救或自救措施。他救指用其他车辆、拖拉机等，拖出不能自行通过的汽车。常用的自救方法是去掉松软泥土或雪层，在驱动轮前要驶出的路面上撒砂、铺石块或木板等，然后将汽车开出。也可以用绳索绑在树干（或木桩）和驱动轮上，如同纹盘那样驶出汽车。

4. 提高在坏路和无路条件下的驾驶技术

驾驶方法对提高汽车的通过性也有很大作用。例如，汽车通过砂地、泥泞土路和雪地等松软路面时，应降低车速（低速档）以保证有较大的牵引力，同时可降低车轮对土壤的剪切和车轮陷入程度，提高附着力。还应避免换档和加速，并尽量保持直线行驶，因为转弯会使前、后轮车辙不重合而增大滚动阻力。

为了保证行车安全，汽车在低附着系数路面上行驶时，应采用较低车速，并应增大行车间隔。

同 步 训 练

一、填空题
1. 汽车走合里程取决于_____、_____、_____、_____和_____等。
2. 汽车走合里程通常为_____km，有的车型为_____km。
3. 在起动过程中，蓄电池主要影响起动机的_____和火花塞的_____。
4. 提高蓄电池在低温条件下输出功率的方法有_____和_____。
5. 高温条件即指气温在_____以上的车辆使用条件。
6. 土路的滚动阻力系数与_____有关，它可以通过贯入仪测定。
7. 雪路对汽车通过性的影响主要取决于雪的特性，即_____和_____。
8. 汽车在土路上的附着系数与土壤的_____、轮胎_____、汽车驱动轴上的_____及汽车的行驶速度有关。

二、简答题
1. 简述汽车在走合期的使用特点。
2. 简述汽车在走合期不同阶段的使用特点。
3. 汽车走合期应采取的技术措施有哪些？
4. 汽车在低温条件下使用的主要问题是什么？
5. 汽车在低温起动时，燃油车发动机缸壁磨损严重的主要原因是什么？
6. 燃油车在低温条件下使用时，油耗增大的主要原因是什么？
7. 汽车在低温条件下使用应采取的技术措施有哪些？
8. 汽车在高原山区使用时改善发动机性能的主要措施有哪些？
9. 汽车在高原山区使用时改善安全性能的主要措施有哪些？
10. 简述高温条件对汽车使用的影响。
11. 改善高温条件下汽车使用性能的主要措施有哪些？
12. 简述汽车在坏路和无路条件下的使用特点。
13. 汽车在坏路和无路条件下使用时应采取的主要措施有哪些？

三、名词解释
1. 汽车的走合期。
2. 低温条件。
3. 平衡回流沸点。
4. 坏路。
5. 无路。

第10章

汽车技术状况的变化与使用寿命

本章导学

汽车是一个复杂的机-电-液系统,零件的技术状况对汽车来说至关重要。本章主要讲授汽车运用性能变化、汽车技术状况变化的原因与影响因素;汽车技术状况的变化规律及分级;汽车使用寿命及评价;最后介绍更新理论。

学习目标

1. 掌握汽车技术状况变化的基本原因。
2. 掌握汽车技术状况的分级。
3. 掌握汽车寿命的各种评价指标。
4. 理解更新理论。
5. 了解汽车故障分类。

10.1 汽车技术状况与汽车运用性能的变化

10.1.1 汽车技术状况

汽车技术状况是从总体上表征汽车外观和性能的参数值。汽车的外观和性能是随着汽车的使用时间而不断变化的,其变化规律与汽车本身结构和使用条件有关。汽车是一个复杂的机-电-液系统,其基本组成单元是零部件。现代汽车的种类繁多,零部件、元器件各异,特别是微电子技术,如电子稳定性控制系统(ESP)、电子控制燃油喷射系统(EFI)、制动防抱死系统(ABS)、驱动防滑系统(ASR)、乘员辅助约束系统(SRS)、电子控制自动变速器(ECT、DSG)等在汽车上的广泛应用,更体现了汽车零部件的差异性和多样性。因此,零部件技术状况对汽车来说至关重要,是决定汽车技术状况的关键性因素。

汽车在使用过程中不可避免要与外界环境(阳光、空气、风沙和雨雪等)接触,汽车本身零部件之间也存在相互作用。这些都会引起零件发热、磨损、腐蚀及老化等变化,导致零件尺寸的改变、零件相互装配位置的变化、配合间隙的改变等。例如,在汽车使用过程中,发动机气缸活塞组件、曲柄连杆机构和制动系中制动蹄(钳)摩擦衬片(块)的尺寸以及对应摩擦副的间隙都会发生变化。汽车技术状况的变化,取决于组成汽车的零部件综合技术特性的变化。

根据汽车技术条件变化的性质,汽车零部件的变化可分为物理变化和化学变化两种。汽车整车或总成技术性能的参数,有静态参数(如装载质量、轴距、车轮外倾角等)和动态参数（如发动机功率或电机功率、汽车制动距离等），有过程参数（如发热、振动、机油内所含杂质等），也有几何（结构）参数以及位置参数（如间隙和行程）等。

然而，汽车的大部分机构或总成不便于局部或全部拆解以进行零部件变化的直接测量，因比，必须借助一些与直接测量参数有关的间接诊断参数来确定汽车的技术状况的变化。例如，通过发动机的功率、机油消耗量、气缸压缩压力或机油中所含杂质成分等来评价发动机技术状况的变化情况。

汽车在工作过程中，表示零部件技术状况的参数 Y 由初始值（名义值）Y_h 逐渐变到最大极限值 Y_m 时，与其相应的诊断参数值由 S_h 变到 S_m。例如，汽车鼓式制动器经长期使用后，制动鼓与制动蹄摩擦衬片的间隙值（技术状况参数）Y 将增大，引起汽车制动距离（诊断参数）S_T 增大，如图10-1所示。汽车最大制动距离 S 是由国家技术标准强制规定的，当汽车行驶里程达到 l_p、制动系摩擦副极限间隙值增大（或最小厚度值减小）到 Y_m 时，与极限间隙 Y_m 对应的制动距离增长为 S_m。

汽车工作能力（或称汽车寿命）是指，汽车按技术文件规定的使用性能指标执行规定功能的能力，其大小可用汽车使用时间或行驶里程来计算。汽车工作能力也可以认为是汽车工作到技术状况参数达到了最大许可状态时的行驶里程，如图10-1中的 l_p。汽车无故障的工作里程 l_i 应该满足 $0 \leq l_i \leq l_p$。小于 l_p 的行驶里程为汽车无故障工作区域。其中，当汽车行驶里程达到 l_d 时汽车达到最佳工作周期；超过 l_p 的行驶里程后，汽车进入有故障工作区域，如图10-1所示的阴影区。

汽车行驶里程超过最大极限里程 l_p 后，如果继续使用，则汽车是在有故障工作区域工作，此时已超过了汽车的工作能力。

汽车无故障工作时，表示汽车工作能力的技术状况参数 Y_i 应满足 $Y_h \leq Y_i \leq Y_m$。汽车在有故障工作区域工作时，其技术状况参数将是 $Y_i > Y_m$。汽车发生故障后，必然影响其工作能力，并导致其运输能力下降。当汽车技术状况偏离了标准规定时，汽车就应进行维修。

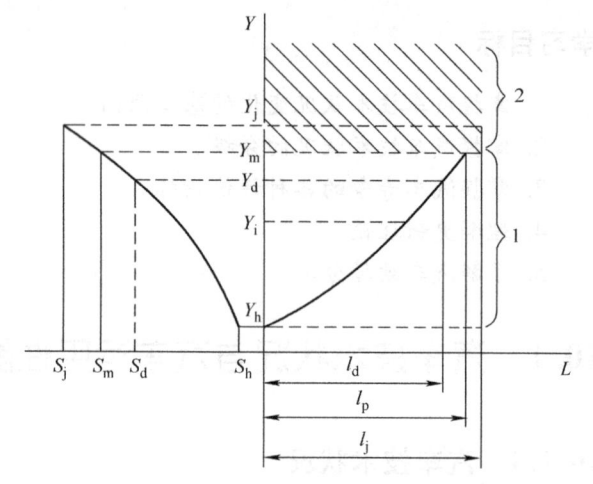

图10-1 汽车技术状况参数的变化过程
1—汽车无故障工作区域　2—汽车有故障工作区域
Y_h、Y_d、Y_m—汽车技术状况参数的初始值、允许值、极限值
S_h、S_d、S_m—诊断参数的初始值、允许值、极限值
l_d—汽车最佳工作周期的行驶里程
l_p—汽车工作到技术状况参数达到极限值的行驶里程

10.1.2 汽车运用性能的变化

汽车运用性能主要是由汽车设计与制造工艺所确定下来的。这些性能包括装载质量、容积、动力性、经济性、舒适性、安全性和可靠性等。每个性能都用一个或几个参数（物理量）来表明其特征，这些参数（物理量）可以作为评价汽车工作能力的指标。对于汽车而言，大多数性能指标，如：动力性、经济性、安全性和舒适性等，取决于原车产品质量。在

第10章 汽车技术状况的变化与使用寿命

汽车工作过程中，这些性能也将会发生变化。

例如，一辆技术状况完好的载货汽车，投入运输生产使用一定时间后，其运用性能将下降，表现为运输生产率的下降和维修工作量的增加。假设技术状况完好的新车，其第一年的生产率为100%、维修工作量为100%，该车技术状况的逐年变化情况见表10-1。

表10-1 汽车技术状况的变化

汽车工作年限	生产率（%）	维修工作量（%）
第1年	100	100
第4年	75~80	160~170
第8年	55~60	200~215
第12年	45~50	280~300

在汽车运用工程的范围内，人们不但要注意汽车开始时的各项运用性能指标，而且要注意和研究在汽车整个运用过程中各项运用性能指标的动态变化过程。汽车各种运用性能的变化，一般可按使用时间或行驶里程表示为：

$$A_k(t) = A_{k1} e^{-k(t-1)} \tag{10-1}$$

式中 $A_k(t)$ ——在用车的性能；
A_{k1} ——新车初始性能；
t ——汽车连续工作时间（年）；
k ——根据汽车工作强度而变化的系数。

由式（10-1）可以看出，汽车使用时间越长，其运用性能下降越多。因此，在估计汽车运用性能时，必须考虑汽车的使用时间。在用车的实际运用性能，是由汽车总使用时间或总行驶里程所确定的平均质量指标，可表示为

$$A_k(t) = \frac{A_{k1} e^k}{t} \sum_{t=1}^{t} e^{-kt} \tag{10-2}$$

如图10-2所示，汽车实际运用性能3是从汽车初始性能1开始，随着使用时间t（使用强度）而变化的。汽车初始性能一般是在生产制造时确定的，而汽车制造的依据是根据其

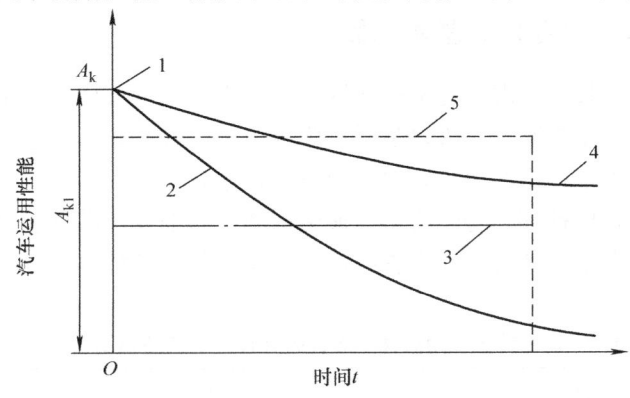

图10-2 汽车运用性能随时间的变化情况
1—初始性能 2—运用性能随时间的变化 3—实际运用性能
4—合理运用对性能的影响 5—合理运用可提高的实际运用性能

运用性能要求而决定的。汽车的工作期限（寿命）取决于它本身的结构、制造工艺、运用条件以及运输工作情况等多方面因素。汽车的运用性能也因运输生产的情况和运用条件而变化。

在汽车制造方面，可通过改进汽车结构设计和完善制造工艺来改善汽车运用性能，如提高零件强度、增加零件耐磨性和改善材料质量等。在汽车运用方面，可通过车辆的合理运用来改善汽车技术性能，具体影响如图10-2中曲线4所示。由于合理运用，汽车实际运用性能可得到提高，如图10-2中曲线5所示。汽车的合理运用需要依靠专业人员对汽车技术状况的管理采取有效技术措施，从而保证汽车工作能力。其中，汽车技术状况的管理工作，就是在汽车运用过程中，按照运用时间（或行驶里程）来对汽车运用性能指标进行不同程度的测量，同时记录汽车运用性能指标的变化情况，并根据汽车技术状况的变化及时采取相应的技术措施。

可靠性指标适合于对任何产品的评价。汽车运用性能的评价需要用到汽车可靠性指标。汽车可靠性是指在用汽车在运用期限内，其运用性能达到规定指标范围的情况。汽车可靠运用范围的指标可根据相应技术文件（标准、规则、技术条件等）并结合实际使用试验（经验）来制定。汽车可靠性一般是用在规定的运用条件下汽车运用性能变化的程度进行定性和定量评价的。因此，汽车的可靠性不仅与汽车设计制造的质量有关，而且与汽车运用条件有关，合理运用汽车（如正确驾驶、合理装载等）有利于保证汽车可靠性。

> **案例1：**
> 汽车制造方面，可通过改进汽车结构设计和完善制造工艺来影响汽车的运用性能，如提高零件强度、增加零件耐磨性和改善材料质量等。通过改进设计，可减少零件损坏。我们要树立发展观点，不断更新知识结构，努力提高生产技术和水平，为我国从制造大国到制造强国贡献力量。

10.2 汽车技术状况变化的原因与影响因素

10.2.1 汽车技术状况变化的基本原因

汽车运用过程中，技术状况变化的影响因素，有汽车本身方面的，也有偶然因素或外界运用条件的。偶然因素是指某个零件制造时有隐蔽缺陷，或汽车有超载、超速等不正常运用情况。在这些影响因素中，汽车零件、机构或总成技术状态的改变，是引起汽车技术状况变化的基本原因。如：自然损坏、塑性变形、疲劳损坏、腐蚀以及零件或材料方面的其他变化等，都将直接影响汽车技术状况。在某种特定使用条件下，各种汽车零件损坏形式所占百分比的大致情况见表10-2。

表10-2　某种特定使用条件下零件各种损坏形式所占百分比（%）

损坏特征		载货汽车	大型载货汽车和公共汽车
磨损		40	37
塑性变形与损坏	折断、破裂、脱离、剪断	20	19
	拉伸、弯曲、压缩	6	10

(续)

损坏特征		载货汽车	大型载货汽车和公共汽车
疲劳损坏	裂痕	12	7
	断裂	5	8
	剥落	1	1
高温损坏	烧毁	5	7
	烧损	4	3
	炭化	3	1
其他		4	7
合计		100	100

汽车零件损坏主要可分为磨损、疲劳损坏、塑性变形与损坏、腐蚀和老化等形式。

1）磨损，是指相互接触的物体在相对运动中表层材料不断损耗的过程，它是伴随摩擦而产生的必然结果。影响汽车技术状况的零件磨损形式主要有磨料磨损、分子－机械磨损和腐蚀磨损等。

① 磨料磨损是相互摩擦表面之间有坚硬、锐利微粒作用的结果。

② 分子－机械磨损（也称黏附磨损）是在相互摩擦的零件表面靠得太近或承受压力极大并且缺少润滑油的情况下，摩擦面分子因相互吸引作用而黏结在一起造成的磨损（如曲轴与轴瓦的黏附等）。

③ 腐蚀磨损发生在摩擦表面有氧化物、酸、碱等有害物质的情况下，零件表面既受腐蚀作用又有机械磨损（如气缸壁、气门和气门座等的磨损），其磨损速度比单纯磨损要快得多。

2）疲劳损坏，是指零件在交变载荷作用下，承受超过材料耐疲劳极限的循环应力而产生的损坏，如齿轮齿面的疲劳点蚀、钢板弹簧折断等。

3）塑性变形与损坏，是指零件所受载荷超过材料的弹性变形极限，就会发生塑性变形或损坏。通常，这些变形或损坏都是零件原设计计算的错误或违反使用规定造成的，如汽车超载引起车轴、车架变形、断裂等。

4）腐蚀，是指零件在有腐蚀性的环境里工作而产生的腐蚀损坏。例如，氧化作用可以使材料性能下降，并可能导致零件外观形状变化。

5）老化，是指零件材料受物理、化学和温度变化的影响而产生的缓慢损坏。一些橡胶制品（如轮胎、油封、膜片等）和电器元件（如电容器、晶体管等），长期受环境和温度的影响，会逐渐老化而失去原有性能。例如：温度的冷热交替作用、油类及液体的化学作用、太阳光的辐射作用等都会使橡胶制品逐渐失去弹性并出现表面龟裂。

汽车在使用过程中，润滑油等液体的品质也将逐渐变坏，从而引起被润滑零件的损坏。因此，一般在润滑油中要加入抗油品老化变质的添加剂。汽车零件与运行材料性能的改变，不仅发生在汽车使用过程中，在储存过程中也同样发生变化。例如：长时间储存后，橡胶制品会失去弹性和坚固性；燃料、润滑油、制动液等液体会发生氧化变质与沉淀；金属零件会产生锈蚀等。

掌握零件损坏的原因，目的是为了改进汽车设计，改善使用条件，以便在汽车运用过程中，减少零件的损坏、防止故障的发生、保证汽车技术状况的良好。

10.2.2 汽车技术状况变化的影响因素

影响汽车技术状况的因素是多种多样的，总的来说可分为两大方面：内在因素和外在因素。

内在因素主要是指构成汽车的零部件结构、材料、表面性质、零件的加工和装配质量。内在因素多是汽车本身的质量水平，这是在汽车设计和生产制造时决定的，与汽车使用者的关系不大。

外在因素主要是指汽车运用条件。汽车在运用过程中技术状况变化速度的快慢，在很大程度上要受到运用条件的影响。汽车运用条件包括道路条件、运行条件、运输条件以及自然气候条件，即通常所说的道路、车速、载荷、气候四项条件。

（1）道路条件

道路条件的好坏直接影响汽车的运用条件。道路条件是汽车工作条件的主要部分，其技术性能指标主要包括：道路等级、路面覆盖层的状况与等级、路面附着系数以及道路的构成情况（道路宽度、路线的曲率半径、路面的纵向与横向最大坡度等）。其中，路面覆盖层的状况（路况）对汽车各总成的工作有很大的影响（表10-3）。

表10-3 路面覆盖层对汽车各总成工作的影响

指标	混凝土与沥青路面	沥青矿渣混合路面	碎石路面	卵石路面	天然路面
滚动阻力系数	0.014	0.020	0.032	0.040	0.080
平均技术速度/(km/h)	66	56	36	27	20
每千米行程发动机曲轴平均转速/(r/min)	2228	2561	2628	3119	4822
转向轮转角偏差(市区行驶)/(°)	8	9.5	12	15	18
每公里行程离合器使用次数	0.35	0.37	0.49	0.64	1.52
每公里行程制动器使用次数	0.24	0.25	0.34	0.42	0.90
每公里行程档位变换次数	0.52	0.62	1.24	2.10	3.20
百公里行程内垂直振幅大于30mm的振动次数	68	128	214	352	625

从表10-3可知，道路状况和断面形状决定了汽车总成的工况（载荷和速度域、曲轴转矩、曲轴转速、换档频次以及道路不平所引起的动载荷等），从而影响汽车零件、总成的使用寿命，引起汽车技术状况的改变。

路面覆盖层共分为5个等级，具体情况如下：

1级——混凝土路面（连续路面或块状路面）、沥青路面、由条石或石块铺成的路面。

2级——由沥青矿渣和碎石铺成的坚固路面。

3级——由碎石和沥青紧密结合构成的路面。

4级——由碎石或卵石铺成的路面。

5级——天然路面、由夯实黏土或就地取材构成的路面。

按道路地形划分，道路又可分为：平原道路P_1、微丘道路P_2、丘陵道路P_3、山地道路P_4和高山道路P_5 5类。

第10章　汽车技术状况的变化与使用寿命

道路条件好，汽车的运用条件就好。反之道路条件差，汽车的运用条件也随之变差。按道路条件来划分的汽车运用条件可分为Ⅰ～Ⅴ类，具体见表10-4。

表10-4　汽车运用条件的类别

运行条件	地形	道路等级 1级	2级	3级	4级	5级
郊区行驶	P₁	Ⅰ类			Ⅱ类	Ⅳ类
	P₂					
	P₃					
	P₄					
	P₅					
小城市(10万人口以下)市区行驶	P₁		Ⅱ类			Ⅴ类
	P₂					
	P₃					
	P₄					
	P₅			Ⅲ类		
大城市(10万人口以上)市区行驶	P₁					
	P₂					
	P₃				Ⅳ类	
	P₄					
	P₅					

从表10-4可以看出，在划分汽车运用条件的类别时，除考虑道路等级和道路地形条件外，还考虑了运行条件（影响行驶车速的条件）的影响。

（2）运行条件

运行条件是影响汽车及总成使用情况的一个重要因素。如装载质量相同的汽车，在繁华市区与郊区（路面覆盖层相同）的道路上行驶时，市区行驶车速要比郊区行驶车速降低50%～52%；发动机曲轴转速增加30%～36%；变速器、制动器的使用频次增加，转弯行驶频次增加。这些都加剧了车辆性能的恶化。

（3）运输条件

除运行车速外，运距、行程利用系数、装载质量、装载质量利用系数、挂车利用系数、运输货物的种类以及运输货物装载情况等汽车运输条件，也都是使汽车技术状况发生变化的影响因素。

（4）气候条件

气候条件包括环境温度、湿度、风力、风向和阳光辐射强度等参数。自然气候条件影响汽车总成工作的温度状态，改变它们的技术性能和工作可靠性。

汽车故障率与环境温度的关系如图10-3所示。图10-3中存在一个汽车故障率最低的大气环境温度区，环境温度高于或低于这个温度都会导致故障率增加。一般说来，汽车各总成都有一个最佳的热工况区，如发动机最佳热

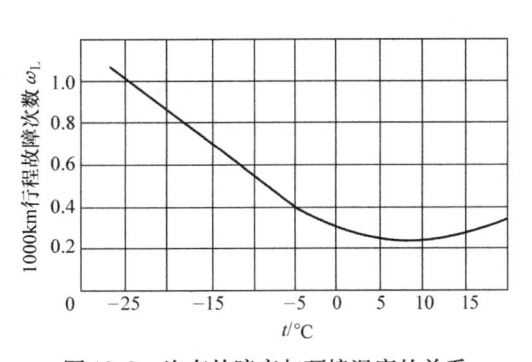

图10-3　汽车故障率与环境温度的关系

工况的冷却液温度为70~90℃。发动机以最佳热工况运行时，零件磨损最小。

对于传统燃油汽车，其发动机工作温度直接影响零件的磨损。工作温度过低，润滑油黏稠，流动性差，润滑油不能及时填充到零件的摩擦表面之间，会增加零件的磨损。反之，工作温度过高，润滑油黏度变稀、不容易黏附于零件表面形成油膜，也会使零件磨损速度加快。环境温度太高同样会恶化汽车总成的工况，降低发动机输出功率，增加燃油消耗，并恶化驾驶人工作条件。高温及阳光辐射热还会加速橡胶件老化。

对于纯电动汽车，蓄电池容量随环境温度的降低而减小。环境温度从18℃降至-20℃时，温度每降1℃蓄电池容量就减小1%。若在低温条件下蓄电池过度放电，就会导致电解液冻结，损坏蓄电池壳体。而且在低温条件下，蓄电池容量降低会造成起动困难。

环境湿度和风力主要是季节变化的反映。我国南方地区，冬天和春天多雨，空气湿度大，砂石路面容易损坏；北方春天化冻时，道路翻浆，恶化汽车运行条件。空气湿度大，潮湿泥土粘附于汽车零件上，会加速汽车零件的腐蚀。空气湿度低，气候干燥，道路尘土多，会恶化汽车零件工作条件，增加零件磨损。季节交替会引起环境温度的改变和道路情况的变化，不同季节汽车零件的磨损强度也不相同。

除上述条件外，汽车运行材料的质量和人的因素、汽车维修质量等也是影响汽车技术状况变化的因素。汽车燃料内含有灰尘，对发动机磨损的影响极大。同样，汽车所用润滑油、各种液体（制动液、冷却液等）以及零配件等运行材料的品质也严重地影响汽车技术状况变化。在同样的运用条件下，驾驶人操作技术水平对汽车技术状况也有一定影响。驾驶技术水平高的驾驶人（如表10-5中A组驾驶人），不但可提高汽车运输的技术速度，为乘客提供良好的运输条件，而且还能减少汽车的总成及零件的磨损。

表10-5 驾驶人技术水平对汽车运用的影响

驾驶人技术水平	行驶车速/(km/h)	每千米行程曲轴转速/(r/km)	每千米行程制动器使用次数/(次/km)	制动行程占总行程的比例(%)	因故障停歇总次数(%)	总成使用寿命（%）
A组（好）	35.3	1780	1.7	2.1	100	100
B组（差）	33.6	2220	2.6	3.8	140	40~70

只有确定了运用条件对汽车技术状况的影响后，才可设法改善汽车运用条件，合理运用汽车，以减少汽车运用中的故障停歇时间，延长汽车、总成和零件的使用寿命。

10.2.3 汽车故障

汽车故障，是指汽车部分或完全丧失工作能力的现象。汽车在运用过程中，由于技术状况的变坏，将会出现各种故障。汽车故障可根据丧失工作能力的范围和程度、故障产生的原因、故障出现的周期等方面，从不同的角度进行分类。

（1）按汽车丧失工作能力的范围分类

按汽车丧失工作能力的范围，汽车故障可分为完全故障与局部故障两类。

完全故障，是指汽车完全丧失工作能力而不能行驶的故障。此类故障是由汽车或其零部件在正常工作状态下突然停止功能造成的。例如，分火头击穿、中央高压线掉线、转向节臂折断、制动管路爆裂等故障会导致整车或子系统突然丧失功能而形成完全故障。

局部故障，是指汽车部分丧失工作能力，即汽车使用性能降低的故障。汽车或其子系统的工作特性随着时间的延长而逐渐降低，当达不到规定的功能时即形成故障。例如，摩擦副磨损、弹性件硬化、油料变质等都会使汽车性能（或部分性能）下降。

(2) 按汽车丧失工作能力的程度分类

按汽车丧失工作能力的程度，汽车故障可分为致命故障、严重故障、一般故障和轻微故障等四类。

致命故障，是指导致汽车、总成重大损坏的故障。此类故障危及汽车行驶安全，导致人身伤亡，引起汽车主要总成报废；对周围环境有严重破坏，造成重大经济损失。例如，发动机报废、转向节臂断裂、制动管破裂、转向操纵失灵等。

严重故障，是指汽车运行中无法排除的完全故障。此类故障可能导致主要零部件、总成严重损坏，或影响行车安全；且不能用易损备件和随车工具在较短时间内排除。例如，发动机气缸拉缸、后桥壳裂纹、转向轮摆振、曲轴断裂、制动跑偏等均属于严重故障。

一般故障，是指汽车运行中能及时排除的故障或不能排除的局部故障。此类故障使汽车停驶或性能下降，但一般不会导致主要零部件或总成严重损坏，并可用随车工具更换易损件在较短时间内排除。例如，汽油泵膜片损坏使发动机停止工作，从而使汽车停驶；风扇传动带断裂使发动机冷却系停止工作，从而使汽车停驶；刮水器损坏使汽车在雨天难以工作等故障均属于一般故障。

轻微故障，是指一般不会导致汽车停驶或性能下降，不需要更换零件，用随车工具能轻易排除的故障。例如，点火系高压线掉线、气门芯渗气、车轮个别螺母松动、离合器因调整原因分离不彻底、变速器渗油等属于轻微故障。

(3) 按故障发展过程分类

按故障发展过程分类，可分为突变性故障和渐变性故障。

突变性故障，是指故障突然发生，在发生故障之前没有任何迹象表明要发生故障。突变性故障的特点是技术性能参数产生跃变，突变性故障在任何时候都可发生。例如，汽车超载而引起的零件突然损坏。

渐变性故障，是指汽车或机构由正常使用状况逐渐转化为故障状况。渐变性故障发展平稳、缓慢。汽车上的一般动配合零件都是按这种规律出现故障和发生损坏的，如图10-4a所示。对于渐变性故障，汽车（或总成、零件）技术状况的变化是一个连续的过程，由初始状况（完好的技术状况）变到故障状况要经过一系列的中间过程（图10-4b）。渐变性故障之所以发展平稳、缓慢，是人们对汽车进行及时维护的结果。在全部的汽车故障中，有40%~70%属于渐变性故障。

(4) 按故障产生原因分类

按故障产生的原因，可分为设计原因引起的故障和使用原因引起的故障。设计原因包括结构设计欠合理、加工工艺不完善等。例如，汽车前悬架结构设计不合理造成汽车在制动过程中跑偏；使用原因主要是违反行车规定，如汽车超载、使用不符合标准的燃料和润滑油，以及没有按规定维护等，例如两前轮轮胎气压不等造成的制动跑偏。

(5) 按故障出现的周期分类

按故障出现的周期，可分为短周期故障、中周期故障和长周期故障。短周期故障一般行驶里程 $L<3000~4000km$ 发生一次；中周期故障一般 $3000~4000km \leqslant L<12000~16000km$

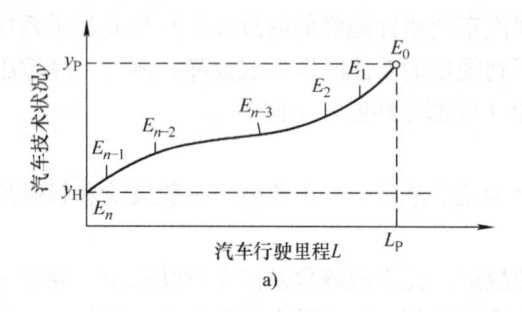

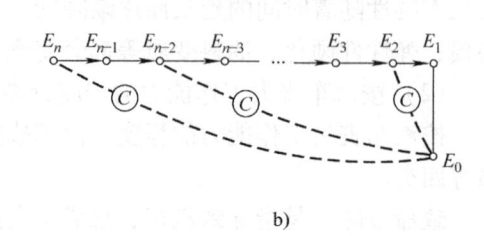

图 10-4 按故障发展过程分类
a）渐变性故障　b）突变性故障
$E_n, E_{n-1}, E_{n-2}, \cdots, E_2, E_1$ —汽车工作能力情况　E_0 —故障情况　E_n —初始状况

发生一次；长周期故障一般 $L > 10000 \sim 16000 \text{km}$ 发生一次。

（6）按故障对汽车工作时间的影响分类

按故障对汽车工作时间的影响可分为影响汽车工作时间的故障和不影响汽车工作时间的故障。对于不影响汽车工作时间的故障，可暂不排除，待维护时排除或在汽车非工作时间排除，从而不占用汽车工作时间。而影响汽车工作时间的故障，则必须占用汽车工作时间来排除。

10.3 汽车技术状况变化规律及分级

10.3.1 汽车技术状况变化规律

汽车技术状况在使用过程中会逐渐发生变化。汽车技术状况变化的规律，按变化过程不同可分为两类，即渐发性变化过程（第一种变化规律）和偶发性变化过程（第二种变化规律）。

渐发性变化过程的特点是，汽车技术状况的变化与固定的变量（如汽车行驶里程或使用时间）之间有严格的对应关系。偶发性变化过程的特点是，汽车技术状况的变化受很多随机因素的影响，它们之间没有严格的对应关系。

如果汽车运用合理，其主要技术状况的变化均属第一种变化规律。而汽车运行中出现的故障多是偶发性的，它与很多因素有关，诸如零件本身的品质、零件工作表面的尺寸精度与表面粗糙度、汽车及总成的装配质量、汽车按计划执行维修的情况、汽车运用条件和汽车维修人员的技术水平等。尽管这些因素都与故障有关，但却没有严格的对应关系。

10.3.2 汽车技术状况等级划分与标准

汽车技术状况在汽车运用过程中将随行驶里程（或行驶时间）、运行条件、使用强度和维修质量等因素而改变。如能掌握不同运用阶段的汽车技术状况，即可根据车辆技术状况组织运输生产，有利于合理使用车辆和科学地安排汽车维修计划。

我国将汽车按技术状况分为一级车、二级车、三级车和四级车四类。

1. 一级车——完好车

新车行驶到第一次定额大修间隔里程的三分之二和第二次定额大修间隔里程的三分之二

之前，汽车各主要总成的基础件和主要零部件坚固可靠，技术性能良好；发动机运转稳定，无异响，动力性能良好，燃润料消耗不超过定额指标，废气排放、噪声符合国家标准；各项装备齐全、完好，在运行中无任何保留条件，可随时出车参加运输工作的车辆。

综上所述，一级车必须满足的标准有如下三条：

1）车辆技术性能良好，各项技术指标满足定额要求。

2）车辆行驶里程必须在相应额定大修间隔里程的三分之二以内。

3）汽车技术状况完好，能随时投入运输工作。

由此可见，一级车不仅要满足技术状况和性能指标的要求，还要满足行驶里程的要求。汽车技术状况是随着行驶里程和大修次数的增加而逐渐下降的，因此，第二次大修的间隔里程要比第一次大修的间隔里程短。而对于经过两次大修后的汽车，无论技术状况如何都不能核定为一级车。因为行驶里程过长，车辆老旧，其基础件和主要零部件的可靠性均已下降，车辆技术性能难以全面恢复到较高标准。

2. 二级车——基本完好车

车辆主要技术性能和状况或行驶里程低于完好车的要求，但符合 GB 7258—2017《机动车运行安全技术条件》的规定，能随时参加运输。因此，二级车被称为基本完好车。

3. 三级车——需修车

送大修前最后一次二级维护后的车辆和正在大修或待更新尚在行驶的车辆为三级车。因此，三级车实际上都是那些处于需要修理状态的汽车。

4. 四级车——停驶车

预计在短期内不能修复或无修复价值的车辆为四级车，即待报废的车辆。因此，四级车被称为停驶车。

10.3.3 汽车技术状况等级的评定

汽车技术状况等级的评定根据 JT/T 198—2016《营运车辆技术等级划分和评定要求》进行核定。该标准规定了营运车辆技术等级的评定内容、评定规则、等级划分和评定周期、评定项目和技术要求，它适用于公路及城市道路上行驶的营运车辆。主要评定内容包括整车装备及外观检查、动力性、经济性、制动性、转向操纵性、前照灯发光强度和光束照射位置、排放污染物限值、车速表示值误差等。

2017 年 5 月，中国国务院常务会议提出货运车辆安全技术检验和综合性能检测依法合并，推行"两检合一"。2018 年 5 月，国务院常务会议要求在"两检合一"的基础上实现年检、年审和尾气排放检验"三检合一"。《机动车安全技术检验项目和方法》（GB 21861—2014）机动车年检依据的技术标准与《道路运输车辆综合性能要求和检验方法》（GB 18565—2016）机动车年审依据的技术标准检验项目存在重复，有必要整合修订。因此，修订了国家标准《机动车安全技术检验项目和方法》（GB 38900—2020）。

对上述内容进行评定所采取的原则是：营运车辆应达到 GB 38900—2020 的要求；营运车辆技术等级评定项目和技术要求按 JT/T 198—2023 的规定执行；营运车辆的技术等级评定的检测方法应按 GB 38900—2020 规定的方法执行。

营运车辆技术等级划分为一级车、二级车、三级车三个等级，四级车属于停驶车，不用该标准评定。

10.4 汽车使用寿命及评价

汽车使用寿命表示汽车从开始使用到不能使用之间的整个时期，可用累计使用年数或累计行驶里程数表示。

车辆等设备的寿命是从投入生产开始，经过有形和无形磨损，直到在技术上或经济上不宜继续使用、需要更新所经历的时间长度。其中包括物理寿命、技术使用寿命、经济使用寿命和折旧使用寿命。

1. 汽车物理寿命

汽车物理寿命，又称为自然寿命，是指汽车从全新状态投入生产开始，直到在技术上不能按原有用途继续使用为止的年限。它与汽车的制造质量、运行材料品质、使用条件、驾驶操作技术及维修质量等因素有关。通过恢复性修理能延长车辆设备的物理寿命。

2. 汽车技术使用寿命

汽车技术使用寿命，是指汽车从全新状态投入生产后，由于新技术的出现，使原有设备丧失其使用价值所经历的年限。车辆不能通过修理的方法恢复其主要使用性能的使用期限。科学技术进步越快，汽车技术寿命也越短。

3. 汽车经济使用寿命

汽车经济使用寿命，是指汽车从全新状态投入生产开始到年平均总费用最低的使用年限。超过这个年限，汽车在技术上仍可继续使用，但年平均总费用上升，在经济上不宜继续使用。

年平均总费用是车辆在所使用年限内每年平均折旧费用与该汽车发生的经营总费用之和。汽车使用时间越长，每年分摊的折旧费用越少；但随着使用年限的增加，由于汽车有形磨损的增加，汽车技术性能逐渐下降，使汽车所需要的运行材料（特别是能量和润滑料）费用、工时费用、维修费用随之增加。延长使用年限使折旧费用的下降，会被经营费用的增加逐渐抵消。年平均总费用是使用时间的函数。

汽车使用至一定年限就会达到年平均总费用的最低值，如图10-5所示。决定年平均总费用最低的横坐标上标示的年限，就是汽车经济使用寿命，即

$$T_0 = \sqrt{2K_0/\lambda}$$

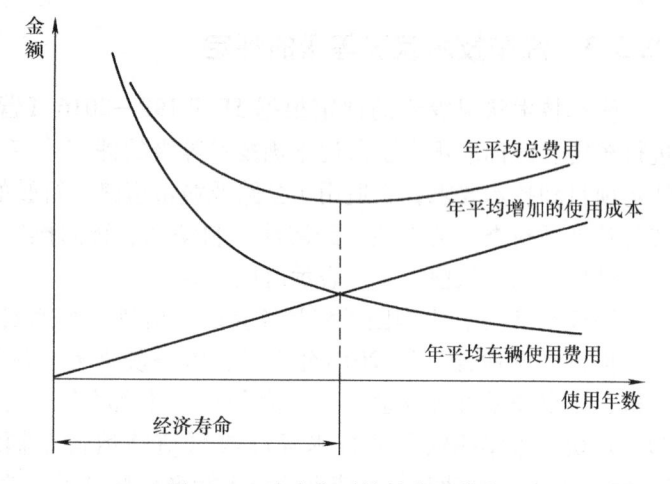

图10-5 汽车年平均总费用曲线

式中 T_0——汽车经济使用寿命；

K_0——汽车购置费用；

λ——汽车经营费用的逐年增长值。

4. 汽车折旧使用寿命

汽车折旧使用寿命是指按国家规定或企业自行规定的折旧率，把汽车总值扣除残值后的余额，折旧到接近于零所经历的时间或里程。汽车折旧寿命一般介于技术寿命或经济寿命与物理寿命之间，由国家或企业所采取的技术政策而定。

10.5 更新理论

在机械设备管理工程中，更新问题普遍划分为效率不变型设备的更新和效率递减型设备的更新两大类。

汽车使用效率随行驶里程的增加而降低，属于效率递减型设备。在整个工作期限内，汽车使用性能及经济指标均在明显下降，这种现象被称为"劣化"，因而有"劣化理论"作为这类设备更新的理论依据。通过对大量在用车辆进行调查，可以看出汽车经济使用寿命的劣化过程主要受车辆有形磨损和无形磨损的影响。

1. 有形磨损

和其他机械设备一样，汽车经过一段时间的使用后会产生故障进而导致性能下降，这些都是可以看到或者测到的。例如，汽车动力下降、能量消耗增加、振动加大等，都是有形磨损的具体表现形式。

汽车有形磨损主要发生在使用过程中，称为第一种磨损。它产生的原因主要是机件配合副的机械磨损、基础零件的变形、零件的疲劳破坏等。汽车的这类有形磨损发展到一定程度就会出现故障，使维修费用、运行材料费用增高，运输效率降低。若汽车继续使用下去，在经济上将是不合算的。

汽车在闲置过程中发生的有形磨损，称为第二种磨损。如长期不用而生锈，日晒、雨淋使车身漆面及橡胶件老化，或因其他管理措施不善和缺乏正确的管理措施而引起的其他损失。这类磨损所造成的损失一般非常惊人。

第一种有形磨损与使用时间和使用强度成正比，第二种有形磨损在一定程度上与闲置时间成正比。

按汽车能否被修复，汽车的有形磨损又可以分为两类。

第一类，通过相应的维修措施可以周期性地消除，如汽车通过各级维护作业、小修可以消除各种因失调或损伤而造成的运行故障，通过大修可恢复各总成及整车的使用性能。

第二类，不能通过同样的方法消除，如一些零部件的老化和疲劳。

前者称为能消除性的有形磨损，后者称为不能消除性的有形磨损。

在有形磨损增加到车辆的技术状况变坏而不能继续作为运输工具使用时，就可以认为车辆已到了完全磨损的程度，这就需要用同样用途的新车替代旧车。

有形磨损反映了汽车使用价值的降低。当采用修理方法消除这种磨损时，相应地又要支出一定的费用。因此，修理费用不应超过一定的限度。

车辆的有形磨损发展到完全磨损的期限，受到很多因素影响。

科学技术进步可延长有形磨损的期限。这是因为材料的抗磨性、零部件加工精度的提高、粗糙度的降低以及结构可行性的改善，可使设备的耐久性得到提高，同时采用正确的预防维护与计划修理可避免零件出现过度磨损。

与现代科学技术有关的一系列措施，也会加快有形磨损的速度，提早发展到完全磨损的期限。这是因为采用车辆高度的自动化管理系统、机械化装卸设备，都将减少车辆的停歇时间，提高行程利用率，因而在提高车辆使用效率的同时，加大了车辆的使用强度，促使车辆的有形磨损加剧。

2. 无形磨损

汽车无形磨损，就是在科学技术进步的影响下，不断出现结构更加完善、效率更高的车辆，从而使在用车辆的原有价值降低，或者是使该种车型的价值降低。车辆的价值并不取决于最初的生产耗费，而是取决于再生产所用的生产耗费。在科学技术进步的同时，这种耗费也是不断下降的。

无形磨损又可分为两种形式。因相同结构（同型车）车辆再生产价值的降低，而发生现有车辆价值的贬值，称为第一种无形磨损；因不断出现更完善、效率更高的车辆（新车型）而使现有车辆贬值，称为第二种无形磨损。

第一种无形磨损，是指车辆的结构、动力性和经济性不变，但受科学技术进步的影响，使汽车原始价值遭到损失。在汽车生产制造过程中，由于制造工艺不断改进，从而使成本不断降低，而劳动生产率不断提高。这样一来，生产车辆的社会劳动耗费降低，从而使车辆贬值。

科学技术进步既影响生产部门，也影响修理部门，但对前者的影响常大于后者，车辆本身价值降低的速度比修理价值降低的速度快。因此，有可能出现费用超过合理限度的情况，从而使车辆的使用寿命缩短。

第二种无形磨损，是指新车型的出现使原有车型显得落后。如果继续使用原车型的车辆，就会降低运输生产的经济效果。第二种无形磨损发展到完全磨损之前，就出现用新车型代替现有的比较陈旧的车型的必要性，即产生车辆更换问题。但是，这种更换的经济合理性不取决于出现相同技术用途的新型车辆这一事实，而是取决于现有车型的贬值程度，以及在生产中继续使用旧型车辆时其经济效果下降的程度。

案例 2：

无形磨损损失甚为惊人。我们也要避免个人的"无形损失"，要在实践中锤炼自己，不负韶华。

3. 综合磨损

综合磨损，是指车辆在有效使用期内发生的有形磨损和无形磨损的综合。

研究车辆更新时，首先是分析有形磨损期和无形磨损期的长短及其相互关系。

有形磨损和无形磨损都会引起设备原始价值的降低；而有形磨损严重时常常在修复之前就使车辆不能正常运行而被迫停驶；但任何形式的无形磨损均不影响车辆的正常运行。

推迟有形磨损，即提高车辆耐久性具有重要经济效果。增加耐久性是有经济界限的，这个界限取决于车辆的无形磨损期。这通常会出现三种情形。

1)"无维修设计"方案。通过车辆设计，使有形磨损期与无形磨损期相接近，即当车辆达到应该大修的时刻，也同时达到了应该更换的时刻。这种理想方案可称为"无维修设计"，只是技术性的理想目标，实际上难以做到。

2) 车辆已遭受完全有形磨损，而无形磨损期尚未到来，这时只需研究对该车进行大修是否合理；否则，可进行同车型更换新车。

3）无形磨损期早于有形磨损期。这时，人们面临的问题是，继续使用原有车辆，还是用更先进的新型车更新尚未折旧完的现用车。这个问题需将经济性和可能性相结合进行分析，才能得出正确结论。

车辆综合磨损的补偿方式有局部补偿和全部补偿两种。有形磨损的局部补偿是通过维修来实现的；无形磨损的局部补偿是现代化改装，因汽车技术的进步速度加快，目前除了运动车之外已基本消失。

有形磨损和无形磨损的全部补偿就是更换或者更新车辆。

同 步 训 练

一、填空题

1. 汽车零件损坏主要可分为_____、_____、_____、_____等形式。
2. 按道路地形，道路可分为_____、_____、_____、_____、_____ 5类。
3. 按汽车丧失工作能力的范围，汽车故障分为_____与_____两类。
4. 按丧失工作能力的程度，汽车故障分为_____、_____、_____、_____四类。
5. 按故障发展过程分类可分为_____和_____。
6. 按故障产生的原因可分为_____引起的故障和_____引起的故障。
7. 按故障出现的周期可分为_____、_____和_____。
8. 在机械设备管理工程中，更新问题普遍划分为_____的更新和_____设备的更新两大类。
9. 汽车故障可根据_____的范围和程度、_____、_____等方面，从不同的角度进行分类。

二、简答题

1. 影响汽车技术状况的因素有哪些？
2. 简述汽车故障分类方法。
3. 什么是无形磨损？
4. 无形磨损的两种形式是什么？
5. 简述渐发性变化过程的特点。
6. 简述偶发性变化过程的特点。

三、名词解释

1. 汽车故障。
2. 综合磨损。
3. 汽车物理寿命。
4. 汽车技术使用寿命。
5. 汽车经济使用寿命。
6. 汽车折旧使用寿命。

参 考 文 献

[1] 余志生. 汽车理论 [M]. 6版. 北京：机械工业出版社，2019.
[2] 许洪国. 汽车运用工程 [M]. 5版. 北京：人民交通出版社，2014.
[3] 王震坡，孙逢春. 电动车辆动力电池系统及应用技术 [M]. 2版. 北京：机械工业出版社，2020.
[4] 何洪文，熊瑞. 电动汽车原理与构造 [M]. 2版. 北京：机械工业出版社，2019.
[5] 高延龄. 汽车运用工程 [M]. 北京：人民交通出版社，2006.
[6] 潘公宇. 汽车运用工程 [M]. 北京：国防工业出版社，2020.
[7] 陈清泉，孙逢春，祝嘉光. 现代电动汽车技术 [M]. 北京：北京理工大学出版社，2000.
[8] 王志福，张承宁. 电动汽车电驱动理论与设计 [M]. 2版. 北京：机械工业出版社，2020.
[9] 宋强. 电动汽车电机系统原理与测试技术 [M]. 北京：机械工业出版社，2018.
[10] 周舟. 电动汽车工程手册：第八卷 测试评价 [M]. 北京：机械工业出版社，2019.
[11] 吴志新. 电动汽车工程手册：第十卷 标准与评价 [M]. 北京：机械工业出版社，2019.
[12] 刘海，张小俊. 汽车试验学 [M]. 北京：机械工业出版社，2023.